教育部人文社会科学重点研究基地
重大项目资助(08JJD820173)

当代中国的法制转型

——以权利为视角的考察

齐延平　主编

山东大学出版社

图书在版编目(CIP)数据

当代中国的法制转型:以权利为视角的考察/齐延平主编.—济南:山东大学出版社,2016.10
ISBN 978-7-5607-5639-4

Ⅰ.①当… Ⅱ.①齐… Ⅲ.①法制史—研究—中国 Ⅳ.①D929

中国版本图书馆CIP数据核字(2016)第244567号

责任策划:尹凤桐
责任编辑:姜 明 李艳玲
封面设计:张 荔

出版发行:山东大学出版社
社 址 山东省济南市山大南路20号
邮 编 250100
电 话 市场部(0531)88364466
经 销:山东省新华书店
印 刷:济南新科印务有限公司
规 格:720毫米×1000毫米 1/16
19.75印张 333千字
版 次:2016年10月第1版
印 次:2016年10月第1次印刷
定 价:37.00元

目　录

引　言

就中国的社会发展来看，自晚清国门洞开之后，现代化就一直是无数志士仁人矢志奋斗的目标。与中国社会现代化转型相辅相成，制度领域先后发生了三次法制转型。[①] 前两次转型由于时局的影响以及各种政治因素的左右，并没有能够持续下去，开花而未结果。党的十一届三中全会以后，中国法制转型进入了一个前所未有的历史时期。这次法制转型以经济方面的法律改革为先导，用经济法制方面的改革来带动有关政治、社会领域的法律发展。从整体趋势来看，当下中国法制转型试图完成从身份到契约、从权力到权利的运动，以及从义务本位到权利本位、从人治到法治的变迁。在这一过程中，权利意识的萌兴、权利观念的上升、权利文化的养成、权利法治体系的完善、权利保护的落实，是中国法制转型成功与否的关键。然而，从道德权利到法定权利，再到现实权利的权利逻辑中，存在从道德权利到法定权利的"惊险一跳"。没有权利的法定化，道德权利就会失去国家强制力的保障；没有权利的法定化，权利的实现就缺乏了最基本的条件。因此，权利的法定化在权利的逻辑中居于承上启下的地位。基于此，本项研究主要以权利法定化为研究视角，系统分析在将道德权利逐步上升为法定权利过程中，中国立法、执法和司法发生或应当发生怎样的转变，以及由于权利法定化程度受制于各种社会因素影响，中国立法、执法和司法又是如何对这些社会制约因素进行有力回应的等核心问题。

---

① 第一次法制转型主要包括清末改制、共和革命、北洋政府时期的法律发展以及南京国民政府时期的法律建设；第二次法律转型主要是指从新民主主义革命时期至"文化大革命"时期进行的一系列法制探讨；第三次转型主要是指当代的法制建设，特别是指十一届三中全会以后中国进行得如火如荼的法制建设。（参见公丕祥：《中国的法制现代化》，中国政法大学出版社 2004 年版，第 205～663 页）

就中国法学界有关法制转型问题的既有研究而言，学者们主要采取了以下几种进路：第一种是“法制现代化”的研究进路。这种研究进路的主要特点是把现代化理论运用于法律发展研究，其主要涉及法制现代化的目标、模式、动力和内容等。① 第二种研究进路是运用价值分析的观点和方法，从人权、民主、法治等“高位”价值标准出发，将中国法制转型作为人权、民主、法治等价值目标的实现过程来把握的，并以价值追求引导法制的变革和转型。② 第三种研究进路是把法制转型作为社会转型的一个组成部分，在法律与社会的相互关系中来把握法制转型问题的。③ 从这种进路来看，社会转型包括经济、政治、文化、传统、法制等多个方面，而法制转型只是其中的一个子系统，并受制于其他子系统的影响。从这个意义上来说，法制转型并不是一个独立自主的系统，而是一个不断受到经济、政治、文化、传统等因素影响和制约的非自主的子系统。总体来看，这些研究对于推进中国法制转型具有重要的理论和现实意义，也反映了学者们对于当下中国法治建设高度关注的理论自觉。但是这些研究主要还是采取一种较为宏观的研究，即从法治精神的转换、法律理念的变革、法律功能的转变等角度来展开分析，而较少从具体法律运行的角度来思考中国法制转型这一问题。另外，这些研究也没有从权利法定化这一内部视角来较为系统地考察当下中国法制转型。因此，本项研究具有以下几个方面的意义：

首先，在研究方法上有自己的特点。法学界以往对中国法制转型的研究主要采用了法制现代化的研究范式，此外还进行了大量的法律与社会关系研究，即从法律与经济、政治、文化、传统的复杂关系方面把握法制转型问题。总体上看，法学界主要采用了哲学、历史学、社会学的研究方法，而没有真正站在法学的角度、采用法学方法来研究法制转型问题。所谓法学，按照卡尔·拉伦茨的

---

① 相关研究成果主要有公丕祥教授的《中国的法制现代化》(中国政法大学出版社 2004 年版)、《法制现代化的理论逻辑》(中国政法大学出版社 1999 年版)、《当代中国的法律革命》(法律出版社 1999 年版)等，强世功教授的《法制与治理——国家转型中的法律》(中国政法大学出版社 2003 年版)。

② 相关研究成果有夏勇教授的《中国民权哲学》(三联书店 2004 年版)、齐延平教授的《人权与法治》(山东人民出版社 2003 年版)，相关论文有徐显明教授的《生存权论》(载《中国社会科学》1992 年第 2 期)。

③ 相关研究成果有张千帆教授等的《宪政、法治与经济发展》(北京大学出版社 2004 年版)、王建均的《市场经济与人权——社会主义市场经济条件下的人权问题》(社会科学文献出版社 2006 年版)，对法制转型与政治转型研究的相关成果有夏勇教授的《依法治国——国家与社会》(社会科学文献出版社 2004 年版)、季卫东教授的《宪政新论——全球化时代的法与社会变迁》(北京大学出版社 2003 年版)。与对法制转型与政治、经济的关注相比，学界对法制转型与文化、传统、历史的关系表现出了更多的兴趣。相关成果有王人博教授的《宪政的中国之道》(山东人民出版社 2003 年版)等。

定义，即以某个特定的、在历史中逐渐形成的法秩序为基础及界限，借以探求法律问题之答案的学问。因此，本研究在方法论上将在已有的哲学、社会学、历史学向法学渗透过程中所产生的学术成果的基础上，采用法学方法来研究权利是如何法定化、现实化的。

其次，在研究内容上更加具体细致。法学界以往对中国法制转型的研究多为宏大叙事，如法制现代化研究范式，或者边缘交叉研究，即研究影响法制转型的经济、政治、文化、传统等社会因素。需注意的是，法制转型乃是法律制度自身的转型，必须深入到法律制度中去，研究法制本身是如何变迁的，而不能仅仅止步于宏大叙事和交叉研究。为此，选择权利法定化这一内部视角考察当代中国的法制转型，恰恰能把握当代中国法制转型的核心和主题。“权利”不仅是时代的主题和关键词，也是法律与法治的核心范畴。透过权利及其法定化，可以使我们深入到法律制度内部，研究权利法定化在不同的法部门中是如何具体推进、展开的，因此所进行的研究主要不是价值论的，也不是社会学意义上的，而主要是法学意义上的。所谓“权利的法定化”，在成文法国家的中国必然考察到立法文本，又由于习惯法作为法源之一种而必然考察到法律解释、司法案例，因此，宪法、法律、行政法规、司法解释、行政规范性文件等等都将成为权利法定化的考察对象。

再次，本研究具有时代意义。自党的十一届三中全会以来，对当代中国三十年的法制转型进行客观评估具有重要的实践意义。不容否认，三十多年的法制建设不论在立法、行政还是司法上都取得了巨大成就，但问题依然很多，立法数量的剧增并没有带来人们所期望的法治。如何真正实现法制转型成为中国人百年来始终不懈追求的梦想，这个梦想在我们当代人手中能否实现？或者说在多大程度上已经实现？必须对当代中国的法制转型进行认真研究和客观评估后才能作答。

就本研究设定的问题而言，它主要研究了“中国法制转型的背景”“当代中国法制转型期的权利观”“当代权利取向的立法转型”“当代权利取向的执法转型”“转型中国的司法变迁”等基本问题。具体而言：

第一章“当代中国法制转型的背景”，分析了中国近代法制转型的基本历程，厘清了中国法制转型的发展逻辑。在本研究看来，改革开放以前高度同质化的中国社会（无论是传统社会，还是通过特定政策改造而成的社会）慢慢发展为价值多元的社会，个体与社会的自治得到极大发展，传统的宗族社会与国家管控一切的父权社会几乎消亡，从而引发道德、伦理、文化领域的价值重构是中国当下法制转型的基本背景。

第二章“当代中国法制转型期的权利观”，分析了中国当下权利观形成的基本过程、当下中国权利观的基本特点、当下中国权利观的基本层次等重要问题。研究认为，权利观念和制度的转型既是法制转型的核心内容，又是法制转型成功与否的前提。就当下中国法制转型而言，它主要经历了(经历着)权力本位范式到权利本位范式这样一个转换过程。这一转换过程体现在立法、执法、司法等法制运行的各个环节，并日趋形成了中国特色权利观。当代中国法制转型期的权利观既有作为法律技术层面的一面，也有作为法律价值层面的一面，还有作为社会事实层面的一面。

第三章“当代权利取向的立法转型”，对中国当下公民基本权利立法保障状况进行了梳理，在此基础上指出了中国权利立法存在着选择性作为和消极作为等问题。为了推进公民权利的保护，基本权利立法应当实现从偏重秩序追求向权利保障的转向，以及从选择性作为和消极作为向全面积极作为的转向，通过多方面的立法举措，尽快为法治国家建设奠定良善的法规范体系基础。

第四章“当代权利取向的执法转型”，认为当下中国政府在执法过程中仍然具有强烈的工具主义取向，这种执法取向需要向权利取向转变。通过分析，本研究得出的基本结论是政府权威的推动与顶层设计是中国执法转型的主要推动力。在这个转变过程中，中国既要强调政府思维模式和行为方式需要进行法制化转轨，又要强调培育民众理性地“为权利而斗争”的精神对于当下执法转型具有重要意义。

第五章“转型中国的司法变迁”，在研究了中国当下司法向权利保障转型的同时，也极为强调政治功能的实现。因此，中国在构建现代司法制度时需要高度关注中国司法权力运作的环境空间，需要强化用正当法律程序的方式来实现政治的目的或体现现实的政治需求的意识，需要坚持宪法这一最低底线，维护宪法的权威，用宪法来引领中国政治制度、政治架构、政治意识形态以及公共政策的发展。

第一章　当代中国法制转型的背景

自清末以来，中国开始踏上现代化转型之路。清末修律与清末立宪为中国近代法制之开端，修律开启了中国律法的现代化之路，而立宪则从根本上扭转了中国的政治组织原则、制度与理念。对于人权保障而言，立宪相较修律具有更为重要的象征意义；但就整体而言，立宪又是清末修律的组成部分，并构成了清末修律以后中国法制走向现代化的精神与制度基础。在中国由帝制向近代立宪国家转变的过程中，传统以礼入法的观念就要发生根本性转变，传统律法的根本原则、规则体系以及文化基础也要发生根本性颠覆。因此，权利观念就构成了当代中国法制转型的一条主线。

第一节　近代中国法制建设概况

一、清末修律——中国法制现代化之开端

1. 清末修律的历史背景与内容

19 世纪中后叶，列强的坚船利炮轰开了封闭的国门，民族资本主义伴随着自给自足的自然经济的瓦解而产生和发展，孤立封闭的传统文化受迥异的西方文化思潮的猛烈冲击而遭受质疑、瓦解，内忧外患、主权沦丧之时局促进民族独立意识之觉醒。在经济基础、社会结构、文化主流悄然改变之际，上层建筑之变化也成了历史的必然。“庚子国变”后，社会各界的有识之士呼吁整顿时弊，力求通过改良封建的上层建筑，以利资本主义的发展。于是，一场旨在改革中国传统法律制度的修律运动拉开了帷幕。

随着政治、经济以及社会环境的变化，清末修律大致经历了两个阶段：第一

阶段(1902～1905年)主要侧重于删除旧律例，调整旧法体系，同时制定一些单行法规以满足当时社会需要。第二阶段(1906～1911年)以“预备立宪”为契机，开展与法律制度相关的活动，主要有三项：其一，仿效西方议会制度，设立中央资政院与地方咨议局；其二，实行司法领域之官制改革，采各国公例，将司法从行政中剥离；其三，颁布《钦定宪法大纲》和《宪法重大信条十九条》。此外，在各部门法建设方面，编纂了大量的法典，如《大清新刑律》《大清民律草案》等，打破了“以刑为主，诸法合体”的中华法系，使基于西方法律框架的“六法体系”在中国初步确立。

2. 清末修律的历史评价

随着清政府的灭亡，短暂的修律运动戛然而止，但其对中国法制现代化的进程却有着深远的影响。第一，权利法定、法治理念初现端倪。在具有宪法作用的《钦定宪法大纲》附录中，明确规定了“臣民”有参政权与言论、著作、出版、集会、结社自由权等基本政治权利，长达数千年的封建法律传统中的“义务本位”思想受到动摇，“臣民”的权利第一次以“宪法”的形式被规定出来，首次探索实行权利法定，体现了现代国家中国家与公民之间的权利义务关系，吸收了近现代的法治理念。第二，以“六法体系”取代“诸法合体”，中华法系走向终结。以沈家本为首的修律者们打破了中华法系的束缚，比照西方的法治理念、法制结构，对法律体系进行重构，初步搭建了体系较为合理的法律制度的基本框架。第三，革司法行政不分之弊。通过中央机构的改革，实行审检合署，结束了中国长期的司法行政不分的旧体制，开始了中国近代新兴司法机关的设置与试运行。在诉讼审判制度上，确立了四级三审终审制，明确了回避、审判公开等现代诉讼基本原则，规定了刑事案件公诉制度、民事案件自诉及代理等制度，使诉讼程序更趋规范、合理，符合社会发展趋势。

在取得巨大成就的同时，清末修律的历史局限性也是显而易见的。首先，在立法指导思想上，清末修律自始至终贯穿着“借用西方近代资本主义法律形式，固守中国封建法制传统”的基本方针，把法制作为统治阶级统治的御用工具，并未树立真正的法治理念。其次，在内容上，清末修订的法律表现出封建专制主义传统和西方资本主义法学最新成果的奇怪混合，使得保守落后的封建内容与先进的西方法律形式同时出现在新制定的法律法规中。

清末修律作为中国法制现代化的开端，开启了中国法制发展的新纪元，初步架设了中国现代法律的基础性框架，后世之法制变革或多或少都受此影响。

二、民国时代的中国法制进程(1912～1949年)

1. 中华民国南京临时政府时期

辛亥革命是中国新旧时代的转折点。1912年,孙中山在南京就任中华民国临时大总统,南京临时政府宣告成立。南京临时政府是具有资产阶级共和国性质的革命政权,其法制建设带有鲜明的资本主义色彩。首先,在立法指导思想上,坚持以"建设共和,倾覆专制"为一切立法之基本原则。其次,立法成果是多产的、显著的。处于社会转型期的南京临时政府,为建立国家生活的新秩序,出台了大量的行政法律规范,颁布了大量的经济法规。最为重要的是,制定并颁布了中国历史上第一部真正意义上的宪法性文件——《中华民国临时约法》(以下简称《临时约法》)。这部临时政府的宪法文件吸收了西方资产阶级革命中所倡导的"天赋人权""主权在民"等理念,规定了"中华民国之主权,属于国民全体"(第2条),用根本法的形式规定了人民的自由民主权利,促进了民众政治权利意识的觉醒与参政议政的世俗化。在国家的政体设计上,《临时约法》参照美国宪法中的"三权分立"思想,创造性地建立了议会制与责任内阁制,实现由君主专制向民主代议制的历史性跨越,试图为公权力运行套上法律的绳索。但在法制建设的过程中,南京临时政府过于注重立法工作的开展,忽视了执法、司法等一系列环节,大部分的法律规范成为一纸空文,无法得到贯彻落实。此外,南京临时政府未建立完备的司法系统,导致行政与司法合一,司法失去独立地位。

总体而言,南京临时政府的法制建设将中国法制现代化事业推向了一个新的阶段,在法制建设方面做了大量开创性的工作,书写了中国法制建设的新篇章,其历史功绩理应得到肯定。

2. 中华民国北京政府时期

随着政治中心的北移,中华民国进入北京政府时期。政权更迭、军阀独裁、内战频繁的时代,决定了中华民国北京政府(以下简称"北京政府")的法制建设是复杂的、多元的、矛盾的。北京政府处于社会转型的过渡时期,继承了清末修律以及南京临时政府法律现代化转型的成果,又为日后南京国民政府的法制构建奠定了基础,其承上启下的历史作用是不可忽视的。在立法上,北京政府采用并根据社会的发展适当地删改清末新律,采用西方资本主义国家的某些立法原则及近代化法律体系和内容,以制宪为核心对各部门法进行了大量的修订,建立了制定法与司法解释(判例、解释例)相结合的复合型法律体系。在司法制度上,建立了较为完备的司法系统,对普通法院与特别法院作了区分,并建立了中国行政法院的雏形——平政院；在诉讼审判中基本实行四级三审制，大量运用判例和解释例，创立了“特别法优于普通法”的司法原则；在狱政改革方面，修订了中国首部监狱法典——《监狱规则》，并开设立女监、幼年监之先例。

不过，北京政府的实质是维护军阀独裁统治与代表帝国主义及封建地主买办利益的工具，基于自身政治属性的局限，在立法上过于强调“隆礼”“重刑”，频繁的修宪也只是为军阀统治粉饰正名。在执法过程中，将法律束之高阁，肆意践踏民众的自由民主权利。司法上，军事审判取代普通审判，并成为常态；法院系统过于庞杂，机构臃肿，司法效率低下。百姓面对混乱不堪的法制局面，连做个守法看客的资格或兴趣都没有。

3. 中华民国南京国民政府时期

轰轰烈烈的清末修律运动和南京临时政府、北京政府的修律工作已开启了中国法制现代化的征程，法律制度在南京国民政府阶段已经积累了一定的经验。“南京国民政府的法制建设延续了自清末以来的法律改革，进一步把西方资本主义国家的某些法律制度引进我国，并结合中国的实际情况予以发展，从而把近代中国半殖民地半封建的法制建设推向了最为完备的阶段。”[①]第一，在立法指导思想上，南京国民政府的立法者们吸收了西方法治文明传统又予以创新，确立了以“民族、民权、民生”为基础的社会公正原则，“洞悉西方法制个人主义的缺陷，在结合中国传统家族本位基础上创新性地创立了‘社会本位’的立法原则，主张法律公正济弱的社会功用”[②]，希冀通过法制治疗资本运作中个人主义造成的社会弊病，预防资本主义的内在危机。第二，在法律结构上，南京国民政府在结合中国国情时理智地采用了大陆法系为范本的立法体例，并兼容了一种类似普通法系判例法的司法院大法官会议制度，为宪法和其他法律提供统一而权威的司法解释，汇编司法判例，补充现行法律的不足，最终形成以法典化形式的普通法为第一层次、单行的特别法为第二层次、司法院的判例与解释例为第三层次的近代化法律体系。第三，在法律内容方面，在注重中国社会实际生活的前提下，吸收西方先进的制度，追求法律规范的实用性和可操作性。第四，在司法制度上，仿效德法的司法体系，设立了三级三审制，并将审判公开、陪审、辩护等审判原则制度化。

不过，与国民党政权的阶级本质相适应，其法律是地主、买办、官僚资产阶

---

① 曾宪义：《中国法制史》，北京大学出版社、高等教育出版社 2009 年版，第 311 页。

② 张晋藩：《中国法制通史》，法律出版社 1999 年版，第 401 页。

级意志的集中体现。南京国民政府标榜其法制理念是孙中山三民主义的继承与延续，无非是企图提高其“法统”地位，以三民主义之权威掩盖法律反动之本质，增强对民众的欺骗性，以领导手令替代法律的本质无法改变。优越的制度设计因立法与司法的脱节而成为一纸空文，人民的民主自由权利只是写在了法典里，在现实生活中则无处找寻。司法成为国民党一党专政的工具，公开审判、陪审辩护也成为特务机构大行其道的遮羞布。

南京国民政府的法制建设是极其矛盾的。它处在一个十字路口，上接清末封建法律制度，下接清末修律和北洋政府制定之律，特殊的位置使其具有重要的地位。但随着新中国的建立，中国的法制转型走向了一条全新的道路。

三、新中国的法制现代化①

1. 创立时期(1949～1956 年)

新中国成立伊始，百废待兴。为了巩固新生的革命政权，建立国家政治、经济生活的新秩序，法律进入了党和政府的视野并受到了高度重视，法制建设被提上国家议程并如火如荼地展开。

第一，摧毁“六法”，创制新法。在新中国建立的前夕和初期，中国共产党旗帜鲜明地提出并切实废除以“六法全书”为代表的国民党政府伪法统，其实质就是摧毁旧政权的一切法律、法令和司法制度，并在马克思主义指导下，开创新的法制建设进程。1950 年 5 月，新中国第一部法律——《中华人民共和国婚姻法》颁布，使广大妇女从旧的婚姻桎梏中解放出来。1954 年，中国历史上第一部由人民制定的宪法诞生，史称《五四宪法》。《五四宪法》是由全国人民代表大会制定的，这次人民代表大会代表的选举是中国历史上第一次真正意义上的普选，在此基础上召开的一届人大一次会议是真正的人民代表会议，由它制定的《五四宪法》具有广泛的群众基础。这一时期，党和政府以实事求是的态度，以巩固政权和恢复经济为中心，开始着手创建宪法统领下的各个部门法体系，立法体

---

① 对于新中国成立后的法制时期的划分，学界有不同看法。张友渔教授从中国法学的产生和发展的角度，将新中国成立后的法制时期分为产生和初步发展时期(1949～1956 年)、在曲折中发展时期(1957～1966 年)、遭受严重破坏时期(1966～1976 年)、迅速恢复和蓬勃发展时期(1977 年至今)四个时期。郭道晖教授认为，第一个时期为初步创立人民法制到破坏法制时期(1949～1976 年)，第二个时期为恢复与加强社会主义法制时期(1979～1997 年)，第三个时期为走上法治道路、建设法治国家时期(1997 年至今)。韩延龙教授认为，应分为四个时期，分别是创立时期(1949 年 10 月至 1957 年 5 月)、曲折发展时期(1957 年 6 月至 1966 年 4 月)、全面破坏时期(1966 年 5 月至 1976 年 10 月)、恢复和发展时期(1977 年 10 月至今)。

制也经历了由中央与地方分权到中央高度集权的过程并逐步得到完善。

第二，建立与完善司法体制。新中国建立后，党和政府设置了较为合理的司法组织机构，逐步建立起了公、检、法和司法行政机关的组织体系，审判制度、检察制度、司法行政制度、人民调解制度、公证制度、律师制度等基本制度得到初步确立，审判独立、适用法律一律平等等司法原则得以确认，人民检察院实行垂直领导体制。行政组织法、行政检察制度和公民控告国家机关及其工作人员违法失职行为的制度也得以建立。

第三，执法力度得到加强，守法意识得以普及。新中国成立后，一部分意志不够坚定的党政干部受到资产阶级腐化作风的影响，出现了以权谋私、贪污受贿、滥用职权等现象，政权机关中腐败现象滋生。为保障经济建设，维护法律权威，加强执法力度，党和政府采取"着重打击大贪污犯，对中小贪污犯则采取教育改造不使重犯"的方针，依法严惩腐败现象。新中国成立初期，中共中央对公民尤其是党员干部的守法意识高度重视，要求共产党员要起模范带头作用，一切行为要在法律法规允许的范围内进行。此外，根据当时的国内外形势，党和政府提出了培养人民群众守法意识的要求，号召人民自觉地遵守宪法和法律。

新中国成立初期的法制建设取得的成就是巨大的，新中国社会主义法制体系开始创建，但在法制建设的过程中，也出现了严重的法律工具主义倾向和法律虚无主义隐患，以政策代替法律成为国家政治生活的常态，高度集权的政治体制阻碍了民主政治的进程，这一切都为以后法制建设遭破坏埋下了伏笔。

2. 曲折发展与严重破坏时期(1956～1978 年)

"革命胜利后的中国，如果能够始终坚持正确的思想路线和指导方针，坚持以经济建设为中心，发展商品经济，推动民主政治建设，定会加速中国法制现代化的历史进程和步伐。但是，社会的发展并不取决于人们的良好愿望，而是受各种主客观因素的制约和影响。在此后的 20 多年间，由于指导思想上的严重失误，在忽视经济建设和民主政治建设的同时，也严重忽视和轻视了法制建设，使中国法制的进步和发展受到严重影响。"①20 世纪 50 年代中后期，随着高度集权的政治体制和高度集中的计划经济体制的建立，中国法制建设的指导思想陷入了误区，出现了偏差。传统的无视法律的社会心理与强大的否定法律的政治潮流相结合，法律工具主义大行其道。法律作为一个制度实体，其在运行中遭遇了无法化解的困境——文本与现实之间的断裂，最终使法律权威消解于政

① 刘作翔：《中国法制现代化历史道路》，载《西江大学学报》1999 年第 2 期。

治权威之中，法制工作遭到严重破坏，法制建设一度停滞不前。受极“左”思潮的严重影响，1966 年，“文化大革命”全面爆发，国家的政治经济生活陷入一片混乱。随着阶级斗争愈演愈烈，“砸烂公检法”成为法制建设的口号，革命的法制观占据主流，政策位居法律之上，程序性规定成为空谈。人民代表大会制度地位虽未改变，但在国家政治生活中的实际作用逐渐削弱。法制沦为阶级斗争的工具，民主和人权荡然无存。

这一时期留给后人太多的教训。“以计划经济、集权政治一体化为基础的社会统治模式过多地依靠执政党的政策治国，导致法制建设围绕政治运动转，使法制建设失去相对独立存在与稳定发展的基本条件，使法律制度在社会、政治、经济等领域基本上没有受到应有的重视、发挥应有的功能作用，而且还使前期初步建立起来的法律体系、司法体制和现代法治观念破坏殆尽。”①

3. 迅速恢复与蓬勃发展时期(1978 年至今)

中国的发展道路是曲折坎坷的，它总是在经历惨痛的失败或灾难后而浴火重生。十年浩劫让人们充分认识到，在没有法律秩序条件下的生存是困难重重的。伴随着“文化大革命”的结束，以党的十一届三中全会为契机，中国的法制事业迎来了蓬勃发展的春天。经过“文革”前所未有的变局，党和人民逐渐认识到了法制建设的重要性，开始以一种全新的态度面对法制建设，尊重其自身发展的规律性，新时期中国的法制建设进入了新的阶段。

第一，恢复和加强社会主义法制时期(1978～1997 年)。党的十一届三中全会以后，党的路线发生了根本性的转变，停止“以阶级斗争为纲”，开始“以经济建设为中心，解放与发展生产力”，并提出了“为了保障人民民主，必须加强社会主义法制，使民主制度化、法律化，使这种制度和法律具有稳定性、连续性和极大的权威性，做到有法可依，有法必依，执法必严，违法必究”。立法工作受到高度关注，并重新提上国家议程，立法速度加快。1982 年宪法实施后，五届、六届、七届全国人大及其常委会先后制定了 138 部法律，对 10 余部法律进行了修改，包括《民法通则》《刑法》《诉讼法》以及一系列有关国家机构的法律和一系列单行民事法规，同时一批涉及经济方面、外事方面、保障人权方面、行政管理方面的法律法规在很短的时间内得以完善，逐步形成了以宪法为核心，以法律为骨干，行政法规、地方性法规、行政规章和其他规范性法文并存的多层次法律法规体系。1992 年，党的十四大召开，提出了我国经济体制改革的目标是建立社会主义市场经济

① 全承相：《新中国法制现代化建设的基本历史经验》，载《中共党史研究》2005 年第 2 期。

体制，立法重点转变为“抓紧制定关于规范市场主体、维护市场秩序、加强宏观调控、完善社会保障、促进对外开放等方面的法律。同时，还要适时修改和废止同建立社会主义市场经济体制不相适应的法律和法规”。新时期的立法工作进入一个新阶段。在执法方面，随着经济和改革的发展，政府职能开始发生变化，政府法制工作得到发展。各级政府的经济部门努力学习运用法律手段来管理经济事务，各级司法行政机关逐步运用法律手段参加管理经济事务。各级行政监察和监督机关逐步建立，依照法律规定独立行使监察权和监督权，对加强政府执法工作具有重要作用。司法工作成绩效果显著，以“文革”前判处的政治性案件为重点，对“文革”期间判处的冤假错案进行了复查纠正，为改革开放创造了安定的社会环境和经济秩序；通过审判活动，依法从严打击严重危害社会治安和严重破坏经济的犯罪活动，处理了大量经济纠纷案件、海事案件和行政案件，维护了社会主义经济秩序，促进了经济发展，保护了公民和法人的合法权利。

第二，走上法治道路，全面建设法治国家时期（1997 年至今）。随着党的十五大的召开与“依法治国”方略的提出，中国的法制建设走上了全面依法治国的道路，进入崭新的发展阶段。“这是以中国共产党十五大提出‘依法治国，建设社会主义法治国家’的治国方略与目标，并将它纳入中华人民共和国宪法为标志，告别人治的历史，向法治化道路迈进的时期。”[①]将“国家尊重和保障人权”写入宪法，基于控制政府权力与保障人民权利理念，一系列围绕着公共权力在法律的框架下运行的制度设计环环相扣、迅速完善，有关权力主体、权力行为、监督与救济等方面出台了一系列法律规定，如《地方组织法》《行政诉讼法》《国家赔偿法》等等。同时，一批民商、经济、社会领域的法律法规相继制定，中国特色社会主义法律体系的各个法律部门已经齐全，以宪法为统帅，由法律、行政法规、地方性法规和行政规章组成的中国特色社会主义法律体系基本形成。

第二节　近代中国法制转型的发展逻辑：以立宪为中心[②]

从上文对近代中国的修法和法制概况梳理中可看出，近代中国的修法既有进步之处，又存在诸多缺憾。毕竟，修法在身处“历史三峡”期内的中国并非根

---

① 韩延龙：《中华人民共和国法制通史（1949～1995）》，中共中央党校出版社 1998 年版，第 48 页。

② 本节中的部分内容曾以《从制宪权角度透视新中国宪法的发展》为题发表于《中外法学》2014 年第 3 期。

本。清末的中国之变，首在立宪，而立宪过程中所体现出来的理念与逻辑可以很好地诠释近代中国历史转型中的各种抉择以及所呈现出来的各种理论纷争。从清末立宪伊始的制度之争——君主立宪还是民主共和、主权在民还是主权在国[①]，到新文化运动的兴起，再转到20世纪30年代的民主与独裁之争以及国家主义观念的兴盛，都跟清末以来的立宪救国论息息相关。在这种观念之下，立宪主义初期所倡导的民权保障在遭遇中国严酷的政治现实之后就被抛诸脑后，并引发了一系列的制度与社会问题。

一、立国、立宪与革命的政治动因

1. 关于“革命”

新中国的成立是建立在一场场革命的基础上的。正是对革命任务的认定和革命成果的巩固，构成了新中国成立后立国、立宪以及宪法数度变动的政治基础。“革命”一词本身即包含一种“正当性”在内，即推翻旧制度、建立新秩序的要求。[②] 中国自古有“汤武革命”之传统，“革命”一词之于中国本不陌生。但清末，“革命”一词与法国大革命联系在一起，便具有了新的含义。[③] “革命”一词虽有破旧立新之意，但在破旧与立新之间却存在一条裂痕。正如阿伦特所说：“解放和自由并非一回事；解放也许是自由的条件，但绝不会自动带来自由。”[④]在革命中，只有通过“立新”“破旧”中的暴力革命才能获得正当性基础。因此，革命通常会与某种特定的目标或者美好的理想联系在一起，而这种目标或理想被视为是历史和社会发展的必然，从而通过“必然性”为革命中的暴力辩护，与

---

① 参见章永乐：《旧邦新造：1911～1917》，北京大学出版社2011年版，第82～100页。

② “革命”话语的形成以及从“造反”到“革命”话语的转变，都表明了中国革命脱离了传统“造反”模式，并赋“汤武革命”以新义，顺应“民主”“共和”的世界大势而追求一种新秩序，即革命的目的不再是“复辟”旧制度，而是寻求新秩序。英文“revolution”一词也经历了从复古向革命的转变。关于中国“革命”话语的转变可参见陈建华：《“革命”的现代性——中国革命话语考论》，上海古籍出版社2000年版，第1～182页；英文“革命”一词的意义转变可参见［美］汉娜·阿伦特：《论革命》，陈周旺译，译林出版社2011年版，第24页。

③ 参见陈建华：《“革命”话语的转型与“话语”的革命转型——从清末到1920年代末》，载许纪霖、刘擎：《丽娃河畔论思想Ⅱ——华东师范大学思与文人文讲座续篇》，华东师范大学出版社2006年版；陈建华：《孙中山“革命”话语与东西方政治文化考辨——关于“革命”的历史化与“后设”诠释问题》，载陈建华：《从革命到共和——文学、电影与文化的转型》，广西师范大学出版社2009年版，第3～64页。

④ ［美］汉娜·阿伦特：《论革命》，陈周旺译，译林出版社2011年版，第18页。阿伦特同时也批判了将以解放为目的的叛乱与以自由为目的的革命之间混同起来的做法。（参见［美］汉娜·阿伦特：《论革命》，第125页）

此相契的是革命的目的就在于实现这种“必然性”。而恰恰在自由与必然性之间却出现了难以弥补的裂痕，也导致了近代革命的诸多悲剧。为调和这二者，从黑格尔开始就发展出了将必然王国与自由王国结合起来的理论尝试，并经由马克思发扬光大。但近代的革命在成功之后，却只关注必然层面上的革命任务，而完全忽略自由王国的实现①，但必然层面的革命任务迟迟不能实现时，自由王国也就被抛诸脑后了。②

近代革命的另一项使命在于确立“人民主权”原则。当我们宣称“主权在民”时，实际上已经预设了一种取代上帝和君主的新的绝对权威，即“人民意志”或者卢梭所说的“公意”。这种新的绝对性建立在“人民可以为自己所欲（Wollen）的一切事情”这种观念基础之上，只要统一的“人民意志”是可知的，则此人民意志必须得到践行。但宪法则不然，法律体系的本质特征在于“应然”（Sollen），旨在为行为提供标准。这种“应然的体系”，按凯尔森的观点，则只能从一个奠基性的“基础规范”中推演出来，而非“意志”，从而造成了“应然”（Sollen）与“欲为”（Wollen）之间存在一个难以填补的鸿沟。现代革命的悲剧大概就起源于人民意志如何转换为宪法应然的过程的断裂，这也就回归到我们上文所提到的革命之后的建国（解放）与立宪（自由）的衔接问题，而这二者之间的转换绝非像某些学者所看到的顺理成章、浑然天成。正是由于体现“人民意志”的公意与应然的法秩序之间存在的鸿沟，才有学者提到了“革命”与“法治”之间存在内在矛盾。③

2. 中国革命的任务：救亡与解放优于自由

中国近代革命是一脉相承的，从一开始便具有一种很强烈的危机意识。这种危机意识源于近代中国的积弱与西方的侵略。国家存亡之际，“救亡”压倒了“启蒙”，成为中国革命的原动力④，尤其在清政府持续腐败与对外疲软的局势

---

① 或者说寄希望于必然王国的实现而自然过渡到自由王国，必然与自由是一体的。（参见［美］沃格林：《没有约束的现代性》，张新樟、刘景联译，华东师范大学出版社2007年版，第107～108页）

② 参见［美］沃格林：《没有约束的现代性》，张新樟、刘景联译，华东师范大学出版社2007年版，第95页。

③ 参见强世功：《革命与法治——中国道路的理解》，载《文化纵横》2011年第3期。

④ 李泽厚先生曾提出过著名的“救亡压倒启蒙”的论断，认为陈独秀等人率先提出“科学与民主”，开展新文化运动，进行“国民性的改造”，但“启蒙的目标，文化的改造，传统的扔弃……仍然没有脱离中国近代的反抗外侮，追求富强的救亡主线。扔弃传统（以儒学为代表的旧文化旧道德）、打碎偶像（孔子）、全盘西化、民主启蒙，都仍然是为了使中国富强起来，使中国社会进步起来……所有这些并不是为了追求‘天赋权利’——纯然个体主义的自由、独立、平等。所以，当把这些本来建立在个体主义基础上的西方文化介绍输入以抨击打倒孔子时，却不自觉地遇上自己本来就有的上述集体主义的意识和无意识”。（参见李泽厚：《启蒙与救亡的双重变奏》，载《中国现代思想史论》，东方出版社1987年版，第7～12页）

下，革命也就在所难免了。如果只是源于对清政府内部腐败的不满，那么中国社会内在革新的动力仍不会存在，反抗也仅限于"起义"与"造反"的不停循环[①]，但如果是迫于外在侵略的压力，则对于旧体制之弊的反思就显得尤为迫切，并急切要求向西方列强学习以摆脱国家积弱的状态。这种"西学东渐"由技术层面开始，最终扩展至经济层面、制度层面乃至文化层面的"全盘西化"，并与传统形成了激烈冲突，而传统就站到了中国现代化的对立面，这种思维在"五四"时达到了巅峰。[②] 由此一来，中国传统的那种内在于社会体系中的"超稳定结构"[③]就被打破了，与之相伴的则是与整个中国传统社会相匹配的整个结构都需要被打破，包括伦理观念、经济体系、文化生活以及整个思想观念。也正因此，才有了"新青年""新民说""白话文运动"以及整个的"新文化运动"和"五四精神"（民主与科学）之陆续登场。

由于中国革命当中蕴含着一种非常急迫的事关国家存亡的"救亡"与"富强"的意识，自由就绝非中国革命最迫切的任务。[④] 这并非说自由在当时的中国知识分子心目中不重要[⑤]，只是"在集体危机的时代我们不免以'富国强兵'为现代化的主要特征"，群己之界并无定分，时势不同则导致二者分量的畸轻畸重，也导致"现代的中国知识分子往复于集体个体两极"。[⑥] 到清朝末期，当时能够达成的共识便是，要想国家富强，则必要改革乃至革除旧制度、革新乃至推翻帝

① 梁漱溟曾说过，中国"循环于一治一乱而未有革命"。（参见梁漱溟：《中国文化要义》，上海人民出版社 2011 年版，第 206 页）

② 参见金耀基：《从传统到现代（补篇）》，法律出版社 2010 年版，第 105 页。

③ 中国古代社会的经济结构和由此决定的家—国结构，并随之衍生出的配套伦理体系、政治结构相关研究可参见金观涛、刘青峰：《兴盛与危机：论中国社会超稳定结构》，法律出版社 2011 年版，第 19～63 页；金耀基：《从传统到现代》，法律出版社 2010 年版，第 28 页。对中国社会的"差序格局"以及以此而发展出的中国传统伦理道德可参见费孝通：《乡土中国》，人民出版社 2008 年版，第 25 页。其他可参见梁漱溟：《中国文化要义》，上海人民出版社 2011 年版，第 30 页；瞿同祖：《中国法律与中国社会》，商务印书馆 2010 年版，导论第 XII～XIII 页。

④ 余英时先生在《中国现代价值观念的变迁》一文中也提到中国"五四"前后的个性解放以及对个体自由的倡导是针对作为"万恶之源"的国家制度以及"吃人的礼教"而言的，而在涉及国家与个体之间的关系上，则绝非提倡西方的个人主义。（参见余英时：《现代儒学论》，上海人民出版社 2010 年版，第 101、127 页）

⑤ 在《新青年》早期所表现出来的思想中，虽然仍隐含有"立人"之于"立国"的工具意义，但却极力强调个体的自主地位并表现出对个性的痴迷，使个体优于社会甚至国家，一改梁启超以来的国家观念，但后期这种立场发生很大改变。关于《新青年》中个人、社会与国家关系的流变可参见张宝明：《现代性的流变》，社会科学文献出版社 2005 年版，第 115 页。

⑥ 余英时：《现代儒学论》，上海人民出版社 2010 年版，第 192 页。

制。这就由外在困境(这种内在革新的动力尽管也有清朝内在危机——如腐败、民不聊生等——的因素在内,但更强大的动力无疑来自外在的国家存亡危机)引向了内部制度的反思,这种反思是全面性的,包含政治、经济、社会与文化种种,而政治革新显得尤为迫切。恰是在这一时刻的反思中,立宪作为破除帝王专制与权力归民(不管是否彻底推翻帝制,权力在民的观念还是在相当程度上被普遍接受了)的手段就得到了普遍认同,"立宪"在当时的中国,更多并非与权利、自由联系在一起,而是与革新和富强联系在一起。[①]

在这一争论过程中,"民"作为国家的正当性基础就浮出水面。[②] "主权在民"也标志着"政治合法性的重大转变"[③],并作为立宪的基础,成为推翻帝制、破除旧制度之后的归属点和国家的正当性所在,而孙中山在革命过程中发展出"三民主义"理论也就顺理成章了。这种理论反思是由外而内的,即因国家生存而力图摆脱旧制度,从而奋起革命,发动战争。[④] 因此,中国革命从一开始便具有外在与内在两种理由,从孙中山至毛泽东,革命的内在理由发展至一种极致,即将无产阶级从贫困与压迫中解放出来,并具有了优先性。内外理由的结合以及二者之间相辅相成的关系构成了中国革命的任务,也构成了中国革命的主线。[⑤]

---

① 如清末立宪以及辛亥革命之后围绕立宪所产生的"主权在民"抑或"主权在国"以及议会制、总统制的争论都更多是从国家的角度而非从自由的角度谈论。(参见章永乐:《旧邦新造:1911～1917》,北京大学出版社 2011 年版,第 82 页)

② 参见王人博:《庶民的胜利——中国民主话语考论》,载《中国法学》2006 年第 3 期。但此时对于"民主"的理解,与今日并不尽相同。"对'平等''平民主义'和'大众参与'价值的追求综合在一起,形成了新文化的另一面旗帜——'民主'。……由此,我们可以理解:为何当时在中国出现的'民主'与西方民主政治中的民主观念有极大差别。在中国,'民主'是反对专制(即主张大众参与)、争取人权(即追求平等)的工具:反对父母包办婚姻、主张男女平等都可以被视为'民主';更多的人则视'民主'为'人民当家做主'。因此,'五四'时期的'民主',其实是一种'唯民主义'。"(金观涛、刘青峰:《开放中的变迁:再论中国社会超稳定结构》,法律出版社 2011 年版,第 200 页)

③ 汪晖:《革命、妥协与连续性的创制(代序言)》,转引自章永乐:《旧邦新造:1911～1917》,北京大学出版社 2011 年版,第 26 页。

④ 战争的正当性在于:"战争的目的在于消灭战争。"(毛泽东:《中国革命战争的战略问题》,载《毛泽东选集》第 1 卷,人民出版社 1991 年版,第 174 页)

⑤ 毛泽东在论述中国革命的任务时指出:"毫无疑问,主要的就是打击这两个敌人,就是对外推翻帝国主义压迫的民族革命和对内推翻封建地主压迫的民主革命,而最主要的任务是推翻帝国主义的民族革命。""中国革命的两大任务是相互关联的。如果不推翻帝国主义的统治,就不能消灭封建地主阶级的统治,因为帝国主义是封建地主阶级的主要支持者。反之,因为封建地主阶级是帝国主义统治中国的主要社会基础,而农民则是中国革命的主力军,如果不帮助农民推翻封建地主阶级,就不能组成中国革命的强大的队伍而推翻帝国主义的统治。所以,民族革命和民主革命这样两个基本任务,是相互区别,又是相互统一的。"(《毛泽东选集》第 2 卷,人民出版社 1991 年版,第 637 页)

从上述的发展脉络中可看出，中国革命的特点在于“救亡”和“解放”优于“自由”，在前述任务和共产主义的理想远景之下，自由要让位于国家，或者个体自由要融入到一个整体的社会、民族、国家的概念之中（“群”的概念），进而实现一种更高层次的自由，而这种自由是与社会正义和实质平等观念联系在一起的。对这种与国家相容的“自由观”或者“平等观”的建构，知识分子进行了各种不同的尝试，集大成者则是舶来于西方的马克思主义[①]，进而自由、平等、权利、民主、国家的重建与复兴都纳入马克思主义所追寻的由经济基础所决定的历史必然规律的体系中。这一思路直接对革命成功之后的建国与立宪产生了深远的影响。

3. 建国与立宪：政治主导立宪

革命之后的“建国”[②]与“立宪”并非是统一的过程。从时间维度上看，建国的标志性事件是 1949 年 10 月 1 日的开国大典，而立宪则发生在 1954 年，也就是说，中华人民共和国的建立并非是以一部宪法为基础的。因此，建国的正当性必然是在宪法之外的其他要素之上，一种革命性的理论——具体在中国就是体现人民意志的马克思列宁主义、毛泽东思想——成为建国的基础。而无论是《共同纲领》的制定，还是 1954 年的制宪，都是在这种革命理论指导之下完成的。近代革命的特点是将人民意志或者“公意”（卢梭）凌驾于一切权力和法律之上，这构成了一种新的绝对主义。[③] 结合中国革命的“救亡”与“富强”意识，与此相伴随的就是人民的解放、社会幸福、公共自由以及国家的生存被置于个体自由之上[④]，并借此之名，“宣布大革命应永远进行下去”[⑤]。只要上述任务未彻

① 从《新青年》的发展可以明显透射出其后期对于马克思主义的引进与推崇。李大钊在《新青年》上连续发表的《庶民的胜利》《布尔什维主义的胜利》（《新青年》第 5 卷第 5 号）和《我的马克思主义观》（《新青年》第 6 卷第 5 号）也被视为是在中国引入马克思主义的先驱。

② 这里称“建国”有些歧义，因中国与美国之不同在于，中国并非是近代建立的，而是古已有之，因此，国家始终是先于宪法的。但美国这个国家却真真切切地通过宪法建构起来的。1949 年的“建国”更应称之为“政府的形成”，而非国家的形成。建国时，毛泽东所提到的也只是“中华人民共和国中央人民政府正式成立了”。但这里带来的新问题是，政府先于宪法而产生。

③ 在阿伦特看来，法国大革命与美国革命的不同在于，“美国革命是‘有限君主制’的历史遗产，法国大革命则是绝对主义的遗产”。美国革命区别于法国大革命的另外一个不同之处在于，美国宪法的制定者并未将法律和权力归于同一个渊源，对于他们来说，“权力属于人民，但是法律的源泉将是联邦宪法，一部成文文献，一件持久的客观事物”，从而将宪法与主观性的人民意志区分开来。（参见[美]汉娜·阿伦特：《论革命》，陈周旺译，译林出版社 2011 年版，第 140～149 页）

④ 卢梭理论中所存在的公意与个体自由之间的紧张关系是显而易见的，如果说卢梭是将公意（平等）置于个体自由之上，那么康德则是重建了自由之于公意的前提意义（道德律）。

⑤ [美]汉娜·阿伦特：《论革命》，陈周旺译，译林出版社 2011 年版，第 117 页。

底实现，革命就不应停止。可见，在中国，立宪并非仅仅是对革命成功的一种承认和正当性描述[①]，而是革命进程的一部分。事实上，领导人认为暴力革命虽然完成了，但社会领域的革命才刚刚开始。立宪虽然创设了新的国家机关和国家权力，但并没有塑造一种新的权威（即宪法权威），而仍然从属于革命思维之下的个人政治权威。与美国不同的是，我们的革命和法国大革命一样，都是国家或者说政府塑造了宪法，而不是宪法塑造了国家（政府）。正是基于这一区别，人民意志在中国就既成为国家权力的源泉，也成为宪法的源泉。二者同源的后果便是，来源于人民意志的国家权力是可以不受宪法约束的，或者可通过国家目的任意决定宪法的性质。从某种意义上说，中国的立宪从一开始就是政治主导的。

二、新中国宪法变化中的制宪权逻辑

1. 人民意志、国家与制宪的必要性

中国立宪进程的政治主导性首先体现在《共同纲领》和《五四宪法》的制定上。中国之所以在1949年时只建国而未立宪，其主要原因在于革命并未完成，条件尚不成熟。[②] 但建国之后而未立宪，则国家就面临“正当性”的问题。至1949年，世界局势天翻地覆，国家的“正当性”只能建立在“人民意志”之上，卢梭所言的“公意”是无可争议的权力来源。“民主”是国家“正当性”的唯一来源，但何谓“民主”却成为争论不休的问题。在国家理论中，存在两种倾向：一种是将“公意”“民主”与自由或者自然法的原则结合在一起，试图通过“合意”或者“社会契约”推导出客观理性的自然法原则。[③] 另外一种则是强调“民族精神”以及“人民意志”中的精神性要素。[④] 前者试图通过一种理性的自然法则规范国家权力，后者则强调特定历史阶段的民族意志或者国家意志，从而将民族性融入“民主”概念当中。简单言之，前者侧重自由，后者则强调国家，前者构成了一种机

---

① “世界上历来的宪政，不论是英国、法国、美国，或者是苏联，都是在革命成功有了民主事实之后，颁布一个根本大法，去承认它，这就是宪法。”（毛泽东：《新民主主义的宪政》，载《毛泽东选集》第2卷，人民出版社1991年版，第735页）

② “军事上，国民党残余军队仍未肃清，经济上千疮百孔，社会主义改造仍未完成，国际上备受孤立，军事威胁仍然存在，所有这些都使得立宪问题仍不能提上日程。”（胡绳主编：《中国共产党的七十年》，中共党史出版社1991年版，第234页）

③ 这在17～18世纪的理性自然法年代中表现得尤其明显。

④ 这在德国的唯心主义和有机主义国家学说中体现得尤为明显，并体现在德国的“历史法学派”中。

械主义的理性国家论，后者则发展成为有机主义、浪漫主义的国家理论。

由此可见，即使确立“人民意志”或者“公意”为国家正当性之基础或者国家权力的唯一来源，其问题仍未简化，而是更加复杂化了。而当“公意”与“主权”结合成为“人民主权”时，其蕴含的内在矛盾就更显露无遗，“公意”的形成是程序性的，而“主权”则是决断性的。[①] 其复杂性体现有二：一是“公意”是不是“同一”的？二是谁是“人民”？围绕上述两个问题，国家理论产生了诸多分歧，尤其是在理性自然法式微之后，这种对“公意”的探求更加趋于多元化。其中，围绕“公意”是否“同一”的问题，就产生了政治（价值）一元论与多元论之间的区别。[②] 从某种意义上说，国内学者目前津津乐道的施米特的国家理论和宪法学说便是建立在政治一元论的基础上的，通过作为核心的政治领域中的政治决断或者说政治的神学[③]，从而对其他领域产生影响，以此来对抗自由主义所主张的价值多元论以及社会领域的分化和自主性。而与之针锋相对的凯尔森，其纯粹法理的前提则是价值多元主义以及各领域的自主性，尤其是法律领域的自主性，并由此得出国家与法秩序的同一性。而围绕“谁是人民”这个问题则更具争论。其中施米特所言的“区分敌我”，则与其宪法理论中的人民的“同质性”是一脉相承的，而马克思主义中的阶级划分也是在界定“谁是人民”，其目的在于确保“人民意志”的同一性，进而确保国家是“政治的统一体”。

新中国成立后的制宪行动集中体现了意识形态的主导性[④]，其体现出来的核心观念是“宪法是阶级力量对比关系的体现”；“宪法是国家的根本大法”；“宪法是社会的上层建筑的一部分”[⑤]。这种宪法观念集中体现在制宪过程当中，宪

---

① 在主权问题上，存在的争论是主权是否应受限制，主权与制宪权的关系是什么。施米特曾明确宣称，“主权者就是决定例外状态者”，并在论述国家与法律关系时明确是基于这种主权理论。“国家的生存证明了其对于法规范有效性具有确凿无疑的优先性”，“在例外状态中，国家凭借其自我保存权而悬置了法”。在施米特这里，主权仅在不受限制和最高的意义上来解读，而忘记“主权”概念本身所具有的规范性和正当性。黑勒则不同，黑勒虽然认同主权所具有的决断性以及国家意志统一的现实性，而法律系统的同一性以及特殊性是主权的国家意志的表达，但黑勒同时认为这种决断要受制于一般的法原则以及国际法的原则。而如上文所述，凯尔森则看到这种“意志性”的主权论对于法规范的颠覆作用，因此主张从法理论中排除出来。

② 参见萧公权：《政治多元论——当代政治理论研究》，周林刚译，中国法制出版社 2012 年版，第 98 页。

③ 对于施米特政治理论中隐含的神学基础可参见［德］迈尔：《隐匿的对话——施米特与施特劳斯》，朱雁冰等译，华夏出版社 2002 年版，第 9、47、61 页。

④ 参见韩大元主编：《中国宪法学说史研究》上卷，中国人民大学出版社 2012 年版，第 449 页。

⑤ 吴家麟：《宪法基本知识讲话》，中国青年出版社 1954 年版，第 2～5 页。

法的“政治性”就得到了特别强调，而宪法也被视为是历史必然性过程中的一环，受外部的“阶级力量对比关系”和内在的“经济基础”的制约。根据马克思主义的历史唯物主义理论，人民的意志是受特定时代社会内在结构所制约的，因此具有一种必然性，并在特定时代表现为一种客观同一性，而宪法则是这种同一性的体现。由此逻辑得出的结果便是，宪法的内容并非是“人民”随意可以加以选择的，而是由不同时代的经济结构所必然决定的，人民意志、国家与宪法是同一的关系，而非各自独立的结构。换句话说，人民意志的同一性是客观存在的，而国家权力和宪法都是这种同一性的体现。

从另外一个角度来看，立宪的必要性不在于体现人民意志，而是因为人民意志在现实中根本无法真正表达出来，并容易出现被诱导和滥用的情况。宪法存在的必要性就在于防止人民的恣意与专断，防止人民意志的不受控制或者民主同一性的无法实现，也在于防止人民意志转换为国家意志过程中所出现的异化。制宪行为的本质在于人民意志是无法认清的、民主的同一性也是无法实现的，只能通过制定宪法这种行为来体现人民意志。但制宪对人民意志的体现又是不完全的，而且又担心人民意志的不受约束，所以希望通过立宪对人民意志（以及由人民意志所赋予的国家权力）加以规范性的约束。因此，宪法一方面是对人民意志的确认，另一方面则又是对人民意志的规范性约束。这也是宪法在人民意志之外存在的必要性及原因所在。西耶斯在提出“制宪权”概念时，无疑看到了卢梭所言的“公意”并不能通过民主同一性无偏差地转换为国家权力或者国家意志，因此，就需要制定宪法来体现人民意志，并同时对人民意志进行规范性的约束。西耶斯和施米特都试图通过制宪权将“人民”与“国家”联结在一起，但无论是西耶斯提出的一种规范性的制宪权理论还是施米特将制宪权界定为一种事实权力和政治决断，都无法解决制宪权的行使并不能完全体现“公意”的这种困境。如果将制宪与“公意”或者“人民意志”联系到一起，就会使宪法屈从于公意，制宪的意义（较普通立法而言）也始终得不到彰显。[①] 在这种理论看来，宪法与体现人民意志的国家权力是相融的，而非限制。

因为看到形成人民意志的困难，最初的立宪主义更加强调宪法的规范性要素（保障自由以及自然权利并由此引发的权力分立、制衡等制度安排），从而将

---

① 与此相反的是，在美国，宪法则与法律严格界分开来，其原因正是对代议制民主的一种不信任。（参见[日]芦部信喜：《制宪权》，王贵松译，中国政法大学出版社 2012 年版，第 23 页；[美]汉娜·阿伦特：《论革命》，陈周旺译，译林出版社 2011 年版，第 141 页）

宪法与国家权力的渊源区分开来。这在美国体现得就较为明显。由于强调宪法之于人民意志的独立意义，因此，制宪在美国就具有更重要的意义，并且在美国，立宪与立国也就结合到了一起。[①] 在强调宪法的规范意义方面，凯尔森的理论被反复提及。凯尔森将规范的体系变成自成一体的体系，其最后的根基在于"基础规范"，而非人民意志。正是看到了由"意志"转换为规范所存在的鸿沟，也就看到了应然与实然之间的分界。但凯尔森的"基础规范"以及其建立在超验逻辑基础上的形式应然体系也遭遇了现代性的难题，因为"基础规范"本身是没有任何实质内涵的，这就使得凯尔森建构的法规范体系同样容易遭受到恣意的"人民意志"的侵蚀。[②]

2. 新中国的"立宪时刻"以及制宪权的行使

通常，我们会将制宪行为视为是政治系统与法律系统的结合点，是国家意志与法律规范交汇的地方。如果将制宪视为是人民意志整合进程中的一环，那么人民意志的不断整合将不可避免地会对宪法所确立的秩序产生冲击。如果将制宪视为是一种政治决断，也难以避免宪法秩序的运转会持续受到制宪时刻政治决断的影响，循此逻辑，则法律系统也就会持续受到政治系统的影响，并成为政治领域辐射下的分支系统。在这种理论背景下，政治是人类事务的核心领域，其他领域如社会、经济、文化甚至宗教、教育等领域都由其决定。我国在新中国成立时便是遵循此种逻辑，并尤其体现在制宪过程中。

一般而言，制宪是一个标志，即通过制宪将新的国家秩序确认下来，并与旧的国家体制区别开来。从这个意义上讲，我们可以从历史中找到区分新旧国体的标志性事件，尽管制宪权在理论建构上会存在若干矛盾之处和难以解决的理论困难，但这并不影响从历史中发现新中国的"立宪时刻"。1949 年 10 月 1 日的开国大典，具有继往开来的意义，其标志着新旧中国的分野，更体现为一种"法统"的断裂以及"革命的开端"。从国家学的角度去分析[③]，无论是国名、国旗、国徽甚至国歌[④]的选择都体现了这种与旧政权的断裂以及新中国革命的性

---

① 参见[日]芦部信喜:《制宪权》,王贵松译,中国政法大学出版社 2012 年版,第 23 页;[美]汉娜·阿伦特:《论革命》,陈周旺译,译林出版社 2011 年版,第 124 页。

② 但凯尔森建构的独立的规范体系是与其民主理论联系在一起的。

③ 黑勒的国家学就强调要从"社会全体"探讨国家的功能,而斯门德更是强调国旗等符号之于国家意志整合的意义。

④ 关于国号的争论以及由此体现出来的与旧法统的断裂可参见许崇德:《中华人民共和国宪法史》上卷,福建人民出版社 2005 年版,第 34 页。

质，所有这些都体现了人民的政治决断，也是重要的宪法符号，并同样具有一种整合的功能。所以，新中国的开国应该是新中国的第一个立宪时刻。

新中国的第二个立宪时刻是《共同纲领》的制定。现在普遍认为，《共同纲领》是一部新民主主义的宪法性文件。[①] 无论从制定主体、制定过程，还是从制定内容来看，《共同纲领》都是新中国国家（政权）机构得以设立和运转的基础，并且明确体现了与旧法统的断裂。[②] 从《共同纲领》的制定目的来看，其承载的功能也是临时宪法的功能。在当时，社会主义改造仍未完成，中国社会仍处于新民主主义阶段，《共同纲领》是当时社会阶段下的一种“政治决断”[③]，而这种政治决断是社会各方均能接受和认可的。《共同纲领》中最重要的政治决断体现在序言中，即“中国人民解放战争和人民革命的伟大胜利，已使帝国主义、封建主义和官僚资本主义在中国的统治时代宣告结束”。这句话立场鲜明地区分了“敌”和“我”，并宣布了旧时代的终结和新政权的性质：中国人民由被压迫的地位变为新国家的主人，人民民主专政的共和国代替了国民党反动统治；中国人民民主专政是由中国工人阶级、农民阶级、小资产阶级、民族资产阶级及其他爱国民主分子组成的人民民主统一战线的政权，以工农联盟为基础，以工人阶级为领导。由中国共产党、各民主党派、各人民团体、各地区、人民解放军、各少数民族、国外华侨及其他爱国民主分子的代表们所组成的中国人民政治协商会议是人民民主统一战线的组织形式。中国人民政治协商会议代表全国人民的意志，宣告中华人民共和国的成立，组织人民自己的中央政府。中国人民政治协商会议一致同意以新民主主义即人民民主主义为中华人民共和国建国的政治基础。由此可以看出，《共同纲领》是新民主主义性质的宪法性文件，这在《共同纲领》第 1 条中也作了明确规定。在这份文件中，明确宣称“中华人民共和国的国家政权属于人民”（第 12 条），并且在第 13 条中规定“中国人民政治协商会议

---

① 关于国号的争论以及由此体现出来的与旧法统的断裂可参见许崇德：《中华人民共和国宪法史》上卷，福建人民出版社 2005 年版，第 42 页。

② 《共同纲领》第 17 条明确规定：“废除国民党反动政府一切压迫人民的法律、法令和司法制度，制定保护人民的法律、法令，建立人民司法制度。”

③ 阿克曼所发展出的人民意志形成的几个阶段只适用于美国，而不能套用于中国，原因是建国数十年的经验表明，人民的动议权很少能真正形成。而且某项政治决定的作出，人民也少有力量加以反抗。因此，我们不能通过政治决定适用几年之后的“民意”来推断其是否能为人民所接受。但《共同纲领》制定时却真正行使了“人民的动议权”，《共同纲领》的制定程序确实体现了其自身的政治协商特性，也就是新民主主义的性质。关于《共同纲领》的制定程序参见许崇德：《中华人民共和国宪法史》上卷，福建人民出版社 2005 年版，第 25 页；韩大元主编：《新中国宪法发展 60 年》，广东人民出版社 2009 年版，第 5 页。

为人民民主统一战线的组织形式”，政协的组织成分“包含有工人阶级、农民阶级、革命军人、知识分子、小资产阶级、民族资产阶级、少数民族、国外华侨及其他爱国民主分子的代表”，明确规定了中国人民政治协商会议的权力，即“在普选的全国人民代表大会召开以前，由中国人民政治协商会议的全体会议执行全国人民代表大会的职权，制定中华人民共和国中央人民政府组织法，选举中华人民共和国中央人民政府委员会，并付之以行使国家权力的职权”。至于《共同纲领》中的其他规定，如“解放战争”（第 2 条）、“取消帝国主义特权和没收官僚资本”（第 3 条）、“解放妇女、妇女平等”（第 6 条），都与《共同纲领》中的新民主主义基础密切相关。第四章中规定的经济政策，如第 26 条经济建设的根本方针、第 27 条的土改、第 28 条的国营经济、第 29 条的合作社经济、第 30 条的鼓励私营经济和第 31 条的国家资本主义经济形式等等，都是在第 3 条——“中华人民共和国必须取消帝国主义国家在中国的一切特权，没收官僚资本归人民的国家所有，有步骤地将封建半封建的土地所有制改变为农民的土地所有制，保护国家的公共财产和合作社的财产，保护工人、农民、小资产阶级和民族资产阶级的经济利益及其私有财产，发展新民主主义的人民经济，稳步地变农业国为工业国”——的指导下制定的。其内在的逻辑思路是非常明确的，即各民主党派、小资本家和民族资本家等均是联合而非斗争的对象。这就建立起了广泛的联盟，而不是将社会主义信仰之外的所有党外人士都界定为“阶级斗争的对象”。在《共同纲领》中，明确界定为斗争对象的只有序言、第 1 条、第 3 条提到的帝国主义、官僚资本和封建主义以及第 7 条中界定的“反动分子”，但第 7 条中仍然指出了将这些“反动分子”改造为“新人”的可能性。

新中国的第三个立宪时刻是《五四宪法》的制定。必须要看到，《五四宪法》是对《共同纲领》的继承和突破，二者之间性质的不同是显而易见的。如果说《共同纲领》旗帜鲜明地提出了对旧时代的告别和旧法统的废除，那么《五四宪法》就明确提出了建设社会主义的任务，并提出了过渡时期的总任务，即“逐步实现国家的社会主义工业化，逐步完成对农业、手工业和资本主义工商业的社会主义改造”。如果说《共同纲领》的性质是新民主主义的，则《五四宪法》就是社会主义的。在《共同纲领》制定时，社会主义仍然是一个遥不可及的任务。[①] 因此，当时的共产党和领导人立足于政治现实，将新民主主义作为新中国成立

① 关于在《共同纲领》中是否写明社会主义前途的问题可参见许崇德：《中华人民共和国宪法史》上卷，福建人民出版社 2005 年版，第 35 页。

的基础,而并没有提出一个向社会主义过渡的明确任务。由此,在《共同纲领》的时代背景下考察、维护与现实相吻合的政治秩序就成为当时最迫切的任务。但《五四宪法》的制定却一改《共同纲领》的初衷,明确提出了“社会主义改造”的任务。这其中蕴含的变迁在于,国家开始从被动反映政治社会现实到主动塑造社会主义形态,以塑造与社会主义相符合的意识形态和经济社会结构,并确保“人民意志”的同一性,这一变迁逻辑与新中国成立初期所理解的马克思主义理论中具有必然性的历史规律密切相关。显然在这一改造过程当中,社会主义的远景理想使得对“人民意志”的塑造就不单纯是人民的事情,而是必须在共产党的领导下进行,希望引导社会转型成为社会主义的大同理想社会。要扭转人民的意识,“人民意志构造的先锋队”就是必要的了。①

从《共同纲领》到《五四宪法》的蜕变可以看出,新中国的制宪是完全融入国家的目的、政治的决断或者说人民意志的整合过程当中了,从而也就不可避免地丧失了其本身的独立性。从《五四宪法》制定之后中国的立法工作迟迟未展开来看,宪法的政治意义也就远远高于其法律意义。在塑造人民意志、历史的必然规律与宪法之间,存在着一条鸿沟。而新中国成立之后的“高度政治性”(为实现社会主义改造这个最高目标)就导致在这一过程中,宪法让位给挂帅的政治是理所当然的,《五四宪法》中的“规范性要素”(即各种基本权利设置)失灵也就顺理成章了。学界普遍认为,1957 年之后《五四宪法》基本被搁置,也恰恰证明了这一点。其原因就在于“社会主义”这一远景理想的存在,使得当时的“人民”很难成熟到通过自主决定实现这一理想。人民需要引导。因此,《五四宪法》制定之后直到《八二宪法》的制定,基本上是一个“政治统帅一切”的年代。

三、《八二宪法》的转折:多元主义的生成与发展

1. 新民主主义传统的继续

中国走向现代社会的代价无疑是深重的,从封闭的帝制国家转型为近代立宪国家,不止是一部宪法所能解决的,而是需要与制度转型相配套的经济、文化、思想、政治等各方面的转型。如果法治、民主所需的社会政治条件并未转型成功,则法的实证化或者法治就仍然是遥不可及的梦想,并会衍生出诸多的社

① 参见张龑:《人民的成长和摄政的规范化:辛亥革命以来的人民意志建构及其先锋队》,载《中外法学》2012 年第 1 期。在施米特看来,“人民是具有政治行动能力的政治统一体,达到了意识的自我同一性”。(参见[德]卡尔·施密特:《宪法学说》,刘峰译,上海人民出版社 2005 年版,第 71 页)

会问题。在社会现代转型中存在两种进路:一种是社会的自主发展,因循社会内在的自生理性进行自发的转型与调节。但这种进路存在的问题是,社会内在的转型动力来自于何处?如果仅依赖社会的内在力量,中国的近代转型无论如何都难以完成,这与中国传统的社会机制、“家—国”制度、文化系统息息相关。因此,中国的近代转型必然需要一种外在的动力和牵引力量,这就是所说的第二条进路,即依靠理性的指引完成转型。在这个过程中,知识分子的“西学东渐”的努力和领袖的思想指引就起到了至关重要的作用,并最终形成了一整套以西学为基础、结合中国具体现实的政治思想,此种政治思想就成为中国现代化转型的指导思想。

《八二宪法》之前,中国的现代化之路基本是按照第二条路径前进的。由于这条路径所具有的“塑造”色彩,导致这一过程具有很强烈的“强制性”色彩,并出于“公意”而不可避免地牺牲了个体和自我,这在“文革”之中体现得尤其明显。鉴于历史的教训,1978 年的十一届三中全会对这一路径进行了全面反思,围绕“实践是检验真理的唯一标准”这一真理观的大讨论,是这一反思过程的高潮点。1982 年之后的转变可以归纳为两点:一是工作重心从政治领域转变到经济领域;二是所有的国家政策都带有试验的性质,而不是一刀切的强行推动。[①]前者的意义在于,新中国成立之后一直推行的政治挂帅逐渐转向了以经济建设为中心,而经济发展的本身规律便具有一种自主性和“去政治化”的特质,后者的意义则在于一种必然性思维的去除。[②] 尽管《八二宪法》取消了“以阶级斗争为纲”的强烈意识形态式的规定,而走向更加务实的经济建设道路(工作重点的转移),但 1978 年之后直到《八二宪法》的通过以及之后的发展路程,仍然有国家较全面系统地干预控制的色彩在内,如农村土地改革、价格双轨制、经济特

① 邓小平于 1986 年 9 月 2 日在《答美国记者迈克·华莱士问》一文中指出:“我们也讲现在我们搞的实质上是一场革命。从另一个意义来说,我们现在做的事都是一个试验。对我们来说,都是新事物,所以要摸索前进。既然是新事物,难免要犯错误。我们的办法是不断总结经验,有错误就赶快改,小错误不要变成大错误。”(《邓小平文选》第 3 卷,人民出版社 1993 年版,第 174 页)1989 年 9 月 4 日,邓小平又在《改革开放政策稳定,中国大有希望》一文中进一步指出:“改革开放放弃不得。如果固守成规,照过去的老框框一模一样地搞,没有一些试验、一些尝试,包括受一些挫折、有一些失败的尝试,肯定达不到我们的战略目标。我们一定要真正地搞改革开放,不能关起门来搞。”(《邓小平文选》第 3 卷,人民出版社 1993 年版,第 318 页)

② 这可以视为是 1982 年之后改革开放对之前甘阳所言“毛传统”的一种断裂。二者的连接仍落脚在“社会主义”之上,即市场化带来的实质不平等问题成为当代中国的根本性问题。但这正如甘阳所言,不能通过简单回到计划经济或者简单否定市场经济而得以解决。

区、市场经济、分税制改革等领域都有很明显的国家推动的特征。但此时的国家推动已不具有之前的系统强制性特征，而是具有“试验性”特征，从家庭联产承包责任制开始，国家每一次推动新的政策，都是先行试点，再全国推广，这意味着国家思维的转变，即承认在国家建设方面，并不存在预先设定的客观真理和绝对必然性，而是需要通过社会对政策的推行进行不断检验，这就表明了国家政策与社会内在结构的一种接轨。

由此可以看出，1982 年之后的国家建设思路，是国家推动政策与社会内生力量相结合，通过国家推动来激发社会内在的发展动力。这种思路体现在各个方面，并逐渐构成了 20 世纪 80 年代之后的中国社会转型。国家建设一旦将重心转向经济建设，则社会各方面均发生了相应变化。比如“人民”这一概念内涵的扩大，在 1956 年的社会主义改造运动中，私营经济是改造的目标，相应的私营企业主、民族资本家等都成为改造甚至阶级斗争的对象。而 1982 年之后，《共同纲领》中人民统一战线又得以重新确立，新民主主义的政治联合又重新成为可能，在这一点上可以看出，《八二宪法》不仅或者很有可能不是对《五四宪法》的一种继承，而是更加体现了与《共同纲领》之间的传承。[①] 从理论术语看，

① 因为《五四宪法》中明确规定了“国家在过渡时期的总任务是逐步实现国家的社会主义工业化，逐步完成对农业、手工业和资本主义工商业的社会主义改造”，以及“国家对资本主义工商业采取利用、限制和改造的政策。国家通过国家行政机关的管理、国营经济的领导和工人群众的监督，利用资本主义工商业的有利于国计民生的积极作用，限制它们的不利于国计民生的消极作用，鼓励和指导它们转变为各种不同形式的国家资本主义经济，逐步以全民所有制代替资本家所有制”。而 1982 年宪法则承认“社会主义的建设事业必须依靠工人、农民和知识分子，团结一切可以团结的力量。在长期的革命和建设过程中，已经结成由中国共产党领导的，有各民主党派和各人民团体参加的，包括全体社会主义劳动者、社会主义事业的建设者、拥护社会主义的爱国者和拥护祖国统一的爱国者的广泛的爱国统一战线，这个统一战线将继续巩固和发展。中国人民政治协商会议是有广泛代表性的统一战线组织，过去发挥了重要的历史作用，今后在国家政治生活、社会生活和对外友好活动中，在进行社会主义现代化建设、维护国家的统一和团结的斗争中，将进一步发挥它的重要作用。中国共产党领导的多党合作和政治协商制度将长期存在和发展”。第 11 条还规定：“在法律规定范围内的个体经济、私营经济等非公有制经济，是社会主义市场经济的重要组成部分。”二者对于非公有制经济以及资本主义工商业者的态度完全不同：前者以“改造”为主、“保护”为辅，后者则是强调“共存”“有益补充”和“保护”；前者强调“统一性”的改造，后者则承认“多元化”的现实。而甘阳认为，传统体制的本质在于追求社会正义与平等（却有意忽略其采取的手段），认为在改革出现问题之后所出现的“新的改革共识”容纳了新中国成立之后 28 年的传统。这无疑没有看到 1982 年宪法本质不是对《五四宪法》的继承，而是对《共同纲领》的创造性继承。或许改革的成功有前 28 年的功劳（这种因果分析是无论如何都可以找得到的，但是否是关键因素却需进一步探讨），但总体来说，虽然社会主义的建设目标以及毛泽东思想作为指导思想没有发生变化，但通向社会主义道路的手段却发生了根本变化，工作重心从政治转向了经济，这也是对马克思主义经济基础决定论的一种回归。（参见甘阳：《中国道路：三十年与六十年》，载《读书》2007 年第 6 期；张木生：《改革要回到新民主主义》，载《领导者》2011 年第 10 期）

我们可以发现"新民主主义"与"社会主义初级阶段"之间的内在联系。[①]

2. 多元主义的逐渐生成以及社会内在力量的逐渐增强

在1982年之后，最具关键的变化是计划经济向市场经济的转变以及地方分权，尤其是地方自主财政权的落地（以分税制为标志，有学者将之称为"财政联邦主义"）。这一转变的直接影响是，以前全面管控经济的政策转向更多依靠市场自发地加以调控，国家从社会领域中最重要的经济领域逐渐撤出（尽管国有经济的存在让这种市场经济的自主性仍然受到阻碍，但国有经济的一系列问题主要在于其政治功能与经济功能界定不清所致），民间的力量逐渐生成。[②] 与此相伴随的则是社会复杂性的提升、社会分工的细化以及多元利益的分化，从而为价值多元主义奠定了现实基础。

除了民间资本的增长之外，地方获得财政权同样具有多元主义的特征。随着国家管控力量的减弱，1994年的分税制使地方获得了独立的财税权，这一做法使得地方利益不断上涨，并且逐渐多元化。为了在多元化的地方利益中实现统一，就必须依赖地方与地方之间以及地方与中央之间的更多对话、力量博弈和讨价还价。

因此，多元主义逐渐成为《八二宪法》下中国社会的现实。自1982年之后，力求通过改造完成社会同质性的努力宣告失败。市场经济的推动和社会自生力量的不断发展使整个中国社会的分层越来越大，各个阶层开始涌现，并因此出现了利益分化，不同阶层的利益诉求不同，其冲突也就不可避免。随着社会的分化以及社会自主性的增强，民间的自由力量也不断积聚，其后果便是人们不断尝试新的事物，突破禁忌，旧有的价值观念不断被颠覆，传统的道德、伦理逐渐失去其正当性，比如同性恋等传统上受到歧视的群体也逐渐获得宽容，一些传统上的非主流行为也逐渐为大众所接受，新的道德伦理观逐渐形成。这些新型的伦理观念与仍然存在的传统观念之间就形成了鲜明冲突（青年与年长者观念上的冲突）。这些多元化的价值观念的冲突让人们不得不反思多元化和现代性的问题。然而这种反思虽然要求某些现代性的价值不能被突破，但也基本接受了在这些根本性的价值之下所存在的多元价值观念，而这些多元的价值观念是平等的。宪法在当代的难题就变为必须在这些具有同等价值的观念之间进行取舍并作出决定，想要重新回到独断的一元论在今日深度现代化的中国已

---

① 两者都强调目前中国所处的现实不足以实现完全理想意义上的社会主义。

② 参见杨继绳：《中国当代社会各阶层分析》，江西高校出版社2011年版，第236～250页。

经不再具有可能性。正是由于价值多元主义的逐渐成形，社会复杂性程度的提高，与之相伴随的利益分化、利益冲突和价值冲突的日渐剧烈，为保障日益增进的财产、自由与安全，法律作为“稳定社会预期”“降低社会复杂性”的自主规范体系的作用才日益得以凸显。1999 年修改宪法，将“依法治国”写入宪法也是在这个背景下的必然产物。

之所以说在《八二宪法》框架下，社会的复杂性程度得到进一步强化，就是因为在国家推动与社会内在演进的双重路径下，中国 20 世纪 80 年代之后的社会转型所呈现出来的内在冲突，需要各种相应配套的法律来保障与市场经济相伴随的个体自由、权利以及预期的稳定性。① 对法治的需求使得在过去三十年间，中国的法律体系得到迅速发展。由于法治是西方文明的产物，所以法制建设过程中，就不可避免会出现法律移植的情况，这种移植与中国依然存在的强大民间传统和文化习惯也存在冲突。此外，由于国家推动和社会内在演进的双重进路，也使得国家的政策目标本身、国家实现政策的手段可能会与社会内在的利益产生冲突，甚至与实证的法律体系本身相冲突，于是国家目标与社会利益、个体权益以及法治之间就存在一种内在的紧张关系，这是改革的阵痛所致，也是改革过程过于追求经济目标所致。如果说 1978 年之前新中国的建设是试图通过政治推动一切领域的工作，并引发了一系列问题，则 1978 年之后的改革开放则是将经济目标置于一切领域之上，并引发了新的社会问题，如国有企业所承担的经济功能与公共(政治)功能之间的混淆、教育领域中出现的追求经济效益与教育目标之间的冲突，甚至宗教文化领域也都出现过滥用宗教资源以追求经济利益的问题。除此之外，个性发展所导致新旧价值观的冲突、改革过程中的城乡不平衡、中央与地方关系的博弈等等也都体现了国家推动与社会内生力量之间的矛盾。围绕物权法的争论则展现了另外一种冲突形式，即社会主义的理想与当下社会主义初级阶段的现实之间的矛盾，展现了改革过程中因为利益分化而出现的贫富差距和阶层冲突。这些矛盾和冲突，如果采取政治的方式或者经济的方式加以解决，无疑会加剧冲突的发展，可能的出路只能回到法治，坚持“法的实证性”，而这也是现代社会本身的前提。

---

① 由于过于强调市场的自主意义以及经济自由，而忽略了法律自主性的重要性以及由此保障的政治自由，因此，中国在改革开放中呈现的自由主义实际上是一种畸形的自由主义，从而招致各方的批判。

第三节　法治中国与国家治理现代化的汇流：以宪法变迁为视角

一、宪法变迁的分析框架

宪法变迁是一种以“事物之本质”(Natur der Sache)[①]为取向的宪法解释分析框架，对宪法文本的解释不能仅从静止、不变的角度进行，还应从动态角度结合现实的变动加以诠释。结合我国自新中国成立以来所经历的“建国—改革—法治”的发展路径，并结合改革以来中国社会转型的经验观察，可以发现，如果不从宪法变迁角度来分析，就无法对当代中国的法制转型有一个透彻的认识。国内对宪法变迁的研究通常从广义和狭义两方面理解。广义的宪法变迁包含文本上的宪法修改和文本不变情况下规范内涵通过宪法解释而产生的变化，狭义的宪法变迁则仅指后者。[②] 另外，还有一种我国学者较少关注的宪法变迁，即在宪法文本缺乏实效性的情况下，于实践中异化出一套行之有效的规则出来，这就造成了宪法文本与“宪法状态”的不一致。这种情况在宪法文本尚不成熟、宪法实施尚不完善的时代中会频繁出现，如德国在19世纪下半叶刚刚启动立宪之时，拉班德和耶利内克都注意到这种意义上的“宪法变迁”。[③] 徐道邻在总结宪法变迁的四种情形中，也将政治实践明显违反宪法、权力消极不行使、宪法规定存在空白、宪法解释发生变化等情况都归入宪法变迁之列。到《基本法》时期，宪法体制趋于稳定，黑塞对宪法变迁的界限进行了界定，认为宪法变迁不能突破宪法文本的界限，从而将宪法变迁仅限定在文本未变并通过解释使之规范含义发生变化的情况，而与宪法文本有明显冲突的政治实践则被归为违宪。如

① 关于“事物之本质”可参见李忠夏：《中国宪法学方法论反思》，载《法学研究》2011年第2期。

② 参见秦前红：《宪法变迁论》，武汉大学出版社2002年版；韩大元：《社会变革与宪法的社会适应性——评郝、童两先生关于“良性违宪”的争论》，载《法学》1997年第5期；韩大元：《宪法变迁理论评析》，载《法学评论》1997年第4期；林来梵：《规范宪法的条件和宪法规范的变动》，载《法学研究》1999年第2期。

③ “在一国现实的宪法状态与宪法文件中所规定的规则之间经常存在着巨大的差异，以至于现实的宪法状态可以发生巨大的扭转，但却并不需对宪法的语词进行哪怕是一丁点儿的修改。”在耶利内克看来，宪法变迁可以通过议会、行政和法院在实践中对宪法规范所进行的不正确的解释而发生，此种违宪的行为在实践中不断发生，久而久之便形成了宪法变迁，政治的必要性便构成了宪法变迁最为重要的推动力；耶利内克认为，宪法变迁的原因在于，“现实的政治力量以其自有的法则运行，该法则是独立于所有的法律形式之外的”。

果从卢曼所提出的宪法作为政治系统与法律系统的"结构耦合"角度出发，可区分政治系统的宪法变迁与法律系统的宪法变迁：经过法律系统的程序和机制（如宪法修改、立法、宪法解释）转换的政治实践，也就是被规范化了的政治实践，可以称之为"法律系统的宪法变迁"；而未经法律系统过滤和转换，以单纯政治实践面目出现的宪法状态则可以称之为"政治系统的宪法变迁"，其效力待定，可以是违宪的宪法状态，也可以是合宪的宪法状态。总体而言，宪法变迁是经验与规范交互作用的结果。

中国在改革以来的三十余年间，政治系统的宪法变迁与法律系统的宪法变迁是相互交织的。而在这几种方式中，违宪式宪法变迁与宪法修改最为重要，解释式的宪法变迁则较为少见。在改革初期，并没有一个改革的明确思路与目标，许多政策都是试验性的，需要在试点成功之后，才能成为政策，并最终成为法律，形成"实践—政策—法"的改革链条，有时甚至只有"实践—政策"的环节。这导致在法律修改之前，许多改革的措施缺乏法律依据，甚至可能违法或违宪，宪法学界将这种现象称之为是"良性违宪"。[①] "良性违宪"式的宪法变迁是与宪法修改结合在一起的。《八二宪法》的四次修改，许多内容在修改之前都已经在实践中存在。如《宪法》第 10 条第 4 款的"土地的使用权可以依照法律的规定转让"是在 1988 年的宪法修正案中写入宪法的，但 1987 年深圳就正式挂牌交易了第一块土地使用权的转让。"违宪"的实践在改革过程中比比皆是，但是否为"良性"则基本以是否上升为宪法修改为主要判断基准。相比较而言，通过文本前后解释上的差异而实现的宪法变迁却很少出现。[②] 姑且不论违宪式变迁与宪法修改相结合的模式于宪法秩序而言是促进还是破坏，如果要把脉中国宪法变迁的整体方向，则需要从现实的或许是涉嫌违宪的宪法（政治）实践与法律系统决定（宪法修改和立法）的双重维度去寻找。

首先，是通过立法所实现的宪法变迁。如 1994 年《公司法》的制定，1997 年《刑法》修改中取消"投机倒把罪"，1998 年《土地管理法》的修改等等，都是对宪

---

① 参见郝铁川：《论良性违宪》，载《法学研究》1996 年第 4 期；童之伟：《"良性违宪"不宜肯定——对郝铁川同志有关主张的不同看法》，载《法学研究》1996 年第 6 期；郝铁川：《社会变革与成文法的局限性——再谈良性违宪兼答童之伟同志》，载《法学研究》1996 年第 6 期；童之伟：《宪法实施灵活性的底线——再与郝铁川先生商榷》，载《法学》1997 年第 5 期；郝铁川：《温柔的抵抗——关于"良性违宪"的几点说明》，载《法学》1997 年第 5 期。

② 这与我国宪法解释机制的缺位有密切关系。

法规定的一种重新定位，也构成了“通过立法发展宪法”[①]的中国模式，甚至也有学者提出了要以“法律来解释宪法”的观点。[②] 这种宪法发展和变迁模式的弊端在于无法对新的立法和法律的修正进行合宪与违宪的辨析，而是囫囵吞枣般地都将其视为是对宪法的发展。

其次，是政治实践所实现的宪法变迁。政治实践的宪法变迁往往是与宪法修正案联系在一起的。但在众多的政治实践中，并非所有政策推行到最后都能落实到宪法修正案当中。改革以来的中国就是一个大型的试验场，一些政治实践被证明有效，最终被写入宪法。但还有一些政治实践却最终被湮没在历史浪潮中，比如 1984 年推行的“价格双轨制”，而 1994 年施行的分税制至今也仍未获得宪法上的明确承认。除了一些明确违宪的政治实践之外，还有一种政治实践一直存在于政治系统当中，并未通过法律系统的程序和机制转换到法律系统当中。这些政治实践的存在是因为宪法规范具有多重解释的可能性，在宪法规范的框架内就有多重实践之可能。这些政治实践的有效运行，久而久之就成为一种习惯，被视为一种“习惯宪法”或“不成文宪法”。当一种实践被另外一种实践所取代时，就形成了宪法变迁。但这种政治实践究竟是违宪，还是属于宪法规范的具体化，仍然需要通过法律系统的决定加以转换，这种情况在国企改制的过程中非常常见。如果缺乏相应的宪法决定机制（不能上升为宪法修改，或通过立法具体化或通过宪法解释进行评价），则政治实践本身就被视为是宪法变迁的来源了。

所有这些都表明：中国自 1982 年以来的宪法变迁是在无数的政治实践、政策推行、立法、法律修改和宪法修改的相互作用下实现的，所有这些在最初都缺乏一个明确的方向，甚至会出现各种力量的不断博弈，改革“进一步，退两步”的情况就是明证。如果仅从政治实践角度探析，则很难从诸多冲突的政策推行中剥离出宪法变迁的方向。很多学者在简单总结归纳改革以来的政治现实之后，无视这些政治实践在现实中的负面效应，就仓促将之归结为“成功经验”，并视

---

① 林彦：《通过立法发展宪法——兼论宪法发展程序间的制度竞争》，载《清华法学》2013 年第2 期。

② 参见翟小波：《论我国宪法的实施制度》，中国法制出版社 2009 年版，第 62～63 页。

之为“不成文宪法”“活的宪法”或者“中国模式”。[①] 这种做法实际上忽略了中国改革以来的政治实践并非是单线条的，而是多线条的，其间充满了矛盾、试验和冲突的现实。

二、《八二宪法》变迁的总体趋势[②]

如上文所述，我们需要将政治实践、立法、法律修改与宪法文本和宪法修改结合起来把脉宪法变迁的方向，既不能简单地将政治实践等同于宪法变迁，也不能只从规范变动方面界定宪法变迁。

《八二宪法》在四次修宪中变动最大的莫过于社会主义经济制度条款。就“国家所有”而言，土地和自然资源的国家所有都未作修改，但《宪法》第 7 条却在 1993 年修宪时从“国营经济”改为了“国有经济”，一字之差其含义完全不同。《八二宪法》通过时，虽然慢慢承认社会主义公有制之外存在集体经济组织和个体经济[③]，但毕竟社会主义公有制仍然占据绝对统治地位，其目的在于“消除社会生产的无政府状态，实行计划经济”，并将之视为是“社会主义制度优越于资本主义制度的重要标志”。当时虽然承认多种经济形式，认为“国家在社会主义公有制基础上实行计划经济”的同时，规定“国家通过经济计划的综合平衡和市场调节的辅助作用，保证国民经济按比例地协调发展”，但公有制和计划经济仍是基础。虽然当时也意识到国家在计划管理上存在着统得过多、过死的问题，因此采取了一些措施激发积极性和主动性，给企业以不同范围的自主权，规定“国营企业在服从国家的统一领导和全面完成国家计划的前提下，在法律规定的范围内，有经营管理的自主权”，但当时的“国营企业”仍然承担了过多的“非经济职能”，或者更准确地说承担着一定的“政治任务”。在“社会主义”的远景目标下，公有制的存在目的在于消灭“人剥削人的制度”，虽然《八二宪法》立足

---

① 最近这种学术研究的趋势仍在不断加强，典型作品包括：田雷：《“差序格局”、反定型化与未完全理论化合意：中国宪政模式的一种叙述纲要》，载《中外法学》2013 年第 5 期；欧树军：《“看得见的宪政”：理解中国宪法的财政权力配置视角》，载《中外法学》2013 年第 5 期；凌斌：《土地流转的中国模式：组织基础与运行机制》，载《法学研究》2014 年第 6 期；强世功：《如何探索中国宪政模式——对白珂教授的回应》，载《开放时代》2014 年第 2 期。

② 本部分曾作为《宪法上的“国家所有权”：一场美丽的误会》一文中的一部分发表。（参见李忠夏：《宪法上的“国家所有权”：一场美丽的误会》，载《清华法学》2015 年第 5 期）

③ 如彭真在《关于中华人民共和国宪法修改草案的报告》(1982)中指出：“国营、集体和个体这三种经济，各在一定范围内有其优越性，虽然它们的地位和作用不同，但都是不可缺少的。”[彭真：《彭真文选(1941～1990)》，人民出版社 1991 年版，第 446 页]

于中国的经济现实开始承认“市场调节的辅助作用”[1]，对“私有财产”（宪法第13条）和“个体、私营经济”（如宪法第11条的规定）规定了有限的承认与保护，但为了实现社会主义理念下个体的分配正义，也就是“实质平等”，仍需要国家管控一切的计划经济为支撑。而“国营经济”恰恰是实现此种目标的手段，其根本任务在于承担国家的计划指令，实现国家计划分配的任务，并进行“有计划有组织的”劳动。[2] 可以说，此时国家远景目标为大，除此之外几乎无个体利益立足之处，国家与个体的关系在于：国家是一个理想国，国家和社会利益至上，而个体需为之服务。

但《八二宪法》已经开始尝试突破无所不包的计划体制，因此规定了国营企业的“经营管理自主权”和集体经济组织的“独立进行经济活动的自主权”。总体而言，在这个阶段，经济虽然获得了一定的自主空间，但仍处于政治系统的控制之下，经济的运行要服从于政治目标的实现，而“国营经济”的存在就是为实现特定政治目的而设立的。

此后的宪法修改表明了“计划体制”的进一步削弱。1988年的宪法修改在讨论中提出了涉及7处修改的方案，其中包括增加“社会主义初级阶段”“坚持改革开放”等内容，对第6条“社会主义公有制消灭人剥削人的制度，实行各尽所能、按劳分配的原则”进行修改，对第15条“国家通过计划经济的综合平衡和市场调节的辅助作用”的规定进行修改，增加“全民所有制企业实行所有权和经营权分离”等内容。[3] 所有这些都表明，自1978年以来所确立的路线变化逐渐体现到宪法规范层面，并且逐渐开始产生一种变革的声音，即承认社会主义的远景理想在现实经济条件下无法实现，需要树立“社会主义初级阶段”理念，并为经济的进一步放开、从国家和政治的计划管控中逐渐脱身并实现自主运行奠定理论和宪法基础；实现“国营经济”在“所有权”和“经营权”上分离的目的就在于实现国家计划调控与自主经营的适当分离，使“国营企业”逐渐按照市场的需求而非国家指令性计划的要求运行。

1993年的宪法修改无疑是一种体系上的改变。“国家实行社会主义市场经济”以及“国营经济”“国营企业”改为“国有经济”“国有企业”都旗帜鲜明地表明

---

① 参见许崇德：《中华人民共和国宪法史》下卷，福建人民出版社2005年版，第486～488页。

② 参见彭真：《彭真文选（1941～1990）》，人民出版社1991年版，第447～448页。

③ 参见蔡定剑：《宪法精解》，法律出版社2006年版，第103～104页。

一种倾向:经济领域的“去政治化”。[①] 尤其是从“计划经济”转型为“社会主义市场经济”,预示了经济领域自主性的开端,即经济领域要按照市场的法则而非政治的要求去运行。在转型过程中,随着市场经济的逐渐发展以及企业自主权的逐渐放开,价格问题变得异常突出,“价格不合理集中体现在能源、原材料等基础工业价格低”,而“加工工业品价格高”,国家指令性价格体制导致了“基础工业越来越跟不上加工工业的发展”[②],因此在1984年之后,鉴于这种新旧体制的并存,国家采用了一段时间的价格双轨制。而20世纪90年代之后,尤其是1994年以后,随着“社会主义市场经济”的入宪以及全面推行,双轨制最终并轨,而价格改革的彻底转型也意味着在中国“经济系统自主性”的雏形已经形成。

从实践与规范的多重维度中可以发现,改革以来的宪法变迁趋势可以归结为国家与个体关系的“哥白尼式翻转”,即实现了从政治理性向经济理性的转变、从国家理性向个体理性的转变、从全权国家向保障国家的转变。之前,国家是理性的存在,围绕“社会主义”和“公有制”所确立的国家理想和政治理想是至高无上的,国家、集体、个人之间并无利益冲突,而是统合于国家的政治目标之下,个体只能在政治共同体和远景政治目标中才能找到自身的存在。与之相应的是,所有个体经济、资本和私有财产都是社会主义改造的对象。五四宪法确立了社会主义的远景目标,同时也打破了《共同纲领》所确立的新民主主义政治联合,排除了各阶层之间共存的可能,整个社会朝向“同质性”的方向加以改造。[③] 之后,经济发展成为国家的核心目标,政治的远景理想则让位于现实的迫切需要,《八二宪法》本身已经适度恢复了新民主主义式的阶层共存(如《八二宪法》第11条规定了“个体经济”的宪法地位)。[④] 随着1993年宪法修正案对“长

---

① 参见李忠夏:《从制宪权角度透视新中国宪法的发展》,载《中外法学》2014年第3期。

② 张神根、端木清华编著:《改革开放三十年重大决策始末(1978～2008)》,四川人民出版社2008年版,第172页。

③ 对于新中国成立以来的宪法发展逻辑,可参见李忠夏:《从制宪权角度透视新中国宪法的发展》,载《中外法学》2014年第3期。

④ 1988年宪法修正案在宪法第11条中又增加了“私营经济”的规定,确认了个体经济之外私营经济的合宪地位。同一年,第一批私营企业开始登记注册。在实践中,早在1979年就围绕“个体商户是否可雇佣8人以上”的问题产生过争论,在1988年修宪之前,个体商户雇工人数保持7人以下的红线早已被突破。

期处于社会主义初级阶段"和"社会主义市场经济"的确立①,"活在当下"的改革开放适当搁置了对理想目标的过度追求,转向注重现实。当经济系统从以某种理想为预设的政治系统中分化出来并独立运行之后,政治的运行逻辑必将被法治的运行逻辑所取代②,个体理性就随之得到彰显,而国家理性则退居幕后,个体理性取代国家理性成为《八二宪法》的核心。与之相应的是,个体在国家之外获得了独立存在的价值,配合"市场经济"的运行机制,政府的角色发生彻底改变,从全面性的计划安排(生产、供给、销售、价格等各个环节)中退出,个体的基本权利取得了真正的宪法法律地位,如"国家尊重和保障人权"入宪以及宪法第13条"私有财产权"条款的修改。③ 这是一种从公到私、从国家到个体、从计划到自由的变迁路径,其变迁的方向是:从政治理想指引下的、以政治控制的方式进行的社会变革与经济发展变为遵循经济规律、使经济系统从政治系统和政治使命中脱离出来的经济领域的自治。与之相适应的是内生于不同社会发展逻辑中的配套制度的变革,如国家对社会的管控、国家治理的模式、经济发展的方式以及国有企业的目标取向等的变革。

三、国家治理思维的转变

新中国成立初期,社会改造、经济政策的制定、土地改革等都是在特定政治目标的辐射下进行的,受制于当时的国际政治局势以及对社会主义政治理想的追求。国家在初期制定了经济赶超战略与重工业优先发展战略,经济发展的目的是为了提升国家实力,根据这一经济目标与新中国成立初期中国的政治特征,就形成了当时所特有的经济体制。根据林毅夫等的分析,当时经济制度的各种安排都是服务于重工业优先增长的发展战略的,并形成了"一套以全面扭

① 1993年的宪法修正案明确"我国正处于社会主义初级阶段";在宪法序言中增加:"中国共产党领导的多党合作和政治协商制度将长期存在和发展";"国营企业"改为"国有企业";"计划经济"改为"社会主义市场经济"。这一修正案是最具决定性的,从整体上扭转了1982年宪法的属性。尤其是"社会主义初级阶段"的定位和"社会主义市场经济"的确立,这意味着许多配套制度,如生产、价格、销售等各个环节都需要为之发生改变,政府的角色、国有企业和民营企业的地位也都随之发生变化。

② 1999年宪法修改将"依法治国"写入宪法,也是以法治逻辑取代政治逻辑的标志和体现,在市场经济的背景下,以契约为纽带的商品社会以及从共同体向社会、从机械团结向有机团结、从熟人社会向陌生人社会的转型都构筑了"依法治国"的社会条件。

③ 2004年宪法修正案将宪法第13条"国家保护公民的合法的收入、储蓄、房屋和其他合法财产的所有权""国家依照法律规定保护公民的私有财产的继承权"修改为"公民的合法的私有财产不受侵犯""国家依照法律规定保护公民的私有财产权和继承权""国家为了公共利益的需要,可以依照法律规定对公民的私有财产实行征收或者征用并给予补偿"。这一转型意味着宪法"私有财产权"制度的正式确立。

曲产品和要素价格为内容的宏观政策环境”[①]。与该战略相配合,国家管控一切的计划经济体制就属于一种内生性的制度安排,包括1954年之后的资本主义工商业改造、国家通过下达指令性指标方式对国营企业进行直接计划管理、回收国营企业的生产和经营自主权、高度管控的价格制度、低工资和能源等原材料的低价政策、低汇率、农业经营的人民公社化以及高度集中的资源计划配置制度等都与此战略相关。[②] 在该背景下,当时对国营企业的诸多制度安排就是“一种内生性的制度安排”。[③] 国营企业的生产、经营都服务于国家的战略安排,服从于国家的计划性指令,体现生产资料的社会主义公有制特性,而与之相吻合的国家治理方式则是:全面安排一切,确保国营企业的有效运转以及国家经济战略的有效实施。

1978年启动的改革是对上述经济战略的一种背离。1978年之后仍然提倡经济发展,但却不再以“赶超”和重工业优先发展为战略,而是以切实提升人民生活水平、纠正重工业优先发展战略所导致的经济结构扭曲为目标,并为此启动了一系列的改革:思想上确立了“实践是检验真理的唯一标准”的真理观,确定了一种面向实践的务实路线;政治上确立了“社会主义初级阶段”的定位,不再以盲目追求不切实际的公有化为目标;经济上逐渐允许个体经济、私营经济的存在,并逐渐从计划经济过渡到市场经济,价格体制也发生改变,其中经济系统从政治系统分离的结果是2004年修宪正式确立了“私有财产权”的宪法地位;农村开始实行放松管控的“包产到户”和家庭联产承包责任制。在新的经济发展策略下,国营企业的改革同时启动,使国营企业从计划指令中逐渐脱离出来,而转向以追求利润和效率为主。1978年之后一并开始启动的国企改革也是为了使国企适应国家的经济战略转型,而经济转型大背景下的国企改革也促进了改革的进一步发展,并在某种程度上引发了中央与地方财政关系的重新洗牌(1994年的分税制)以及地方征地的动力。

与此相应的是国家治理思维的转变,即从国家管控一切的“全权国家”转向

---

① 林毅夫、蔡昉、李周:《中国的奇迹:发展战略与经济改革》(增订版),格致出版社、上海三联书店、上海人民出版社2014年版,第22页。

② 生产资料的社会主义公有制、人民公社化运动、资本主义工商业改造、国营企业的设立等是否都可与此经济战略联系在一起尚有待商榷,因为建国以及《五四宪法》所确立的社会主义改造的目标同样是上述运动的基础,甚至可以说该政治目标左右了经济战略的选择。但可以确定的是,建国的一系列政策是环环相扣的制度体系。

③ 参见林毅夫、蔡昉、李周:《充分信息与国有企业改革》,格致出版社、上海三联书店、上海人民出版社2014年版,第12页。

国家退居到"保障者"的角色。"政府的角色是掌舵，而不是划桨。提供服务——不论修马路还是航空服务，都是在划桨，而政府对此并不在行。民营化是一项务实的政策，它使政府回到掌舵者的位置上，依靠私营部门划桨。"[①]在国际层面上，来自于经济学领域的"治理"(Governance)一词也开始应用到行政管理等层面。所谓"善治"(Good Governance)，"指的是对政府行为和行政行为的基础结构所提出的不容放弃的法治和制度上的高要求"，行政的效率、透明、公开、参与、责任以及协调等均属于此。现代行政总体朝向网络化协作、合作的方向发展，开始脱离国家中心主义的治理模式，朝向多层协作的管理模式。这就指出了"国家治理"思维的特点，也指出了"国家治理"思维下国家范式的转变。在现代社会，国家为应对市场失灵和自由主义经济所产生的弊端，逐渐采取了一种积极干预的态度。国家直接承担名目繁多的社会给付和生存照顾的任务，对社会生活进行全面的规划与安排，市场的自主性受到一定程度的干涉，对契约自由和私有财产权的公法限制都与此趋势有关，二战之后欧洲出现的"福利国家"是该模式的集中体现。在这种模式下，国家以行政主体身份直接介入社会事务，提供行政给付，实现公共任务，导致国家财政负担过重、行政机构臃肿、行政给付效率低下。为了给国家"瘦身"，使国家从繁重的行政任务中解放出来，国家开始转变行政思维，由直接提供行政给付转向交给市场。[②] 原来承担公共任务的公共企业(国有企业和地方企业)开始进行民营化改革，国家退居到"中立者"的角色，仅承担"保障责任"，保障提供公平的市场条件和制度环境，使公共任务和行政给付能够更有效率地得以实现。这意味着国家不必直接提供公共服务，而可以通过私人或者国家与私人之间的合作进行。在公共任务的履行方面，国家更加重视"效率"，这也意味着国家由"给付者"向"保障者"的转变，与之相配套的是行政法相应理论、方法、制度方面的革新以及宪法相关制度的回应。

四、改革与法治精神的合流

中国在党的十八大之后所提出的"国家治理能力和国家治理体系的现代化"正是与这种"保障国"的思维相吻合的一种理念。十八届三中全会审议通过

---

① [美]E. S. 萨瓦斯:《民营化与公私部门的伙伴关系》，周志忍等译，中国人民大学出版社2002年版，第7页。

② 对此可参见陈甦:《商法机制中政府与市场的功能定位》，载《中国法学》2014年第5期。

的《中共中央关于全面推进依法治国若干重大问题的决定》与十八届四中全会审议通过的《中共中央关于全面深化改革若干重大问题的决定》是相辅相成的关系，体现了改革与法治之间互相促动的关系。改革不能再仅靠政策推动，20世纪八九十年代屡试不爽的“良性违宪”和宏观调控等非法治的模式在社会转型的背景下已经不适应新的社会条件。1999年修宪将“依法治国”写入宪法，就是以法治逻辑取代政治逻辑的标志和体现。在市场经济的背景下，以契约为纽带的商品社会以及从共同体向社会、从机械团结向有机团结、从熟人社会向陌生人社会的转型都构筑了“依法治国”的社会条件。在这一社会条件下，不能依靠基于“熟人社会”的习惯治理模式，而是需要通过法治建立起一个“规范预期稳定化”的社会，让所有人都能从法治中产生一种稳定的规范预期，进而产生一种安全感和秩序。改革到了今天，需要在一个“规范预期稳定化”的社会中继续深化，这就需要进一步推动1999年写入宪法中的“依法治国”方略。但改革的深化确实对法治提出了更高的要求，要求将改革决策中的效率原则、最优化原则引入到法治当中，从而将实现国家治理能力和国家治理的现代化与法治联系在一起。如果1999年“依法治国”入宪是法治中国的第一阶段，是为了实现形式法治，那么十八届四中全会所确定的精神就是依法治国方略的第二步，即将依法治国与国家治理能力现代化结合在一起。所以十八届四中全会的《决定》指出：“全面推进依法治国，必须贯彻落实党的十八大和十八届三中全会精神，高举中国特色社会主义伟大旗帜，以马克思列宁主义、毛泽东思想、邓小平理论、‘三个代表’重要思想、科学发展观为指导，深入贯彻习近平总书记系列重要讲话精神，坚持党的领导、人民当家做主、依法治国有机统一，坚定不移走中国特色社会主义法治道路，坚决维护宪法法律权威，依法维护人民权益、维护社会公平正义、维护国家安全稳定，为实现‘两个一百年’奋斗目标、实现中华民族伟大复兴的中国梦提供有力的法治保障。”“全面推进依法治国，总目标是建设中国特色社会主义法治体系，建设社会主义法治国家。这就是，在中国共产党领导下，坚持中国特色社会主义制度，贯彻中国特色社会主义法治理论，形成完备的法律规范体系、高效的法治实施体系、严密的法治监督体系、有力的法治保障体系，形成完善的党内法规体系，坚持依法治国、依法执政、依法行政共同推进，坚持法治国家、法治政府、法治社会一体建设，实现科学立法、严格执法、公正司法、全民守法，促进国家治理体系和治理能力现代化。实现这个总目标，必须坚持中国共产党的领导，坚持人民主体地位，坚持法律面前人人平等，坚持依法治国和以德治国相结合，坚持从中国实际出发。”

这一治理模式的转变与中国的宪法变迁构成了经验与规范之间的互相促动：经验层面国家范式的变迁构成了中国国家治理思维转变的“范本”；而规范层面的宪法变迁则构成了国家治理变革的价值指引和价值基础。“国家治理”思维意味着国家角色定位的转变、行政方式的革新，“国家治理”的范式是从原有的全权国家下国家管控一切的思维中转变而来，具有双重含义：一方面，使国家不再是全能者，不再事无巨细地亲力亲为，而是要适度地从社会领域退出；另一方面，国家同时需要保留对公共任务履行的监管，使公共任务不致于因为国家的退出而不能履行或质量下降。这就对国家治理提出了两方面的要求：第一，国家治理需在法治框架下进行，包括国家的角色、任务以及公共任务履行的方式等都需具有法律基础；第二，在规范框架内，要寻找能够达到最优效果的治理方式，实现治理能力的最大化。第一个方面涉及合法/非法的规范框架，而第二个方面则涉及效率、可接受性等标准，这就在法学内部植入了经济学和社会学上的成本—收益、经济效益、市场的激励、效率、可接受性等标准，从而为学科之间的科际整合提供了可能。当然，国企改革同样需要置于这种国家治理思维的转型当中。

第四节　主权与权利双重变奏下的中国法制转型

一、分裂的国家观：主权与权利之间

梁启超先生曾言：“盖谓宪法者，一国之元气也。”[①]由此道出宪法之于国家的意义。传统中国是没有宪法的，或者说没有近代意义上所指的“Constitution”。近代意义上的宪法可分为两个要素：自由（权利）与政制（主权及主权之划分）。作为政制意义上的宪法不分古今中西，乃一国所必备。所谓“政制”，即一国之政治组织原则与制度结构，前者凝结人心，后者划分权力。古往今来，任何一国都需要此种意义上的“政制”以使国之为国，维持国家秩序，这其中包含主权正当性之来源、权力分配的制度化与合理化等等，其背后则是维系“政制”运作的文化土壤。中国古代的礼治、儒家伦理、“以礼入法”以及“作为制度的皇帝”[②]概莫能外，均属此种意义上的“政制”。但“政制”只是近代宪法之一面，近

---

① 梁启超：《立宪法议》（1901），载《饮冰室合集·饮冰室文集之五》，中华书局1989年版，第1页。

② 苏力：《作为制度的皇帝》，载《法律和社会科学》2013年第2期。

代宪法中融入自由、平等之权利理念，才使宪法之为宪法，而不仅仅是“政制”。近代立宪主义的兴起以及古今之别的分水岭就在于“权利”而非“义务”成为近代社会秩序的核心与起点。换言之，近代国家主权是建立在“天赋人权”的基础上的，而非来自“天授”；近代国家权力划分之目的在于保障权利；近代法律和社会秩序是以自由、平等为前提，而非以等级制为基础。[①]

然而，今天中国却更多强调一种“政制”意义上的宪法，梁启超先生口中的“立宪之国”成为“有政制之国”，而忽略了近代以来权利之于建构国家的意义。这与近代中国的立宪背景和历史转型休戚相关。自清末开始，中国知识分子的一缕忧思都集中在国家该何去何从的问题上。这一缕忧思绵延百年，直到今天仍未散去，原因就在于国家的救亡图存是近代中国的核心命题。在西方列强的坚船利炮之下，中国面临“数千年未有之变局”，从而促使中国人反思救国之道，立宪则顺乎潮流，众望所归。因此，从一开始，“立宪”在中国就具有非常强烈的工具意识，其根本仍在“救国”。在这种背景下，中国近代的立宪就是“救亡优于启蒙”了，立宪在中国也着重于国家制度层面的静态建构，而缺乏从市民社会土壤中所生成的立宪之精神（自由、平等、独立以及私人财产神圣不可侵犯的诉求）。

正是看到中国近代立宪根在移植，而缺乏立宪必备的文化土壤，近代学人开始反思立宪所必备的“内生条件”。“造新民”“新文化运动”甚至如火如荼的社会革命莫不如此。也有学人开始基于中国现实反思国家建设之路。20 世纪 30 年代兴起的一场有关“民主还是独裁”的辩论[②]便是出于此种考量。而孙中山基于中国现实所提出的“军政—训政—宪政”三阶段模式[③]也是此种尝试。这已明显有别于中国在最初倡导立宪时所存在的制度层面上的辩论（君主立宪还是民主共和）。这恰恰呼应了阿伦特的判断：“从贫困中解放先于以自由立国。”[④]在救国的背景下，一种国家主义的力量不断凝结，“立宪救国论”和“国家主导立宪”开始成为主流，“民权”则退居次席。从清末以来，一直执国家与自由之两端的立宪国家论开始倾向于国家建设一面，而多少忘却了民权之保障。这期间，虽然不乏学人大力倡导自由主义（如胡适），但却越来越难与国家主义的

① 参见瞿同祖：《中国法律与中国社会》，商务印书馆 2010 年版，第 309 页。

② 参见智效民：《民主还是独裁：70 年前一场关于现代化的论争》，广东人民出版社 2010 年版，第 119～146 页。

③ 参见孙中山：《国民政府建国大纲》（1924），载《孙中山全集》第 9 卷，中华书局 1986 年版，第 127 页。

④ [美]汉娜·阿伦特：《论革命》，陈周旺译，译林出版社 2011 年版，第 122 页。

立宪观念相匹敌。

这种以富国强兵为旨向的国家理论最终凸显了"独立主权"之于近代中国的意义，并影响了新中国成立之后的国家理论和宪法理论。尽管改革开放之后，有学者开始倡导人权之于国家的意义，并有学者提出"走向权利的时代"，"尊重与保障人权"最终也写入宪法当中，但国家与宪法理论中自由与国家之间的张力并未因此消弭。"国家发展"仍是改革以来的主导逻辑，甚至不惜采取"良性违宪"的方式，这凸显了改革与法治之间的矛盾，从而催生了宪法理论中的"制宪权"逻辑，并由此诞生了"政治宪法学"的理论图景。面对中国独特的历史现实，也有学者试图在强国家与自由主义之间加以调和[①]，但理论上的努力显然无法回应现实的冲突。改革以来自由经济的兴起所催生的自由、法治、人权的需求明显增加，与此同时，传统的国家主义思维仍然为国家全面强力实施干预提供正当性。中国百年来的国家建构仍未走出自由会消解国家、国家会限缩自由的怪圈。

二、迈向功能分化的中国社会转型

告别传统、走出帝制后的中国该何去何从，在今天仍然处于摸索阶段，"有中国特色的社会主义初级阶段"之内涵也仍在不断充实之中，这是一个"娜拉出走之后"的问题，也是关乎国运未来的问题。从历史来看，中国社会内部并未生长出成熟的市民社会，也未形成"国家—市民社会"二元对立的历史态势。在此背景下，依循主权逻辑建构国家具有特定的历史意义，这也是"政治一元论"的标准辐射全社会领域的基础。在这个阶段，社会的一切(包含经济、文化、道德等领域)都需要服务于政治的目标和国家建设的目标。

但我们不能无视改革开放以来中国社会的内在转型。改革开放之后的中国社会转型当然是由国家政策层面所推动的，但却慢慢生成了"自生"的动力机制，最终将脱离国家政策所能控制的范畴。改革开放社会转型的结果是，之前高度同质化的中国社会(无论是传统社会，还是通过特定政策改造而成的社会)慢慢发展为价值多元的社会，民间社会的转型尤为明显。在市场经济的刺激下，个体与社会的自治得到了极大发展，传统的宗族社会与国家管控一切的父权社会几乎消亡，这也引发了道德、伦理、文化领域的价值重构。经济领域的转

---

① 参见李强：《宪政自由主义与国家建构》，载王炎编：《宪政主义与现代国家》(《公共论丛》第7卷)，三联书店2005年版，第19页。

型更加明显,"一切向钱看"几乎成为这个时代的主流价值,经济的标准取代政治的标准并开始辐射至所有领域,并引发了诸多的社会问题。毫无疑问,中国已经进入多元主义的社会,社会的功能分化已经开始,没有任何一种独断的标准可以维系和整合整个社会秩序,每个不同的社会领域都有自己运行的标准,经济标准不能僭越到道德文化领域,同样也不能通过道德标准取代经济领域的特定标准;只有各社会领域依循自身标准独立运行并通过特定形式与机制实现不同社会领域之间的相互依赖,多元社会秩序的维系才能成为可能。

在新的功能分化的社会背景下,个体的权利意识不断增长,而国家主宰一切的观念则不断消退。过去几十年,对国家恣意干预社会的批评呈明显上升的趋势,社会各领域充斥着对于"高度政治化"的一种不满,对国家权力的不信任也与日俱增。另外,出于对改革以来日益增长的个体自由、权利加以保护的需要,对"法治"的需求也越来越紧迫。越来越被接受的一种观念是:只要国家权力退出一切领域,则权利即可得到保障;只要法治践行,中国社会的一切疑难杂症即可迎刃而解。但几十年来中国太关注于国家发展、经济突进而导致的不太健康的发展模式使得中国社会呈现出异常复杂的态势:国家与社会之间的缠绕冲突、地区之间以及阶层之间的贫富差距、新旧伦理道德观念的冲突、传统社会生活模式与新型社会运行规则之间的冲突、文化冲突等等不一而足,甚至地区内部不同民族之间的贫富差距也诱发了更为激烈的民族冲突等社会问题。所有这些问题的解决都不能简单归结为赋予自由、控制国家;相反,这些问题的解决都离不开国家的积极参与,甚至很多自由权的实现都需要国家创设前提与条件。

因此,不能片面地将对中国社会的美好期望简单且完全寄望于权利的实现、法治的施行。[①] 正如我们也不能幻想中国问题的解决都可归结为国家通过政治手段的理性安排就可实现一样。就像卢曼所强调的,在功能分化的社会中,社会各领域都承担特定的社会功能,任何一种社会功能的消失或者遮蔽都可能导致社会秩序的失范,或许,"一切意外都源于各就各位",只有社会各领域相互独立、相互制衡且相互依赖,复杂的中国社会问题才有逐步得以解决的可

① 对于现代社会而言,虽然没有法治是万万不能的,但"法治毕竟不是万能的",在遭遇人情、伦理、道德甚至政治时,法治都有其力所不及之处。对法治功能限度的省思可参见[美]保罗·卡恩:《当法律遇见爱——解读〈李尔王〉》,付瑶译,法律出版社 2008 年版;对上书之介绍可参见叶蓁:《对法治的期望?》,载《读书》2010 年第 1 期;对过分规则化所导致的新型风险可参见[美]菲利普·K·霍华德:《无法生活:将美国人民从法律丛林中解放出来》,林彦、杨珍译,法律出版社 2011 年版。

能。在社会系统的功能分化中，政治系统与法律系统的分化与耦合最为重要也最为典型，沟通两个系统的桥梁是宪法，因此有必要在功能分化的情势下对今天中国的宪法功能重新加以审视。

三、主权与权利双重变奏下的宪法观

传统宪法的功能在于控制国家权力，宪法中的两大要素——权力分立与基本权利——都是为此目的服务。由于宪法固有的控权使命，并且由于二战之后各国在国内、国际威胁方面都有所缓和，紧急状态不复出现，导致不受限制的主权理论逐渐从宪法学中退出，二战之后的宪法理论也主要以法教义学的方式围绕基本权利部分展开。然而，在国家与社会日渐融合的今天，个体、社会需求的实现都离不开国家的参与，并且在国际局势仍暗藏玄机的今天，完全抛弃主权理论也操之过急。这里需要反思的是，如何通过宪法建构主权、如何通过宪法实现权利以及主权与权利之间如何形成互动而非相互排斥，这就需要法律系统与政治系统的相互配合。

在当代功能分化的社会中，政治系统与法律系统各有难以解决的困境，法律系统难以解决“法”的终极根据（因此需要系统外的价值输入），而政治系统则难以解决权力的任意与滥用。因此，现代宪法的建构需要双重视角。功能分化社会背景下的宪法不能仅仅满足于对国家权力加以控制，更应该为国家权力的运作、国家对社会的积极参与提供正当性基础，也就是政治的民主化。毕竟国家主权的完全表达是不可实现之目标，因此只有通过特定的程序建构和制度设计，国家主权才能得以“规范式”的表达，而不是无限制的表达。这也是宪法之于政治系统的特定意义，即为国家权力的获取提供正当性保障（选举权）、为国家权力的分立加以制度化规制、为主权的表达施以规范化的限缩、为法律系统的运行提供动力机制。也就是说，宪法在法律系统中的解释与决定需要政治系统提供支撑。由于人民意志是常新的，时代的价值观念也处于不停的流动中，因此，法律系统中的宪法决定就需要通过政治系统的民主化运转提供一种系统外的动力机制。或者可以说，法律系统中的宪法决定（比如基本权利冲突案件中的价值决定）虽然可以来自道德、经济、历史等外在环境的要素，但归根结底却通过政治系统的运作加以表达，并被特定的违宪审查机构以特定的方式转换到法律系统之中，比如美国最高法院宪法解释中的原旨主义便是政治保守派的一种意志表达方式。另外，政治系统的民主化运作虽然可以为国家的参与提供正当性基础，但却无法彻底防止主权的绝对化、国家权力的滥用、多数人的暴政以及政治决定的反复与任意，因此需要从法律系统的角度对宪法中的权力划分规则与基本权利规范加以具体化和制度化，形成一种能够面向未来长期有效的“预期机制”，从而实现“规范预期的稳定化”。

由此可以看出违宪审查或者宪法解释机构本身所包含的法律化与政治化的双重属性。一方面，违宪审查机构在作出宪法决定时，并不是处于社会—政治的真空之中，而是作为国家政治机构（以法院的形式出现的违宪审查机构亦属政治机构）的一环，始终处于政治压力之下，并且任何宪法决定都需要考量相关的政治后果、社会效果等政治因素。但另一方面，违宪审查机构之目的在于维护宪法权威，因此不能任由宪法决定反复无常，所以必须以技术化的方式使抽象的宪法规范得以具体化并具有可操作性，使之在复杂的社会选择中作出决定并使之在未来具有反复适用的可能，因此就需要宪法解释在法学体系上的建构。在政治系统和法律系统分别展开并为对方系统之困境提供解决模式的宪法就因此围绕主权和（基本）权利形成了独特的双重变奏，政治系统主要体现主权及国家权力的运作，而法律系统则主要围绕基本权利的实现。主权建构为权利之实现提供积极保障，为违宪审查机构依循法学脉络所作出的判断提供厚实的民主政治基础，并为谋求改变违宪审查机构不合时宜的宪法决定提供政治途径；基本权利本身亦具有为国家授权、保证国家权力正当性、维系社会功能分化的独特功能，从而使政治系统的封闭运行成为可能。德国在二战之后基于基本权利“客观价值秩序”所发展的国家保护义务功能便可以为此提供最好的注脚。

反观中国的《八二宪法》，亦可以为此种宪法的政治化与法律化之间的相互配合找到制度设计的空间。最高法院的司法解释经常被诟病为僭越立法权限，实践中也经常出现权限冲突的情况。宪法通过第 67 条所赋予的全国人大常委会的宪法解释权则可针对此种僭越和权限冲突加以宪法决断，而全国人大常委会所进行的宪法解释一方面存在政治运作上各方面进行政治统合之可能，另一方面又需要并有利于促进宪法在法学上的技术化建构和体系化建构。另外，在宪法适用方面，如果存在全国人大常委会最终解释宪法之可能，则法院通过“合宪性解释”进行法律解释的基础便得以确立。最后，全国人大常委会宪法解释权一旦启用，则会为基本权利的法学建构提供契机，从而有利于基本权利的保护与实现，此为宪法的法律化之表现。在宪法的政治化方面可表现为：全国人大常委会解释宪法机构的人员组成可以为各种政治运作和政治压力提供制度空间；宪法中第 67 条赋予全国人大常委会的“紧急状态决定权”也预留下政治运作和主权表达的充分空间。此外，政党对于国家机构在宪法权限框架内之决定所施加的宪法外之影响也可视为是政治系统独立运作的一种方式。

因此，我们看到的不仅仅是宪法之政治化的一面，也不仅仅是宪法之法律化的一面，而是政治化之宪法与法律化之宪法既相互独立又相互制约与依赖的图景。在各自系统内部，主权与权利各自依循自有的逻辑展开，但其各自困境的解决又需要另外系统提供支持，从而在宪法之内形成了主权与权利的双重变奏，其背后则是政治系统与法律系统的功能分化、运作封闭与交互依赖。从此种意义上说，当代宪法就不仅仅是法律化的宪法、控制国家权力的宪法，而是维系政治系统与法律系统功能分化并实现"结构耦合"的宪法，从而不仅维系了政治系统的运作空间、扩展了国家权力的施展空间，同时也扩大了个体与社会的自由度以及基本权利的实现范围。在功能分化的背景下，我们需要防范的是通过政治化的方式导致宪法的去法律化，同时也要防止以法律化的方式导致宪法的去政治化。

第二章　当代中国法制转型期的权利观

当代中国正在经历着囊括经济、政治、社会、文化、思想以及制度等领域的全方位、立体化的转型。法制转型是整个社会转型中至关重要的组成部分，而权利观念和制度的转型既是法制转型的核心内容，又是法制转型成功与否的前提。就当下中国法制转型而言，它主要经历了权力本位范式到权利本位范式这样一个转换过程。这一转换过程体现在立法、执法、司法等法制运行的各个环节，并日趋形成了具有中国特色的权利观。当代中国法制转型期的权利观既有作为法律技术层面的一面，也有作为法律价值层面的一面，还有作为社会事实层面的一面。因此，全面理解当代中国的权利观对于真正把握当代中国的法制转型具有重要意义。

第一节　法制转型与权利观的形成

当代中国法制的现代化转型是在现代化、全球化的时代背景下，由经济、政治、文化等领域的转型所推动，以从人治到法治的转型为核心，包括立法、行政、司法等领域，涵盖制度、观念、思想等层面的社会变迁过程。对于中国这样一个历史文化资源丰富、经济社会文化发展不平衡、改革动力和共识需要不断凝聚的东方大国而言，法制的现代化转型注定是一项巨大的、艰巨的、长期的社会工程。

一、法制转型阶段划分与路径依赖

综观当代中国三十余年的法制现代化转型，粗略地可以划分为前后相继、交织重叠的三个阶段。首先是由人治到法制的发展阶段。党的十一届三中全会后，举国上下、党内党外、民间官方普遍形成了一个共识，就是十一届三中全会公报提出的“为了保障人民民主，必须加强社会主义法制”。在一个不长的历史阶段内，中国消除了“无法无天”的混乱状态，“有法可依，有法必依，执法必严，违法必究”的社会主义法制体系初步形成。2011 年 3 月，吴邦国在十一届全国人大四次会议第二次全体会议上宣布，中国特色社会主义法律体系已经形成。其次是由法制到法治的发展阶段。开端是 1997 年党的十五大确立了“依法治国，建设社会主义法治国家”的治国方略，1999 年该方略载入宪法。由法制到法治标志着良法之治的开启，标志着追求人权、公平等实质正义价值的开始。2004 年“国家尊重和保障人权”载入宪法是其显著标志。最后是由法治到依宪治国的发展阶段。众所周知，法治国家权力的核心和关键是宪政。伴随法治国家治国方略的提出和实施，宪政必然被推到历史的前台，逐渐成为当今时代的关键词。2004 年 9 月 15 日，胡锦涛在首都各界纪念全国人民代表大会成立 50 周年大会上发表讲话，指出：“依法治国首先要依宪治国，依法执政首先要依宪执政。”这标志着执政党开启了当代中国宪政转型的“按钮”。建设社会主义宪政逐渐凝聚成为当今社会各界的新共识。事实上，不论是由人治到法制，还是由法制到法治，以及从法治到社会主义宪政，其发展都需要一个过程，并不是一蹴而就的，究其原因是多方面的。众所周知，法制的现代化转型除了最终受制于经济、政治等方面的改革和发展状况外，利益的多元与冲突、观念的分歧与碰撞等等，都会影响法制现代化转型的顺利推进。

时至今日，当代中国的改革开放事业已过“而立之年”，改革已经步入“深水区”，包括经济、政治、法律、文化等社会各个领域的改革和转型的“连带性”“整体性”问题越来越突出。如果没有其他领域的配套跟进、协同发展，单个领域的改革和发展越来越困难，已取得的成果甚至也会葬送掉。① 我们不难发现，当下中国的思想观念之活跃，观点碰撞之激烈，立场冲突之难以调和，利益冲突之对抗程度，以及改革共识达成之难度，超过了改革开放以来的任何一个时期。这些形成了当代中国法学界权利研究的基本历史语境。法学者不是躲在书斋里“不食人间烟火”的圣人，他们本身就是社会转型的参与者、受益者甚至是受损

---

① 经济学家吴敬琏从“吴市场”转成了“吴法治”。他认为，政治改革的进展迟慢一方面会阻碍经济改革的进程和经济增长模式的转型，另一方面，公法不彰、社会失范、腐败蔓延，又会使社会安定和谐受到严重威胁。因此，认真积极推进政治改革，已经成为改革的一项主要任务。（参见吴敬琏：《政治改革，已经成为改革的一项主要任务》，载《沪港经济》2010 年第 5 期）

失者。他们基于自己的立场都会形成关于权利的观念，并以此为基石构建各自的思想和理论大厦。因此，转型时代中国法学界的权利研究和权利观念必然是活跃的、丰富多样的。

值得一提的是，当代中国的法制转型可以说存在官方和民间两种路径，分别对应行政主导和自然演进两种转型模式。面对这两种路径和模式，法学者往往都会有自己的理解和看法，这往往左右了法学者持有何种权利观念，进而遵从何种范式的权利研究。这里涉及一个深层次的问题，即中国知识界始终面临着一个选择，那就是如何看待国家或者政府。事实上，中国知识分子一直怀有一种“爱之深，恨之切”的情结。在近代历史上，不论清末的“百日维新”，还是民国时期的“宪政运动”，都体现了中国知识分子所持有的与之合作的意愿。新中国成立后，所面临的发展压力使得知识分子与政府的合作意愿也很强烈。尽管有学者乐观地指出：“当代社会在政治民主和自由权利问题上存在广泛的共识，这种共识是在不同的思想潮流和取向之间达成的。”[①]然而，知识界达成的共识似乎很难转化为具体的、活生生的权利实践，他们更喜欢纠缠于各种思潮的不休争论中，热衷于宏大叙事的争鸣和理论体系的建构，甚或治国方略的探讨。之所以如此，主要原因在于，当代中国的主体思想界并没有从同国家“合作”的思维和意愿中解脱出来。基于合作的现实需要，当代中国知识分子对“权利”的呼吁一直是比较慎重的、隐晦的。话又说回来，中国学术界与政府存在合作意愿有多方面的原因。单就历史原因而言，自近代以来，中国始终面临着由于外来力量带来的生存和发展的压力，特别是从19世纪中叶到20世纪上半叶的百年间，中国基本上一直处于“生死存亡”的边缘，只是最近半个世纪才免除了生存的压力，但仍然面临发展的压力。这都需要学术界与政府的通力合作，才能共渡时艰。但是，百年来，中国所面临的外来压力总的来说经历了一个由重到轻、由急到缓的过程。而且这三十多年的现代化转型是在基本没有外来压迫、相对和平的国际环境下自主进行的，因此，政府能够比较从容、自由地选择现代化转型的策略和方案。但是，权利毕竟是民间与官方“斗争”的武器。当孙志刚案、聂树斌案、佘祥林案、赵作海案等血的事件不停地重复上演、剧情不停地翻转的时候，我们对此不应该过度乐观。总之，当代中国的法制转型尽管不会是暴风骤雨般充满冲突和对抗，但也绝不会是和煦春风、波澜不惊。

---

① 汪晖：《去政治化的政治：短20世纪的终结与90年代》，三联书店2008年版，第501页。

二、权利观念的兴起

在这种社会背景下，权利观念在中国逐步兴起。有的人认为中国正在“走向权利的时代”，甚至已身处“权利的时代”中。为了对转型期权利观分析的方便，我们尝试借助数据库检索的方法。目前，国内学界普遍使用的是中国期刊全文数据库(CNKI)。本数据库收录了国内公开出版的7400余种核心期刊与专业特色期刊的全文，为资料最全、最权威、使用最普遍的全文数据库。部分收录的是1994年至今的刊物，部分刊物回溯至创刊。要借助数据库，需要确定合理的查询范围、检索项以及检索词。

在中国期刊全文数据库的查询范围中，与权利研究有关的总目录主要包括“文史哲”“政治军事与法律”“教育与社会科学综合”。法学界涉及权利问题的研究主要集中在“政治军事与法律”总目录下的“法理、法史”与“宪法”两个子目录中。因此，我们可以分别对上述三个总目录和两个子目录进行检索。在确定了检索范围后，我们还需要确定检索项。根据中国期刊全文数据库所列的检索项，主要包括“篇名”“主题”“关键词”“摘要”“全文”等。由于中国期刊全文数据库收录了4000多万篇文章，比较可行的是以“篇名”为检索项。接下来，既然是考察权利研究，那么就应该选择“权利”和“人权”为检索词。此外，就检索时间范围而言，考虑到数据、资料统计计算的便捷性和可行性，我们将考察范围锁定在1979～2008年的三十年。[①] 2008年后数年间，人权与权利的研究进入了一个相对平稳的时期，故考虑统计表的容纳量没有再逐年列举。概而言之，我们将以“权利”“人权”为检索词，以“篇名”为检索项，分别对“文史哲”“政治军事与法律”“教育与社会科学综合”三个总目录和“政治军事与法律”总目录下的“法理、法史”与“宪法”两个子目录进行分别检索，以获得当代中国学术界主要是法学界权利研究的总体概况，并在此基础上，尝试把握权利研究的现状、特点等。

我们首先分别以“权利”“人权”为检索词，以“篇名”为检索项，对“文史哲”“政治军事与法律”“教育与社会科学综合”三个总目录进行了检索。检索的结果为：以“权利”为篇名的文章共有10216篇，以“人权”为篇名的文章共有5767

---

① 这一统计区间也是本项目立项后课题组开始项目研究时的时间节点，书中各类统计表在项目进展、成果汇集时没有将统计时间后延的一个重要原因是，在2008年之后课题组成员曾以年度为统计区间、数据基础分别撰写过阶段性成果，并以学术论文的形式在期刊上发表，这些论文将作为附录附在本书之后。

篇；在“文史哲”“政治军事与法律”两个总目录下，以“权利”为篇名的文章共有9178篇，以“人权”为篇名的文章共有5608篇；在“法理、法史”“宪法”两个子目录下，以“权利”为篇名的文章共有1970篇，以“人权”为篇名的文章共有931篇。为了能够直观地发现和把握问题，我们绘制了各个年度发表的“权利”“人权”方面的“检索成果数量按年度分布统计表”(见表2-1)和曲线图(见图2-1、图2-2、图2-3)。

检索成果数量按年度分布统计表

检索目录	“文史哲”“政治军事与法律”“教育与社会科学综合”		“文史哲”“政治军事与法律”		“法理、法史”“宪法”	
检索词 / 年度	权利	人权	权利	人权	权利	人权
1979	8	7	7	7	4	2
1980	10	6	9	6	0	2
1981	23	2	23	2	3	0
1982	34	2	34	2	17	1
1983	24	1	23	1	11	1
1984	37	3	34	3	10	1
1985	28	4	27	4	4	1
1986	35	3	32	3	9	0
1987	40	9	49	9	13	1
1988	66	11	64	10	30	1
1989	56	29	52	28	19	6
1990	69	67	65	67	32	21
1991	70	134	68	133	32	33
1992	85	302	83	301	33	75
1993	63	139	56	135	17	37
1994	135	131	124	128	17	9
1995	175	188	156	182	34	8
1996	180	167	163	159	31	6

续表

检索目录	"文史哲""政治军事与法律""教育与社会科学综合"		"文史哲""政治军事与法律"		"法理、法史""宪法"	
年度＼检索词	权利	人权	权利	人权	权利	人权
1997	201	154	191	151	39	7
1998	250	154	229	140	45	12
1999	327	272	298	267	45	15
2000	366	232	335	224	63	16
2001	389	252	342	248	47	18
2002	597	283	523	271	97	38
2003	749	319	669	305	160	39
2004	892	583	794	555	187	148
2005	1043	602	951	589	190	138
2006	1258	566	1121	557	248	99
2007	1473	578	1293	562	281	101
2008	1533	578	1363	559	252	95
合　计	10216	5767	9178	5608	1970	931

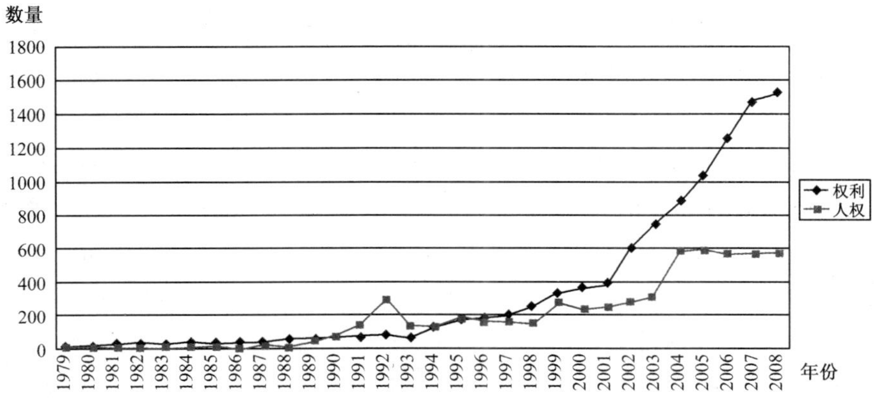

图 2-1　"文史哲""政治军事与法律""教育与社会科学综合"目录下检索情况曲线图

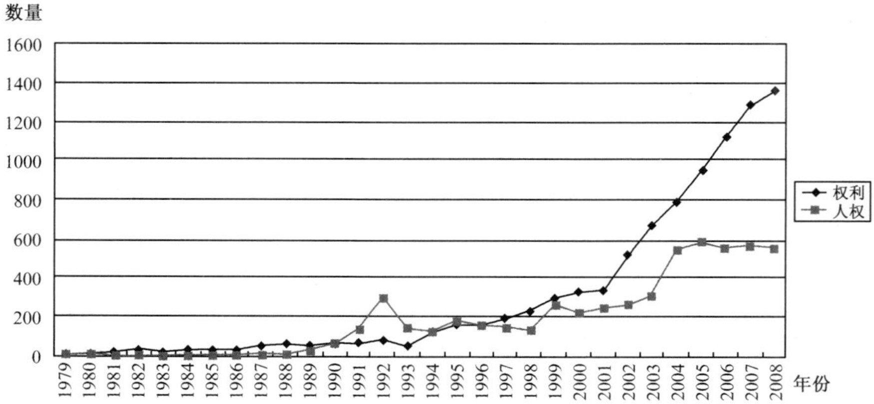

图 2-2 “文史哲”“政治军事与法律”目录下检索情况曲线图

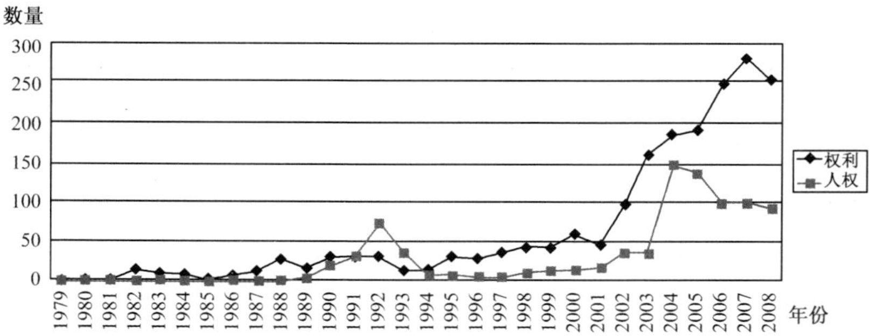

图 2-3 “法理、法史”“宪法”目录下检索情况曲线图

通过上面的图表我们发现，转型期有关权利的研究呈现以下特点：

第一，有关权利研究的论文数量不断增长。图 2-1、图 2-2、图 2-3 显示，不论是在“文史哲”“政治军事和法律”“教育与社会科学综合”三个总目录下，还是在“文史哲”“政治军事和法律”两个总目录下，以及“法理、法史”“宪法”两个子目录下，也不论是以“权利”为关键词的研究，还是以“人权”为关键词的研究，曲线走势大体相同。结合表 2-1 我们发现：检索情况在 20 世纪 80 年代前，关于“权利”“人权”研究的论文数量不到两位数；在 90 年代前半段，数量仍然很少，增长缓慢，每年关于“权利”“人权”的论文也就百篇左右；90 年代后半段以来，“权利”研究的论文数量开始逐渐增加，特别是进入 2000 年以来，数量呈现出加速增长态势，2008 年分别达到了 1533 篇和 578 篇。从“权利”“人权”的论文数量来看，“权利”已经成为学界关注的热门话题，成为现时代的关键词之一。就涉及“权利”与“人权”研究比较来看，“权利”方面文章的数量在三十年间的大多数时间段里超过了“人权”研究。这是因为“权利”与“人权”在内涵上存在差异，“权利”的外延更广，涉及学科更多。其中，一个值得注意的历史现象是，如果把权利研究按时代划分为20世纪80年代、90年代及2000年以后三个阶段的话，相关研究文章数量存在加速增长。以“文史哲”“政治军事与法律”“教育与社会科学综合”检索项为对象，以“权利”“人权”为检索词，我们发现，我国在20世纪80年代有关权利、人权方面的文章只有438篇，而90年代却有3252篇，到了2000年以后更是达到了12293篇。以“文史哲”“政治军事与法律”为检索项，或者以“法理、法史”“宪法”为检索项，也会得到同样的结论。为什么分别在20世纪90年代、2000年以后权利的研究形成了“爆炸式增长”？应该怎样评估这种增长的意义？这些问题值得我们作出认真研究和回答。

第二，有关权利的研究具有鲜明的时代性。结合当代中国三十年来的社会变迁，三十余年的权利研究可以划分为三个“十年”。第一个十年是20世纪80年代，这个阶段“权利”研究非常少，在“文史哲”“政治军事与法律”“教育与社会科学综合”目录下，以“篇名”为检索项，以“权利”“人权”为检索词，检索到文章总共只有438篇。之所以如此，有其历史必然性。在整个80年代，改革开放刚刚开始，而且主要集中在农村地区，人们已经初步感受到改革开放带来的实惠，沉浸在温饱得到满足的喜悦中。在思想观念领域，学界的主要任务是解放思想，为物质利益正名。第二个十年是20世纪90年代，这个阶段的“权利”研究得到了巨大发展。整个90年代，在“文史哲”“政治军事与法律”“教育与社会科学综合”目录下，以“篇名”为检索项，以“权利”“人权”为检索词，检索到的文章达到了3252篇，远远超过了80年代。第三个十年，即2000年起，截至2008年，在“文史哲”“政治军事与法律”“教育与社会科学综合”目录下，以“篇名”为检索项，以“权利”“人权”为检索词，检索到的文章达到了12293篇。在“文史哲”“政治军事与法律”目录下，在“法理、法史”“人权”目录下，检索结果与前述情况大体一致。通过检索，我们发现一个有趣的现象，即20世纪90年代的“权利”研究与2000年以来的“权利”研究存在明显差异。这不仅仅体现在研究成果的数量上，关键是体现在研究成果的内容和时代性上。从图2-1、图2-2、图2-3来看，在进入1990年之后的三至五年间，“人权”研究的数量超过了“权利”研究。从整个90年代来看，在“文史哲”“政治军事与法律”“教育与社会科学综合”三个目录下，以及“文史哲”“政治军事与法律”两个目录下，“人权”研究的成果数量均超过了“权利”研究。根据“检索成果数量按年代分布统计表”（见表2-2），

"人权"研究为何超过了"权利"研究，这需要从20世纪90年代的时代背景获得解释。1989年之后，以美国为首的西方国家积极推行人权外交。对此，1991年11月1日，国务院新闻办公室发表了《中国的人权状况》白皮书，这是一件具有划时代意义的重要事件。中国政府第一次以政府文件的形式确立了人权概念在中国社会主义政治发展中的地位，把实现充分的人权作为中国社会主义所追求的崇高目标。对"人权"研究而言，《中国的人权状况》白皮书的发表，标志着我国在政治上突破了"左"的思想禁区，从此，"人权"研究迅速发展起来，直到2004年"国家尊重和保障人权"被载入宪法。在这十多年的时间里，"人权"研究一直处于非常繁荣的历史时期。

表 2-2　　检索成果数量按年代分布统计表

检索目录	"文史哲""政治军事与法律""教育与社会科学综合"		"文史哲""政治军事与法律"		"法理、法史""宪法"	
年代 \ 检索词	权利	人权	权利	人权	权利	人权
20世纪80年代	361	77	354	75	120	16
20世纪90年代	1555	1697	1433	1663	325	223
2000年以后	8300	3993	7391	3870	1525	692
合　计	10216	5767	9178	5608	1970	931

第三，有关权利的研究在整个权利研究中占据主导地位。"权利"问题进入整个学术界的视野，并逐渐为人们所重视，可以说当代中国法学界为此做出了主要贡献。自20世纪80年代末，法学界开始用权利、义务等基本法学范畴来重构、解释各个法律现象，意图实现法学理论的学科化，以及法学学科的科学化。有道是"无心插柳柳成荫"，以权利、义务来重构法学理论，实现法学学科的科学化的任务还未完成，权利作为价值范畴反映时代观念的议题便跃入人们的视野，并开始被整个学术界所关注，遂成为其他学科讨论的主题。在这个过程中，法学界一直引领、主导着权利问题的研究。在法学界的带动、引领下，伦理学界、哲学界开始关注权利问题，并有零星的著作问世。

三、观念史研究方法

为了对当代中国法制转型期的权利观进行一个准确透视，我们借鉴观念史的研究方法对上述有关权利的研究进行再研究。“观念史”(history of ideas)这一术语是由20世纪20～30年代美国哲学家兼历史学家洛夫乔伊(A. O. Lovejoy)首先使用的。“所谓观念史就是去研究一个个观念的出现以及其意义演变过程。”[①]观念史的研究对象一般是基于关键词的“单元观念”。作为历史学的一个分支,观念史研究的目的是通过研究观念的历史来研究思想史(intellectual history)。作为观念史研究对象的观念,则是构成各种思想、学说的基本单位,是人们在某些思想领域进行思考时所依赖的基本成分和单元观念(unit-ideas)。它“暗示着对各种观点和行为的独有的和首要的逻辑确定性以及对历史的思想运动有所假定”[②]。这些单元观念包括各种概念、范畴、假设等,洛夫乔伊本人就考察过“存在之链”(chain of being)、“自然”(nature)、“高贵”(nobility)等。在政治思想领域,“自然权利”“社会契约”“权力”等也属于单元观念这一范畴。因此,观念史的研究首先就是要辨识、分离出这些“单元观念”,对它所进入并对之产生影响的各个领域加以考察,勾画出这一“单元观念”在历史场景中所扮演的多种角色、它所展示的不同侧面、它跟其他观念的交互作用甚至冲突,以及人们对它的不同反应。观念史研究的旨趣在于“力求找出(当然不限于此)一种文明或文化在漫长的精神变迁中某些中心概念的产生和发展过程,再现在某个既定时代和文化中人们对自身及活动的看法”[③]。需要指出的是,观念史研究不是去孤立单元观念,相反,“观念史考察的就是各个单元观念出现、孕育、发展和组合进入各种思想系统的过程”[④]。因此,它将“孤立分析和综合研究合为一体:为了独立的研究而把某个观念暂时孤立出来,但为了这个研究而把该观念所渗入一切历史领域的材料都集合起来”[⑤]。

在国内,观念史及其研究方法首先是由美术界引入并使用的[⑥],后来与历史

---

① 金观涛、刘青峰:《观念史研究——中国现代重要政治术语的形成》,香港中文大学出版社2008年版,第3页。

② [美]洛夫乔伊:《反思观念史》,余伟译,载丁耘、陈新主编:《思想史研究:思想史的元问题》第1卷,广西师范大学出版社2005年版,第30页。

③ [英]伯林:《反潮流:观念史论文集》,冯克利译,译林出版社2002年版,序言第5页。

④ 彭刚:《历史地理解思想——对斯金纳有关思想史研究的理论反思的考察》,载丁耘主编:《什么是思想史》(《思想史研究》第1辑),上海人民出版社2006年版,第172页。

⑤ [美]洛夫乔伊:《观念史研究方法》,曹意强译,载《新美术》2003年第4期。

⑥ 中国美术学院曹意强教授自2001年开始为博士生开设观念史与艺术史的课程。课程通过详细分析“文艺复兴观念”在不同时代、不同国家的意义演变史,说明一个源于艺术领域的思想可以在多大程度上改变现代世界观念。西方的艺术史就是以文艺复兴观念为轴心而发展出各种理论与方法的历史。(参见曹意强:《什么是观念史?》,载《新美术》2003年第3期)

研究方法的更新实现了对接，并逐渐向哲学、伦理学、法学等领域扩散，遂演变为一种非常重要的社会科学研究方法。近年来，香港中文大学金观涛、刘青峰两位教授运用观念史方法来研究中国现代重要政治术语的形成，其中包括对"权利"的研究，引起了学界一定的关注和反响。应该指出的是，观念史与思想史有所不同。"'观念史'的着重点意味着我们要处理的是某些自成一体的抽象物，它们在时间之流中独立航行，只是偶尔在某些特殊的心灵中做短暂驻足……'思想史'则意味着其关注点在于人类活动的某一方面，其用法与'经济史'或'政治史'这样的术语类似。"[①]因此，思想史的研究对象是人类活动的精神和思想，研究材料主要集中在各个历史阶段的典型思想家的理论及其经典文本；而观念史的研究兴趣集中在反映人类观念的关键词上，因为观念就是用固定的关键词所凝聚的思想。

观念史方法具有以下特征：

首先，研究方法的跨学科性。"观念犹如商品，要进入洲际贸易……日增的专业化趋势实际上已'死亡'，它犹如一个黑格尔逻辑范畴，走向了它自身明显的反面，如今则表现出要求更多的历史综合，要求在大量的、能详细说明的论点上建立具体而富有成效的内在联系。"[②]洛夫乔伊开创的观念史研究打破了学科的神话，即不同学科之间各自为政、互不往来的藩篱，其最大的价值在于通过跨学科地研究单元观念的历史来解析思想史的发展。为了实现可靠的历史综合，洛夫乔伊提出了合作的建议，这种合作是更明确、更负责、更有组织性的不同分支的专家之间的合作。这种合作不是将某个大题目分割成若干部分后分配给这类分支的专家们，而是来自所有这些真正与之相关的分支的所有专业知识在其中每个部分上的汇合。

其次，观念具有相对稳定性。观念的相对稳定性是观念史研究之所以可能的基础和前提。如果把特定的观念放在一定的语境下来理解的话，我们无疑都会同意斯金纳对观念史研究的批评。但是，毕竟存在一个表达观念、思想的关键词，而且词汇当然存在一个基本的文义，因此，在一个相对较短的时段内，观念意涵的相对稳定性是可能的。金观涛、刘青峰指出，中国从新文化运动到今天，种种重要观念的核心价值和功能仍保持了它们的相对稳定性，意识形态的

---

① ［英］斯蒂芬·柯林尼、J. G. A. 波考克、昆廷·斯金纳等：《什么是思想史？》，任军峰译，载丁耘主编：《什么是思想史》（《思想史研究》第1辑），上海人民出版社2006年版，第5页。

② ［美］洛夫乔伊：《观念史研究方法》，曹意强译，载《新美术》2003年第4期。

解体在很多时候只是观念之间关系的变化，但作为意识形态要素的观念，其核心意义和功能的理解并没有随之大变。①

再次，观念具有成长性。在观念史学家看来，"观念本身似乎就获得了某种独立的生命力，它不过暂时寄居于各个思想家的思想母体，却通过了迁移于不同时代、民族和文化的思想家之间，而完成自身发育成熟的过程"②。因此，即使把观念放在一定的语境下考察，在一个相对短的历史阶段内，各学科有可能为某一特定观念的基本意涵的形成做出各自的贡献，从而达成在一定历史时期的共识，甚至在民众中获得普遍化进而参与、推动社会进步。在社会历史的变迁中，观念的成长就像一种持续的"话语流"，最终使得概念形成一种相对稳定、普遍承认的观念意涵，我们可以称之为"主体间性意涵"。

最后，观念史方法的语境性。语境的稳定性决定了观念的相对稳定性，同样，语境的变化发展也决定了观念的成长性。斯金纳教授认为，观念史研究应当采用适当的研究方法，即"理解文本的前提在于掌握文本试图传达的意涵，以及希望这一意涵怎样被理解。为了理解一个文本，我们至少必须理解考察对象的意图，以及与之相伴随的意欲的沟通行动。这样，我们在研究这些文本时需要面对的问题在于：这些文本的作者身处特定的时代，面对特定的读者群，他们通过自己的言论实际要传达什么……接下来第二步应当是考察特定言论与更为广泛的语境之间的关系，以揭示特定作者的意图"③。

第二节　作为法律技术层面的权利观

新中国成立后，社会主义法制和法学基本切断了与1949年之前的民国法制和法学的联系，转而学习和移植前苏联法学。因此，前苏联法学理论无疑构成了当代中国法学的重要传统。前苏联法学的本质体现在国家主义法观念上，即"法是国家的附属物（或最多是伴生物），法产生于国家，法是实现国家职能的

---

① 参见金观涛、刘青峰：《观念史研究——中国现代重要政治术语的形成》，香港中文大学出版社2008年版，第3页。

② 彭刚：《历史地理解思想——对斯金纳有关思想史研究的理论反思的考察》，载丁耘主编：《什么是思想史》（《思想史研究》第1辑），上海人民出版社2006年版，第172页。

③ ［英］昆廷·斯金纳：《观念史中的意涵和理解》，任军峰译，载丁耘主编：《什么是思想史》（《思想史研究》第1辑），上海人民出版社2006年版，第132页。

手段,没有国家就没有法"[①]。但是,国家主义法学理论显然包含了一定的分析元素,正如分析法学的创始人奥斯丁把法律视为"国家的命令"也包含了一定的国家主义成分一样。因此,前苏联法学理论显然在一定程度上包含了分析法学的基本方法和观点。前苏联法学理论普遍把权利视为"受到国家保障的、有权人作出一定行为的可能性,包括要求别人作出一定行为的可能性"[②]。显然,权利仅仅是法律关系的一个要素,并不包含个人自主的主体性价值内涵。"法律关系的主体的权利(即所谓主观权利)总是以他人(一个人或若干人)存在作出一定行为的法律义务为前提的,义务人不履行这种义务,就可能受到国家的制裁。"[③]而"法律关系主体的法律义务就是义务人作出法律规范规定的应作的行为,即作出一定的行为或抑制一定的行为的义务。由此可见,法律义务同其他主体的权利有着不可分割的联系。没有法律义务,就没有权利"[④]。改革开放以来,尽管我国法学理论界开始谋求摆脱前苏联法学理论的束缚,例如,从教材名称上不再使用"国家与法的理论",而改称"法学基础理论",但在权利、义务问题的看法上基本复制了前苏联法学理论的内容。

与西方分析法学相比较,前苏联法学理论将法学中的"国家成分"发挥到了极致,而其中的"分析成分"也就萎缩到了极致。从我国 1980 年左右的法学理论著作来看,基本上完全继承了前苏联法学著作对"权利""义务"问题的分析框架和模式,当然也继承了其中的分析元素。在凯尔森看来,"前苏联的法学理论企图在马克思的社会的经济解释论的基础上发展一个法律理论的尝试是完全失败了",原因主要在于,它"对法律现象不从规范的观点去研究,就是说,不去分析某一特殊的规范体系的结构,而是从社会学的观点来研究这个规范体系所以产生和发生效果的条件"。[⑤] 因此,不论是前苏联法学中的国家成分,还是其中的经济、社会成分,都弱化甚至萎缩了法律的分析成分,使其分析法学的要素十分薄弱。

改革开放以来,中国法学界对分析法学显然并不陌生。一方面,1949 年前

---

① 周永坤:《国家法律主义评析》,载《云南法学》1997 年第 1 期。

② [苏联]玛·巴·卡列娃等:《国家和法的理论》(下),中国人民大学出版社 1956 年版,第 452 页。

③ [苏联]玛·巴·卡列娃等:《国家和法的理论》(下),中国人民大学出版社 1956 年版,第 453 页。

④ [苏联]玛·巴·卡列娃等:《国家和法的理论》(下),中国人民大学出版社 1956 年版,第 454 页。

⑤ [奥]凯尔森:《共产主义的法律理论》,王名扬译,中国法制出版社 2004 年版,第 238 页。

的民国法学理论在20世纪80年代后开始引起法学界的关注[①]，这使得当代中国法学界力所能及地延续了民国法学对西方分析法学理论的研究和思考；另一方面，我们所宣扬和继承的前苏联法学中的国家主义与奥斯丁"命令说"中的"国家要素"在当下一经"汇合"，也使得改革开放之初的中国法学对西方分析法学理论有似曾相识之感。但是，当代中国法学界对西方分析法学的引介与民国时期有显著不同。一个众所周知的原因是，西方分析法学也正处在变化发展过程中，特别是二战后英国法理学家哈特的新分析法学理论极大地发展了分析法学理论。民国时期的法学界主要是引介了奥斯丁的分析法学，甚至对凯尔森的纯粹法学理论都较少涉猎。相对而言，当代中国法学界对西方分析法学的引介是系统、全面的。奥斯丁、凯尔森、哈特、拉兹等分析法学派代表人物的观点和理论得到了比较系统、全面的介绍和阐释。[②] 另外，需要注意的是，当代中国法学界对西方分析法学的引介是在市场经济和民主法制建设取得飞速发展的和平建设时期，是在逐渐驱除国家主义思潮的背景下进行的，因而对西方分析法学的理解是较为体系、全面和纯正的。新分析法学大师哈特概括了分析实证主义法学的五项基本特质：一是主张法律是人类的命令；二是认为法律与道德或者实在法与当为法之间没有必然的联系；三是认为对法律概念的分析是一项意义重大的工作，它不同于对法律的来源与运作的历史学和社会学的研究，也不同于自然法学的方法；四是认为法律体系是一个"封闭的逻辑体系"，正确的法律判决可以从与社会目的、道德标准毫无关系的既有的法律规定中，以逻辑的方法演绎出来；五是认为道德判断不能像事实的陈述一样，在证据的基础上以合理的推理予以确认。哈特的理解和概括得到了当代中国法学界的普遍认同。

应该说，西方分析法学的再引入及其本土化有力地推动了当代中国法学界分析法学研究范式的形成。当代中国法学已经呈现出多元化、流派化的趋势，学者概括有价值法学、社会学法学、规范法学、综合法学、利益法学以及史料法学。[③] 其中，与分析法学研究范式比较接近的是规范法学，当代中国的规范法学是以分析国家法规范及其效力为主旨的法学学说。有的学者则将分析法学范式的研究称之为"诠释法学"。诠释法学高度关注具体的法律制度和技术问题，

---

① 比较有代表性的是何勤华、李秀清主编的《民国法学论文精萃》(第1卷《基础法律篇》，法律出版社2003年版)。

② 就专门介绍分析法学的著述而言，李桂林、徐爱国合著的《分析实证主义法学》一书堪称代表，该书由武汉大学出版社2000年出版。

③ 参见谢晖：《价值重建与规范选择》，山东人民出版社1998年版，第315～324页。

真正凸显并实现了法律作为一种专门化的技术和知识的可能性。因此，诠释法学的核心问题是构建一个概念系统基本完整、自洽且能够有效传达和便于运用的法律规则体系。它是技术导向的，其主要方法是概念分析、规则分析。分析法学在当代中国附带地产生了一个“意外”的功用，它使得法律不再是一种政治理论话语，甚至也不再是政治话语的附庸，而是使它进入了社会实践，成为一种实践话语。换句话说，分析法学研究范式对于法学作为一个独立的学科之发展具有巨大的意义。[①] 另有学者指出，体现诠释主义法学思想的诠释分析法学研究具有部门性、职业性、明晰性和实然性等特点。[②]

1949 年前民国分析法学理论已取得的成就及其在当代的重识、苏联法学中分析成分的影响以及当代西方分析法学的再次引介，使得当代中国法学界分析法学范式下的权利观非常复杂，而且不甚纯正，只能呈现出一种“家族相似性”。

一、形式主义的权利观

自近代以来，是先由“功利主义者发掘了权利现象中的可描述要素，从而使得在此基础上的权利分析得以进行”[③]。众所周知，分析法学的重要特点就是法律形式主义，而法律形式主义的大厦恰恰就是建立在权利的形式主义分析这块基石上的。如果抽去权利分析这块基石，法律形式主义的大厦就会倾倒。因此，形式主义的权利观根源于法律形式主义，是法律形式主义在权利理论上的具体体现。所谓法律形式主义，简单地说，就是把司法决定的过程视为一个严格的演绎过程。“法律形式主义主要是一种审判的描述性理论，它主张：(1)法律是理性的、确定的。(2)判决的过程是机械的、演绎的过程，法律推理是自动的。由于法律理性足以为一个唯一的结果辩护，所以，我们在得出判决结论时根本不用诉诸非法律因素。”[④]因此，在法律形式主义看来，法律是一系列独立于其他政治和社会制度的规则和原则，是一套独立自在的规则体系。法律形式主义之所以重要并被接受，是因为它得到了法治和宪政逻辑的有力支持。这是因为，如果法官和其他公共官员对法律文本的解释不限于其直白的意思，如果法官有权造法而非局限于法律解释，那就将违反三权分立、侵犯立法权，从而破坏

① 参见苏力：《也许正在发生——中国当代法学发展的一个概览》，载《比较法研究》2001 年第3 期。

② 参见汤唯、王加卫：《论当代中国法学流派分野的基本端倪》，载《法律科学》2006 年第 6 期。

③ 张立伟：《权利的本质：意志抑或利益？》，载 2008 年 12 月 6 日《学习时报》。

④ 陈锐：《法理学中的法律形式主义》，载《西南政法大学学报》2004 年第 6 期。

法治和宪政。就法律形式主义的实践操作来说，它特别强调形式逻辑推理，相信概念、规则与物、事之间的一一对应关系，确信法律解释具有客观性和确定性。为此，法律关系、权利、义务、规则等等构成了法律推理的基本要素。正如有学者指出："形式主义者分析的基本单元是法律关系。法律通过案件、规则、标准、学说、原则、概念和程序的整合，将一个人与另外一个人结合起来，当一个法律要求提出来的时候，它们共同出场表演。比如，如果权利要求是违约，那么当事人的法律关系被定义为合同法的学说和概念，以及相应的审判程序。或者，如果权利要求是非同意的伤害，那么法律关系则由授权法的规范、概念和程序构成。"[①]霍菲尔德的权利分析理论，恰恰是对权利所作的精细化的形式主义分析。

形式主义的权利观，意味着权利仅仅是法律推理的概念要素和基本工具。它不是价值论意义上的权利，而是在法律诉讼中每一个人都可以诉诸的确定标准。这个标准来自法律的明确规定，贯穿于法律关系内，实现于法律程序中。当下法理学的教材大多坚持了权利的形式主义分析，其典型表达就是"权利和义务是法学的核心范畴"。具体内容包括：权利和义务是从法律规范到法律关系再到法律责任的逻辑联系的各个环节的构成要素；权利和义务贯穿于法的一切部门；权利和义务通贯法律的运行和操作的整个过程。[②] 在我们看来，法学界所列举的主要是关于权利的资格说、主张说、自由说、利益说、法力说、可能说、规范说、选择说。如果从法律形式主义的角度来分析，那么资格说、主张说、法力说、可能说、规范说、选择说这六说主要是从法律形式主义来阐释权利的；自由说和利益说则探到了形式背后的内容，多少脱离了形式主义的立场，例如利益说主要是从法社会学的角度来理解权利的。当然，尽管资格说、主张说、法力说、可能说、规范说和选择说都坚持了法律形式主义的立场，但它们的侧重点又存在差异。在我们看来，权利即资格，资格和权利基本同义，或者说，资格最接近权利。主张说、可能说、选择说都是从形式主义的某一个方面阐释了权利的本性。从逻辑上讲，如果不能"主张"，就不是一种权利，这就是权利拥有的悖论。[③] 因此，权利是否行使取决于权利人是否提出主张，但这毕竟是一种"可

---

① [加]欧内斯特·J·温里布：《私法的理念》，徐爱国译，北京大学出版社2007年版，第26页。

② 参见张文显主编：《法理学》，高等教育出版社2007年版，第139～140页。

③ 参见[美]杰克·唐纳利：《普遍人权的理论与实践》，王浦劬等译，中国社会科学出版社2001年版，第5～7页。

能”，而这种可能性能否转化为现实性，又取决于权利人的“选择”。而规范说、法力说，则是从权利的根据上揭示了权利的性质。总之，形式主义的权利观不涉及权利的价值内涵和社会基础，它只是形式主义分析的结果。

二、技术主义的权利观

凯尔森论述到，每一个使个人负有义务对另一个人作一定方式行为的法律规范，并不都授予后者以对前者的法律权利。“法律规范使某人负有对某一别人作一定方式行为的事实，并不自然就意味着后者有对前者的这种行为的权利，即要求他履行其义务的法律权利。为了构成一个技术意义上的法律权利，法律规范一定要有一个很特定的内容。”[①]那么，怎样才能算是“技术意义上的法律权利”？它所要求的法律规范应该具有的特定内容是什么呢？其实，对一个不履行自己义务的债务人执行法律秩序所规定的制裁，对每一个可能成为债权人的人，甚至对每一个希望维护法律秩序的人来说，都是有利的。那么，如何启动法律秩序规定的制裁？这里有两种技术可供选择：一种是由某个公共机构、共同体的机关来实施，理由是，毕竟债务人不履行义务，对整个法律秩序都是一种损害；还有一种技术就是“技术意义上的权利”，简单地说，“使制裁的执行有赖于某个人（原告）提起诉讼、授予技术意义上的‘权利’”。[②] 这就是民事法律权利技术的典型。之所以如此，是因为“在一个以私人资本主义原则为基础的法律秩序中，民法技术是由以下事实决定的：立法者忽视在规范适用中的集体利益并将真正的重要意义只归诸于特定人的利益”[③]。丹尼斯·罗伊德也指出：“权利是否伴义务，则取决于这个制度是否愿意某些个人‘决定应否利用法律制度展开行动以强制实现义务’的一种权利。”[④]这同样表达的是技术意义上的权利观。

需要注意的是，按照凯尔森的理解，技术意义上的法律权利只是通过法律规范设定了个人启动程序、提起制裁的机会或者可能性。不过，当代中国法学界对权利“可能说”的理解却不是在这个意义上进行的，而是大多从社会学的角度来把握“可能说”。“可能说”“使人们注意到法律规范宣告的权利始终处于待

---

① [奥]凯尔森：《法与国家的一般理论》，沈宗灵译，中国大百科全书出版社 1996 年版，第 87 页。

② [奥]凯尔森：《法与国家的一般理论》，沈宗灵译，中国大百科全书出版社 1996 年版，第 94 页。

③ [奥]凯尔森：《法与国家的一般理论》，沈宗灵译，中国大百科全书出版社 1996 年版，第 95 页。

④ [英]丹尼斯·罗伊德：《法律的理念》，张茂柏译，新星出版社 2005 年版，第 255 页。

用(等待使用)的状态,隐含如果主体不行使权利或没有能力行使权利,权利对主体来说仅仅意味着宣告”[①]。有学者明确指出:“把权利视为权利人为一定行为的可能性,或要求他人作出一定行为的可能性以及请求国家给予行使和实现的可能,隐含着敦促权利主体由权利之可能性变为现实性的要求。”[②]但是,按照凯尔森的理解,权利的“可能说”实际上是“技术意义上的权利”的自然要求和体现。技术主义的权利观及其运用主要是在民法、商法等私法领域,在法律和理论上的表达就是请求权。王人博教授指出:“把法学理解为一门技术,这可能是当下中国部门法学一个主流的架构。”[③]其法理依据则是将权利及其分析视为一种技术。

三、国家主义的权利观

分析法学范式是从法律与国家的关系中把握法律,把法律视为国家的命令,坚持法律的国家性,目的是为法律确定一个实证的标准和依据。这与法律国家主义有一定相似之处。正如有学者指出的:“实证主义法学认为国家权力决定法,法源于国家的观点,导致分析法学派对法的研究只注重法的形式及其逻辑结构,而忽视法的内容,基本上不对法作价值分析,形成了‘规范主义’倾向,而在其背后,实质上体现了一种‘国家主义’的法律观。”[④]但是,分析法学虽然强调法律的国家渊源,它未必导致法律国家主义。那么,什么是法律国家主义呢?周永坤教授认为:“法律是国家的附属物(或最多是伴生物),法产生于国家,法是实现国家职能的手段,没有国家就没有法……从这一基本前提出发,演绎出一系列以国家利益、国家意志为根本价值取向的分论点群。”[⑤]国家主义在中国甚为流行,可以说是根深蒂固、源远流长。吕世伦教授指出,国家主义是以国家权力为核心、以权力至上为价值基础的一种普遍存在于社会意识形态领域内的观念体系。[⑥] 国家主义作为一种意识形态的观念体系,在我国有广泛的影响力,它不仅存在于政治体制领域,而且在一定程度上影响着我国立法、行政、

① 张文显:《法哲学范畴研究》,中国政法大学出版社 2001 年版,第 308 页。

② 范进学:《权利政治论》,山东人民出版社 2003 年版,第 13 页。

③ 王人博:《中国法学:技术、价值与知识——中国法学的三种基本态势》,载《现代法学》2008 年第 1 期。

④ 孙国华:《马克思主义法理学研究》,群众出版社 2007 年版,第 360 页。

⑤ 周永坤:《论自由的法律》,山东人民出版社 2006 年版,第 148 页。

⑥ 参见吕世伦:《理论法学经纬》,中国检察出版社 2004 年版,第 31 页。

司法活动。更重要的是，国家主义甚至作为一种潜意识存在于人们的思想深处难以动摇，并左右人们的判断、支配人们的行为。诸如“大河没水小河干”“国富才能民强”“皮之不存，毛将焉附”等判断不胜枚举。在我们看来，国家主义最大的危险是对个人自主权利的漠视，片面强调国家对个人的至上性和正当性。因此，国家主义割裂、歪曲了个人和国家的价值源流关系。权力没有了权利的制约，其正当行使只能寄希望于掌权者的思想境界和修养水平。民众不需要操心，只能依靠其自我矫正；反而人民的权利成了权力的派生物和附庸，成为权力的“恩赐”。如此得来的权利只能处于权力的支配下，对人民而言只能起到画饼充饥之用。总之，国家主义权利观的概括表达就是“国家主权是人权的前提和基础”。

受前苏联国家主义法学的影响，分析法学范式关于“法律是国家意志的产物”的观点在当代中国很容易被接受。因为二者都强调国家之于法律、权利的意义和作用，也就是说，分析法学范式毕竟强调法律、权利的国家因素，从而与法律国家主义有一定的“家族相似性”。当然，分析法学范式与法律国家主义存有很大差异。分析法学范式会坚持形式主义和工具主义的权利观，也会认为权利是国家或者法律赋予规定的，但一般不会导致法律国家主义，不会畸形演化出国家主义的权利观。因此，权利的国家观与国家主义的权利观是有本质不同的。

四、工具主义的权利观

19 世纪末 20 世纪初，美国发生了一场法理学的变革。在此之前，统治美国的法学理论和法律实践的是法律形式主义，或者叫“形式的”或“机械的”法理学。它认为，每一个案件都有一个唯一正确的结果，这个结果可以从一系列自然的、不言自明的规则中通过逻辑推理得到。因此，裁判案件的过程被理解为是一种纯理性的、演绎性的过程。然而，“福利国家的出现和与之相伴的政府职能的扩大，导致了新的法律工具主义的兴起。尽管立法机关享有独立的地位，而且被认为是民意的代表，但是人们看到的情况是法律成了政府推行某种政策的工具，政府借助法律公开介入现代法学认为政府不应该介入的领域，如公开参与社会财富的重新分配，制定经济与社会计划，等等。而且，政府使用的很多资源和权力都是由一系列新的法律所创造和支持的”①。这种法律工具主义的

---

① 信春鹰：《后现代法学：为法治探索未来》，载《中国社会科学》2000 年第 5 期。

兴起，必然导致形式主义的法律推理向目的性或者政策性法律推理的转变，可以在法律的文本解释中进行创新，从而增加了法律的不确定性，但事实上有利于实现公共政策和社会利益。可以这样说，在西方国家，法律工具主义一般与法律形式主义相对，是一种和法律现实主义相关的理论。

在当代中国，法律工具主义观念曾经非常盛行。但是，此法律工具主义非彼法律工具主义。中国语境和历史条件下曾经出现的法律工具主义，把法律视为国家、政策、发展经济甚至是道德维护的工具。由于法律处在工具、手段的地位上，法律的重要性一般得不到重视。客观上看，法律工具主义强化了人治的理论基础，无法树立起法律的权威，同依法治国的目标背道而驰。因此，通过对比可知，由于文化传统特别是发展阶段不同，中、西法律工具主义的内涵、面临境遇是大异其趣的。在当下中国，法律工具主义遭到广泛的质疑和批评；而在西方，它只是相互竞争中的一种法律思想、理论和实践。在中国，法律工具主义与传统人治观念相契合，是在几乎没有法治传统和信念的基础上展开的；而在西方，法治传统历史久远，法律的本体价值得到了充分的张扬和实现，由于基础厚实，法律工具主义根本无法动摇法治根基，反而可能成为一种有益的补充。从终极意义上讲，法律当然是一种工具，当然具有工具价值。它是保障人权、实现公正的工具。在这个意义上，法律本身不具有目的、价值意义。法治理论和实践发达背景下的法律工具主义在法律形式主义的有效牵制下，一般不会破坏固有的法治基础，也不会沦为侵犯权利的工具。但在法治落后的国家或地区，法律工具主义很容易会沦为法律虚无主义，从根本上否定法治，最终侵犯人权和权利。

在中国特殊的语境和历史条件下，分清法律的工具观与工具主义法律观、权利的工具观与工具主义权利观具有重要的理论和实践意义。工具主义的权利观是极端法律工具主义在权利问题上的具体体现。如果说，形式主义权利观和技术主义权利观是分析法学范式权利观的当然内容的话，那么，工具主义的权利观和国家主义的权利观仅与分析法学范式权利观具有一定的家族相似性，并不是分析法学范式权利观的当然内容。

总之，工具主义的权利观就是把权利视为一种实现政策目标的工具。在法律工具主义语境下，工具主义的权利观必定把权利视为法律权利。权利的地位受制于法律的地位，也就是说，法律的重要性提升，权利的地位也随之提升。因此，权利位于法律之下，要规定哪些权利，权利的范围和限度等如何确定，权利与义务的关系为何等等，都取决于法律要服务的特定目标，受制于法律的工具地位。

五、程序主义的权利观

近年来，伴随中国法制建设的不断完善，法律程序的价值和地位逐步得到广泛承认，并发展出一种程序主义的权利观念。有学者指出："中国的宪政研究多注重国体、政体、权利义务的实体部分，于程序问题则不免有轻视之嫌……关于公民基本权利的原则性宣言倒未必见得与西方的章句相去多远。问题是，这些权利义务根据什么标准和由谁来确定、对于侵权行为在什么场合以及按照什么方式进行追究等程序性前提的规定却一直残缺不全……对于宪法精神以及权利的实现和保障来说，程序问题确系致命的所在。"①程序的价值获得极高评价："如果我们要实现有节度的自由、有组织的民主、有保障的人权、有制约的权威、有进取的保守这样一种社会状态的话，那么，程序可以作为其制度化的最重要的基石。"②

当代中国法学界不仅对程序的工具价值有明确的把握，即程序对于实体权利实现的保障意义③，而且意识到了程序的本体价值。对程序法制建设的重视必然是对程序权利的重视和加强，程序本体价值的确认便体现为一种程序主义的权利观。在诉讼法学界，有学者以宪法为根据，提出了程序基本权的范畴。程序基本权大致包括程序上的主张权、平等权、获得及时裁判权、公正程序请求权等方面。④ 随后，程序基本权的研究从部门法学界扩展到了理论法学界，其内涵从民事诉讼法扩展到了其他程序法和实体法，程序主义权利观的影响也随之逐渐扩大。

以上五个方面，是我们对权利作为法律技术观念的初步阐释，其中既包含有西方分析法学范式下法律技术权利观的典型因素，也有中国特定社会背景所衍生出的非典型因素。这五种权利观呈现出的是一种"家族相似性"。形式主义的权利观、技术主义的权利观以及程序主义的权利观真正体现了分析法学范式下的权利观，而国家主义和工具主义意义上的权利观虽然体现了一定程度上的分析法学成分，但更多地反映了前苏联法学中的分析成分，当然也有传统法

---

① 季卫东：《法律程序的意义——对中国法制建设的另一种思考》，中国法制出版社 2004 年版，第 11～12 页。

② 季卫东：《法治程序的建构》，中国政法大学出版社 1999 年版，第 11 页。

③ 孙笑侠教授把实体性权利与程序性权利的关系归纳为目的与手段的关系、源与流的关系、内容与形式的关系。（参见孙笑侠：《程序的法理》，商务印书馆 2005 年版，第 216～217 页）

④ 参见刘荣军：《程序保障的理论视角》，法律出版社 1999 年版，第 97 页。

律文化的“影子”。在当代中国的历史情境下，它们之间也存在着复杂而密切的联系。总之，权利作为法律技术的观念就是法律权利观。

第三节　作为法律价值层面的权利观

作为法律价值层面的权利观的形成具有复杂的历史背景，涉及国际与国内、经济与政治、历史与现实等多个层面的原因。改革开放带来了价值观念转型，人权研究持续升温，普遍人权观念形成，都为法律价值层面的权利观的形成奠定了基础，并发挥了至关重要的作用。在中国传统法文化的背景下，法律价值层面的权利观的形成必定是曲折的，必须抛弃“权利”字义中权势、利害的狭隘成分，实现权利的正当化。权利的正当化一旦完成，即标志着作为法律价值层面的权利观的形成；法律价值层面权利观的形成反过来又极大地拓展了法学研究领域，有力地引导了法律的变革和发展。

一、改革开放时代的价值转型

第二次世界大战之后，人权逐渐成为全球化时代的意识形态，作为普适价值的人权通过国际人权法得以实证化并不断得到巩固和加强。从国内背景来看，三十余年来的改革开放涵盖经济、政治、社会等领域，使得权利和法治时代的到来不可逆转、成为必然。变革时代的特质必然是高扬价值旗帜。我们能够更清楚地感受到三十年来发生的价值观念转型。当代中国法学界则积极回应了当代中国所发生的价值转型，为当代中国的全面转型做出了贡献。

经济自由、政治民主、社会自治、文化自觉成为当代中国20世纪80年代以来的时代主调。有学者指出，20世纪最后20年中国社会思潮的演进可以概括为：从敢于独立思考，到人生观的概念的合法化，到选择观念的凸显，到价值问题成为热点，再到哲学层面上的人学热以及对主体性的重视，这一进程可以视为一个主体觉醒和个人权利意识增长的过程。[①] 用观念史的方法来考察这个时期的中国社会思潮，其最主要的观念就是主体性。

这场深刻的思想变革是从经济学界开始的。20世纪70年代末80年代初，计划经济的坚冰刚被打破，学术界就掀起了一股关于“物质利益”大讨论。“物

① 参见赵修义：《主体觉醒和个人权利意识的增长——当代中国社会思潮的观念史考察》，载《华东师范大学学报》(哲学社会科学版)2003年第3期。

质利益”的大讨论从表面上看是清算了“左”的路线错误，实际上是为了贯彻党的关于按劳分配、自愿互利、等价交换及其他一系列经济政策，切实尊重生产队的自主权，维护广大集体农民的物质利益。[①] 客观地说，“物质利益”的大讨论极大地激发了人民群众创造物质财富的积极性，同时为平等、自由、公正等普适价值的萌芽和传播打开了缺口。

与此同时，在政治生活领域，紧接着开展了对“左倾”政治路线的清算，特别是针对“文革”破坏法制、严重侵犯公民权利的错误做法，开展了关于民主、人权、法制的大讨论。如何发扬民主、人民如何行使自己的民主权利、国家如何保障人民的民主权利，是摆在当时国人面前急需解决的问题。[②] 另外，学术界围绕人权究竟是资产阶级的“专利”，还是人类社会的普遍现象，社会主义可不可以使用人权概念等问题也展开了激烈的、初步的争论。

需要注意的是，当时在经济、政治等领域开展的关于自由、民主、人权、法制等问题的讨论，其出发点是为了调动亿万人民的积极性，促进安定团结，加速社会主义现代化建设。因此，主要强调的是自由、民主、人权的工具价值，并没有从本体上突出和强调这些价值的普适性意义。真正引领并站在思想变革前沿的是哲学界关于主体性的讨论。哲学界关于主体性的讨论肇始于1981年李泽厚先生在纪念康德《纯粹理性批判》200周年时发表的论文《主体性总纲》。历史表明，主体性问题提出的意义远远超出了哲学研究的领域。事实上，伦理学、法学等学科领域也受到了主体性问题讨论的深刻影响。主体性范畴的哲学研究是对20世纪80年代以来社会思潮中主体觉醒潮流的一个哲学概括，也是对当时发生过重大影响的存在主义等西方哲学流派的回应。[③]

1992年初，邓小平南方讲话开启了中国改革开放的新时代。我国在经济、政治、社会等方面发展全面提速。加入世界贸易组织、依法治国、“建设社会主义法治国家”的提出、人权入宪等等，都极大地促进了思想解放和观念变革。1991年，中国政府发表《中国的人权状况》白皮书，表明中国政府对人权问题的态度出现根本性的转变。白皮书开宗明义地指出：“享有充分的人权，是长期以来人类追求的理想。从第一次提出‘人权’这个伟大的名词后，多少世纪以来，各国人民为争取

---

① 参见刘诗白：《关于物质利益问题》，载《学术论坛》1979年第1期。

② 参见张英忠、周国军、刘根菊：《要正确行使宪法赋予的民主权利》，载1979年4月10日《广西日报》。

③ 参见赵修义：《主体觉醒和个人权利意识的增长——当代中国社会思潮的观念史考察》，载《华东师范大学学报》（哲学社会科学版）2003年第3期。

人权作出了不懈的努力，取得了重大的成果。但是，就世界范围来说，现代社会还远没有能使人们达到享有充分的人权这一崇高的目标。这也就是为什么无数仁人志士仍矢志不渝地要为此而努力奋斗的原因。"此后，中国在人权问题上姿态更加积极、主动，特别是加入《经济、社会和文化权利国际公约》，并于1998年签署《公民权利和政治权利国际公约》之后。伴随时代发展所引发的思想解放和价值转型，当代中国法学界对人权、权利问题的研究投入了更大的热情。

二、"权利本位论"的兴起

20世纪80年代末，有学者提出"权利、义务是法学的基本范畴"。应当说，其基本意图还只是从逻辑层面构建法理学的概念、体系，目的在于阐述"权利和义务的相关性"。但是，当提出"权利是法哲学的基石范畴"，开始论证"权利概念相对于义务概念的根本性"时[①]，他们已经穿越逻辑层面而进入价值领域。对于"权利本位论"的主要观点有哪些，邓正来教授概括为三个方面：权利和义务是表征法的本体属性的核心范畴；权利是现代法学的"基石"范畴；以权利为法的逻辑起点、轴心、重心，主张义务来源于、从属于、服务于权利，即应当以对权利的确认、保护和实现为宗旨平等地设定、分配、强制义务。[②]"权利本位论"一经提出，便在法学界激起了强烈反响。赞成者欢欣鼓舞、积极拥护，不赞成者也大有人在、此起彼伏。

"权利本位论"遭到了权利与义务"一致性"观念论者的质疑，他们认为"权利本位论"就是主张"个人利益至上""个人本位"。在当时的历史条件下，这顶"大帽子"足以给刚刚诞生的"权利本位论"以灭顶之灾。"权利本位论"辩解道，权利本位"是就权利与义务的关系（结构）而言的，指义务应当来源于、服务于并从属于权利；而资产阶级学者的'权利本位'实际上是就个人与社会的关系而言的，指相对于社会来说，个人是本位……以个人主义为本位的法可以是权利本位法，以集体主义和社会主义为本位的法也可以是权利本位法"[③]。张文显教授指出："综观权利本位论的提出和讨论的过程，权利本位论丝毫没有否定权利与义务的一致性，其原则还是与权利和义务一致性原则有机地结合在一起的……

---

① 参见张文显：《法哲学范畴研究》，中国政法大学出版社2001年版，第342页。

② 参见邓正来：《中国法学向何处去：建构"中国法律理想图景"时代的论纲》，商务印书馆2006年版，第60～63页。

③ 张文显：《法哲学范畴研究》，中国政法大学出版社2001年版，第353页。

权利和义务一致性原则排除了一部分人享有权利而另一部分人只尽义务的不公平现象，是对权利本位原则的必不可少的补充和救济。”[①]也有学者指出：“实际上，权利本位理论本身就是‘权利义务一致说’的理论发展和深化。”[②]

即便如此，在我们看来，“权利本位论”与“一致性”观念的旨趣也是根本不同的。根据“权利本位论”，承担和履行义务必须以享有权利为前提和条件。具体来说，拥有权利是承担和履行义务的必要条件；当法律分配义务时，这些义务必须是从权利中合理地被引申出来的；义务应是为适应权利的需要而被设定出来的；对权利的限制必须建立在对该项权利的保障的基础上，既限制又保障，保障是前提和基础；在分配权利时必须遵循最大化原则。[③] 显然，这与权利和义务“一致性”观念中所强调的履行义务是享有权利的前提和条件是大异其趣的。应当说，在“权利优先于善”和“善优先于权利”之间如何选择的根本问题上，权利与义务“一致性”的观念在“权利”和“善”之间画上了等号，从理论上作出了最完美的答案，即个人利益与公共利益根本一致、个人与国家意志统一、自由与秩序和谐自然、权利与义务融为一体，最终权利与义务的关系不再紧张，而是和谐一致。然而，理论上最合理的在现实中往往是最难实现的。权利与义务“一致性”的理想图景需要同样理想化的经济、政治、文化制度等支撑，更需要理想的德性，只有当各种支撑条件成熟时，理想图景才能到来。理想之所以成为“乌托邦”，是因为达到理想的路径、条件难以实现。在个人与国家、权利与义务的根本问题上，也许没有一劳永逸的一揽子方案，只有在不断调整中波浪式前行。

随着权利本位问题的讨论日益深入，“权利本位”对主体的张扬和对人的中心地位的强调已经难以掩饰。“如果从法律的价值、法律的主体性、法律影响社会生活的方式，从反映时代精神的法学理论的建构、建设社会主义法治国家，从发展社会主义市场经济、民主政治和社会文明等角度来解析权利和义务的关系……在现代法哲学中，权利是更根本的概念，是法哲学的基石范畴，无论是法学理论，还是法律实践，都应当以权利为本位。”[④]徐显明教授指出：“我们却不赞同把对权利义务关系的讨论与另一个法学问题——法的本位问题等同起来……权利义务的关系问题与法以什么为本位的问题是风马牛不相及的两回事。权

---

① 张文显：《法哲学范畴研究》，中国政法大学出版社2001年版，第351、352页。

② 刘旺洪：《权利本位的理论逻辑——与童之伟教授商榷》，载《中国法学》2001年第2期。

③ 参见张文显：《法哲学范畴研究》，中国政法大学出版社2001年版，第362、363页。

④ 张文显：《法哲学范畴研究》，中国政法大学出版社2001年版，第342页。

利义务的关系问题回答的是权利与义务是怎样相互作用的问题，法的本位问题回答的是个人与国家间的关系问题。”[①]强调以个人利益的充分实现为国家活动目的的学说表现为权利本位，强调个人必须绝对服从国家的学说表现为义务本位。以是否允许国家权力干涉个人合法的利益为标准，就成为划分权利本位和义务本位的分水岭。此时，“权利本位论”对个人的重视和强调，必然提炼出个人权利的对立面——国家。[②] 因此，斗争是权利本位的必然品格。“以权利本位作为法哲学研究范式的法学家有着共同的理论风格或学风……以批判的精神对待一切不以确认、保护、保障权利为目的和宗旨的法律制度，对一切无视正义、自由、效率、秩序、人权、人文精神等法律价值的立法、执法、司法活动和程序无情地予以批判和否定。”[③]总之，权利本位论为“权利学派”的出现提供了共同的理论背景和理论框架，为人权观念的普及和传播奠定了基础。

三、人权研究的两次高潮[④]

改革开放三十余年来，中国法学的观念变革是十分引人瞩目的。人权作为“思想禁区”、谈人权而色变的记忆还未退去，如今权利、人权似乎成为一种话语霸权，甚至需要反思。[⑤] 那么，在过去的三十年中，“人权”这个概念是怎样出现、发展、流行起来的呢？我们需要把目光转向当代中国的人权研究，因为人权研究体现了社会精英的人权观念，它来自社会，能够敏锐地把握社会发展的趋势，激发、引导、促进民众人权观念的形成和发展，进而推进人权立法和人权事业的发展。换句话说，一个国家的人权研究构成了其人权运动和实践的重要内容。我们发现，改革开放三十年来，我国的人权研究形成了两次高潮：一次形成于 20 世纪 90 年代初，一次形成于 2000 年直至现在。

---

① 徐显明主编：《公民权利义务通论》，群众出版社 1991 年版，第 79～80 页。

② 在中国传统文化中，国即家的延伸，家即国的缩小，换句话说，家就是国，国就是家，因此家国同构。在民众的思维里，国作为大家只会关爱、呵护百姓，是不会侵害百姓利益的。因此，当宪法讲控制国家权力以保障人权，当行政法讲控权时，总是与民众思维深处的潜意识不合拍。但是，国家会侵犯人权，人作为主体，其自由、平等、人权等受侵害的主要来源是国家，这样一些理解和看法已经慢慢被民众意识到并接受。

③ 张文显、姚建宗：《权利时代的理论景象》，载《法制与社会发展》2005 年第 5 期。

④ 部分内容曾以“人权研究的两次高潮及其意义”为题发表于《东岳论丛》2010 年第 4 期。

⑤ 参见桑本谦：《反思中国法学界的“权利话语”——从邱兴华案切入》，载《山东社会科学》2008 年第 8 期。

1. 两次高潮：一个初步的结论

当代中国人权研究两次高潮的判断，首先来源于“人权”研究数量的观察。人权研究没有一个明确的内涵和外延，应该说凡是涉及人权问题的研究都是人权研究。它包括人权的专业研究与业余研究，人权的专门研究与附带研究，人权的单一学科研究与跨学科研究，等等。因此，要全景式地考察一个时代的人权研究是非常困难的，甚至是不可能的，所以必须在技术上作出处理。我们尝试利用数据库检索的方法，借助“人权”这一关键词，选择“篇名”等合适的检索项进行检索，以期达到对人权研究的概览性、宏观性的把握和理解。具体来说，我们以“中国期刊全文数据库”为检索对象，以“人权”为关键词，以“篇名”为检索项，分别对“文史哲”“政治军事与法律”两个目录，和“政治军事与法律”目录下的两个子目录——“法理、法史”“宪法”，对1979～2008年的文章进行检索。[①] 检索结果如表2-3和图2-4所示：

表2-3　“人权”研究分目录检索结果分布表

检索目录	年份	79	80	81	82	83	84	85	86	87	88	89	90	91	92	93
“文史哲”“政治军事与法律”	数量	7	6	2	2	1	3	4	3	9	10	28	67	133	301	135
	年份	94	95	96	97	98	99	00	01	02	03	04	05	06	07	08
	数量	128	182	159	151	140	267	224	248	271	305	555	589	557	562	559
“法理、法史”“宪法”	年份	79	80	81	82	83	84	85	86	87	88	89	90	91	92	93
	数量	2	2	0	1	1	1	1	0	1	1	6	21	33	75	37
	年份	94	95	96	97	98	99	00	01	02	03	04	05	06	07	08
	数量	9	8	6	7	12	15	16	18	38	39	148	138	99	101	95

注：“79～99年”是指1979～1999年，“00～08年”是指2000～2008年。

① 由于年代横跨三十年，能够检索到的20世纪80年代的相关文章数量比较少，也与数据库建设有关。

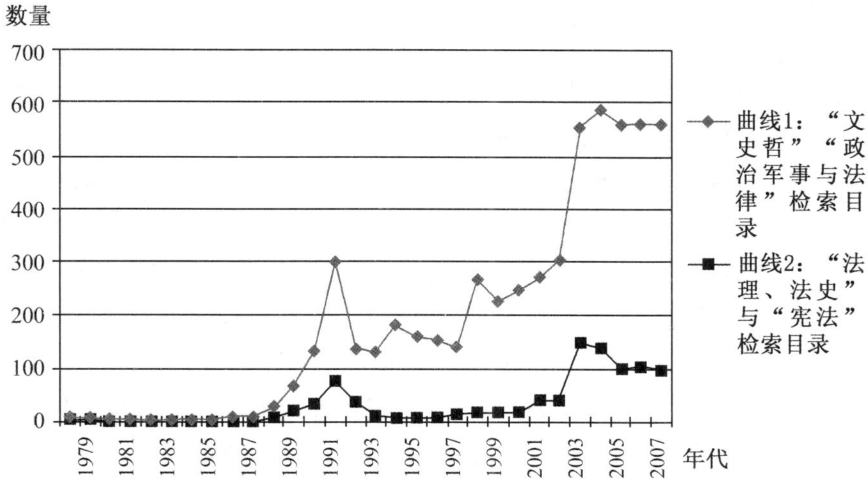

图 2-4　"人权"研究分目录检索数量变化曲线图

根据表 2-3 和图 2-4，我们能够直观地发现，分别对"文史哲""政治军事与法律"两个目录和"政治军事与法律"目录下的两个子目录——"法理、法史""宪法"进行检索，二者的成果数量的曲线变化趋势是基本一致的。不过，曲线 1 反映的是几乎整个中国学界的"人权"研究，曲线 2 主要反映的是法学界的"人权"研究。我们还能发现，从研究成果的数量上看，人权研究的第一个顶点是在 1992 年，"文史哲""政治军事与法律"两个目录的检索结果为 301 篇，"法理、法史""宪法"两个子目录的检索结果为 75 篇；第二个顶点发生在 2004 年左右，前者的检索结果为 589 篇，后者的检索结果为 148 篇。根据"人权"研究成果数量的变化，我们能够初步得出这样的判断：在改革开放以来的三十年间，人权研究经历了两次高潮。

"人权"研究成果数量的变化只能让我们得出"人权研究形成过两次高潮"的初步结论，而这只是停留在形式的、表面的层次上。要获得确实、可靠的结论，还必须深入到研究内容和决定学者研究的思想观念及社会变迁中。在下文中，我们将从人权研究的背景、内容、方法、主体、特点等方面来考察、确证和比较当代中国人权研究的两次高潮。

2. 人权研究的第一次高潮：20 世纪 90 年代初

根据表 2-3，我们发现，人权研究的第一次高潮出现于 20 世纪 90 年代初期，从研究成果的数量上看，在 1992 年达到了顶点。那么，为什么在 20 世纪 90

年代初形成了人权研究的第一次高潮？我们认为，首先应该从人权研究的时代背景去理解。众所周知，1989 年以后，我国政府面临的国际形势是复杂而微妙的。西方国家积极推行“人权外交”，发起了咄咄逼人的“人权”攻势，中国政府承受着巨大的压力和困难。一个亟须作出抉择的问题是，如何面对“人权”？是继续把“人权”看成是资产阶级的“专利”予以排斥，还是挖掘和继承马克思主义的人权理论，并且积极发展人权理论，进而高举“人权”旗帜，在与西方国家进行人权斗争中获得主动？当然，我国政府一旦认识到人权问题是无法回避的，便开始积极应对，树立旗帜，表明立场。1991 年 11 月 1 日，国务院新闻办公室发表了《中国的人权状况》白皮书，这是一件具有划时代意义的重要事件。中国政府第一次以政府文件的形式确立了“人权”概念在中国社会主义政治发展中的地位，把充分实现人权作为中国社会主义所追求的崇高目标。对人权研究而言，《中国的人权状况》白皮书的发表，标志着我国在政治上突破了“左”的思想禁区，从此，人权研究迅速发展起来，中国人权观念的转变和实践的发展由自发走向自觉，进入了快速发展时期，并最终形成了改革开放以来人权研究的第一次高潮。

通过考察 20 世纪 90 年代初人权研究的相关成果，特别当我们翻阅那个时期召开的各种层次、大大小小的人权理论研讨会的会议综述，我们就会发现，第一次人权研究的高潮主要围绕着人权的阶级性、人权的实质、人权外交、人权观、社会主义与人权、人权研究的方法等问题而展开，核心在于如何认识和对待资产阶级人权观，阐释和确立马克思主义人权观等问题。当然，也有学者论及人权与公民权、人权与基本权、人权的普遍性、人权与文化、人权的制度保障等学理问题。但是，相对于前者而言，不占主流，影响有限。因此，人权研究的第一次高潮是由政府主导并服务于政府需要的，具有很强的政治性，主流观念是阶级范式的人权观。但是，值得注意的是，在这个过程中，除了进一步挖掘和阐释马克思主义人权观、社会主义人权制度和实践外，在与西方对话过程中，开始提炼和呼吁得到发展中国家普遍支持和赞同的第三世界国家人权观，例如，生存权和发展权是首要的人权、承认集体人权、主权高于人权等等。

总之，人权研究第一次高潮的时代背景是人权外交和对外人权斗争。中国政府的策略不是拒绝排斥人权，而是突破“左”的思想禁区，高举人权旗帜，积极地去阐释人权，形成自己的人权观，获得人权斗争领域的话语权，从而变被动为主动。尽管对外人权斗争的需要是人权研究第一次高潮的大背景，人权研究具有很强的政治性，人权研究主要服务于对外人权斗争，而不是人权建设，但是，人权作为全球化时代的意识形态，它内涵极其丰富、极具包容性。一旦中国政府接纳了“人权”概念，人权的逻辑和历史便不以人的意志为转移地展开了。人权的“万花筒”一旦被打开，基于各种立场、方法的人权观便开始纷纷登场。人权研究的政治性开始退化，学术性开始增强。人权研究有力地促进了人权观念普遍化的实现，并开始了从思想理论到制度实践的伟大历程。经过十年左右人权研究的积淀，人权制度化实践的大幕徐徐开启。在这样一个新的时代背景下，中国当代人权研究形成了第二次高潮。

3. 人权研究的第二次高潮：2000 年至今

2004 年修宪，“国家尊重和保障人权”载入宪法。人权入宪具有重要的历史意义，它“首次将‘人权’由一个政治概念提升为法律概念，将尊重和保障人权的主体由党和政府提升为‘国家’，由党和政府执政行政的政治理念和价值上升为国家建设和发展的政治理念和价值，由党和政府文件的政策性规定上升为国家根本大法的一项原则”[①]。我们认为，“人权”入宪标志着中国人权制度化新时代的开启。这样一个重要的历史事件，也带来了人权研究的第二次高潮。从图2-4来看，不论是在“文史哲”“政治军事与法律”两个目录中，还是在“法理、法史”“宪法”两个子目录中，2004 年度的“人权”研究成果数量急剧增加，并达到了顶点。之所以在 2004 年达到顶点，一个简单的解释就是，2004 年“人权”入宪所开启的人权制度化大背景。

2004 年以来所形成的人权研究的第二次高潮，主要从以下几个热点问题展开：一是对“人权”入宪的意义和价值作了较多的解读；二是与“人权”入宪紧密相关的人权制度化研究，主要表现在，从人权保障的理念和原则出发去论证相关法律制度的建设和完善；三是对人权作跨学科的研究，从社会角度来解释权利，关注人权与民间法，以及人权与经济、文化的关系等等，还有学者运用哲学、伦理学等方法研究人权问题；四是特定主体的人权以及特定人权的保障问题，前者包括弱势群体、妇女、残障人、犯罪人等主体的人权保障问题，后者包括财产权、自由权、生存权、发展权等等的保障问题；五是人权理论的创新研究，诸如人权与“以人为本”、人权与“和谐社会”、人权与“科学发展观”等等，目的都在于推进人权在中国的理论创新与实践。此外，国家人权保障机构建设问题、人权教育问题等等也是学界关注的热点问题。

---

① 董云虎：《“人权”入宪：中国人权发展的重要里程碑》，载董云虎、王进军、常健主编：《中国人权在行动》，四川人民出版社 2005 年版，第 5 页。

两次人权研究高潮的形成，与当代中国改革开放的时代发展息息相关，与中国民主法制建设取得的成就直接相连。人权无疑是从当代中国改革开放实践中提炼出来的理念精华。但是，从总体上看，两次人权研究的高潮在诸多方面表现出明显的差异。

第一，在人权研究的背景上，从人权斗争逐步转向人权建设。人权研究的第一次高潮是在对外人权斗争的背景下形成的，而人权研究的第二次高潮是在人权观念的普遍化、人权制度化的背景下形成的。时代背景的不同，决定了人权研究的目的发生了变化。人权研究第二次高潮标志着人权研究主要不再服务于对外的人权斗争，而是服务于我国人权制度的建设和提高、改善我国的人权保障水平。尽管人权研究第二次高潮中也存在服务于人权斗争的需要，但是，人权建设开始真正成为当代中国人民自主、自愿的选择，人权斗争的意识形态化功利需要开始逐渐“褪色”。① 当然，现实的世界格局决定了人权斗争不可能在短期内消失，而是一种长期的存在。中国政府要在对外人权斗争中真正取得主动，获得胜利，最终还是要取决于人权建设和人权保障水平的提高。

第二，在人权研究的内容上，从政治性逐步转向学术性。与人权研究的背景相关，在人权研究的第一次高潮阶段，研究成果大多服务于人权斗争需要，具有强烈的意识形态性和政治性，人权的特殊性、阶级性得到了充分的阐发和强调②。在人权研究的第二次高潮阶段，研究成果大多服务于人权建设需要，人权制度化问题成为研究的主流。十分可喜的是，人权研究的学术性大大增强，人权与文化、社会、道德等问题的跨学科研究，为人权制度化研究和实践开始提供了智识上的支持。徐显明教授认为，在人权理论上，我们已完全可以与西方国家进行对话，在一些本原性的问题上，我们有重大的贡献。③

第三，在研究成果的形式上，从单一化走向多样化。在第一次高潮阶段，人

---

① 2004 年 3 月 8 日，王兆国在十届全国人大二次会议上作宪法修正案草案说明时明确指出：“在宪法中作出尊重和保障人权的宣示，体现了社会主义制度的本质要求，有利于推进中国社会主义人权事业的发展，有利于中国在国际人权事业中进行交流和合作。”

② 当然，在这个时期，人权的普遍性也得到了中国政府的承认。但是，相对于人权的特殊性，显然人权的普遍性居于无足轻重的位置；而且，承认人权的普遍性，首先也是服务于对外人权交流、合作与斗争的需要。

③ 转引自云翔：《全国人大代表徐显明谈人权发展的五大变化》，载《人权》2005 年第 2 期。

权研究的成果形式比较单一，主要是论文、笔谈、会议综述①，专著特别是人权法的研究很少。而在第二次高潮阶段，人权研究的成果数量急剧增加，成果形式丰富多样。特别是人权不再敏感，而是人人皆可研究的学术话题。因此，在这个阶段，代表个人观念和理解的人权论文和学术专著大量涌现，代表着多数人的智识和力量的研讨会、笔谈开始减少。特别是，人权法开始走入了大学课堂，各种版本的人权法教材、人权研究文库、集刊开始涌现，比较有影响的主要有《中国人权年刊》《人权研究》《人权法评论》以及"中国人权文库"等。

第四，在人权研究的方法上，从一元化过渡到了多元化。在第一次高潮阶段，人权研究所采用的研究方法主要是阶级分析方法，主要目的在于揭露资产阶级人权观念和制度的虚伪性、欺骗性，明确两种人权观和人权制度的对立性。当然，也有学者采用社会学、人类学、哲学等方法研究人权问题，但不占主流。随着时代的发展和人权研究的深入，在人权研究方法上开始逐步向多元化过渡。首先，规范分析的方法成为人权研究的主要方法。用人权解释法律，从法律角度解释人权，成为学界的通行做法。这从另一个角度表明了当代中国人权制度化时代的来临。其次，"从社会解释权利，以权利促进社会"②，标志着在人权问题的研究上社会学的方法开始愈益重要。此外，哲学、伦理学、人类学等方法被学界普遍采用。研究方法的多元化，标志着人权研究的成熟和发达。

第五，在人权研究的主体上，从官方化开始转向民间化。在第一次高潮阶段，人权研究主体的"官方化"色彩很强。成立于 1993 年 3 月的中国人权研究会作为中国人权领域最大的全国性学术团体，具有很高的"行政规格"。③ 在人权研究的第二个高潮阶段，人权研究主体的"民间化"色彩渐浓。在这个阶段，全国各主要大学，如北京大学、中国政法大学、中央党校、山东大学、中国人民大

---

① 我们发现，在 20 世纪 90 年代初期，学界人权问题的研究大量采取了学术研讨会、期刊笔谈的形式，各种研讨会的主办者有法学院系、科研院所、研究会等等。之所以如此，有其特殊的历史必然性。因为当时"人权"属于比较敏感的字眼，但又是亟须解决、达成共识的问题。为此，各种形式的研讨会、笔谈有利于发挥团体、多数人的力量，有利于形成更大的"声音"，有利于减少分歧、迅速达成共识。

② 最早倡导用社会学的方法研究权利、人权问题的是夏勇教授。（参见夏勇：《从社会研究权利，以权利促进社会》，载《法学研究》1994 年第 3 期）后来其主编的《走向权利的时代：中国公民权利发展研究》（中国政法大学出版社 1995 年版）即延续了这种方法，在学界引起了极大的反响。

③ 根据中国人权研究会主办的"中国人权"网站介绍，中国人权研究会成立于 1993 年 3 月，是中国人权领域最大的全国性学术团体，是在联合国经社理事会享有特别咨商地位的非政府组织，中国人权研究会于 1996 年 12 月被联合国教科文组织列入"世界人权研究和培训机构名录"。（参见 http://www.humanrights.cn/cn/zt/qita/zgrqyjh/yjhjj/t20061025_167606.htm，访问日期为 2012 年 2 月 26 日）

学、武汉大学以及中国社会科学院等科研院所纷纷成立了人权理论研究机构，截至2009年，大约有43所。[①] 人权研究已经成为学术研究的热门话题和新兴的交叉学科，国内许多高校已经开设了人权法课程，中国政法大学还设立了第一个人权法学二级学科。《国家人权行动计划》明确规定："继续鼓励高等院校开展人权理论研究与教育。选取若干高等院校进行人权教育的调研，鼓励高校学者开展人权研究，推动制定高等院校人权教育规划。鼓励高等院校面向本科生开设人权公共选修课，面向法学专业本科生开设人权法课程。推进人权法教材的编写以及教学课件的开发。选取若干开展人权教育较早的高等院校作为人权教育与培训基地。"这为人权研究向"民间化"发展奠定了基础。

4. 人权研究两次高潮的意义

当代中国的人权研究历经三十余年，与人权实践相互促进、密切相关，形成了两次高潮，并逐渐趋向成熟。第一次高潮的形成得益于人权斗争契机的机缘推动，人权"入宪"与人权建设的快速发展则促成了人权研究的第二次高潮。人权研究反过来也有力地推进了当代中国人权建设实践，不论是人权制度建设，还是人权精神建设，其背后都活跃着人权学者的"身影"。总的来看，经过人权研究的两次高潮，在当代中国，普遍人权观已经形成，人权制度化时代已经开启。

首先，人权研究经过两次高潮，当代中国的人权研究已达到比较高的水平，并能够与国际社会开展积极的对话、交流与合作。人权无疑是当今国际社会的主流观念，因此，尊重和保障人权，积极开展人权对话、交流和合作，是一个国家真正融入国际社会的标志。第一次人权研究高潮取得的最大成果是，开启了当代中国人权研究和人权事业的"大门"，拉开了真正融入国际社会的"大幕"。如果说人权研究第一次高潮的形成及其实践主要基于"外因"的话，那么第二次人权研究高潮及其实践推动则主要基于"内因"的自觉自愿。正是中国在人权制度和人权实践上取得的巨大进步，以及对人权研究的有效推动，形成了人权研究的第二次高潮。由于人权实践和理论的快速发展，当代中国在人权问题上开始与国际社会积极开展对话、交流，并展现出高度的自信和成熟。

其次，人权研究经过两次高潮，人权观念和理论呈现出多元化，形成了四种人权理论和观念交织、并存的格局：一是通过研究和挖掘马克思主义思想和学

---

① 参见张胜波：《全国人权研究机构首度聚首，罗豪才称我国人权研究事业取得重大进展》，载2009年5月12日《南方日报》。

说，提炼出社会主义人权理论和观念。其主要观点有：否定了先于国家人生来即具有的权利这一人权观念；权利主体不是抽象的人，而是限于工农兵；不是抽象地规定权利和自由，注重保障其实现的手段。权利的行使受全体劳动人民的利益和加强社会主义制度这一目的的制约，以及享受权利和自由的同时，须尽公民的义务，以权利、义务不可分离为特征。[①] 二是为第三世界国家所赞同和支持的人权理论和观念。主要观点有：人权普遍性的原则必须同各国国情相结合；生存权和发展权是首要人权；主权高于人权，人权在本质上是一国内部管辖的事务；对话与合作是促进国际人权事业发展的唯一正确途径。[②] 三是所谓"普适"的西方人权理论和观念。其主要观点包括：人权以人的自然属性为基础，具有普遍性；人权高于主权，重视人权的国际保护；反对人权研究和实践中的历史相对主义和文化相对主义；人权是政治合法性的判断标准等等。四是从中国传统文化中汲取资源。主要观点包括：新民本说、儒家人权观、和谐权等。四种人权观各有自己的方法论和实践观，立场鲜明、观点明确、相互竞争，极大地推进了当代中国人权研究的繁荣和发展。

最后，人权研究经过两次高潮，人权研究与人权建设的良性互动开始形成，人权制度化的时代已经开启。经过人权研究的两次高潮，人权研究和人权建设实践开始逐步形成良性互动的机制。一方面，人权建设实践不断推进，为人权研究释放出更广阔的话语空间；另一方面，人权研究开始积极推动当代中国的人权建设。人权理论、人权精神、人权制度、人权法律、人权实践，都是人权研究的主题。从另一个角度看，人权研究本身就是当代中国人权建设实践的重要组成部分。

四、普遍人权观的形成

在全球化时代背景下，当代中国不是一座"孤岛"，经济、政治、社会和思想观念等领域的现代化转型已是必然。在我们看来，当代中国最了不起的观念变革，莫过于普遍人权观的形成。普遍人权观的形成预示着当代中国从此不可逆转地跨入了人权的时代。普遍人权观的形成是多方面合力的结果，既有人权研究的启蒙和先导，又有人权制度实践的积极推进，当然也离不开全球化和现代化背景下经济、政治和社会转型的深层支撑。

---

① 参见董璠舆：《中国宪法学四十年》，载《政法论坛》1989 年第 5 期。

② 参见张晓玲：《论中国特色社会主义人权观》，载 2009 年 5 月 5 日《北京日报》。

普遍人权观的形成首先得益于人权研究的启蒙和先导。在人权立法和实践的有力推动下，当代中国法学界的人权研究历经两次高潮，取得了一系列丰硕成果，主要涉及人权概念、人权主体、人权内容、人权来源、人权属性、人权和主权的关系、人权的保障和实现以及人权与文化等多个方面。[①] 与普遍人权观的形成最直接相关的是对人权的普遍性和特殊性这一重大理论和实践问题的理解和把握。人权的普遍性与特殊性问题不仅关系到人权的主体和内容、关系到人权保障和实现的方式，也与国际人权标准、人权与主权的关系等密切相关。特别是这个问题所包含的意识形态色彩，体现了不同政治利益、不同人权政策以及不同人权制度辩解的动机，并集中地表现为广大非西方国家与西方国家的对峙。[②] 可见，人权的普遍性与特殊性问题绝不单是知识性的学术问题，更主要的是一个具有高度敏感性的重大观念问题。人权的普遍性得到有效揭示，有利于人权得到普遍承认，而普遍人权被普遍承认意味着普遍人权观的形成。众所周知，以不同的观念作为指导，便会在行动上产生不同的结果。因此，过分强调文化相对主义，人权的特殊性很可能会成为践踏人权行为的"挡箭牌"。当然，人权的普遍性与特殊性问题主要是放置在国际层面，在跨文化、跨国界的意义上来使用的，主要服务于国际人权斗争与合作的需要。人权的普遍性作为人权的应然属性，作为应然人权的本质属性，属于价值层面的理解和把握，而"人权的特殊性无论是指哪层含义，归根结底，都只是人权保障层面的属性"[③]。换句话说，人权的特殊性属于人权的历史和实践即事实层面的问题，与价值层面的人权普遍性分属不同论域。正因为如此，人权的特殊性"不仅不能也不会影响人权的普遍性，相反，正是由于人权的特殊性，人权的普遍性才得以充分实现，它们之间不是此消彼长的关系，而是共生共荣的关系"[④]。一旦把人权的普遍性归属到价值层面，是一种"应当""必须"的价值表达，即人权是一种应当被普遍尊重和遵行的价值，那么，普遍人权观念在当代中国的确立便具有重大的现实意义，便会转化为推动法治进步和社会发展的观念力量。这是因为，如果我们将其放置于一国视域之内，人权普遍性的价值便会凸显，而人权特殊性问题的意义便会消退。因为"人权的普遍性是人权概念之所以在制度上具有革新意义

---

① 参见曲相霏：《改革开放30年我国人权原理主要学说回顾》，载《人权》2009年第4期。

② 参见曲相霏：《改革开放30年我国人权原理主要学说回顾》，载《人权》2009年第4期。

③ 徐显明：《对人权的普遍性与人权文化之解析》，载《法学评论》1999年第6期。

④ 徐显明：《对人权的普遍性与人权文化之解析》，载《法学评论》1999年第6期。

的根本”[①]。笔者认为,普遍人权观的形成及其实践意义更主要地体现在国内层面。当代中国法学界普遍认为人权普遍性的根源在于维护、巩固人之为人的基本尊严,普遍人权的理念是建立在人的尊严基础之上的。对“人格尊严不受侵犯”,中国人民有切肤之痛的亲身体验,这也有利于当代中国普遍人权观念的形成。

改革开放以来,我国市场经济改革不断深入,民主政治积极推进,依法治国逐步实施,这些为普遍人权观念的形成奠定了坚实的基础。1991 年,《中国的人权状况》白皮书明确指出:“享有充分的人权,是长期以来人类追求的理想。从第一次提出‘人权’这个伟大的名词后,多少世纪以来,各国人民为争取人权作出了不懈的努力,取得了重大的成果。但是,就世界范围来说,现代社会还远没有能使人们达到享有充分的人权这一崇高的目标。这也就是为什么无数仁人志士仍矢志不渝地要为此而努力奋斗的原因。”紧接着,1993 年 6 月 14～25 日,联合国在维也纳召开了第一次世界人权大会。这次大会通过了在人权发展史上具有里程碑意义的《维也纳宣言》,指出:“世界人权会议重申所有国家庄严承诺依照《联合国宪章》、有关人权的其他国际文件和国际法履行其促进普遍尊重、遵守和保护所有人的一切人权和基本自由的义务。这些权利和自由的普遍性是不容置疑的。”[②]在此次会议期间,中国政府代表团明确表态人权具有共性,即普遍性。自此,中国政府开始使用“人权普遍性”的提法。中国政府在人权普遍性问题上的重大转向,扫除了普遍人权观念形成的种种障碍。时至 2004 年,“国家尊重和保障人权”入宪是普遍人权观在当代中国形成的标志。

第四节　作为社会事实层面的权利观

20 世纪 90 年代初,当代中国法学界部分学者开始从社会学的视角审视权利,开辟出了法社会学范式的权利研究。从社会学的视角看,权利是一种社会事实,是一种客观存在的现象。通过社会调查、统计分析等实证研究,我们能够获得关于权利的观念、体系、机制以及权利发展的知识。这些知识是在尽量排除主观价值的基础上获得的,因而被认为是客观的。我们知道,有关权利的制

---

① 徐显明主编:《人权法原理》,中国政法大学出版社 2008 年版,第 84 页。

② 国际人权法教程项目组编写:《国际人权法教程》第 2 卷,中国政法大学出版社 2002 年版,第 90 页。

度、实践和观念作为一种社会事实，当然无法脱离经济、政治、文化、科学技术等客观因素的影响，因而法学与社会学、经济学、历史学乃至文学等学科的交叉互渗是很自然的学术现象。从社会学的视角研究权利问题，秉持的乃是权利作为社会事实的观念。

一、作为社会事实层面的"权利观"的形成

1. 作为社会事实层面"权利观"的背景

作为社会事实层面"权利观"的出现得益于法律社会学在当代中国的兴起。法律社会学是以法和社会的关系为研究对象，是横跨法学和社会学领域的边缘法学科，研究的是法律社会化过程及其规律。我们可以把法律社会学在当代中国的兴起和发展分为两个阶段，即法律社会学的学科化阶段和入主流阶段。

20 世纪 80 年代是法律社会学学科化的奠基阶段。1987 年 9 月，全国首次法律社会学理论讨论会在北京举行，会后出版的此次讨论会的论文集《法律社会学》（山西人民出版社 1988 年版）标志着我国改革开放以来法律社会学研究的起步。紧接着，1988 年 10 月，全国第二次法律社会学理论讨论会在西南政法大学举行。1989 年 9 月，北京大学"法律社会学研究课题组"与"比较法研究项目课题组"一起举办了国际性的法律社会学学术研讨会。值得注意的是，在这个阶段翻译出版了一批有影响的国外法律社会学著作，如美国学者 R. 庞德的《通过法律的社会控制——法律的任务》（商务印书馆 1984 年版）、法国学者亨利·莱维·布律尔的《法律社会学》（上海人民出版社 1987 年版）、英国学者罗杰·科特威尔的《法律社会学导论》（华夏出版社 1989 年版）等。20 世纪 90 年代后，法律社会学进入了蓬勃发展阶段，除了继续巩固法律社会学的独立学科地位，继续出版一大批法律社会学教材，以及继续翻译出版国外法律社会学著作外，法律社会学的研究成果开始得到整个法学界的普遍关注，逐渐成为法学界特别是法理学界的主流学科，引起一大批法律社会学学者如夏勇、苏力、梁治平等的广泛关注。[①] 法律社会学研究的不断深入表明，它已经成为与分析法学和价值论法学并驾齐驱的三大主流法学理论学科，它意图用经验实证的方法，

---

① 相关著作有：夏勇主编的《走向权利的时代：中国公民权利发展研究》（中国政法大学出版社 2000 年版）、苏力的《法治及其本土资源》（中国政法大学出版社 1999 年版）和《送法下乡——中国基层司法制度研究》（中国政法大学出版社 2000 年版）以及梁治平主编的《法律的文化解释》（三联书店 1994 年版）等。

去剖析应然法律在中国这样一个复杂社会中面临的问题和原因，并提出解决问题的对策。

法律社会学的蓬勃发展引起了整个法学界的普遍关注，法律社会学方法开始被熟知和广泛使用。一些专注于权利研究的学者，如夏勇、徐显明、王人博、齐延平等，已经不局限于仅从价值论和分析法学两个路径研究权利问题，开始积极运用法律社会学方法，将权利与社会、经济以及文化传统结合起来，研究应然权利转化为现实权利的问题、原因、机制和对策等，进一步促成了权利作为社会事实观念的产生。

2. 作为社会事实层面"权利观"的产生

1993 年，夏勇教授在《法学研究》上发表了《从社会研究权利，以权利促进社会》一文。文中指出："从前学人研究权利，多循着两条路径，一是从哲学伦理角度倡导和论证权利，二是从法律规范角度创设和诠释权利。这两个方面可以说是近百年来我国政治法律思想史、制度史上两大进步的主题。遗憾的是，很少有学者从社会的角度观察中国社会的权利问题。从法律社会学的观点来看，价值研究、规范研究固为法律科学及法制建设发达所必需，但'事实验证'似乎更为重要，而且价值研究、规范研究本身也需要从社会事实中获取源泉。"[①]基于这样的问题意识，以及法律社会学研究取得的进展，当代中国法学界部分研究权利问题的学者开始从方法论上转向，一种权利的社会理论或者权利社会学理论在中国悄然出现，与此密切相连的是，作为社会事实的权利观逐渐形成。正如夏勇教授指出的："当代学者们在继续一方面从哲学、伦理学的角度论证和阐扬权利，另一方面从实证规范的角度分析和注释权利的同时，越来越多地注意到对权利存在和发展的社会解释。"[②]为此，我们将通过考察权利社会学的研究和发展，进而把握作为社会事实的权利观。

在此后两年的时间里，夏勇教授主持并完成了一项"中国社会发展与公民权利保护"的课题研究，"期望通过社会调查对中国人的权利观念、权利保护的司法机制和社会机制，以及政治权利、人身权利、财产权利的享有状况做出学术描述和分析，并期望这种描述和分析不但为改进中国的法学理论和国内外关于中国人权利问题的研究提供途径和资源，而且为中国进一步推进旨在保护公民

---

① 夏勇：《从社会研究权利，以权利促进社会》，载《法学研究》1994 年第 3 期。

② 夏勇主编：《走向权利的时代：中国公民权利发展研究》，中国政法大学出版社 2000 年版，第 31 页。

权利的制度变革提供富有智识的、可操作的方案和建议”[①]。1995年《走向权利的时代：中国公民权利发展研究》一经出版便引起法学界的高度关注。基于研究方法论上的自觉，邓正来教授指出，《走向权利的时代：中国公民权利发展研究》一书的出版“与《农民法律意识与农村法律发展》（郑永流等，1993）和《法治的理想与现实》（龚祥瑞主编，1994）一起，构成了中国法学研究在方法论上的某种转型，亦即从过去的占支配地位的法学定性研究和应然研究而趋向于法学的定性与定量研究相结合及实然研究的道路”[②]。在此后的十余年里，夏勇教授继续“试图从社会学的意义上构建权利发展的理论框架，进而研究中国改革开放以来公民权利意识和保护机制的变迁，并试图提出一些政策建议”[③]。2004年9月，夏勇教授出版了权利社会学研究的代表性著作《中国民权哲学》一书。

夏勇教授将其研究定性为权利的社会理论，并没有使用“权利社会学”一词。他之所以使用这一名称，主要是基于他把权利理论划分为权利的分析理论、权利的价值理论和权利的社会理论的学科划分。这种划分和概括基本上能够涵盖权利研究的现状，但是却不足以涵盖全部，例如权利的政治理论、权利的经济学理论、权利的人类学理论等。后有学者提出了权利社会学的范畴。权利社会学作为社会学的一个分支，从词汇使用的角度看，比权利的社会理论显得更规范、更科学。那么，什么是权利社会学？“权利社会学是从社会发展的视角阐述权利的正当性、价值本质和起源发展的一种路径或方法论，并非完全意义的权利本体学说。”[④]但是，由此带来新的问题，那就是法学家研究权利社会学显然已经走出了法学领域，进入社会学的领域，这是否应该是法学者的任务？但事实上，不论是在当代中国学界，还是在西方国家，权利理论主要都是由法学者来研究的。应该看到，近年来，哲学、伦理学、政治学、社会学、人类学和经济学等学科领域开始认识到权利问题的重要性和不可回避性，开始涉及权利问题的研究。例如，我国社会学界有学者注意到，当政治学、法学等学科在面对当今

---

① 夏勇主编：《走向权利的时代：中国公民权利发展研究·前言》，中国政法大学出版社2000年版，修订版。

② 邓正来：《中国人权利发展研究的理想与现实——评〈走向权利的时代：中国公民权利发展研究〉》，载《中国法学》1996年第1期。

③ 夏勇：《中国民权哲学·序言》，三联书店2004年版，第4页。

④ 余少祥：《弱者的权利：社会弱势群体保护的法理研究》，社会科学文献出版社2008年版，第194页。

“权利时代”的诸多权利议题竞相争鸣之时，而社会学却把自己的权利话语搁置在被遗忘的角落而保持着一种异乎寻常的沉默，这显然是不能让人接受的。[①]其他学科加入权利问题研究有利于法学者开阔视野，丰富和加深他们对权利理论的研究和提升。

应该说，权利作为社会事实的观念在当代中国的出现和展开并不是偶然的。当代中国学者对权利进行社会学研究的历史是比较早的，按照马克思主义的社会结构理论，权利制度与权利观念是由经济基础决定并最终受到生产力发展水平的支配，并随着权利社会理论研究的自觉化、系统化、体系化而日渐彰显。因此，当代中国法学界天然就具备进行权利社会理论研究的思维习惯。特别是，当作为价值的权利被普遍化，并面临从应然权利到法律权利和现实权利的转化难题时，社会学的观察便成为法学界以及社会学界的自然选择。那么，权利的社会理论或者权利社会学“眼中”的权利是什么呢？简单说来，他们把权利视为一种社会现象、一种社会事实或存在，进而对权利与社会作关联研究。因此，我们必须透过权利的社会理论的方法和主要观点来把握作为社会事实的权利观。

二、作为社会事实层面“权利观”的内容

1. 作为社会事实层面“权利观”的观点

(1)权利的社会事实观念

不论是作为价值或正义的权利，还是法律权利，从权利的社会理论看来，都是一种社会事实(social facts)。权利一旦被看作是一种社会事实，便自然成为包括社会学在内的诸多社会科学学科的研究对象。这样一种认识观念的转变，具有重要的学术意义。当哲学、伦理学、社会学深受实证主义影响而渴望成为科学的时代背景下，权利、人权被它们置于边缘的位置。但是，正如迈克尔·弗里曼(Michael Freeman)所指出的：“社会科学对人权的忽视与法学家对人权研究的支配，曲解了人权概念。”[②]这种状况在近年来已经有了很大改变，权利、人权越来越引起包括社会学在内的诸多社会科学分支的关注。

---

① 参见陈鹏：《公民权社会学的先声——读 T. H. 马歇尔〈公民权与社会阶级〉》，载《社会学研究》2008 年第 4 期。

② ［英］迈克尔·弗里曼：《人权：跨学科的探究》，汤智贸译，(台北)巨流图书有限公司 2006 年版，第8 页。

在当代中国法学界的权利社会理论研究中，权利无疑被视为一种社会事实。例如，夏勇教授指出："权利是一种观念(idea)，也是一种制度(institution)……一项权利的存在，意味着一种让别人承担和履行相应义务的观念和制度的存在，意味着一种文明秩序的存在。"[①]作为一种制度的权利，主要包括权利的观念、体系和保护机制三部分内容，而这三部分内容都可以放在历史的和现实的维度中进行实证研究。如果将作为社会事实的权利再进行诠释，作为制度的权利便是"一种制度化的力量"，这是因为"权利是现代公民身份的核心内容，也是现代社会制度的一个结构性的要素。换言之，如果一个人不享有权利，他就不能被称作公民；如果不在理论上假定每个公民都享有权利，并通过法律赋予每个公民以权利，我们就不可能构造以民主、自由为原则的现代社会关系和法治秩序……对于我们每一个普通人来讲，权利的价值就在于，把维护自己的尊严和利益的要求转换成一种制度化的力量，使相关者(如他人、政府、国家)承担相应的义务，使履行义务成为一种以国家强制力为后盾的体制内的要求。正是在这种意义上，我们说，享有权利，就是拥有一种力量"[②]。因此，如何让公民真正享有权利这种制度化的力量，显然是一个复杂的社会学问题。

(2)权利发展观念

作为社会事实的权利是不断发展的。所谓权利发展，"大体说来，就是权利的观念、体系和保护机制的发育和生长。或者说，就是权利的本质在观念、规范和体制方面的逐渐展现"[③]。首先，权利发展对于个体来说，就作为法律价值的权利发展来看，意味着人的主体地位的确立、人格尊严和个人自由的实现；就作为法律技术的权利发展来看，意味着权利得到明确规定，义务得到切实履行，利益得到真正保护。总之，权利发展对个体而言意味着人的主体地位借助于法律手段获得全面实现。其次，权利发展对社会来说，意味着公共权力受到权利的有效制约，意味着人和人和谐相处的良好社会状态的逐渐形成，意味着自由、平等与和谐的社会形态逐渐达成，并最终促进人类和平和进步。

(3)权利发展与社会发展的互动观念

权利发展与社会发展的互动观念认为，权利和社会具有密切联系，权利发

---

① 夏勇：《中国民权哲学》，三联书店 2004 年版，第 165 页。

② 夏勇：《权利是一种制度化的力量》，载《朝夕问道——政治法律学札》，上海三联书店 2004 年版，第 180 页。

③ 夏勇：《中国民权哲学》，三联书店 2004 年版，第 167 页。

展与社会发展相互影响，权利发展与社会发展是互动的。它主要包括两方面的内容。

一是社会发展影响和决定着权利发展。权利发展实质上意味着支持那些资格、利益、力量或主张成为权利的道德、法律和社会体制的进步，并折射出权利的社会配置方式的改善和社会正义的进步。[①] 因此，要解释权利的发展，必须基于社会发展的观察视角，对社会发展变迁中所包含的与权利发展相关的诸如伦理的、政治的、经济的、文化的多种因素有一种深邃而明晰的把握。通过促进相关社会支撑因素的发展来促进权利的发展。

二是权利发展促进社会发展，即通过加强权利保护来推动社会发展，以权利促进社会。“公民权利保护不仅应该成为经济体制改革、政治体制改革乃至整个社会发展的一项重要指标，而且应该是每一项改革和发展所不可或缺的动力和要素。”[②]改革的实质就是重新认识和调整权利义务关系，改革的原理就是通过加大权利保护力度，充分调动社会各方创造财富的积极性，最终促进和保证社会健康、和谐地发展。权利发展作为社会发展的内在变量，反过来会极大地促进社会发展。

我们注意到，在当下中国，权利不再是法学的“专利”，除哲学和伦理学比较重视权利问题外，“权利”甚至开始被经济学界所关注。他们之所以为权利鼓与呼，甚至提出权利经济学、人权经济学等范畴，究其原因在于他们充分认识到了权利发展对经济和社会发展的重要意义。从我国实际情况看，改革开放初期，以权利发展促进社会进步的确取得了巨大成功，通过“松绑”和市场化，经济社会发展取得了巨大成就。然而，在当下，改革似乎陷入前所未有的“困局”：经济体制改革遭遇行政垄断，政治体制改革顾虑重重，社会改革千头万绪，改革共识似乎需要重新凝聚。其实，促进权利发展在一定意义上就是走出改革发展困局、促进社会发展的“灵丹妙药”。

(4)“权利时代”观

路易斯·亨金教授在《权利的时代》一书中指出：“我们的时代是权利的时代。”他得出这一判断的主要理由是：“人权是我们时代的观念，是已经得到普遍接受的唯一的政治与道德观念。1948 年由联合国大会通过的《世界人权宣言》，

---

① 参见夏勇：《中国民权哲学》，三联书店 2004 年版，第 174 页。

② 夏勇：《从社会研究权利，以权利促进社会》，载《法学研究》1994 年第 3 期。

基本上得到了代表所有社会的所有政府的批准。”[①]我们都会发出这样一个疑问：中国的权利时代是否已经到来？夏勇主编的《走向权利的时代：中国公民权利发展研究》似乎对这个问题作出了回答，即当代中国正处在“走向权利的时代”。“权利时代”观念自然隐含着对权利发展阶段的划分。例如，有学者划分为“权力时代”“走向权利的时代”“权利时代”三个阶段。[②] 应该说，“权利时代”的宏大叙事式的论述包含有强烈的理论预设，而这恰恰是需要着力作出论证的问题，因此，“权利时代”观念的象征意义大于其学术意义。不少学者也展开对当代中国“权利时代”的论证，但大多是采取例证式的论证策略，即列举一部分在国内有影响的执着于权利主张的典型个案，来说明权利观念和实践已经深入人心，并推断出当代中国已经处于或者正在走向权利的时代。但这种论证策略是有问题的，因为还有大量的侵犯人权的事例存在，更多的时候人们选择忍气吞声，而不是奋力疾呼，这岂不证明了当代中国尚远离权利时代？

2. 作为社会事实“权利观”的方法

运用法社会学范式研究权利问题，便会形成权利的社会理论。其研究对象既不是作为法律价值的权利，也不是作为法律技术的权利，而是作为社会事实的权利；作为社会事实的权利存在于事实领域，而不是价值领域。夏勇教授指出：“尽管我们可以坚信每个人在作为人的意义上都享有或都应该享有一些不可剥夺的权利，但是，每个人对权利的感知、要求和获享，以及道德、法律和体制对这种感知、要求和获享的承认与支持，都取决于每个人所在的社会，并且唯有通过该社会的发展才能得以增进。”[③]因此，权利的社会理论研究不考察权利的价值根据和基础，也不研究法律权利的内涵和适用，而是考察权利实现的可能性和条件。为此，权利社会学研究采取经验实证的研究方法，具体包括社会调查、统计分析、历史研究等方法，不仅深入社会现实，而且探究文化传统，将研究视角扩展到了经济、政治、文化等层面，甚至将研究重点放在了农民、农村等关键领域，研究权利发展赖以实现的经济、政治、文化和历史条件。

其实，权利发展之权利自身就是一个权利束。它既有作为法律价值的权利，也有作为法律技术的权利；既有作为本土文化的权利，也有作为移植文化的

---

① ［美］路易斯·亨金：《权利的时代》，信春鹰等译，知识出版社 1997 年版，序言第 1 页。

② 参见任剑涛：《权利的召唤》，中央编译出版社 2005 年版，第 1 页。

③ 夏勇主编：《走向权利的时代：中国公民权利发展研究》，中国政法大学出版社 2000 年版，第 30 页。

权利。权利束中的各种权利之间怎样实现统和与互济，在各种权利的相互影响和作用中能否觅得权利发展的共同基础和共同规律，来观察和解释权利的存在和发展，从而获得刺激或抑制权利发展的具体因素①，也是权利社会理论研究中需要注意的重要问题。

如果说夏勇教授的权利社会理论研究主要寄希望于立法者的理性，着眼于通过完善立法来加强权利保护和实现的话，那么，值得注意的是，还有部分学者注重研究个案问题，通过诉诸司法者的理性，通过个案正义来加强个别权利的保护和实现，因为“仅仅一般地在法律文本上承认公民或法人有权利是远远不够的，因为所有这些被承认的权利在某种程度上或在某些时刻可能发生冲突。对法律活动来说，也许重要的不是承认权利，而在于如何恰当地配置权利，并因此给予恰当的救济”②。应该说，围绕个案展开的社会学研究已经成为当代中国法学研究的一个重要方向，我们可以称之为“司法社会学的理论和方法”。

看似与己无关的个案之所以被民众广泛关注，是因为人们已经认识到这些个案判决会影响他们自身权利的分配，因为在此后的同类案件中，他们也会处于与原告或者被告类似的境遇，也会受到这种诉讼结果的威胁。换句话说，个案的裁判和立法一样，都是权利配置的基本方式。但是，与立法式的权利配置方式不同，裁判式的权利配置方式直接体现了权利的相互性原理。权利的相互性是一种极其普遍的法律现象，即“无论法院的最终判决如何，只要它保护一种权利，它实际上必然侵犯另一种权利。这就是权利的相互性”③。苏力教授进一步论证，处于相互性之间的两种权利并非不可通约。已经由立法予以确认的不同权利之间是可以通过个案司法实现交换和进一步配置的，甚至在一定条件下，具体个案中的权利是可以变更的。刘培峰教授比较系统地论证了权利的司法社会学理论。他认为，在传统社会中，权利存在于广泛的社会关系中，以关系化、非形式化、模糊性和弥散性状态存在；离开了关系，个人可能就丧失了其在社会中的定位，权利也可能处于悬置状态。个人的权利诉求是在关系、文化、权力的网络中提出的，并由此获得其正当性和合法性。国家在回应个人的权利诉求的时候也是在文化、法律、传统、常识、习惯等多个层面上进行的。从宏观上

---

① 参见夏勇主编：《走向权利的时代：中国公民权利发展研究》，中国政法大学出版社 2000 年版，第 31 页。

② 苏力：《法治及其本土资源》，中国政法大学出版社 1996 年版，第 182 页。

③ 苏力：《法治及其本土资源》，中国政法大学出版社 1996 年版，第 181 页。

看，中国社会从近代开始转型，但就权利的存在状况而言，传统的所谓“关系社会”依然有很大的影响，权利依然被编织在文化、权力、社会关系以及语言的复杂网络之中；权利的实践和表达在受前述因素制约的同时又受历史因素的影响。[①] 李雨峰教授则通过个案剖析的方法，论证了诉讼主体的行动策略通常对其权利实现的影响程度，特别指出了传媒是诉讼过程中的重要支撑机构。传媒通过重构案件细节、塑造法律事实、提供知识、制造公共舆论等环节对个案产生影响。在一些存在法律漏洞的疑难案件中，传媒对司法的影响是表象，其后反映的是支持不同主张的力量的较量。[②] 因此，权利的司法社会学理论应当说是权利的社会理论的重要分支，拓展和丰富了权利社会学研究，具有鲜明的实践性。

三、“权利观念”的创造性转化

邓正来教授在为《走向权利的时代：中国公民权利发展研究》写的书评中指出了权利的社会理论研究可能存在的问题，即不论它“所欲图建构的‘权利的互动解释模式’还是‘权利发展与社会发展互动’的论题，都因其对中国人权利发展与西方权利发展的相同性预设以及对解释模式建构条件和假设必须论证等问题的忽视，而实际上在其具体研究中未得到切实的建构，只停留在了口号或主张的层面，最终致使《权利》一书设定的探寻中国人权利发展的特定道路的核心论题基本落空”[③]。应该说，当代中国法学界显露出更多的文化自主意识，一般不会一味简单地模仿和移植西方，而是在传统与现代、东方与西方、地方性与全球化、普遍性与特殊性等多维图式的张力之间，基于文明多元和文化多样的视角，开始思考中国的问题。于是，中国传统的民本、和谐等思想与普适性的西方权利以及人权观念在一定程度上具备了相互竞争性。在文明共容和文化融合的全球化背景下，当代中国法学界创造性地提炼出了民权观念与和谐人权观念。

1. 民权观念

基于权利的文化解释的问题意识，夏勇教授把研究视角转向了中国文化传

---

① 参见刘培峰：《文化、权力网络中权利诉求的实践与表达——若干司法文本的解读尝试》，载《中国法学》2005 年第 5 期。

② 参见李雨峰：《权利是如何实现的——纠纷解决过程中的行动策略、传媒与司法》，载《中国法学》2007 年第 5 期。

③ 邓正来编：《中国书评选集（1994～1996）》，辽宁大学出版社 1998 年版，第 41～42 页。

统，提炼出了一种以新的民本学说为基底的民权学说。夏勇教授所讲的民权，“是一个国家的民众对该国的政府或者治者提出与民众的利益或意愿有关的必须作为或必须不作为之要求的资格”[①]。这一界定是比较抽象的，很难与当下提出的种种权利概念“对接”，在很大程度上类似于公民权，也与公法权利比较接近。如果从广义上来理解，民权就是现代意义上的权利，既包括道德权利，也包括法律权利。之所以如此，是由社会学研究方法决定的，因为研究者只是把民权作为一个社会学现象或者历史现象，而不是为了进行概念分析，不是作为理论体系构建的起点。因此，理解和把握民权的关键不在于民权是什么，而在于民权的基底——新民本说。新民本说来自于传统的民本说，是对传统民本说的“复归”。民本文化是真正的国粹。夏勇教授认为，“民惟邦本”是一个关于价值法则和政治法则的判断，也是一个关于人民的主体资格的判断，还是一个关于政治合法性的判断。因此，传统的民本说在价值法则方面倡导以人为本，在政治法则方面倡导人民主权，但缺乏相应的程序法则，具体表现就是“缺乏明确的作为制度操作概念的民权，只有起义暴动之动力的非制度、非程序的民权”[②]。事实上，中国古代社会的专制体制中发育不出民治的程序法则，也发育不出体现程序理性法则的民权制度。但是，夏勇教授乐观地认为：“有了民本的价值法则和政治法则，支持民本的程序法则之发育不过是迟早的事情。”[③]这种革命性变化的标志就是实现以民权为本。因此，新民本说就是以民权为本。夏勇教授概括了新民本说的四层要义：“讲民之本而非君之本，讲自本而非他本”；“以民权为政治上民之所本”；“民权本于民性，德性统摄权利”；“民性养于制度，民权存于社会”。[④] 夏勇教授的研究旨趣不在于揭示以新的民本学说为基底的民权的内涵，而是“真正进入自家的文化脉络，通过仔细甄别和分析古来的民本观念及其源流，参考域外权利思想，在把握中国思想传统不同于西方思想传统的前提下，通过去粗取精，去伪存真，识别其中的民权观念和民主思想，进而结合中国的现代思潮和社会变化，转出新的民本学说”[⑤]，进而以新民本说支撑当代中国民权的价值证立和政治实践。因此，夏勇教授的问题意识具有强烈的中国主体性，正如他所指出的：“中国古代的民权思想，犹如一颗宝石，一旦拂去由种种

---

① 夏勇：《中国民权哲学》，三联书店 2004 年版，第 4 页。

② 夏勇：《中国民权哲学》，三联书店 2004 年版，第 18 页。

③ 夏勇：《中国民权哲学》，三联书店 2004 年版，第 21 页。

④ 夏勇：《中国民权哲学》，三联书店 2004 年版，第 51～54 页。

⑤ 夏勇：《中国民权哲学》，三联书店 2004 年版，第 6 页。

御民学、统治术厚裹的岁月尘埃，洗尽由欧洲文化中心主义和长期的革命政治批判烙下的现代垢印，便会在我们的眼前熠熠生辉。”[①]他提出的当代中国权利发展方案是，挖掘和汲取传统的民本思想，植入民权的程序理性法则，并进行创造性的转换，构建起新民本说。

相对于夏勇教授通过挖掘和剖析中国古代的民权思想，以转出新民本说，并指导当代中国的权利发展实践而言，王人博教授的民权思想则主要体现为民权概念的历史研究，但并未给当代中国的权利实践提出具体方案，其实践意义主要是启发性的。因此，他在《宪政的中国之道》“自序”中也明确指出：“书中的‘道’并非‘道路’。”与夏勇教授的理解不同，在王人博教授那里，“民权”是一个西方而非中国的概念。“中国文化传统中的民本概念与西方文化中的民权价值有着质的分别，而与人权概念更无瓜葛。民本与民权确有‘貌合’之处，而彼此间‘神离’更为根本……从中国民本这一文化传统之‘树’上是结不出西方民权概念之‘果’来的。”[②]那么，什么是民权呢？在与人权的比较中，他认为，以自然法为理论基石，以宪法为最高规范确立起来的人权概念显然不同于自古希腊以来的在国家和群体意义上的民权概念。“在文化上，民权容易与民主主义、民族主义、国家主义结缘，而人权则与法治主义、自由主义、个人主义有着亲缘关系。”[③]

基于这样的理解，王人博教授对近代中国的“民权”词义进行了研究。他发现民权是近代中国知识分子所选择的解决中国问题的策略或方案。一方面，这一策略或方案与中国传统有很深的渊源，因而不会被保守势力所竭力拒斥。因为“‘民权’也意味着对‘重民’传统复兴的呼唤，或者说民权概念本身就是为了唤起‘民本’的民族记忆”[④]。而且，民权概念可以避开民主概念的革命性和敏感性，消解“民主”所蕴含的对君权政制进行颠覆的危险。因此，从表面看起来，民权是一个非常保守的概念，但在“保守”中又潜藏着很深的用意。因为，通过与现实妥协、与君权合作，来取得中国社会最大限度的支持和认同。[⑤] 另一方面，民权概念在近代中国的语境中能够发挥其现实功用和价值。因为“‘民’表达的是‘群’的含义，即一种国家权力关系，主张国家权力应向‘民’所表达的‘群’倾

① 夏勇：《中国民权哲学》，三联书店 2004 年版，第 4 页。

② 王人博：《宪政的中国之道》，山东人民出版社 2003 年版，第 80 页。

③ 王人博：《宪政的中国之道》，山东人民出版社 2003 年版，第 74 页。

④ 王人博：《宪政的中国之道》，山东人民出版社 2003 年版，第 30 页。

⑤ 参见王人博：《宪政的中国之道》，山东人民出版社 2003 年版，第 42 页。

斜，其最高的目标是使国家的权力集中起来，以使国家发挥它的最大功效。这是近代中国一群爱国知识分子在自己的祖国受尽欺辱之后所具有的一种情愫：他们关切作为'群'的'民'胜过作为个体的人；他们思考的问题不是国家权力是否受约束以及怎样约束，而是国家能否充分行使权力使整个民族强大起来。这就是在近代中国民权不同于人权、民权高于人权的主要原因"[①]。因此，民权有利于共同意志和集体力量的形成，并最终成为国家强盛的推进器，这是中国民权言说者的共同诉求。[②] 在王人博教授看来，民权只是一个概念符号，它是近代中国争取独立、富强的一种策略选择。透过民权问题的研究，我们可以深刻理解近代百年史，深刻理解宪政中国之道，但是，它并不能直接为当下中国权利保护和发展提供直接、现实的方案和建议。

2. 和谐人权观念

和谐人权观念与民权观念具有相近似的问题意识。如果说夏勇教授的民权观念是从传统民本思想中汲取资源并以新民本说为基础的话，那么，徐显明、齐延平二位教授的和谐人权观念则是从传统和谐思想中吸取营养，以和谐为基。但二者又有所不同。和谐人权观念既有当代中国人权制度和实践的现实关切，又有对西方人权文化功能、缺陷以及"人权终结"的深度体察，还有对中国传统和谐文化的深刻把握。因此，与民权观念相比较，和谐人权观念的立足点更为高远，目标也更为宏大，它被视为超越西方"三代"人权观的"第四代人权"观。[③]

首先，中国在人权领域取得了巨大成就，但还不尽如人意。在中国把人权从意识形态的"牢狱"中拯救出来并且作为一个学术问题来探讨的历史，屈指算来仅仅几十年。然而，在这短短几十年里，人权从理念到制度，再到实践都发生了巨大的变化。大批的学者开始关注人权问题，不仅仅是人权领域涌现出一批专家学者，专注于人权的历史、原理，而且在部门法领域，诸如人权的刑法保护、刑事诉讼中的人权保护等等都成为学界乐此不疲的论题，人权俨然成为法学界的主流话语。在制度人权领域，中国加入了一系列国际人权法律公约，特别将"国家尊重和保障人权"载入宪法，以及体现人权价值的立法大量涌现，使得中国在国际社会中的人权形象大为改观。在人权的实践层面，为权利而斗争的意

---

① 王人博：《宪政的中国之道》，山东人民出版社 2003 年版，第 96～97 页。

② 参见王人博：《宪政的中国之道》，山东人民出版社 2003 年版，第 51 页。

③ 参见徐显明：《和谐权：第四代人权》，载《人权》2006 年第 2 期。

识在悄悄地形成,人权成为民众可以仰仗的工具。人权成为中国法制现代化取得巨大成果的标志性符号。然而,现实问题是,中国传统文化的无形羁绊仍无处不在,阶级斗争意识形态的惯性作用依然持续,宪政"瓶颈"的有形束缚短期内难以突破,这些都使得人权在中国的实现不尽如人意,我们远没有享受到人权给我们带来的福祉。因此,人权保障的现实关切使得学者一刻也不停息地思考如何破解这道现实难题,从观念、制度到实践开辟出一条人权保障的可行路径。

其次,对源自西方"人权终结"的深度忧虑,激发起学者们更为崇高的学术责任感,也促使其向中国和谐文化传统"求解"。人权的终结是西方乃至整个世界范围内泛起的一股情绪或者思潮,主要是对人权思想和制度方面的胜利与人权实践巨大落差的直接反映。不仅如此,近代人权所体现的现代性精神,如个人本位、权利绝对、永恒正义等等,不但受到文化相对主义和历史相对主义的有力冲击,还受到了来自后现代思潮的解构,再加上人权理想与人权实践之间的巨大落差,人权终结似乎不可避免。因此,"人权在人类意识形态方面取得的胜利与现实世界的强烈反差提醒我们,必须重新反思西方文明中心论和西方文化本位论基础上的传统人权文化"[①]。源自西方的三代人权观均以人类中心主义为哲学前提和伦理基础,以对抗为基础、以斗争为手段,极力"呵护"、释放无休止的人的本能欲望。而近代以来,"人权理论的技术化、人权理论的教义化、教义化人权理论的去价值化,封闭了人权的开放状态,削弱了人权的运动性征,危害了人权的批判精神以及对实证世界的针砭力度"[②],这些构成了西方人权观无法克服的"宿命"。因此,要扬弃或者超越人权的西方文化本位观,以中国为代表的东方文明中的和谐精神就应被纳入人权的视野中。

基于以上思考,齐延平教授认为,应当将和谐精神导入人权文化,实现二者互补互济,确立和谐人权观。具体说来,包括四个方面的内容:第一,和谐人权对西方人权历史性超越的实质是超越其对抗性。以和谐精神滋补人权理念,就是要把人权从对立、对抗精神中解放出来,赋予其更为深厚开阔的基础。和谐人权的提出,其意不在取代传统的三代人权观,而在于超越,超越人与人的对抗,超越人与国家的对立,超越人与自然的对峙,从而谋求人身与人心的和谐平衡,谋求人与人的和美共荣,谋求族群与族群、宗教与宗教、国家与国家的和平

---

① 齐延平:《和谐人权:中国精神与人权文化的互济》,载《法学家》2007 年第 2 期。

② 齐延平:《和谐人权:中国精神与人权文化的互济》,载《法学家》2007 年第 2 期。

共处，谋求人类与自然的琴瑟合鸣，也就是将和谐作为新一代人权的哲学动力与精神源泉。第二，以和谐精神统摄人权制度，就是要把人权制度从其内部分崩离析的境地中拯救出来，实现东方人权制度与西方人权制度、传统人权制度与新兴人权制度、政治权利制度与经济社会文化权利制度的有效平衡，消弭人权制度冲突导致的文明裂痕，解决人权制度冲突引发的人际、国际对抗，平抑人类与自然的紧张关系，防范人类文明的发展误入畸形轨道，也就是要把人权运动的走向、人权制度的建设调整到有利于人类整体的和平、安定、人道、文明目标上来。第三，以和谐精神推进人权实践，就是要在社会个体的人权追求中加入自律的纬度。第四，以和谐人权克服西方人权的局限性，同时也内含着对我们自己传统文化局限的历史性反思。需要明确的是，由于中国传统对现代人的意义主要体现在其世界观、宇宙观、人际观、身心观中以和谐为诉求的精神方面，而不在工具的、可操作的方面，因此，和谐人权观的价值在于精神的化育，而不在于价值的取代；在于文化的互补互济，而不在于制度的改弦更张；在于立意的高远延展，而不在于方法的推陈出新。①

总的来说，法社会学范式的权利研究与分析法学范式的权利研究存在诸多不同。分析法学范式抽去了权利的价值内涵，使其成为语义分析的对象和逻辑推导的工具，完全将其形式化。正所谓“法不容情”，只因为权利变为“冷冰冰”的工具或手段。与分析法学范式采用的逻辑实证方法不同，法社会学范式遵循的是经验实证的研究方法。法社会学范式的权利研究深入到权利背后的经济、政治、文化和传统因素，在权利与社会的互动关系中研究权利问题。

同时，法社会学范式的权利研究与价值论范式的权利研究也不同。价值论范式的权利研究将权利从正当、主体性等时代精神中推导出来，将权利作为高位价值，用作评价法律甚至道德的标准，用以引导和推进法制变革。因此，价值论范式的权利研究往往充满激情和呐喊，但可能会疏于冷静分析和扎实工作。因此，法社会学范式的权利研究表现出了成熟、冷静的气质。不论是权利本位论的兴起，还是人权观念的普及，既是改革开放时代发展的需要，又是市场经济、民主政治、依法治国等时代主题的必然要求。然而，在当代中国社会主义法制建设在权利价值引导下高歌猛进时，法学界也开始冷静分析在权利政治和法治中国的建设过程中遇到的种种困难和问题。西方普适意义上的权利来到中国为什么会“水土不服”？因此，由应然权利到法定权利并不是问题的全部，关

① 参见齐延平：《和谐人权：中国精神与人权文化的互济》，载《法学家》2007年第2期。

键是如何变为能够实际享有的现实权利。其实,权利的社会理论并不排斥价值论范式的权利观,也从人的自由、平等以及人权的角度把握权利。但是,随着对中国社会特别是传统文化的把握的日渐深刻,中西文化的差异和鸿沟便会越来越明显,这更激发了学者的研究热情和历史担当。于是,法社会学范式的权利研究转而挖掘传统文化资源,寻求传统文化的支撑,将中西方文化进行融合和创造性转化,典型代表就是民权观念与和谐人权观念。

但是我们注意到,厚重的历史积淀和深邃的传统文化固然是影响权利发展的重要因素,但不是唯一的决定因素。将传统文化与现代文明进行融合,创造性地提炼出自己的权利观念,当然是值得敬重的。但事实上,热衷于对权利进行文化和传统的解释,退回到文化传统中寻求当代中国现代化的资源,是一种必然选择吗?毕竟经济特别是政治等因素对权利的影响是更具有决定意义的。法社会学范式的权利研究起初秉持价值论范式的权利观,探寻权利在中国实现的机制和条件,通过推动社会发展来促进权利发展,实现权利与社会的良性互动,之后,更加深刻洞悉文化传统资源,创造性地提出民权与和谐人权的范畴,这具有强烈的中国主体性问题意识,从而实现了权利观的升级。

第五节 权利观与当代中国法制转型

一、权利与义务"一致性"观念与当代中国法制转型

从马克思在《国际工人协会章程》中提出"没有无义务的权利,也没有无权利的义务",号召工人阶级组织起来争取消灭阶级特权以来,权利与义务的"一致性"观念被视为马克思主义权利观的集中体现。在国内,吴家麟、李光灿等老一辈法学家都较早论述了权利与义务的"一致性"问题,都明确指出"一致性"作为我国公民权利与义务的一个基本特点,体现了社会主义本质。1956年,李光灿先生在对《五四宪法》第三章"公民的基本权利与义务"进行解读时[1],就提出了权利与义务"一致性"问题,并作了初步界定:"这种权利和义务的统一,是建筑在我们国家和人民的根本利益一致的基础上的,它反映了人民民主国家同每

---

[1] 《五四宪法》将公民的基本权利与义务合并规定的做法,被《七五宪法》《七八宪法》以及《八二宪法》所继承。尽管"公民的基本权利和义务"一章在每部宪法中的位置有所不同,但都把"基本权利"与"义务"合并规定,其内在理据就是"权利与义务的一致性"观念。

一个公民的利益一致、休戚相关的关系。在我国，人民的权利和义务是分不开的，不是一部分人专享有特权而另一部分人光尽义务，而是每一个公民同时既享受权利又履行义务。”[①]因此，“我国宪法关于公民权利和义务的规定……把国家赋予公民的权利和义务的事实、我国公民的权利和义务的一致性的事实、我国公民权利的广泛性和有保证地在逐步扩大的事实，用法律的形式把它固定下来的结果”[②]。

如果说“一致性”观念在前三部宪法中隐藏在宪法条文背后的话，那么，《八二宪法》则直接、明确地将权利与义务的“一致性”规定为一项宪法原则了。张友渔先生对现行宪法确认公民权利与义务一致性的原则给予了高度评价：“宪法确认公民权利和义务一致性的原则，有着重大的现实意义和深远的历史意义。”[③]根据张友渔先生的解释，这一宪法原则在宪法中的具体体现为：第一，任何公民有权利就有义务，行使权利就要履行义务。《宪法》第 33 条第 4 款明确规定：“任何公民享有宪法和法律规定的权利，同时必须履行宪法和法律规定的义务。”第二，权利的行使不是漫无限制的。《宪法》第 51 条规定：“中华人民共和国公民在行使自由和权利的时候，不得损害国家的、社会的、集体的利益和其他公民的合法的自由和权利。”此外，宪法对基本义务的规定、宪法关于基本权利的规定，都体现了权利与义务“一致性”的宪法原则。[④] 徐显明教授从历史的角度，把权利与义务的“一致性”看作是权利与义务关系发展的“最高阶段”。[⑤]在社会主义条件下，以公有制的建立为基础，形成了国家意志的统一性、人民内部矛盾的非对抗性以及人民共同意志，这三个方面构成了权利与义务在形式和内容上一致的前提条件、存在条件、根据和形式。

20 世纪的八九十年代，宪法学界对权利与义务的“一致性”问题基本达成完全的一致。权利与义务的“一致性”成为各种版本的宪法教材、宪法读本以及相关书籍的必备内容。时至今日，权利与义务的“一致性”问题一直是各类研究生考试、司法考试等的重点内容。标准答案可作如下阐述：“我国宪法规定的权利

---

① 李光灿：《我国公民的基本权利与义务》，载《李光灿法学文集》，南开大学出版社 1987 年版，第 6 页。

② 李光灿：《我国公民的基本权利与义务》，载《李光灿法学文集》，南开大学出版社 1987 年版，第 157～158 页。

③ 参见张友渔：《公民的基本权利与义务》，天津人民出版社 1987 年版，第 27～36 页。

④ 1975 年宪法和 1978 年宪法均规定的“罢工自由”，被 1982 年宪法取消。之所以如此，与权利与义务“一致性”的原则相关，如果允许、保障罢工自由，那就意味着存在“无义务的权利”了。

⑤ 参见徐显明主编：《公民权利义务通论》，群众出版社 1991 年版，第 74～79 页。

和义务具有一致性的特点。第一，权利和义务不可分离，公民享受权利，同时必须履行义务。第二，权利和义务互相依存，就是说，权利和义务是一个问题的两个方面。第三，某些权利和义务带有双重合的性质，如劳动的权利和义务，即劳动对公民来说既是权利又是义务，两者是同一的。第四，权利和义务互相促进，我国公民享受广泛的权利，就可以激发人民群众主人翁责任感，调动他们的积极性和创造性，使公民更自觉地履行义务，更多地享受权利。"[①]权利与义务一致性观念对我国法制建设的影响是深远的。20 世纪 80 年代中期，继承法学界针对权利与义务的"一致性"是不是继承法的一项基本原则展开了一场争论。[②] 肯定说根据"享受权利和承担义务相一致的原则是社会主义区别于资本主义和一切剥削阶级社会的一个重要原则"[③]，从而在继承法学界占据了主流位置。

需要注意的是，权利与义务的"一致性"观念具有强烈的意识形态性，与传统社会主义观念紧密相连。在社会主义国家，公民的权利与义务是建立在根本利益和目标一致基础上的，是互为条件、不可分割、相互促进、融为一体的，权利与义务是根本利益实现的手段、工具。"公民的一切权利和义务，都是为了建设和保卫我们伟大的祖国，为了保证广大人民的幸福生活，为了实现社会主义建设和社会主义改造的伟大事业。"[④]法理学界一开始复制、重述了宪法学界的看法，但是后来开始回避"一致性"的提法，因为他们发现"一致性"观念使得权利、义务无法胜任法学的基本分析工具，于是改用"相关性""对应性""对立统一性"等范畴。于是，权利、义务具备法学基本范畴的地位，也就脱离了权利与义务"一致性"观念的立场，从而形成作为法律技术或工具的权利观。

二、作为法律技术的权利观与当代中国法制转型

党的十一届三中全会公报提出："为了保障人民民主，必须加强社会主义法制，使民主制度化、法律化，使这种制度和法律具有稳定性、连续性和极大的权威，做到有法可依，有法必依，执法必严，违法必究。"中国法学界开始努力摆脱意识形态化的阶级斗争法学影响，以权利、义务为手段构建新的法学理论，积极

① 甄玉金、彭志远主编：《新编实用法律辞典》，中国检察出版社 1998 版，第 137 页。

② 参见《法学研究》编辑部编著：《新中国民法学研究综述》，中国社会科学出版社 1990 年版，第 717～721 页；另参见郭明瑞、房绍坤编著：《继承法》，法律出版社 1996 年版，第 43～45 页。

③ 刘春茂主编：《中国民法学·财产继承》，中国人民公安大学出版社 1990 年版，第 55 页。

④ 李光灿：《我国公民的基本权利与义务》，载《李光灿法学文集》，南开大学出版社 1987 年版，第 6 页。

推动当代中国的法制建设和转型。20 世纪 80 年代初，有学者主张法学应以“法定权利与义务”为对象，因为法学研究的内容是法律规范及其所确定的社会关系，即法律关系，而一切法律关系的最重要的特征，就是双方当事人之间存在的权利与义务的联系。[①] 20 世纪 80 年代中期，法学界开始对法学基本范畴进行认真研究。在十年左右的时间内，法学界基本达成了共识，即权利和义务是法的核心和实质，是法学的基本范畴，全部法的问题都可归结为权利和义务问题。因此，以权利、义务为基本工具建设社会主义法制，就是抓住了问题的关键和核心。在我们看来，由人治转向法制构成了当代中国法制的现代化转型的“第一波”。权利作为法律技术的观念直接发挥了重要作用。改革开放之后不长的历史阶段内，借助于权利、义务等行为调整的技术手段，便迅速结束了“无法无天”的人治状态，初步建成了社会主义法制社会。

改革开放初期，作为法律技术的权利观已经逐渐确立下来，人们普遍意识到，法律就是通过规定权利、义务来规范人们的行为，立法工作就是以法律来规定人们的权利、义务并最终调整一定的社会关系。因此，权利与义务一同成为当代中国法制建设的最基本手段和工具，这为立法工作的大规模开展奠定了理论和观念基础。在 1979 年一年的时间内，有 7 部意义非凡的法律破茧而出，即《刑法》《刑事诉讼法》《地方各级人民代表大会和地方各级人民政府组织法》《全国人民代表大会和地方各级人民代表大会选举法》《人民法院组织法》《人民检察院组织法》以及《中外合资经营企业法》。《八二宪法》的通过，标志着我国社会主义民主与法制建设进入了新的阶段。现行宪法坚持和完善了人民代表大会制度，巩固了 1979 年《选举法》《组织法》有关直接选举和差额选举的规定，进一步赋予地方人大一定的立法权，健全了地方各级人大的组织体系；扩大了全国人大常委会的职权，加强了全国人大及其常委会的组织建设。

1987 年正式实施的《民法通则》，第一次以基本法的形式明确规定了公民和法人享有的民事权利，制定了比较完备的违约责任制度和侵权行为的民事责任制度，并且第一次将公民和法人享有的人身权和知识产权单列一节集中加以规定。它从法律制度上打破了“铁板一块”的计划经济体制，承认了市场的平等主体之间的民事法律关系，为后来市场经济的确立、建立正常社会经济秩序做出了巨大贡献。如果说《民法通则》规定的是民事主体的权利和义务，那么 1989 年通过的《行政诉讼法》开启了明确政府权利和义务的依法行政历程。1989～

① 参见余先予、夏吉先:《论马克思主义法学的科学性》，载《法学研究》1980 年第 5 期。

1999 年的十年期间，我国先后制定了《行政诉讼法》《国家赔偿法》《行政处罚法》《行政复议法》等一系列规范政府行为的法律。直到 1999 年，“依法治国，建设社会主义法治国家”载入宪法，标志着强调“有法可依，有法必依，执法必严，违法必究”的社会主义法制建设揭开了历史的新篇章。

三、作为法律价值的权利观与当代中国法制转型

如果说由人治转向法制构成了当代中国法制的现代化转型的“第一波”，那么，从法制转向法治则构成了当代中国法制现代化转型的“第二波”。从法制到法治转型的关键是人权精神的树立和良法之治的确立。在“第二波”的转型过程中，作为法律价值的权利观发挥了至关重要的作用。从“权利、义务是法学的基本范畴”到“权利是法哲学的基石范畴”，这一观念转变为当代中国从法制到法治转型奠定了理论基础。作为基石范畴的权利标示着主体性价值，与商品经济时代自由、平等的时代精神相契合，是具有主体性的个体基于自由、平等、人权等所享有的与国家权力相对应的权利，因此，作为基石范畴的权利显然是一个价值概念。徐显明教授进一步指出：“我们却不赞同把对权利义务关系的讨论与另一个法学问题——法的本位问题等同起来……权利义务的关系问题与法以什么为本位的问题是风马牛不相及的两回事。权利义务的关系问题回答的是权利与义务是怎样相互作用的问题，法的本位问题回答的是个人与国家间的关系问题。”①这种观点认为，强调以个人利益的充分实现为国家活动目的的学说表现为权利本位，强调个人必须绝对服从国家的学说表现为义务本位。是否允许国家权力干涉个人合法的利益，就成了权利本位和义务本位的分水岭。“权利本位论”标志着作为法律价值的权利观得以确立。20 世纪 90 年代以来，郭道晖、李步云、张文显、徐显明、公丕祥、王人博、齐延平等一大批学者开始转向价值论范式的权利研究，并有力推动了当代中国法制的真正转型。

从“法制”到“法治”，二十年改一字。② “法治”与“法制”虽只有一字之别，但意义重大。按照学界的通常理解，法制的内涵比较简单，指的是一个国家的法及其法律制度，其完整表达就是“有法可依，有法必依，执法必严，违法必究”的十六字方针；而法治的内涵非常丰富，它强调的是一个国家处于依法治理的一种状态，具体说来，是个人权利与国家权力得到合理分配而使个人权利得到保

① 徐显明主编：《公民权利义务通论》，群众出版社 1991 年版，第 79～80 页。

② 参见李步云：《论法治》，社会科学文献出版社 2008 年版，第 150～157 页。

障的社会状态。法治的对象是国家权力，目标是保障公民权利。因此，“法制”升级为“法治”需要人权观念和精神的植入，法治国家的实现依赖于公民权利得到切实保障。伴随“权利本位论”的兴起和人权观念的接受、传播，从“以法治国”迈向“依法治国”、从“法制”转向“法治”成为历史发展不可逆转的必然趋势，最终“依法治国，建设社会主义法治国家”被载入宪法。人们开始逐渐认识和接受：实施依法治国方略必须加强人权保障，要保障人权又必须制约国家权力。为此，“国家尊重和保障人权”遂被载入宪法。自此，作为灵魂的人权与作为手段的法治开始逐渐呈现出相互沟通、加速发展之势，当代中国法制才真正开启了现代化转型。

人权保障与权力制约必然成为当代中国法制转型的主旋律。2008 年 2 月，国务院新闻办公室发布了《中国的法治建设》白皮书，比较详尽地阐述了中国政府在人权保障与权力制约方面取得的巨大成就。第三部分“尊重和保障人权的法律制度”开篇指出：“中国把消灭贫穷落后，让每个人享有充分的人权，建设富强民主文明和谐的社会主义现代化国家，作为不懈的奋斗目标。中国发展人权事业的基本立场是：坚持生存权、发展权的首要地位，把发展作为第一要务，同时不断发展公民的政治、经济、社会、文化权利，努力实现人的全面发展。”该部分列举了中国制定和完善的一系列保障人权的法律制度。人权保障事业不断法律化、制度化。第五部分“依法行政和建设法治政府”与第六部分“司法制度与司法公正”，则主要阐述了中国政府在权力制约方面取得的巨大成就。拿人权说事不仅为民众经常使用，也常被官方提及。作为法律价值的权利观开始持续、稳定地塑造当代中国法制。例如，大家开始意识到刑事诉讼法是“行动中的宪法”，是衡量一个国家人权保障的试金石。[①] 2012 年 3 月，十一届全国人大五次会议提出的《刑事诉讼法修正案草案》将“尊重和保障人权”写入总则第 2 条，并在 7 个具体规定中体现尊重和保障人权的原则。

四、作为社会事实的权利观与当代中国法制转型

权利作为法律价值的观念为我们提供了一幅价值观念引导法制转型的理想图景。正当我们满怀激情挥舞着人权旗帜、法治建设高歌猛进的时候，权利作为一种社会事实的观念开始出现，引起了人们的广泛关注。20 世纪 90 年代中期，夏勇、苏力、季卫东、梁治平等一批学者运用社会学方法研究法律、权利等

---

① 参见卞建林：《刑事诉讼法是人权保障的试金石》，载 2012 年 3 月 1 日《光明日报》。

问题，法社会学范式的权利研究将权利作为一种社会事实，用社会来解释权利，特别是借助语境、地方性知识等理论资源，将权利问题与中国的历史背景、传统文化联系起来考察，为我们提供了另一幅法制建设和转型的图景。

权利的社会理论让我们把视线转移到权利存在和发展所依赖的条件、体制和机制上去，专注于权利存在和发展的条件、体制和机制的建设。我们必须面对中国传统文化或本土资源的巨大力量。中国的传统文化或本土资源可能是一座需要认真对待和充分挖掘的“宝藏”，但也可能像蜗牛的壳一样是中国实现现代化转型的沉重包袱，存在诸多抑制权利生长的因素。权利的社会理论起码让我们意识到这个问题是客观存在的，是不能回避的。20 世纪，中国人权利生长并不尽如人意，“关于权利的观念、体系和保护机制总是处在矛盾和反复之中，而且难以落实”[①]。原因在于“权利的观念、体系和保护机制的进步，不是出自法律传统和社会革命的互相协调、互相促进，不是出自人文传统的自然演化，而是以毁弃固有的包括法律传统在内的人文传统为代价，以移植西方人的概念、术语和规范为捷径”[②]。基于对传统文化或本土资源的深刻理解，需要“重新展现、感受和理解中国社会转型背景下法治的复杂性、艰巨性、特殊性以及与此相伴的长期性”[③]。因此，苏力教授对政府主导的“变法”模式往往持不信任甚至否定的态度，而主张中国的经济改革和法治建设都必然显示出一种渐进的模式。

权利作为社会事实的观念对当代中国法制转型的意义是显而易见的。它并不否定法制的现代化转型和法治的目标，而是在如何实现这个目标的问题上，强调充分重视历史传统和文化，要借助本土资源。苏力教授指出：“在中国的法治追求中，也许最重要的并不是复制西方法律制度，而是重视中国社会中的那些起作用的、也许并不起眼的习惯、惯例，注重经过人们反复博弈而证明有效有用的法律制度。否则的话，正式的法律就会被规避、无效，而且可能会给社会秩序和文化带来灾难性的破坏。”[④]在权利的社会理论看来，与其“临渊羡鱼，不如退而结网”，权利的存在、发展和保障需要社会发展来推动。因此，权利作为社会事实的观念，更易于把法制转型作为整个社会转型的组成部分来认识，并更加强调社会转型之于法制转型的意义。

---

① 夏勇：《中国民权哲学》，三联书店 2004 年版，第 190 页。

② 夏勇：《中国民权哲学》，三联书店 2004 年版，第 195 页。

③ 苏力：《道路通向城市——转型中国的法治》，法律出版社 2004 年版，第 37～38 页。

④ 苏力：《法治及其本土资源》，中国政法大学出版社 1996 年版，第 36 页。

第三章　当代权利取向的立法转型[①]

保障公民权利和不断促进公民权利量的增长和质的提升，是现代法治国家的主要职能所在，也是奠立其自身合法性的基本根据。德沃金在谈及现代社会的主要特征时明确指出："权利之声压倒一切。"[②]作为立志于为最广大人民谋取福利的社会主义国家，人民权利的全面实现和保障一直是新中国引以为豪的制度优越性的显著标志。那么，回顾新时期以来中国的权利立法实践经验并总结其问题和教训，对于"法治中国"建设、人民权利和根本利益的维护和扩展，无疑有着重大的现实意义。从党和国家对于人权的重视来看，人权建设和法治中国建设是两个紧密联系的主题。在十八届四中全会的《中共中央关于全面推进依法治国若干重大问题的决定》中曾两提"人权"，人权保障成为贯穿《决定》的一个鲜明主线，强调要以法治的方式保障人民权利，实现社会公正。[③]

---

① 本章的主要内容曾以《全面有效实施宪法须加快基本权利立法》为题发表于《法学》2014 年第8 期。

② ［美］罗纳德·德沃金：《认真地看待权利问题：论美国公民的反对政府的权利》，潘汉典译，载《法学译丛》1980 年第 2 期。

③ 习近平就《中共中央关于全面推进依法治国若干重大问题的决定》起草情况向全会作说明时，又在四个地方分别提到了人权保护，列举于下：其一，"党的十八大提出，法治是治国理政的基本方式，要加快建设社会主义法治国家，全面推进依法治国；到 2020 年，依法治国基本方略全面落实，法治政府基本建成，司法公信力不断提高，人权得到切实尊重和保障"。其二，"保证公正司法、提高司法公信力，从而完善确保依法独立公正行使审判权和检察权的制度，优化司法职权配置，推进严格司法，保障人民群众参与司法，加强人权司法保障，加强对司法活动的监督"。其三，"当前，司法领域存在的主要问题是，司法不公、司法公信力不高问题十分突出，一些司法人员作风不正、办案不廉，办金钱案、关系案、人情案，'吃了原告吃被告'，等等。司法不公的深层次原因在于司法体制不完善，司法职权配置和权力运行机制不科学，人权司法保障制度不健全"。其四，"为保障人民群众参与司法，全会决定提出，完善人民陪审员制度，扩大参审范围；推进审判公开、检务公开、警务公开、狱务公开；建立生效法律文书统一上网和公开查询制度，等等。全会决定还就加强人权司法保障和加强对司法活动的监督提出了重要改革措施"。

尤其是在强调权利保障的具体路径时,《中共中央关于全面推进依法治国若干重大问题的决定》在立法和司法两个层面作出了特别阐释:在立法层面,“加强重点领域立法。依法保障公民权利,加快完善体现权利公平、机会公平、规则公平的法律制度,保障公民人身权、财产权、基本政治权利等各项权利不受侵犯,保障公民经济、文化、社会等各方面权利得到落实,实现公民权利保障法治化。增强全社会尊重和保障人权意识,健全公民权利救济渠道和方式”。相应地,在立法作出规定后,司法层面则强调“加强人权司法保障。强化诉讼过程中当事人和其他诉讼参与人的知情权、陈述权、辩护辩论权、申请权、申诉权的制度保障。健全落实罪刑法定、疑罪从无、非法证据排除等法律原则的法律制度。完善对限制人身自由的司法措施和侦查手段的司法监督,加强对刑讯逼供和非法取证的源头预防,健全冤假错案有效防范、及时纠正机制”。

2015 年 9 月 15 日,习近平在主持召开中央全面深化改革领导小组第十六次会议时,对于公民权利的保障和实现发表了重要的讲话。他提出:“实现人民充分享有人权是人类社会的共同奋斗目标。人权保障没有最好,只有更好。国际社会应该积极推进世界人权事业,尤其是要关注广大发展中国家民众的生存权和发展权。中国人民正在为实现中华民族伟大复兴的中国梦而奋斗,这将在更高水平上保障中国人民的人权,促进人的全面发展。”9 月 25 日,他更进一步地指出:“民主和人权是人类共同追求,同时必须尊重各国人民自主选择本国发展道路的权利。中国人民实现中华民族伟大复兴中国梦的过程,本质上就是实现社会公平正义和不断推动人权事业发展的进程。”[①]有学者进一步提出:“中国梦的实质就是人权梦,中国梦与人权是形式与内容的关系、外在表现与内在实质的关系。人权是中国梦的终极价值。中国梦的主体是人民,中国梦的内核是人民的根本利益,而利益的外在化即是人权。中国梦、复兴梦与人权梦三位一体,不可分离。”[②]由此可见,保障公民权利的事业正获得越来越多的关注与重

① 《习近平同美国总统奥巴马共同会见记者》,载 2015 年 9 月 26 日《人民日报》。

② 在此基础上可以对“两个一百年”的奋斗目标作出人权角度的阐释和解读:“第一个目标是到 2020 年全面建成小康社会,就是由经济持续健康发展的经济权利、人民民主不断扩大的政治权利、文化软实力显著增强的文化权利、人民生活水平全面提高的社会权利、资源节约型环境友好型社会建设取得重大进展的环境权所组成的一个人权体系。而依法治国方略全面落实、法治政府基本建成、司法公信力不断提高、人权得到切实尊重和保障的目标设想,既符合实际,又道出了法治与人权的有机统一关系。第二个目标是到 2050 年建成富强民主文明和谐的社会主义现代化国家,实现中华民族伟大复兴。这一复兴梦所蕴含的经济、社会、文化、公民、政治权利诉求,无一不体现了大同世界、共同富裕、人人平等、让发展成果公平分享的人权理想。”(汪习根:《中国梦与人权——当今中国人权的法政治学解读》,载《人权》2014 年第 3 期)

视，而从立法层面对基本权利作出规定和保护，则无疑是一切人权保障行动需要率先实行的基础步骤。个人权利的实现当然是全方位的，不仅包括宪法层面的基本权利，还包括民事、刑事、行政等各方面的权利。改革开放以来，随着《行政诉讼法》《刑事诉讼法》《物权法》《公司法》等法律的通过，公民的权利有了全方位的提升。限于篇幅，本章无法对三十余年以来权利立法的全貌作全景式的描述，将主要在描述公民基本权利在国家整个法律体系主要是宪法及宪法性法律中图景的基础上，考查"权利"这一要素在整个国家法律体系塑造中的影响以及存在的问题。

第一节　从基本权利性质看立法者的义务

一般来讲，"立法机关最为重要也最为显而易见的法律工作便是制定法律。'立法'这个词描述的是政府的一个机关对法律规则的精心创制，从而在正式的法律文件中给予法律规则以明确的表述"[①]。但是，现代国家立法机关创制法律的行为乃是一种体制化的、按照法律秩序的等级加以严格运作的职权行为。按照凯尔森的描述，一个既定的法律秩序乃是一个由不同效力等级的法的形式构成的体系，较低等级的法的形式的效力根据只能来自于更高一级的规范体系。[②]如此而言，则现代国家立法机关创制法律的行为，事实上就是以宪法为根据的对宪法规范的具体化，并由此在法的规范等级体系中确立自己的效力位阶的过程。那么，立法机关的基本权利立法，实际上就是将宪法中承认和确立的公民基本权利予以具体化的过程及其结果。因此，探讨中国的基本权利立法问题，主要就是探讨中国全国人大及其常委会以法律的形式具体化公民基本权利从而使之具有可适用性的问题。在这里，基本权利立法的可适用性，不仅专指司法机关能够将此类立法作为司法判决和权利救济的规范前提，也应当包含公民能够将此类立法作为其权利主张和抗拒外来非法干预的规范依据，以及行政机关履行公民权利保障义务并以此定义自身权力边界的规则基础。

一、基本权利的实现模式

"基本权利立法"命题的核心要义在于："就宪法的形式特性而言，宪法自身

---

① [美]史蒂文·瓦戈：《法律与社会》，梁坤、邢朝国译，中国人民大学出版社 2011 年版，第 123 页。

② 参见[奥]凯尔森：《法与国家的一般理论》，沈宗灵译，中国大百科全书出版社 1996 年版，第 127～129 页。

所具有的高度概括性本身为其自身内容的适应性准备了条件，这是它获得持久生命力的基础。”[①]因此在形式上，立法机关以法律的形式将宪法上有关基本权利的规定予以具体化，从而将基本权利规范繁衍为等值的宪法性法律；在实质上则是将宪法规范对于基本权利的概括性规定具体化为明确的法定权利体系。2012 年 12 月 4 日，习近平在首都各界纪念现行宪法公布施行三十周年大会上特别提出：“公民的基本权利和义务是宪法的核心内容，宪法是每个公民享有权利、履行义务的根本保证。宪法的根基在于人民发自内心的拥护，宪法的伟力在于人民出自真诚的信仰。只有保证公民在法律面前一律平等，尊重和保障人权，保证人民依法享有广泛的权利和自由，宪法才能深入人心，走入人民群众，宪法实施才能真正成为全体人民的自觉行动。”“我们要依法保障全体公民享有广泛的权利，保障公民的人身权、财产权、基本政治权利等各项权利不受侵犯，保证公民的经济、文化、社会等各方面权利得到落实，努力维护最广大人民根本利益，保障人民群众对美好生活的向往和追求。”[②]由此，基本权利立法应当而且必然指向的一个制度后果是：经由立法机关的基本权利立法，公民权利的实现、保障和救济，不但在规范的效力等级上获得了可适用性，而且在权利内涵和外延上得到清晰明确的界定。从这一角度来说，“宪法就是一张写着人民权利的纸”[③]，而法律则是人民可以依赖并予以直接实现其权利的法定根据，也同时构成公共权力的基本边界和义务对象。就此而言，“法律对于权利来讲是一种稳定器，而对于失控的权力来讲则是一种抑制器。颁布自由与平等的宪章的目的，就在于确使今天所赋予的权利不会在明天被剥夺”[④]。

可以明确的是，“我们要想在实践中捍卫权利，就必须首先明确在宪法及法律上我们拥有什么样的权利”[⑤]。一般来讲，将立法对宪法规范的具体化视为法的具体化过程必要步骤的思维路径，是植根于大陆法系传统的一种基本权利实现的路径，德国法学家考夫曼所阐述的法的具体化过程，就是这种思维路径的理论化表现形式：从普遍的“法律理念”到实在的“法律规范”再到现实的“司法

① 魏治勋：《原意主义解释方法的难题及其司法实用进路》，载《学习与探索》2012 年第 9 期。

② 习近平：《在首都各界纪念现行宪法公布施行 30 周年大会上的讲话》，载《中国人大》2012 年第 23 期。

③ 《列宁全集》第 12 卷，人民出版社 1987 年版，第 50 页。

④ [美]E. 博登海默：《法理学：法哲学与法律方法》，邓正来译，中国政法大学出版社 2001 年版，第 293 页。

⑤ 魏治勋：《法律授权模态的规范分析》，载《苏州大学学报》(哲学社会科学版)2009 年第 2 期。

判决”，立法属于法的具体化的第二阶段。[①] 然而，从当今世界各国基本权利保障的法律实践来看，通过立法的形式实现和保障基本权利并非唯一可以依赖的实践路径，即使在大陆法系代表性国家的德国，也不再是考夫曼所界定的那种法的具体化的固定路径。对于现代法治国家而言，保障和实现公民权利已然成为以宪法为引领的整个法律制度体系的基本目标和核心任务，基本权利实现和保障的具体形式和实践路径已经走向了多样化，在不同的国家表现为不同的实践范式，且日益呈现出融合性的倾向。从根本上说，一国采取什么样的具体形式——立法的形式或者宪法司法的形式以及是否采用违宪审查的形式——往往取决于各国宪法实践对基本权利性质的理解及其宪法表达形式，即根据其性质对基本权利作出的类型划分。

在现代宪法理论中，根据基本权利的法定效力及其实现形式方面的特性，一般将基本权利划分为两种类型："具体的基本权利"和"抽象的基本权利"。其中，具体的基本权利是指能够直接发挥法定效力的基本权利，它意味着一旦宪法上对公民的基本权利作出确认和规定，则这些基本权利不但能够为公民所直接享有并请求救济，而且能够直接限制和规范公共权力行为，尤其是能够促使司法机关通过适用基本权利条款实现对基本权利的保障、通过设置禁令排除干预和司法救济；而对于行政机关而言，则无疑为其施加了一项确保公民获得基本权利实现条件的积极义务。概而言之，"具体的基本权利"无论对于公共权力机关、社会组织还是公民个人而言都具有直接的法定效力。它喻示着，"现代法治国家，一旦公民的基本权利写入宪法，即对应着国家消极的不干涉义务，与国家对公民权利的实现所要履行的大量的帮助和促进的积极义务"[②]。

实际上，"具体的基本权利"并非基本权利的特定类型，也就是说并不存在包含具体基本权利和抽象基本权利的同一部宪法，具体基本权利与抽象基本权利是对具有不同效力形式的宪法类型的分类，它所指向的乃是某一宪法是具有直接法律效力还是间接法律效力这一问题。那么，在宪法具有直接的法律效力或者说在"具体的基本权利"之下，立法机关是否被课予了必须将宪法规定的基本权利具体化为法律规定的积极义务呢？

---

① 参见[德]阿图尔·考夫曼：《类推与事物本质：兼论类型理论》，吴从周译，台北学林文化事业有限公司1999年版，第29页。

② 任丽莉：《我国宪法基本权利条款立法具体化之必要性分析》，载《江南大学学报》（人文社会科学版）2010年第5期。

凯尔森的回答是否定的。他说:“如果立法机关发布了一个内容由宪法所禁止的法律,那就发生了根据宪法一个违宪法律所引起的全部后果。然而,如果立法机关只是不发布宪法所规定的法律,这就不大可能以法律后果赋予这样一个不行为。”[①]凯尔森的这一判断,在西方法律制度语境下是有着充分理由的,正如他所言:“宪法规范不必都是仅对立法机关的条文。它们可以是立即适用于,直接规定行政和司法机关,尤其是法院的。”[②]既然宪法可以直接由行政机关执行或者由司法机关予以直接适用,则意味着人民的权利的实现和保障不必完全依赖于立法机关对基本权利的具体化的立法通道,而是存在着一条更加便捷、更有效率的直接适用的通道。在此意义上,宪法本身就是法律,宪法的规定“并不是实质意义上的宪法的组成部分,而是民法、刑法、行政法或程序法的组成部分,是在宪法条文形式下直接决定行政、司法机关行为的那种一般规范。它们只有在也决定对今后法律规定某种内容的立法这一范围内,才属于实质意义上的宪法”[③]。概而言之,在凯尔森的理论所处的制度语境中,宪法既是规范立法机关立法的上位法,同时也是直接规范执法、司法和守法行为的具体的部门法,在后一意义上,宪法和法律并无实质区别。

如此而论,在权利实现和权利保障这一问题上,宪法之于行政和司法部门以及社会主体的直接效力,并不必然借助于立法机关对相关宪法基本权利规范的具体化,而是可以直接以之作为行政执法的法定依据和司法判决的规范前提。这才是西方法治国家的法律实践和法学理论不将立法者的立法不作为视为负有违宪责任的根本原因。

从“具体的基本权利”宪法实践范式覆盖的国家类型来看,无论是大陆法系的德国,还是普通法系的美国,不管是联邦制的瑞士,还是单一制的法国,“具体的基本权利”在法治发达国家都已经是正在进行着的活生生的制度实践。尤其是在欧盟统一体内,任何一个国家公民基本权利受到了侵犯,不但可以直接诉诸其所在国的宪法以求得救济,而且当其国内救济手段穷尽时,还可以直接上诉到欧洲人权法院。在具有欧盟宪法地位的《里斯本条约》的统率下,欧盟已经在事实上建立了一个超国家的人权条款,它本身是一个具有直接效力的权利保

---

① [奥]凯尔森:《法与国家的一般理论》,沈宗灵译,中国大百科全书出版社 1996 年版,第 290～291 页。

② [奥]凯尔森:《法与国家的一般理论》,沈宗灵译,中国大百科全书出版社 1996 年版,第 291 页。

③ [奥]凯尔森:《法与国家的一般理论》,沈宗灵译,中国大百科全书出版社 1996 年版,第 291 页。

障机制。在这种制度条件下，多种对权利救济的手段并存，通过立法途径实现和保障基本权利已经不再是必需的了。

二、中国立法机关的基本权利

我国宪法对基本权利的规定属于"抽象的基本权利"类型。这种基本权利类型对于行政和司法机关以及社会主体没有直接的法律效力，它既不能被执法机关直接执行，也不能被司法机关直接适用，更不能被公民作为直接权利救济的规范依据来使用，而只能作为立法机关具体化宪法规范的效力来源。在这种情况下，一旦立法机关对宪法中的基本权利条款抱持消极的态度进而长期大规模的立法不作为，则基本权利得以实现的唯一通道就被彻底阻绝了。由此可见，对于中国这种以"抽象的基本权利"形式体现其人权保障功能的宪法类型而言，宪法上的基本权利条款并不具有主观公权利的性质，其规定更多具有宣示意义上的形式价值，而不具有直接对公权力特别是行政和司法权力产生拘束力的现实功能。如此，公民权利的实现和保障必然是一种只能主张却不能诉诸法律实践的"纸面上的权利"。由此，"对于法律之治下的任何一位公民而言，只有那些被明确写在纸上的法律规范中蕴含的权利规定才是他的权利与利益的真正护身符"[①]。

对于西方法治发达国家而言，这种"抽象的基本权利"理论显然已经过时了。[②] 但对于中国而言却远非如此。在晚近国内有关基本权利实现路径的讨论中，就有学者鉴于立法者不能积极作为而致基本权利于虚置的状态，提出应考虑宪法的司法化或宪法的可诉性问题。有学者指出"宪法的可诉性是法治国家的基本要求"[③]，认为宪法作为调整公民权利和国家权力之间基本关系的法律，它将公民基本权利的保障作为其核心内容，体现的正是对人类生存价值的理性思考。公民权利的精髓在于公民权利受到侵犯时有权受到保护，而且法律的救济必须具有现实性。通过宪法的司法适用实现公民权利的救济，乃是宪法可诉性的核心所在。更有学者指出，宪法若不具有可诉性，将使宪法陷入极为尴尬

① 魏治勋：《法律授权模态的规范分析》，载《苏州大学学报》（哲学社会科学版）2009 年第 2 期。

② 有学者指出，那种将宪法基本权利视为一种抽象权利并将它置于"法律保留"之下，认为没有立法者的立法公民就事实上无法享有权利的理论早在 20 世纪 30 年代的德国就已经被抛弃了，因而不值得进一步探讨。（参见杨福忠：《消极权利与立法者的义务：以德国联邦宪法法院第二次堕胎判决为例》，载《北方法学》2011 年第 1 期）

③ 毛国辉：《论宪法的可诉性》，载《政治与法律》2001 年第 4 期。

的局面:宪法是保障公民基本权利并限制政府权力的法,它具有自己的实体内容,如果宪法仅仅是文本上的规定而不能通过司法过程落到实处,则宪法将徒具虚名;同时,宪法的权威需要在宪法实施的实践中逐渐产生和树立,不可诉的宪法因其不能保障人民的权利也就不可能得到人民的信任,则何来宪法的权威?[①] 就此而言,"宪法诉讼乃法治之精义所在"[②]。蔡定剑教授则在研究西方主要法治国家宪法实施之路历史经验的基础上指出,在现代国家走向法治化的过程中,"我们发现一个规律,就是宪法的司法性越来越强,司法化是宪法实施的要途"。从而,"宪法实施是一个由虚到实、不断地加强和完善的过程:由单纯的违宪审查,监督平衡国家机关的权力,发展到广泛地对公民基本权利进行司法化保护,进而发展到对公民宪法上的私权利进行救济。在这个过程中,宪法保障实施的两大机制宪法司法化和私法化起了至关重要的作用"。[③]

尽管学者们对宪法司法化或者宪法的可诉性问题倾注了极大的热情,但当代中国法律制度发展的现实表明,宪法司法化在目前没有付诸实施的可能性。如此而论,以宪法司法化为前提的司法审查制度建设,在短期内也同样不具有现实性。那么,中国公民基本权利试图以"具体的基本权利"发挥法定效力的基本路径就完全被现行体制阻断了。唯一可能的路径,就只有通过立法机关的法律创制行为将"抽象的基本权利"转化为法律权利,才有可能真正实现公民基本权利的保障与救济的目标。就此而言,中国的立法机关必须肩负起基本权利立法的积极义务,而绝不能认为基本权利立法的不作为无须承担宪法责任。原因很简单,权利立法已然成为当今中国公民基本权利获得法定保障和救济的唯一可能途径,如果这条道路再被阻绝,则中国的宪法实施就会是一句空话。基于此,我们可以得出一个初步结论:中国立法机关基本权利立法的积极性、成效和成色维系着中国人民基本权利实现的全部历史使命。如此,则凯尔森所言对立法者的不作为不可苛责的论断不适用于中国这类采用宪法抽象保护模式的国家。

第二节　中国当代基本权利立法的现状

从理论上阐明立法机关应当担负的立法义务,只是为考察中国当代立法的

---

① 参见胡正昌:《宪法可诉性的法理审视》,载《湖南科技大学学报》2009 年第 3 期。

② 胡肖华:《从行政诉讼到宪法诉讼:中国法治建设的瓶颈之治》,载《中国法学》2007 年第 1 期。

③ 蔡定剑:《中国宪法司法化路径探索》,载《法学研究》2005 年第 5 期。

现状和存在的问题提供了一个应然的衡量标准。但如果要准确地把握中国当代立法的主要问题，还必须针对已有的立法成果，按照宪法设定基本权利的目的和体系完整性对之予以梳理把握。同时，还要参照当代西方法治发达国家基本权利立法的成就和经验，才有可能真正把握中国基本权利立法的逻辑线索。

1978年党的十一届三中全会后，经过三十余年的努力，我们已经基本上建成了中国特色的社会主义法律体系。这样一个较为完整的法律体系在形式上具有如下三个特征：一是支撑法律体系的法律部门已经齐备；二是每一个法律部门具有基础性地位，在法律体系中起到骨架与支撑作用的骨干法律基本制定完成；三是与法律相配套的行政法规和地方法规基本形成体系。[①] 所以，学者在以法律权利的发展为视角概括新时期中国法治进步的概观时指出：如果以当代中国改革开放三十年来整个社会的全面发展所带动的法制的进步和法治的发展为背景，以法律权利为对象来审视和考察我国社会主义法制建设的总体面貌，则两个方面的变化是值得特别关注的：首先，三十年来我国公民法律意义上的权利意识和权利观念确实得到了飞速的发展，甚至显现出了权利话语超乎寻常的社会观念与思想的统治力；其次，三十年来我国法律权利的数量急速地增长以及制度化水平不断提高。[②] 概言之，“我们的时代是一个迈向权利的时代，是一个权利备受关注和尊重的时代，是一个权利话语越来越彰显和张扬的时代”[③]。

中国当代的基本权利立法取得的成就是举世公认的。但是，标志着中国特色社会主义法律体系基本形成的三个标准更多是具有形式上的意义，并没有任何一条标准涉及法律部门和法律体系的实质内容，未必能真正反映出这一法律体系的实质完善程度。因为一个法律体系实质的成熟程度最终是以该法律体系对公民基本权利保障水平为衡量标准的，形式上的完备有时未必带来法律本身的效度。“法治是人们追求的治国安邦的理想，它本身是一种形式、一种状态、一种手段，其目的是实现真正的人权和其他诸种基本权利。”[④]因此，要判断当代中国立法的水准，基本权利立法才是一个真正的测度标准。这就需要我们从中国基本权利立法的视角，去认识当代中国立法的现状和问题。由此，本节

---

① 参见徐显明：《论中国特色社会主义法律体系的形成和完善》，载2009年3月12日《人民日报》。

② 参见姚建宗：《新兴权利论纲》，载《法制与社会发展》2010年第2期。

③ 张文显、姚建宗：《权利时代的理论景象》，载《法制与社会发展》2005年第5期。

④ 张晶、强昌文：《契约伦理与中国权利立法》，载《法学家》2005年第6期。

侧重问题视角，从以下几个方面对改革开放三十余年以来中国基本权利立法实践进行全面考察和分析。

一、宣言式的基本权利

从基本权利的分类来看，一般可以将宪法上的基本权利划分为公民权利与政治权利和经济、社会与文化权利两个大的类别。这两类基本权利在《世界人权宣言》《公民权利和政治权利国际公约》和《经济、社会和文化权利国际公约》等国际人权文件中均有明确规定，并在事实上影响着各国宪法基本权利层面的立法。通常而言，从权利的作为与要求考量，经济、社会、文化权利侧重于要求国家承担"作为"义务，而公民权利和政治权利则是侧重于要求国家承担"不作为"的义务。

尽管中国已经制定了较多的保障公民基本权利的法律，但仍有许多国际公约上明确规定的权利类型未能写进宪法，即使已经写入宪法的基本权利，也有相当部分至今未能具体化为法律。中国宪法对基本权利的规定还存在着重经济、社会和文化权利而轻公民权利和政治权利的倾向，而此一权利类型恰恰是衡量一个国家的公民政治地位和生命价值现实状况的最重要的标准。即使在经济、社会和文化权利领域，由于许多权利类别没有经过立法具体化，实践中的可操作性也不强。比如，《宪法》第 39 条规定的住宅权在立法保障方面就存在不足。作为消极权利的住宅权，其权利功能在于排除公权力和社会权力对公民私人住宅的非法侵入，它实质上属于公民权利的范畴；作为积极权利的住宅权，它的权利功能在于向公权力提出公民住宅保障的义务。虽然宪法规定了住宅权，但在具体立法层面并没有得到很好的保障，当前中国公民住宅权利屡受侵犯，住宅利益无法得到较好保障的制度原因一部分也在于立法的不足。住宅权首先是自然权意义上的消极权利，其性质正如法国自然法学家西耶斯认为的："自由……先于所有立法者而存在……所以设置立法者的目的，不是为着给予我们权利，而是为着保护我们的权利。"[①]因此，对于那些之于公民权利具有基础意义的消极权利类型而言，立法者的不作为将使基本人权失却必要屏障而付之阙如；而对于积极权利，没有立法所确立和强制的国家义务的履行，这些积极权利将得不到起码的满足，公民权利匮乏的局面断无从改善。因此可以说，首先

① [法]埃马纽埃尔·约瑟夫·西耶斯：《第三等级是什么?》，冯棠译，商务印书馆 1990 年版，第 2 页。

完善宪法基本权利规范体系乃是一国基本权利保障的前提和基础。

基本权利立法的不足，可概括为以下几个方面：

(1)在平等权的立法方面，存在着对政府的义务规定过于笼统的问题。1982年《宪法》第33条第2款规定“公民在法律面前一律平等”，明确了公民在法律面前的平等地位。又如1992年我国颁布实施的《妇女儿童保护法》，明确了妇女与男子在法律面前平等，同时国家依法保护妇女的特殊权益。但这些都更多是法治国家初步建设时意识和立场上的宣扬，在今天权利话语兴盛的时代显然落后。时至今日，我国诸多关于公民平等保护的立法仍将规范范围局限于劳动就业等狭窄领域，更缺乏具体的禁止歧视条款，大多数情况下仅限于程序法意义上的宣言性的权利。

(2)对政治权利的规定方面，虽然规定了公民的选举权和被选举权，强调了享有权利主体的广泛性，但基本没有涉及选举权的实质内涵，对选举权的程序和保障措施也缺乏实质、具体的规定。对言论自由的规定则缺乏保护性规范和保障性措施，尤其缺乏具体的操作标准而赋予了政府机关没有明确边界的自由裁量权。密尔这样界定言论自由(密尔的用语是“讨论自由”)：“人类判断的全部力量和价值依赖于一个特性，即当这种判断出现错误时能被纠正过来，而只有在手边经常拥有纠正的手段时，才能够依赖这个特性。”[①]言论自由正是这样一种“除此之外，没有一个智者能以其他方式获得智慧”的不可或缺的必要手段。言论自由之于健全的法制社会而言具有基础性和构成性意义，对此立法者应当保持宽广情怀并秉持立法的广袤性原则。对宗教自由、出版自由、结社自由以及游行、集会、示威自由的规定，虽然1989年通过了《集会游行示威法》，但基本上着重突出预防、限制、审查和追惩措施的规定，并授予警察过多过大的自由裁量权，使得上述公民政治权利事实上被政府的管制所取代。马克思说：“没有出版自由，其他一切自由都是泡影。自由的一种形式制约着另一种形式，正像身体这一部分制约着另一部分一样。”[②]公民自由权利是一个相互联系、相互制约的有机体系，法律漠视某些具有基础地位的自由权利，则整个权利大厦都将倾覆。

(3)对人身权利规定以限制人身自由的行政法规居多。目前，我国关于人身自由的立法如《宪法》第37条规定：“中华人民共和国公民的人身自由不受侵

① [英]约翰·密尔：《论自由》，赵伯英译，陕西人民出版社2009年版，第17页。

② 《马克思恩格斯全集》第1卷，人民出版社1956年版，第94～95页。

犯。任何公民，非经人民检察院批准或者决定或者人民法院决定，并由公安机关执行，不受逮捕。禁止非法拘禁和以其他方法非法剥夺或者限制公民的人身自由，禁止非法搜查公民的身体。"《刑法》第238条和239条针对侵犯人身自由的非法拘禁和绑架行为进行规定，对侵犯公民人身自由的犯罪行为予以惩罚。《行政诉讼法》第12条规定，人民法院受理公民对限制人身自由的行政强制措施不服提起的诉讼。《行政处罚法》第9条明确限制人身自由的行政处罚只能由法律规定。《立法法》第8条规定了立法保留原则，第9条进一步明确"有关犯罪和刑罚、对公民政治权利的剥夺和限制人身自由的强制措施和处罚、司法制度等事项"只能由法律进行规定。《行政强制法》中规定限制公民人身自由的强制措施必须由法律规定。举凡行政拘留、劳动教养、强制戒毒、强制医疗、强制隔离、收容教育、保护性约束等诸多方面，都有相关的行政立法来加以规定，但相关行政处罚措施方面明显缺乏程序性规范，使得现实的执法、司法很难保障公民的人身权利不受侵犯。实践中虽然废除了劳动教养这种无法律依据、对公民人身自由造成严格限制的措施，但现实中仍然存在着诸如收养教育等对人身自由严格限制的行政措施。不得不说，人身自由的保障在具体立法层面仍有进一步提升的空间。

(4)关于财产权利方面的立法，虽然宪法层面上已经有了相当大的进步，明确提出了"私有财产权"的概念，但在具体立法层面仍有所欠缺。宪法层面上，1982年颁布的《宪法》第13条规定："国家保护公民的合法收入、储蓄、房屋和其他合法财产的所有权。"2004年《宪法》修正案改为："公民合法的私有财产不受侵犯。国家依照法律规定保护公民的私有财产权和继承权。"这意味着宪法对公民财产的保护从公有制之外有限地承认私人对生活资料的所有权转而全面保障私人的私有财产。从"国家保护"到"不受侵犯"意味着从国家赋予到防范国家的转型。2007年《物权法》第4条规定："国家、集体、私人的物权和其他权利人的物权受法律保护，任何单位和个人不得侵犯。"明确了私人物权与国家、集体物权的平等性，体现了时代的进步。但同时明显存在如下问题：对公民财产权的保障层次较低，大量有关公民财产的征收、征用和收税的规范依据仍然是行政法规，对行政机关的相关权力缺乏明显的界限和程序的限制，在补偿标准方面也明显偏低，导致财产权利方面的立法事实上不能得到较好的保障。比如单双号限行政策就只有行政决定，而缺乏法律依据以及法律授权。

(5)关于公民经济、社会方面的立法，虽然宪法层面上存在诸如"物质帮助权"(《宪法》第45条)等社会保障方面的规定，但具体立法层面上，有关就业保障和就业歧视、对公民获取报酬和劳动安全保障权利的法律仍有待完善。公民的社会保障权虽然在法律上得到了落实，基本建立起了比较全面的社会保障制度，但这一制度本身还需要解决基于地域和身份的歧视和不平等待遇等问题，现实的城乡差别、行业差别、所有制差别都在法律当中得到了体现，尚有众多社会主体被排除在社会保障权的享有者之外，无户籍者、流浪者、乞讨者、欠缴社会保障费者等众多人群要享受到社会保障福利，还需要更严密配套的法律保障。除此之外，社会保障立法未能充分明确政府的保障责任，亦缺乏追惩措施的规定，这使得中国的社会保障这一确保中国公民最低限度地有尊严生活的法律制度的执行有时会大打折扣。

(6)关于公民文化、教育方面的权利的规定，虽较其他方面的立法更加完善，但仍大量依赖于政府的法规和规章，保障层次较低，城乡差别、地域差别明显，在一些方面仍存在明显的地域歧视。在高等教育方面人为地制造等级差别的现象通过近些年的大力整治虽然有了巨大进步，但显性的、隐性的不平等问题仍然是社会关注的热点。

二、部分基本权利保障条款的异化

宪法中的一些基本权利条款已被法律具体化，但由于国家追求的立法目标更多地侧重于对秩序的追求而非对权利实现的保障，使得相当多的权利立法实际上发挥着“权利限制”的作用。审视改革开放以来的基本权利立法，我们虽然已经基本形成了较为完善的中国特色社会主义法律体系，但由于很多有关基本权利的规定不是通过法律的形式作出的，更多地依赖于各个层级的行政立法和地方立法；即使基本权利以立法的形式得以规范，但这些基本权利立法并没有充分发挥保障的效用，反而在相当程度上构成了对基本权利的限制。这就是我国基本权利立法的“异化”问题，即权利立法走向了立法目的的对立面，不仅不能保障和推动相关基本权利的实现，反而成为权利实现的限制和障碍。

这一权利立法的“异化”问题明显地分为两个层次：其一是立法者基于政治利益或政治秩序的考量，有意识地将权利立法转化为对公民实施权利行为的控制和管理，其根源仍在于公权力对公民政治参与的不信任。其二是错误地以低位阶的立法取代基本法律，往往以立法条件不成熟为借口，名为给后来的立法积累经验，实则为行政执法部门不受限制地行政裁量提供了空间。这里的核心问题在于，只有法律才具有将宪法上的基本权利具体化的资格，在法律没有制定的情况下，所谓“根据上位法”制定行政法规和地方法规就不可能有现实的依据。那么,以大量的低位阶立法取代全国人大及其常委会的法律,无论在立法形式上,还是立法程序上,以及在落实公民基本权利这一实质精神指向上,都是不符合依法治国理念的。

这导致的直接后果就是,在没有国家立法的情形下,行政立法和地方立法既不存在与法律配套的问题,更不可能达成法律体系化的目标。"其结果,必然造成宪法相关法中人权保障这一重要部分缺乏支架性法律的支撑而形成塌陷,从而导致宪法相关法这一部分的完整性难以成立与维系。最终的结果就是宪法宣告的基本权利仍然停留在一般性宣告的层面,无法经由法律的具体化而受到应有的保障,造成宪法具有的保障人权这一核心价值无法实现。"①当前,中国政府体制在其功能设置上依旧倾向于统治和管理的思维,为了实现社会安定和谐的秩序这一首要价值目标,在行政立法和地方立法上首先会考虑维稳而非维权、整体利益而非个人权利,从而在立法内容上必然更多地对公民权利行使强调义务、施加限制。由此,忽视法律而重视行政法规和地方法规引起的后果是双重的,它一方面会阻碍权利实现的路径;另一方面还会引发对权利的法外限制和侵害,使得权利立法最终走向"异化",这方面的典型例证就是曾经施行多年的城市流浪乞讨人员收容遣送制度和劳动教养制度。基于这一现状,有学者指出:"中国特色社会主义法律体系的形成,只能是在总体的框架上来讲才能成立,而且这一结论的宣告,在很大程度上是出于完成政治目标上的考虑,而不是从法律体系内部完整性上进行的判断。从这个意义上讲,认为 2010 年是形成中国特色社会主义法律体系的收官之年的观点,显然是一种过于乐观的估计或判断。"②

三、已签署的国际公约的国内转化

自二战结束以来,国际社会先后通过了三个被称为"人权宪章"的国际人权文件,即《世界人权宣言》《经济、社会和文化权利国际公约》和《公民权利和政治权利国际公约》。中国是国际人权两公约的签署国,但全国人大尚未批准《公民权利和政治权利国际公约》。对于这两个公约的性质,学术上仍然存在较大争

① 王广辉:《论中国特色社会主义法律体系中的宪法及其相关法:以基本权利的立法完善为视角》,载《河南社会科学》2010 年第 9 期。

② 王广辉:《论中国特色社会主义法律体系中的宪法及其相关法:以基本权利的立法完善为视角》,载《河南社会科学》2010 年第 9 期。

议，相当多的学者认为经济、社会、文化权利不是与公民权利和政治权利处于同一层次的人权类型，甚至有的学者认为前者是较低的权利类型，因而不属于人权和基本权利的范畴。德国虽然在《魏玛宪法》中确立了大量的经济、社会、文化权利，但在《基本法》中基本将社会权排除在基本权利体系之外。

不过，从国际层面来看，广泛承认经济、社会、文化权利的人权性质这一观点近年来越来越多地被国际社会所接受。在 1993 年维也纳世界人权大会上通过的《维也纳宣言和行动纲领》中，明确承认了经济、社会、文化权利是与公民权利和政治权利并列的基本人权，并且第一次按照字母顺序排列基本人权，依次为公民的(Civil)、文化的(Cultural)、经济的(Economic)、政治的(Political)和社会的(Social)。学者指出，这一排列意味着在某种程度上，各国在不同权利重要程度问题上的基本共识。[①] 从当今学术界得到公认的关于三代人权体系划分的理论来看，第一代人权以自由为核心，即如前所述的公民权和政治权利，其权利主体主要是个人，被称为“古典人权”；第二代人权以平等为核心，即社会、经济、文化权利的体系，其权利主体突出弱势群体的位置，强调国家的保障义务；第三代以博爱为核心，由发展中国家提出，被国际社会认可的民族自决权、发展权、环境权等，其权利主体为民族。[②] 经济、社会、文化权利属于基本人权的事实在国际上已得到普遍的认可，1948 年《世界人权宣言》和 1966 年《经济、社会和文化权利国际公约》都对经济、社会、文化权利予以确认，《世界人权宣言》第 22～28 条，《经济、社会、文化权利国际公约》第 6～15 条都明确列举了公民应该享有的经济、社会、文化权利和国家应当负担的国际义务。甚至在国际法的层面上，关于国际公约的效力是否及于个人也有热烈的探讨。“传统国际法认为国际公约以国家和国家实体为其规制对象不对个人发生效力，原则上只有国家加入并经过一国宪政程序批准国际公约后，国际公约方可转换为国内法约束全体国民。然而，晚近国际法的发展尤其是国际人权对国内宪政的渗透在实质上又深深影响着一国公民基本权利的保障。”[③]中国政府于 1998 年 10 月 5 日签署了《公民权利与政治权利公约》，基于本国的认识和法制状况，对公约中的内容提

① 参见薛小建：《基本权利体系的理论与立法实践》，载《法律适用》2004 年第 5 期。

② 参见王家福等：《人权与 21 世纪》，中国法制出版社 2000 年版，第 38 页。

③ 秦前红、涂云新：《经济、社会、文化权利的保障路径及其选择》，载《交大法学》2013 年第 1 期。

出了保留。[①]“保留”制度在国际人权文件中的确立体现了对缔约国主权的尊重以及对缔约国实施国际人权文件所遇到的具体情况的充分谅解。但是，国际人权文件的“保留”制度并不意味着缔约国可以对条文内容加以筛选，随意予以保留。陈光中教授等在《关于批准和实施〈公民权利和政治权利国际公约〉的建议书》中认为，“从总体上说，《公约》的绝大多数条款都不需要保留，但是对表达自由和结社自由权，我们认为应当做出在我国宪法、工会法及其他相关法律所允许的范围内实施的解释性声明”[②]。这一观点实际上是主张应当尽可能地在批准公约时做到不保留。而一旦批准加入该条约，国际法层面的条款即应转化为本国法律条款，或以直接适用的方式发挥法律上的效力。

中国政府于 1997 年 10 月 27 日正式签署《经济、社会和文化权利公约》。2001 年 2 月 28 日，九届全国人大常委会第二十次会议作出批准决定。中国在落实国际人权公约方面的做法是，国际人权公约只有经由国内立法的具体化才能予以实施，由此国内立法的转化就成为国际人权公约实施的关键步骤。自批准《经济、社会和文化权利公约》以来，中国通过颁布实施《劳动保障监察条例》、修订《集体合同规定》和《最低工资规定》、通过《中国农村扶贫开发纲要(2001～2010)》、落实《关于切实加强防治艾滋病工作的通知》和通过《2020 年教育发展纲要》等方面工作，落实公约内容。学者指出：“经济、社会、文化权利的保障路径实际上是在立法裁量和司法救济的双向互动的过程中臻于圆满的。一方面，宪法法定化了经济、社会、文化权利，但人民原则上尚无法仅依据这些宪法规定直接向国家请求具体的给付，须待国家制定相关法令设定受益条件与给付内容之后，人民方能依照该实践宪法的法令产生具体的权利而能对国家请求。另一方面，无论经济、社会、文化权利的规范多么完美至善，司法机关的救济都具有

---

① 法律保留原则乃是 19 世纪德国“法治国”思想下的产物，是法治国“透过国会法律来对抗并限制彼时君主王权”之理念的具体实践。法条保留之意旨不仅在于排除恣意的特权或歧视以确保正义，而且在于使削减自由、侵害平等的措施，随其对外效力而强制适用于一般人，特别是平等适用于社会上或政治上有权势的族群……而国会保留的意旨在于确保国会在宪法规定之权力区分架构中的决议权限所具有之民主机能。批准国际人权公约是缔约国根据本国的具体情况，同时在尊重国际人权公约基本精神的基础上作出的政治决定。国际人权公约不同于一般的国际条约，它的实施不可能像实施其他国际条约一样可以给缔约国政府带来一定的利益，批准国际人权公约实际上要求缔约国政府向本国公民以及生活在缔约国境内的其他国家的公民或无国籍人承诺将按照国际人权公约的要求来保护他们应当享有的各项权利。所以，履行国际人权公约是以缔约国政府承担必要的保障责任为前提的。在现代国家缔结的国际条约中，也常常针对不适合本国国情或者不利于国家利益的条款提出保留。

② 陈光中主编：《〈公民权利和政治权利国际公约〉批准与实施问题研究》，中国法制出版社 2002 年版，第 523 页。

不可替代的功能，司法救济人权的本质要求司法机关在经济、社会、文化权利侵权案件中不仅依法裁判而且在宪法价值的指引下保障当事人经济、社会、文化方面的合法权益。”①

本来，最高人民法院和各级人民法院作为一个整体的司法系统，应当在我国法律适用与完善中扮演重要的建设性角色，但由于涉及经济、社会和文化权利的案件被屡屡拒绝受理，即使受理了也只能直面遭受大面积败诉的命运，由此，公民权利一旦遭受侵害，就只能求助于司法系统之外的信访渠道。

四、新兴权利和特殊群体权利的立法保护

我国的立法对于新兴起的权利（如同性恋者的权利、艾滋病患者的权利、安乐死的权利等）的不敏感，或者基于道德或意识形态的原因实际上持否定态度，导致了特定群体的权利难以得到法律的有效保障。以宪法和法律作为构造社会秩序的基本手段并通过权利—义务的机制使这种社会控制手段日常化，是西方自 16 世纪以来发生的一个重大社会转折。② 从此以后，“法的统治”构成了现代性制度体系的核心内容，西方的法律制度正是对其传统规范的总结，在经历了漫长的市民社会发展后方具有了一个使法律得以系统化、严谨化、科学化的法律职业共同体，而“权利”本身便是将利益诉求的表达转化成为法律的语言——“市民阶级最不可少的需要就是个人自由。没有自由，那就是说没有行动、营业与销售货物的权利，这是奴隶所不能享有的权利，没有自由，贸易就无法进行。他们要求自由，仅仅是由于获得自由以后的利益。”③自此，法律才从民间规范和宗教规范中独立出来，成为一种利益救济的手段，权利话语也成为主流。就在这样一种体系化、抽象化的拣选过程中，无可避免地会导致原有的规范的调节机能发生部分丢失，寻求普遍性的同时其实也就是脱离具体生活的过程。换言之，随着现代性法律制度日益走向成熟和形式化，加上代议制民主的“多数决原则”，它必然导致这样一个制度性后果：被边缘化的社会群体及其权利类型，日益被形式化的法律制度所排斥并因此定型。

在法制现代化过程的绝大多数场域和实践中，边缘群体及其边缘权利基本上都处于被压制的状态之中。举凡少数族裔的权利、特定有色人种的权利、特

---

① 秦前红、涂云新：《经济、社会、文化权利的保障路径及其选择》，载《交大法学》2013 年第 1 期。

② 参见[美]罗斯科·庞德：《通过法律的社会控制》，沈宗灵译，商务印书馆 2010 年版，第 14 页。

③ [比]亨利·皮朗：《中世纪欧洲经济社会史》，乐文译，上海人民出版社 1964 年版，第 49 页。

定疾病患者的权利(如艾滋病患者的权利、麻风病患者的权利)等，在现代性权利体系中基本上都曾处于被排斥、被压抑的状态。美国社会自20世纪50～60年代兴起的“民权运动”[①]，本质上就是对现代性所确立的不平等权利体系的反动。它的历史意义在于以特定少数群体为主体的新兴权利通过不懈抗争，终于在现代法律制度中获得了平等地位。自此以后，法治国家开始将新兴权利列入权利立法的规划，越来越多的新兴权利不断得以法定化，这一立法现象已然成为后工业社会最受瞩目的制度景观。其中，堕胎权、同性恋者的权利、寻求安乐死者的权利、艾滋病患者的权利被普遍视为最具代表性的新兴权利。

不可否认的是，中国对一些特殊群体新型权利的保障在最近十年间已经取得了显著的进步，比如对乙肝患者的歧视等问题已经有了相当大的改观，社会层面对同性恋和艾滋病患者也已经越来越宽容。然而，对西方社会引领风潮的新型权利立法，中国的立法机关却往往表现出不敏感、不积极甚至否定的态度。立法者之所以持有这种态度，在很大程度上是由于中国社会对此类新型权利持有道德上的负面评价，以政治合法性为基本追求的立法者的前述反应因此是有着深厚、广泛的社会基础的。但问题在于，新型权利主体和权利类别的出现在中国已然是一个不争的事实，漠视和压制的态度只能导致社会问题的激化。国内发生的典型案例如天津“艾滋病患者扎针事件”，从官方的视角来看，“社会对艾滋病人的态度不仅仅是一个人道问题，而且也是一个稳定问题、政治问题”[②]。从权利立法的视角来看，这一事件所反映的本质是特定群体的新型权利的法律保障问题。事实上，这些被法律所忽视的群体往往人数较少，同时对社会公共权力资源介入程度极低，对社会公共经济资源控制程度极小，对社会公共财富分配影响程度极微，在社会发展中谋求尊严生存和自我发展能力也相对不足。

---

① 美国民权运动:20世纪50年代中期至60年代中期，美国黑人反对种族歧视和种族压迫，争取政治、经济和社会平等权利的大规模斗争运动。美国黑人是美国人数最多的少数民族，长期受到种族歧视，处于社会最底层。1955年，阿拉巴马州蒙哥马利市，黑人公民以全面罢乘来反对公车上的黑白隔离措施；1963年，华盛顿的林肯纪念堂广场聚集25万名群众，反对种族隔离，美国民权运动领袖马丁·路德·金博士发表著名的演说《我有一个梦想》，民权运动达到高峰。运动以非暴力主义为指导方针，采取抵制、静坐、游行、和平进军等方式。在民权运动的巨大压力下，美国国会于1964年通过《公民权利法案》，1965年通过《选举权利法》，正式以立法形式结束美国黑人受到的在选举权方面的限制、各种公共设施方面的种族歧视和种族隔离制度，最终消灭了公开的白人至上主义，为黑人赢得民权。它把美国从一个容忍种族主义、歧视黑人的社会转变为一个不管肤色与种族，承认每一个公民的平等权利的社会，从而深深改变了民众的思想。不仅如此，民权运动也激发了新时期美国社会的民主和自由斗争。

② 邓科、柯立:《天津“艾滋患者持针扎人”事件调查》，载2002年1月24日《南方周末》。

这一事件的发生正反射出新型权利保护在中国立法实践中的吊诡逻辑：如果某一新型权利类型不能引发广泛的社会关注，从而被定性为严重的社会问题，则它就无法获得立法的关注和法律的保障。于是，特定主体为了博取现行法律体制的关注和保障，往往被迫制造相关社会事件。虽然中国目前仍旧没有针对艾滋病患者的权利制定专门的法律，但艾滋病患者的权利问题则引起了社会和政府的高度关注。自 2003 年起，中国政府开始推行针对艾滋病患者的"四免一关怀"政策，艾滋病患者的权利获得了制度的关注和保障。2006 年，中国政府颁布《艾滋病防治条例》，国内媒体将对该条例的评论集中到艾滋病患者的权利方面，认为"艾滋病人权利是保护弱势群体的标本"[①]。诚如学者指出的："法律制度是政治、社会和经济发展的一部分，正如教育制度和其他文化领域的情况一样。如果某些类型的变化没有在法律制度当中得到反映，那么，主要的社会变迁就根本不会发生，或者不会在社会中有效地实行。"[②]可见，权利保障、立法先行，乃是欲以法治建构规范秩序的必要之举。

五、"少数人权利"的立法保障

注重对"少数人的权利"的保护是当今世界人权与法治建设的核心命题之一，保护少数人的权利亦被视为一个国家人权建设的重要测度标准之一。"少数人的权利"是一个充满歧义的概念，其根源在于学术界、国际人权组织和国内立法机关对"少数人"概念内涵持有不同的认识，从而导致对少数人具体所指的分歧。有学者指出："'少数人的权利'之辞源应是由英语'minority rights'直译成汉语的，其在汉语中得到普遍采用想必也是近几年的事情，很有可能就是随着《公民权利和政治权利国际公约》的签署而引入中文的。《公民权利和政治权利国际公约》第 27 条对少数人权利的规定译成中文是这样的：在那些存在着人种的、宗教的或语言的少数人的国家中，不得否认这种少数人同他们的集团中的其他成员共同享有自己的文化、信奉和实行自己的宗教或使用自己的语言的权利。"[③]事实上，在国际学术界，学者们对"少数人"的界定基本上与《公民权利和政治权利国际公约》第 27 条具有共同的指向性，代表性的观点如弗朗西斯

---

① 任孟山：《艾滋病人权利是保护弱势群体的标本》，载 2006 年 2 月 14 日《华夏时报》。

② Lawrence M. Friedman, "Legal Culture and Social Development," *Law and Society Review*, Vol. 4, No. 1(1969), pp. 29-44.

③ 苏亦工：《法律术语中"少数人"一词的语境评析：从国内政治语境到国际法律语境》，载《法学》2009 年第 4 期。

科·卡波杜尔梯，他在应联合国防止歧视及保护少数小组委员会之邀所作的报告中提出："数量上少于一国其他居民的群体，不处在主导地位，其成员——作为一国国民——具有不同于其他居民的种族、宗教或语言特点并显示出保持他们的文化、传统、宗教或语言的团结意识，即便这只是含蓄的。"[①]另一具有代表性的定义出自英国人权问题专家杰伊·西格勒："少数人是数量上具有一定规模，在肤色、宗教、语言、种族、文化等方面具有不同于其他人的特征，由于受到偏见、歧视或权利被剥夺，在政治、社会和文化生活中长期居于从属地位，国家应当给予积极援助的群体。"[②]基于上述认识，国内有学者主张将少数人定义为"在与相关对象的比较中数量上居于少数，在种族、宗教、语言、肤色、体质、精神状态或文化等方面具有不同于其他人特征，由于受到偏见、歧视或权利被剥夺，在政治、经济或文化生活中长期居于从属地位的群体"[③]。一般来说，对少数人的权利普遍采取平等保护和特殊保护并重的原则，即一方面强调少数人应当享有和多数人在法律上同等的权利和地位，另一方面要对少数人根据其群体的特殊属性进行特殊对待和特殊保护，以确保少数人群体不因其某些能力或先天特性的缺乏而在社会生活中处于明显弱势地位。

西方学者较早认识到了少数人权利的法律保护问题。边沁在基于其功利主义原理提出民主政治的多数原则时，如何保护少数群体利益就成为民主政治的一个突出问题，于是"少数原则"开始凸显其重要性，而这正是关涉现代民主政治正当性的一个关键问题。[④]"由于边沁采取了一种方法论上的个人主义，认为普遍利益是个人利益之和，依据他的功利主义计算方式，多数人的利益显然较少数人的利益更为可取，或者以少数人的利益为代价而实现最大多数人的利益是值得的。就此而言，边沁所说的权利和利益实际上仅限于社会上的最大多数人。"[⑤]而作为功利主义传人的密尔则直接提出了代表多数人的社会权力在多

---

① 转引自[英]爱德华·劳森：《人权百科全书》，王晶等译，四川人民出版社 1997 年版，第 1063 页。

② 转引自李忠：《论少数人的权利》，载《法律科学》1999 年第 5 期。

③ 李常青、冯小琴：《少数人权利及其保护的平等性》，载《现代法学》2001 年第 5 期。

④ 在边沁看来，个人的利益是说当某一项行动倾向于增大个人的快乐总和时或同义地说倾向于减小其痛苦总和时，它就被说成促进了个人的利益。共同体的利益是由组成共同体的若干成员的利益总和。也就是说，当某一项行动能够满足大多数人的要求、符合大多数人的利益时，那就应当执行。但问题在于这样的行动肯定会不符合少数人的利益，那该如何去追求少数人的利益？边沁并没有考虑到这一点，而该问题恰恰成为现代民主社会最需要考虑的问题。

⑤ 李燕涛：《人民是我的凯撒：纪念边沁诞辰 260 周年》，http://article.chinalawinfo.com/article_print.asp?articleid=48476。

大程度上可以干预个人权利的界限问题。[①] 美国政治学家蒂莫西·塞斯克认为，在极度分化的社会中，实施基于简单多数原则的民主制度将会带来很多复杂的问题，其要者就是："民主制度的规则和程序使得社会上形成了一种人们已经习以为常的对于少数人的结构性歧视或排斥。"[②]国内学者对这方面的研究尚不多，这也是造成国内立法对此种权利不重视的重要原因。国家基本法律对政治权利意义上的"少数人"的权利保障的缺失，反映的是这样一个深层次的问题：以"多数决"的形式要求少数人服从多数人通过的法律或者决定，意味着将多数人的意志凌驾于少数人的意志之上，从而根本上违背了现代宪政体制所保障的平等原则，也会产生宪法上的"多数人的暴政"。

从法理上讲，多数人的意志并不是必然高于少数人的意志，正如多人的意志并不必然高于一个人的意志。无论一个持有共同立场的集团的人数有多少、力量有多么强大，他们持有某种政治愿望和政治立场都只能是其代表的利益的表达，因而与其对立的少数人的政治愿望一样，都是一种政治社会的事实性存在，属于"是"的范畴。但无论对立集团之间的人数和力量对比有多么悬殊，强者的意志都不能转化为强制弱者的"应当"，即强者绝不能因为人多势众的事实而具有为弱者立法的合法性。民主的形式不能成为立法正当性的全部根据，"多数决"也无法做到使"是"转化为"应当"。[③] 就此而言，任何具有正当性的国

---

① 密尔在《论自由》一书中概括出了一条确立"人己权界"的"极其简单的原则"，它就是密尔在社会与个人之间所划定的边界，也是合法和非法的边界。原则内容是：人类之所以有理有权可以个别或者集体地对其中任何成员的行动自由进行干涉，唯一的目的只是自我防卫。这就是说，权力能够正当地施予文明群体中的任何成员的唯一的目的只是要防止其对他人的伤害。自由的前提是一个人的行为没有对他人造成较为明显的伤害，每个个人在其不伤害到别人的情况下都拥有着自己的一切自由。（参见[英]约翰·密尔：《论自由》，赵伯英译，陕西人民出版社 2009 年版，第 60～72 页）

② 吴双全：《论少数人权利特殊保护的必要性》，载《东岳论丛》2010 年第 3 期。

③ 从"是"能否推出"应该"，也即"事实"命题能否推导出"价值"命题，又称"休谟难题"或"休谟问题"。它是休谟在《人性论》中提出的一个著名问题。休谟以前或同时代不少哲学家认为，道德可以如几何学或代数学那样论证其确定性。但在休谟看来，对道德问题而言科学是无能为力的，科学只能回答"是什么"的问题，而不能告诉我们"应该怎样"的问题。休谟对这一问题的描述是："在我所遇到的每一个道德学体系中，我一向注意到，作者在一个时期是照平常的推理方式进行的……可是突然之间，我却大吃一惊地发现，我所遇到的不再是命题中通常的'是'与'不是'等词，而是没有一个命题不是由一个'应该'或一个'不应该'联系起来的。这个变化虽是不知不觉的，却是有极其重大的关系的。因为这个应该或不应该既然表示一种新的关系或肯定，所以就必须加以论述和说明；同时对于这种似乎完全不可思议的事情，即这个新关系如何能由完全不同的另外一些关系推出来的，也应当举出理由加以说明。不过因为作者们通常不是这样谨慎从事，所以我倒想向读者们建议要留神提防；而且我相信，这样一点点的注意就会推翻一切通俗的道德学体系。"尽管休谟没有明确回答自己提出的问题，但他的意思却是否定的，即从"是"中不能推出"应该"。这个问题在西方近代哲学史上占据重要位置，许多著名哲学家纷纷介入，但终未有效破解。英国著名分析哲学家黑尔则把这个否定答案称为"休谟法则"。（参见[英]休谟：《人性论》下册，关文运译，商务印书馆 1991 年版，第 509～510 页）

家立法，在以“多数决”的民主形式得以立法的同时，必须通过确立保障少数人权利的条款来证成自身的正当性和合法性。而这也是违宪审查存在的意义所在，即通过宪法审查代议制民主下通过政治过程和多数决原则制定的法律。

中国政府已先后加入了25项国际人权公约，其中包括《经济、社会和文化权利国际公约》《消除对妇女一切形式歧视公约》《消除一切形式种族歧视公约》《禁止酷刑和其他残忍、不人道或有辱人格的待遇或处罚公约》《儿童权利公约》《残疾人权利公约》等六大核心人权公约。我国宪法在对少数人权利保护方面也作出了丰富多样的规定，对于少数民族、残疾人、妇女、儿童等少数群体都作出了较为完善的规定，并且这些规定绝大多数已经落实为法律。可以说，在“少数人权利”保护和实现的问题上，当代中国的立法应当是相对完善的。

六、“法不禁止即自由”原则的立法落实

作为公民权利推定的重要依据，“法不禁止即自由”是一项基础性的原则。从理论上解析“法不禁止即自由”，可以有两个层面的理解：其一，凡是法律不予调整而由道德、习俗等社会规范调整的行为领域以及“自我指涉”行为，均属于“法外空间”，公民在此范围内的行为具有“法不禁止”意义上的自由。其二，从公民权利推定的视角看，“法不禁止即自由”意味着公民有着做一切法律不禁止之事的权利或自由。此即法国《人权和公民权利宣言》第5条规定宣示的：“凡未经法律禁止的一切行动，都不受阻碍，并且任何人都不得被迫从事未经法律命令的行动。”学者认为：“依据这一原则进行权利推定，可以划清法与不法的界限，防止对人民权利的侵害；承认人民享有宽广的自由，有利于启动公民的自主精神。”[①]在这里还需要特别指出的两点是：首先，此一原则绝不适用于公权力推定，公权力必须遵循“法无授权则禁止”的限制；其次，所谓的“法不禁止即自由”中的“法”，不仅包括宪法、法律和法规等实定法，还包括实定法所依据或昭示的法律精神、目的和价值，如果仅仅将这里的“法”限定为法律条文的规定，在法律有漏洞、含义模糊和价值指向不清晰的情况下，机械地按照“法不禁止即自由”去行为，极有可能触犯法律。因而，“法不禁止即自由”命题的成文是以对法律的完善理解和解释为前提条件的。

“法不禁止即自由”原则与公民权利保障存在着密切联系。1791年《法兰西共和国宪法》规定：“凡未经法律禁止的，都不得加以取缔。”这一原则随后得到

① 郭道晖：《论权利推定》，载《中国社会科学》1991年第4期。

多部重要宪法文件的承认；美国宪法修正案第 9 条则以“宪法未列举权利”的形式作出规定：“本宪法对于一定权利之列举，不得解释为否定或轻视人民所保有的其他权利。”在这里，要将“法不禁止即自由”与“宪法未列举权利”相勾连，就必须对后者作出清晰界定：“宪法未列举权利，并非仅仅从形式上而言未直接出现或规定于宪法文本‘基本权利义务’部分的权利，尤其是不能将宪法未列举权利简单地描述为没有在宪法文本中直接用‘某某权利’加以确认的权利。凡是在宪法文本中，无论何部分加以规定的权利以及为宪法文本中规定的权利所能涵盖与包容的权利，都不是真正意义上的未列举权利。”①经此限定，真正意义上的“宪法未列举权利”的确属于“法未规定”同时“法不禁止”的范围，理应推定为公民的自由权利领域。“宪法未列举权利”的意义在于，它在承认公民广泛的自由权利空间的同时，为实现列举权利和未列举权利的沟通从而不断地接纳新兴权利保留了一个机制性入口，有助于基本权利体系的持续稳定发展。而我国权利立法在此方面的一个明显缺憾，就是宪法和法律都未明确承认“宪法未列举权利”和“法不禁止即自由”原则，以至于公民权利救济面临着法未规定则不予救济的难题。

除此之外，已生效的权利立法还广泛存在一些具有共性的不足之处：法律的细化和规则化不够，笼统的原则较多，对救济条款和责任条款规定明显缺乏；对公权力缺乏系统的限制性规定，学界广泛认可的比例原则、合理性原则、过度禁止原则在当前权利立法中都缺乏明确的规定，《立法法》对法律保留原则的规定存在着前后不一致的矛盾；不重视公权力执法程序立法；对于日渐增多的不同性质的权利(力)主体之间的利益冲突，缺乏系统明确的指导性原则的规定。这些缺陷都会导致公权力在处理关涉公民权利的事务时裁量权过大。同时，基本权利立法对公民权利实施缺乏必要合理的限制性规定，容易导致权利滥用。权利限制是权利保障的重要前提，没有合理限制的权利无异于没有权利，因而“限制公民权利也是对公民权利的保障”②。可见，公民基本权利立法在规范公共权力和公民权利行为方面都存在明显不足，在质和量上都与完善的法律体系的要求还有相当大的差距，所有这些都有待于在“法治中国”进程中得到根本性改善。

概而言之，尽管当代中国公民基本权利立法取得了巨大的成就，但依然难

---

① 王广辉：《论宪法未列举权利》，载《法商研究》2007 年第 5 期。

② 胡弘弘：《我国公民基本权利之立宪发展》，载《政法论丛》2010 年第 3 期。

掩存在的缺陷，所有这些都有待于在“法治中国”的建设过程中予以根本性改善。在厘清未来权利立法的形势和挑战的前提下，保持此种清醒认知将是中国权利立法获得长足进步的重要前提。

第三节 基本权利立法对公民权利发展趋势的回应

当代社会发展迅速，公民对权利的需求呈现多元化、多样性的变化趋势，对权利立法提出新的挑战和新的要求。“至少在当代中国，权利的确已经成为了中国人日常生活的基本观念与思维习惯，新型的、性质各异的各种权利作为‘新兴’权利不断地在人们的生活中得到主张甚至获得法律化的制度表达。”[①]应当承认，社会的变迁带来了先前时代所不曾遭遇的考虑和问题，新领域与新现象也注定带来未知的权利种类、权利群组和权利冲突。正如梅因所言：“社会的需要和社会的意见常常是或多或少走在‘法律’前面的。我们可能非常接近地达到它们之间缺口的接合处，但永远存在的趋向是要把这缺口重新打开来。”[②]这就需要不断完善现有法律体系去加以回应。

近些年来，立法活动凡关于公民权利的法律订立、修改乃至废止的提案，大都是由社会实践提出新的权利要求和权利模式予以推动的。但问题在于，“当代中国社会这种权利话语的张扬，权利主张的扩展，权利类型的增加，以及权利实践的深化，一方面使我们的社会尽显现代社会的时代风貌，高扬现代法治的核心价值理念，表征中国社会主义法治建设的初步成就；但另一方面，权利话语的滥用，权利主张的乖戾，权利实践的非理性张扬，确实也存在着使权利庸俗化的极大可能，从而使权利本身也自我蒙羞”[③]。“无论是在理论上还是在实践上，我们确实都需要以我国社会现实中存在并不断地在争取存在的各式各样的‘新兴’权利为对象，进行思想与理论意义的逻辑梳理与内涵整理。而这样的学术工作大体上可以划分为两部分，一是在宏观上对于我国社会中现实存在的各种‘新兴’权利进行整体描述与大致归类，并一般地探究其共性；二是从更加深入的更微观的层面，以‘新兴’权利的典型样态为对象，力求准确地揭示‘新兴’权利产生和发展的基本规律，总结和归纳‘新兴’权利之为‘权利’的严格标准，从

---

① 姚建宗：《新兴权利论纲》，载《法制与社会发展》2010年第2期。

② [英]梅因：《古代法》，沈景一译，商务印书馆1959年版，第15页。

③ 姚建宗：《新兴权利论纲》，载《法制与社会发展》2010年第2期。

而排除和过滤现实中所存在的各种虚妄的‘权利’呓语。”[①]

一、新兴权利的界定与类型

那么，如何才能定义改革开放以来所出现的新兴权利，衡量新兴权利的标准又是什么呢？对于此一问题，学者提出了不同的标准和定义。任喜荣教授提出了三要件的新兴权利界定标准：一是该权利正在被当前的理论研究证成；二是该权利正在被普通公民实践；三是社会上开始形成一种关于该权利的普遍共识。[②] 还有的学者提出的标准是：该权利得到一定程度的社会认可；该权利尚未得到制度化和法律化。[③] 有学者概括出了新兴权利的概念：“新兴权利是指为人权所统摄的、在一定程度上得到社会认可但未被法律确认或被保障的‘权利束(丛)’。”[④]应当说此类定义在相当程度上解释了新兴权利的基本特质，但其关于新兴权利的判断标准仍显单薄。

对于此一问题，姚建宗教授提出了形式标准与实质标准相结合的更加系统的衡量标准。[⑤] 其中，形式标准包括两个方面：第一，以时间为标准，凡中国既定的法律制度文本中过去没有明确规定的法律权利，而在新的法律文本中明确予以规定或者隐含着的法律权利，属于新兴权利范畴。这种情况又包含了三种类型：一是过去法律文本没有规定而同类新法律文本明确确认的法律权利，如2004 年宪法修正案明确规定国家保护公民的合法收入、储蓄、房屋和其他合法财产所有权，则“私有财产权”进入中国公民新兴权利行列，与之类似的还有公民的生育权利等。二是过去法律文本和现行同类法律文本都没有明确规定但从新修订法律条文可以合乎逻辑地推导出的应受法律肯定与保障的权利，如隐私权、囚犯的婚姻权、艾滋病人的婚姻权等权利类型。三是既定法律条文对相关权利没有作出明确或隐含的规定，而新修订的法律文本对之作出了明确或隐含规定的权利类型，如种子产权、新品种权等。第二，以空间为标准，在中国法制史上和现行法律管辖权范围之内不曾存在，但通过法律移植的方式引进的权利类型，如通过签署和批准《经济、社会、文化权利国际公约》而得到确认的适当

---

① 姚建宗：《新兴权利论纲》，载《法制与社会发展》2010 年第 2 期。

② 参见任喜荣：《作为“新兴”权利的信访权》，载《法商研究》2011 年第 4 期。

③ 参见徐钝、郑记：《新兴权利救济：司法能动立场的证成与运作》，载《理论与改革》2010 年第6 期。

④ 聂佳龙、史克卓：《论作为“新兴权利”的公民启动权》，载《广州社会主义学院学报》2013 年第 2 期。

⑤ 系统的阐述和分析参见姚建宗：《新兴权利论纲》，载《法制与社会发展》2010 年第 2 期。

生活水准权、获得清洁饮水的权利、获得适当住宅的权利，以及通过移植其他国家和地区的法律而增加的权利类型。

实质的标准则包括四个方面：其一，新兴权利是既有和现有的法律规定中根本没有存在过的权利类型，不仅权利主体是新的，而且权利客体也是法律新予确认的，如艾滋病人的权利、同性恋者的权利、变性人的权利都属此范围。其二，新兴权利在其权利客体及其范围不变的情况下，权利主体的范围发生了变化，如法人的基本权利。其三，在权利主体范围没有发生明显变化的情况下，权利客体范围发生了变化，从而形成新的法律权利样态，如以网络财产权为代表的网络权利。其四，境遇性的新兴权利，这类权利是由于社会主体进入某一特定法律境遇之中而享有的权利。如试药者的权利、过境旅客权利等。

学者在此提出形式标准与实质标准的意义，不在于以其统合的形式去衡量某种权利是否是新兴权利，而是只要某一权利类型符合两类标准下的某一具体标准，就属于新兴权利。由此可见，新兴权利并非具有单一固定特征的某种权利类型，而是一个表征权利束或权利丛的统合性概念，或者"仅仅只是用以描述我国社会现实中所存在的某些具体权利诉求和权利主张现象的一个松散的概念"[①]。因而，所谓"新兴权利"概念并不是一个严格实证法意义上的法律概念，只具有用以概括当代中国法律权利发展变化这一社会实证意义上的描述性意义。

二、新兴权利的生成机制

促动当代中国新兴权利不断涌现的内在机制何在？从根本上说，新兴权利的生成与发展，乃是日新月异的社会生活基础上人类对自身迈向自由的过程中所依凭的合理手段予以反思而提出的基本要求，新兴权利的基础正是人类追求自由的需求所导致的。因此，凡是有利于人类导向自由的手段需求，经过合理的制度性衡量，都可以表达为新的权利类型；原有的旧的权利类型，在人类全新需求的推动与转化之下，也可以重新进入新兴权利之列。从前述有关新兴权利界定标准可以看出，这些新兴的权利类型实际上都是人类在新的阶段追求自由的内在需求，在新兴主体、新兴领域、新兴客体、特定境遇下的制度化主张或制度性表达。可见，所谓"新兴权利"不过是对正在兴起的权利主张或权利现实的肯定、承认或立法确认，在此意义上，任何类型的权利的兴起不过是马克思所说

① 姚建宗：《新兴权利论纲》，载《法制与社会发展》2010年第2期。

的："各种最自由的立法在处理私权方面，只限于把已有的权利固定起来并把它们提升为某种具有普遍意义的东西。而在没有这些权利的地方，它们也不去制定这些权利。"①

基于此，我们可以把新兴权利划分为两大类型：其一是完全意义的新兴起的权利类型，这一权利群或权利束或者是因为新的权利主体、新的权利客体的出现，或者是因为原有权利类型在新的领域、特定境遇的扩展而成为新兴的权利类型。此一权利类型即前文学者们已经述及的新兴权利。其二是随着二战后福利国家的兴起，原来被划入消极权利类型的基本权利群，不再被认为是纯粹意义上的只要求国家消极不干涉的所谓"天赋权利"，而是被视为"客观价值秩序"，要求国家积极作为以保障自由权实现的前提，并从中衍生出了国家保护义务和"分享权"的概念，原有关于消极权利与积极权利截然二分的权利理论不再适用。在此意义上，在新的时代背景下由消极权利转化而来的积极权利，可以被视为新兴的权利类型，其新意在于因权利享有者对应的义务主体的变化而发生了权利性质的转化。

在基本权利发展史上，传统宪法理论一般以基本权利的实现是否需要国家介入或干预的积极义务为标准，把基本权利划分为消极权利和积极权利。消极权利一般包括生命、自由、财产和人身安全权利，住宅权，通信自由，迁徙自由，思想、良心和宗教自由，表达自由，集会和结社的自由，这些权利和自由属于国际人权公约中"公民权利和政治权利"的范畴。对这类消极权利的保障，一般认为只需要排除国家公权力的干预和侵害即可达成，因而又被称为"否定性的权利"。因此，消极权利被认为是对应着国家消极义务的基本权利。与之相反，公民在经济、社会和文化方面的权利，如果没有国家的协助和保障，仅凭个人很难避免权利的匮乏，因而属于对应国家积极义务的积极权利类型。

对于这一区分，美国学者霍尔姆斯和桑斯坦作出如此描述性界定："消极权利禁止政府，并把它拒之门外；积极权利需要并盛情邀请政府。"②但霍尔姆斯和桑斯坦并不认可对基本权利的这种二元区分。在他们看来，所有的现实的法律权利都是积极权利，因为所有的权利都依赖于国家的保障，都要付出巨大的成本："权利是昂贵的，因为救济是昂贵的。实施权利是费钱的，特别是统一而公

① 《马克思恩格斯全集》第1卷，人民出版社1956年版，第144页。

② ［美］史蒂芬·霍尔姆斯、凯斯·R·桑斯坦：《权利的成本——为什么自由依赖于税》，毕竟悦译，北京大学出版社2004年版，第23页。

平的实施;到了法律权利还没被实施的程度,那它就空有其名。简而言之,几乎每一项权利都蕴含着相应的政府义务,而只有当公共权利调用公共资金对玩忽职守施以惩罚时,义务才能被认真地对待。没有法律上可实施的义务,就没有法律上可实施的权利,这就是为什么法律只有通过强制才能随心所欲。具体来讲,所有权利实际是赋予权利,都有法律限定范围,并进行保护。”[①]在此意义上,所有的权利都是法律赋予的、政府负担义务的、以公共资源为后盾的积极的权利。在消极自由理念盛行的英美已然如此,在主张通过宪法确立“客观价值秩序”、以强化基本权利效力的德国所代表的大陆法系国家,基本权利的积极权利属性则更加彰显。[②]

在德国,通过宪法法院的判决,基本权利被视为整个法律秩序“价值判断”的原则性规范,是拘束立法、行政和司法系统的基准性法律准则。它不仅要求国家不得侵害基本权利,还要求国家应当为基本权利的保障和实现提供实质性的基本前提条件,公民基本权利的实现和保障因而成为国家不得推卸的积极义务,基本权利因而成为对应性的积极权利。为了保障基本权利的实现和发展,国家必须提供全方位的制度保障和实际协助,这些制度保障主要包括:确认和细化基本权利的立法、保障公民经济社会文化需求免于匮乏的福利性立法、实施权利救济和国家赔偿的立法,以及确保上述基本权利得以实现和保障的程序性立法。

“无制度则无权利。制度是权利的必要条件,权利依赖于制度的保障,作为社会资源调配的一种结果,权利与制度互为表里。没有制度保障的权利仅仅是一种设想、一种向往,而不会导致真正的利益。”[③]可以说,当今世界公民权利发展的一个基本趋势就是国家越来越成为权利实现和权利保障的全方位义务主体,这与学者关于人权发展第三阶段是以国家为权利的义务主体的基本判断是完全吻合的。[④] 经过这样的转化,原来被划分到消极权利范畴的基本权利类型,在当代社会越来越被视为依赖于国家积极干预的积极权利,所有基本权利都在某种程度上要求国家提供积极的保护,积极与消极的划分在今天仅具有程度

① [美]史蒂芬·霍尔姆斯、凯斯·R·桑斯坦:《权利的成本——为什么自由依赖于税》,毕竟悦译,第26页。

② 有关详细论述参见杨福忠:《消极权利与立法者的义务:以德国联邦宪法法院第二次堕胎判决为例》,载《北方法学》2011年第1期。

③ 何志鹏:《权利发展与制度变革》,载《吉林大学社会科学学报》2006年第5期。

④ 关于徐显明教授对人权发展三个阶段的详细论述可参见徐显明:《生存权论》,载《中国社会科学》1992年第5期。

的、相对的和有限的意义。基于此，我们可以将依赖于国家积极义务的原有“消极权利”转化而来的积极权利群视为一类新兴权利，其义务主体、义务范围、保障方式和保障程度都发生了积极的变化，因而是具有了多方面新内涵的权利群（束）。消极权利向积极权利的转化，可以用图 3-1 表达。[①]

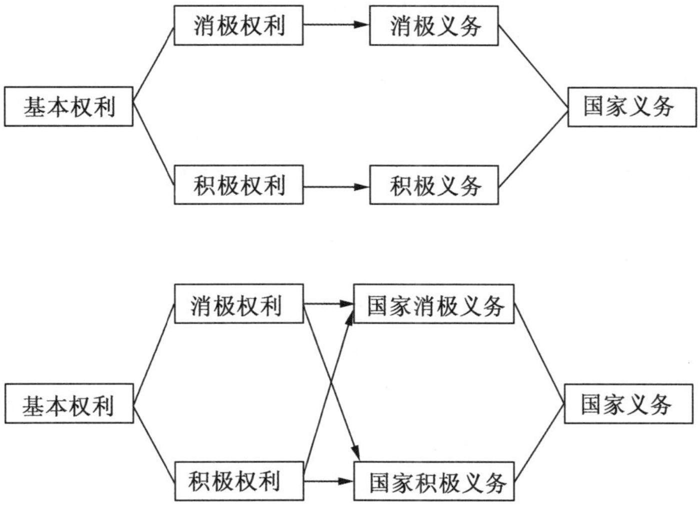

图 3-1　权利保障模式的转换

三、风险社会与权利发展

随着人类进入风险社会，公民权利的不确定性在增加，对基本权利保障和基本权利实现不断提出新的挑战和新的要求，必然影响基本权利立法发生相应的变化。随着社会在生活与生产方面的加速现代化，其风险性特征日益显现，无论知识的形态还是社会生产实践的样态都发生了巨大的变化，不稳定性和风险性成为现代社会的突出风貌。按照英国社会学家吉登斯的论述，现代性在思维方面的反思性特征，使得知识与实践的关系不再是稳定的联系，而是处于不断转换、相互改造的不确定状态之中，以至于对知识的反思性运用已经成为社会系统再生产的内在组成部分：实践改变着知识，知识重塑着实践，其结果是，

① 该图示来自对杨福忠的《消极权利与立法者的义务》一文中相关图示的组合，并进行了修正。（参见杨福忠：《消极权利与立法者的义务：以德国联邦宪法法院第二次堕胎判决为例》，载《北方法学》2011 年第 1 期）

"在不容怀疑的科学的心脏地带，现代性自由地漂移着"[①]。现代性全球化的后果使得现代世界以"断裂"的态势与前现代区分开来，并把卷入其中的事物"犹如置身于朝向四方急驰狂奔的不可驾驭的力量之中，而不像处于一辆被小心翼翼控制并熟练驾驭的小车之中"[②]。无论知识还是实践都是相对地存在，企图仅凭过去的知识和经验就可以预知和支配未来的想法不再具有现实性，人类对未来发展和变化不再具有确定的驾驭能力。于是，现代社会在几乎所有的方面都是充满风险的：气候变化剧烈，核灾难层出不穷，自然环境和人类创造物都处于前所未有的不稳定状态之中。面对这种局面，曾经自信地以为可以通过为自然立法掌控和改造对象世界并借此为人类权利和利益的扩展提供基础的时代一去不复返了。在这种情况下，人类对自身权利理解和法律规定必然要发生变化，核心问题是如何通过法律制度的完善和能动性的增强，以应对风险社会的到来，增强权利保障的可控性。在这种情势下，20 世纪 90 年代以来，安娜·库特提出了"新社会权利"(new social rights)理论，准确地反映了"风险社会"的权利需求。按照乌尔里希·贝克的理论，风险社会具有两大特征：一方面，财富的社会生产系统地伴随着风险的社会生产；另一方面，通过家庭和职业，社会不平等个体化倾向明显。[③] 这就要求，法律要为社会生产系统提供稳定的保障，这主要表现在为社会组织和团体的集体权利的安全和发展确立规范体系；同时，在不稳定的风险社会中，个人面临的发展障碍和风险也在加大，这就要求国家为个人权利的安全和实现提供帮助和救济。而安娜·库特"新社会权利"正是从风险社会财富分配、个体不平等的视角出发，通过对风险社会新兴权利模式的建构，主张发挥国家等公共体制的责任以赋予社会成员以弹性化的权利，从而有助于消解个体和群体面对不断积累的各种社会与自然风险的挑战，能够增强个人和群体发展能力，于是"新社会权利"始被视为一种崭新的权利形态。[④] "新社会权利"作为一种新兴权利，同样是权利束或权利群的概念，主要包括社会福利中的程序性权利、健康与健康照料权、职业培训的权利、就业平等权、工作环境权等多种权利类型。[⑤] 从这个角度出发，就可以为我国《宪法》第 42 条的劳动权、第 43 条的休息权等基本权利扩展新的内涵。从"新社会权利"的内容来看，"风险

① ［英］安东尼·吉登斯：《现代性的后果》，田禾译，译林出版社 2000 年版，第 35 页。

② ［英］安东尼·吉登斯：《现代性的后果》，田禾译，译林出版社 2000 年版，第 47 页。

③ 参见［美］乌尔里希·贝克：《风险社会》，何博闻译，译林出版社 2004 年版，第 15 页。

④ 参见汪国华、周伟：《社会权利理论发展与"新社会权利"兴起》，载《兰州学刊》2011 年第 9 期。

⑤ 参见汪国华、周伟：《社会权利理论发展与"新社会权利"兴起》，载《兰州学刊》2011 年第 9 期。

社会”视角下的新兴权利，并非区别于前述两类新兴权利的独特类型，而是可以和前述权利类型有交集。因而，“新社会权利”只是我们观察新兴权利的一个特定视角，正是这一视角的存在，进一步明确了新兴权利的内涵、外延与意义，并能够为现代社会条件下基本权利立法的积极作为提供证立的理由。

第四节　新兴权利群的扩展与立法的应然转向

当代中国的法制建设身处日益扩展与深化的全球化进程之中，世界先进法治国家正在发生的权利立法趋势对中国的立法事业产生了深刻影响，中国的基本权利立法当然也不能自闭于全球权利发展进程之外。事实上，中国的基本权利立法事业贯彻了整个改革开放的全过程。自 2004 年人权入宪以来，这一过程日益加快、加深。“当代中国的改革开放是一场革命，社会利益格局处于不断分化变动之中，对立法提出了重新分配权利和确认新权利的多方面的要求。”[①]这些权利要求通过两种形式具体化为“新兴权利”的理论或立法表达：一方面，越来越多的新兴权利类型体现在当代中国的立法之中，成为制度化的权利；另一方面，还有相当多的新兴权利类型正在经历着理论上的论证和正当化过程，一旦这些权利类型获得理论界和社会实务界的普遍认可，则其转化为法定权利的时机可能很快就会降临。因此，从理论上及时归纳和提炼新兴权利类型，就具有了重大的现实意义和实践上的紧迫性。

一、新兴权利群的扩展

从近年来法学理论界对新兴权利的研究来看，中国正在勃兴的权利类型可谓纷繁复杂、洋洋大观。择其要者，有如下几类新兴权利受到学界和实践界的较大关注：

1. 因新的权利主体或特殊权利主体而成立的新兴权利

这种新兴权利主要有：同性恋者的权利、艾滋病患者的权利、变性人的权利、寻求安乐死者的权利、植物人的权利、举报人的权利、试药者的权利、农民工的权利、职业病患者的权利等，甚至连动物权利都被实质上视为人的权利的转

① 郭道晖：《论法定权利与权利立法》，载公丕祥主编：《法制现代化研究》，南京师范大学出版社 1995 年版，第 32 页。

化形式。[①] 所有这些新兴主体权利类型，都向当代中国基本立法提出了权利正当化的立法诉求。基本权利类型向新兴主体和特殊主体的不断扩展甚至向非人类主体的扩展已经成为当代权利发展的一个重要趋势。有学者指出，当代社会的新权利观不仅要关注人类的生存，同时也要关注生物物种的生存，不仅要承认人是基本权利的主体，还趋向于承认地球上所有具有生命形式的物种都是权利主体，从而使得基本权利主体呈多元化的发展趋势。[②] 但我们必须指出，只有人才是权利的真正主体，对动物权利的研究和重视仍然是基于人类生存和发展的视角才有意义。因此，当代中国的立法应当关注法治先进国家立法的趋势，其中也包括日渐兴起的动物权利立法。但总体上，正处于法治建设进程之中的中国立法，应当重点关注那些明显影响国计民生的新兴权利类型。

2. 因新的权利领域的出现而不断涌现的新兴权利类型

如随着中国进入福利国家阶段，社会保障领域的权利兴起。作为基本权利的社会保障权也即社会成员在生存与发展面临社会风险时，通过国家和社会获得符合社会正义的利益，以满足其维持基本生存乃至提高生活质量之需要的资格。从社会角度来讲，社会保障是生存权的进一步提升后的权利主张，公民具

---

① 近年来发表的相关论文主要有：孙学华：《论弱势群体权利保护立法中的一般保护原则与特殊保护原则——以艾滋病患者为例》，载《云南大学学报》(法学版)2009 年第 6 期；朱海林：《伦理关怀与艾滋病患者权利保障》，载《昆明理工大学学报》(社会科学版)2010 年第 2 期；陈恩才：《变性人权利保护的法理与实践研究》，载《河北法学》2012 年第 11 期；徐忠华、杨柳：《论变性人的法律地位及权利救济——以人权入宪为时代背景》，载《广西政法管理干部学院学报》2007 年第 2 期；张迎秀：《变性人婚姻家庭权利研究》，载《河北法学》2010 年第 6 期；刘超：《变性人法律权利保障研究》，四川大学硕士学位论文，2007 年；吴国平：《变性人的结婚权利研究——以婚前变性为视角》，载《福州大学学报》(哲学社会科学版)2012 年第 3 期；曹刚：《安乐死是何种权利？——关于安乐死的法伦理学解读》，载《伦理学研究》2005 年第 1 期；张玉堂：《我们有死的权利吗：对安乐死争论的法理学思考》，载《法学》2001 年第 10 期；梁根林：《争取人道死亡的权利——世界范围内的安乐死运动》，载《比较法研究》2004 年第 3 期；高磊：《论公民安乐死之权利的确认与保护》，山东大学硕士学位论文，2012 年；朱红梅：《安乐死的法律性质和权利主体》，载《南京中医药大学学报》(社会科学版)2006 年第 1 期；李惠：《试论安乐死的适用对象及其权利》，载《法律与医学杂志》2002 年第 4 期；刘泽刚：《安乐死中的权利与尊严悖谬》，载《宁夏社会科学》2008 年第 4 期；杨立新、张莉：《论植物人的权利行使和保护》，载《法律适用》2006 年第 9 期；王韶婧：《植物人法律人格及其权利保护研究》，复旦大学硕士学位论文，2010 年；吴翠丹：《浅谈植物人的生命权利》，载《中国医学伦理学》2002 年第 3 期；汤啸天：《举报人的权利与我国〈举报法〉的制定》，载《人民检察》2004 年第 1 期；董矿平、郑金金、李益明：《举报人权利保护制度的立法完善》，载《中共乌鲁木齐市委党校学报》2008 年第 5 期；李忠：《"试药人"都有哪些权利义务》，载 2003 年 12 月 4 日《中国消费者报》；黎尔平：《同性恋权利：特殊人权还是普遍人权——兼论大赦国际对同性恋权利的保护》，载《法学》2005 年第 10 期；汪地彻：《中国同性恋群体权利保障问题探讨》，载《中国性科学》2009 年第 8 期。

② 参见郭艳华：《新权利观与人类理性》，载《现代哲学》1999 年第 3 期。

有向社会主张最基本生活生存的权利，社会必须履行保障社会成员最基本生活生存的义务，这是个人权利上升至群体层面后的社会义务。“追求安全的欲望促使人类去寻求公共保护，以抵制对一个人的生命、肢体、名誉和财产所为的非法侵犯。在现代社会中，它还要求公众帮助，使个人能够对付生活中的某些情形，例如老龄、疾病、事故和失业。”[①]从社会保障权的主体来看，它应涵盖全体的社会成员，“社会成员只要符合有关社会保障法律法规规定的条件，就能够主张社会保障权，享受有关社会保障利益。社会成员的社会保障利益是通过专门的、独立于社会实体之外的社会保障机构，对社会保障事务进行具体管理并提供相应的服务来实现的，这种特殊的社会化实现方式是通过对国民收入进行再分配来维护社会公平的体现和必然要求”[②]。这一权利集群主要包括社会救助权、社会保险权、社会福利权、社会优抚权、充分就业权等多项权利。[③] 此外，随着中国进入互联网产业的繁荣阶段，与之相关的权利类型不断涌现；而随着新的职业的产生，与特殊职业相关的权利类型也随之出现，如高危作业者的权利。

3. 原有权利类型在新的领域、新的条件下扩展了其外延，从而演化为新兴权利

如原有的财产权利扩展到互联网虚拟领域，这些新形式的货币同样以价值为基础，获得一定范围内的承认与流通，并通过电子信息传送的形式来实现货币功能，如近些年来流行的比特币、莱特币、隐形金条等。由于虚拟货币可以无限发行，代替人民币成为网上交易的一般等价物，也存在着“通货膨胀”和“汇率”的问题，许多虚拟货币使用者的权利保障甚至得到了国家层面的关注，国家税务总局甚至出具了《关于个人通过网络买卖虚拟货币取得收入征收个人所得税问题的批复》，个人之间虚拟货币的交易按照“财产转让所得”项目计算缴纳税率为20%的个人所得税。在这里，对网络货币的产权就被视为一项新兴权利，且得到了司法判决的支持。[④]

---

① [美]E. 博登海默：《法理学：法哲学与法律方法》，邓正来译，中国政法大学出版社2001年版，第198页。

② 李乐平：《论社会保障权的权项、权限和价值》，载《乐山师范学院学报》2006年第7期。

③ 参见李乐平：《论社会保障权的权项、权限和价值》，载《乐山师范学院学报》2006年第7期。

④ 如武汉市中级人民法院于2009年判决了一起网络虚拟财产盗窃案：两名网络爱好者非法入侵搜狐公司的媒体服务器，窃取“天龙八部”游戏数据库管理员的账户和密码后，伙同他人将修改后扩大百倍的网络游戏币通过网络销售，非法获利76万余元。武汉市中级法院一审以盗窃罪，判处罪犯夏彪有期徒刑12年，剥夺政治权利1年，判处付强有期徒刑10年，各处罚金3万元。（参见《武汉一审判决一起网络虚拟财产盗窃案》，http://news.xinhuanet.com/legal/2009-07/31/content_11803849.htm）

4. 随着新的权利客体的兴起，大量的新兴权利不断涌现

如基于基因的权利，它既是一项财产权利，又是一项人格权利，还是一项知识产权，因而成为一项兼具多种权利属性的新型权利，对此，“只有构造新型的权利类型，并要跟上时代的步伐，才能满足经济社会不断发展进步的需要”[①]。信息权利也是如此，它是一类包括了信息财产权、知情权、信息隐私权、信息传播自由权、信息环境权和信息安全权等多种权利的权利群属。[②] 由于信息资源成为财富，在法律主体之间也就产生了获取信息的强烈需求和信息权利的冲突。“在信息化社会，各个法律主体有获取信息的强烈需求，获取信息的权利需要有法律的确认，所获取的信息也需要法律的保护。人们需要实现对信息的共享，但是传统的知识产权却要保护信息的专有性，这种共享和专有之间的冲突，仅根据传统的知识产权已无法界定各自的限度，我们需要站在所有信息的角度，来讨论共享和专有各自的使用范围。”[③]鉴于其内涵权利类型的复杂性，同一信息载体会以各种不同方式和不同的主体相联系，从而引起不同主体不同权利之间的冲突，亟须立法予以规范和协调。

5. 随着社会发展进入一个新时代，全新的权利类型也在涌现，必然推动法治内涵的发展和人权代际的扩展

一个典型表现是，作为第三代人权重要代表性权利的环境权的出现。环境权既是一种全新的权利类型，也是作为法治文明重要内涵之一的生态和环境法治建设的内容。环境权作为一个权利群属，既包括属于基本权利的一般环境权，也包括属于部门法权利的具体环境权，具体包含日照权、通风权、安宁权、清洁空气权、清洁水权等被很多国家已有立法明确承认的权利，也包括尚未明确的权利，但环境权的重要性已经得到基本认同：“环境权是一项能保障人具有在良好适宜的环境中生存和发展的权利。”[④]

6. 当代权利发展的一个独特景观是，某些特定主体的权利扩展打破了传统公法与私法截然划分的既成认识，而向着全新的领域扩展其权利形态

这方面典型例证是私法人主体开始具有只有公民才能享有的基本权利类型。在美国，从 19 世纪末以来，通过一系列宪法判决，公司这一私法人主体逐

---

① 余光辉：《人体基因上的权利类型探究》，载《学术论坛》2011 年第 1 期。

② 参见李晓辉：《信息权利——一种权利类型分析》，载《法制与社会发展》2004 年第 4 期。

③ 杨宏玲、黄瑞华：《信息权利的性质及其对信息立法的影响》，载《科学学研究》2005 年第 1 期。

④ 冯佳斌：《环境权的权利构造与立法实现——对德国“一般人格权”理论之借鉴》，载《广西政法管理干部学院学报》2009 年第 11 期。

渐被赋予一系列宪法保护的基本权利，到目前为止主要有：免于无礼检查和搜查的权利、免于双重危险的权利、接受陪审的权利、表达自由以及受宪法第五修正案征用条款保护的基本权利，所有这些都使得原本只能作为私法主体的公司法人逐渐享有了只有公民才能享有的宪法基本权利。不容否认的是，此一全新权利现象也是当下中国正在发生的基本事实，对此有学者指出："由于我国基本权利的主体都是公民，很难通过宪法解释将公民扩大到私法主体。除非修改宪法，否则很难通过宪法解释确立私法主体基本权利主体的地位。"[①]

7. 至于境遇性"新兴权利"，在中国也是一个不容回避的事实

如"黑户口"者的权利，在中国，因公民身份缺失而陷入权利困境者据估计不少于5000万人。[②] 再如失独者的权利，国内失独者家庭远超百万之众。2012年，部分失独父母向当时的国家人口与计划生育委员会递交了《关于要求给予失独父母国家补偿的申请》，理由是："因为超生有征收社会抚养费的法律条款，那就应该制定相应的遵守计划生育政策法律的补偿条款，责任义务和权益保障应该对等。将征收的社会抚养费用于补偿失独家庭尤为重要。"但一直未等到正式书面答复。2014年4月21日，来自全国的240余名失独父母代表再次进京，要求国家卫生和计划生育委员会就失独父母国家补偿问题给予回复。对此，国家卫生和计划生育委员会信访处某官员表示，就失独者提出的补偿，现行的政策和法律法规没有相关的具体规定；以后是否完善，还需由具体部门进行商议。[③] 对于此类众多的因某一生活必要要素的境遇性缺失而引致的权利匮乏者，如何保障他们的平等公民权利并使之脱离生活困境，国家立法关注不多或者不够。[④] 除此之外，弱势群体的权利保障依然是一个任重道远的问题。"弱势群体权利法律保护应当正确处理效率与公正的关系，把规则公平作为立法的基

---

① 杜强强：《论法人的基本权利地位》，载《法学家》2009年第2期。

② 参见顾则徐：《黑户人口阶层值得关注》，载2013年8月28日《南方都市报》。

③ 参见巴芮：《部分失独者申请国家补偿，卫计委称暂无法律规定》，载2014年4月25日《法制晚报》。

④ 对于失独者，《计划生育法》仅规定"地方人民政府应当给予必要的帮助"，而落实在低位阶的法规《全国计划生育家庭特别扶助专项资金管理暂行办法》中，仅对独生子女死亡的家庭发放每人每月不低于100元的扶助金；2011年财政部和人口计生委《财政部、人口计生委关于调整全国农村部分计划生育家庭扶助和计划生育家庭特别扶助标准的通知》则将这一标准提升至135元。（参见张祺乐：《论"失独者"权利的国家保护》，载《现代法学》2013年第3期）对于"黑户口"者，则迄今没有法律保护的相关规定，《户口登记条例》在某些学者看来则"为剥夺公民身份权打开了大门"。（参见顾则徐：《黑户人口阶层值得关注》，载2013年8月28日《南方都市报》）

本原则，建立健全一整套保护弱势群体权利的法律体系，构建强化国家责任的机制和制度，强化国家保护弱势群体权利的责任意识，加强对慈善公益事业和社会救助机制的法律支持。”[①]其关键问题，依然是如何通过完善国家立法、确定和规范国家责任及其履行，在权利立法、保障、救济方面，“政府要为尊重和保障人权承担更多的制度性责任”[②]。

二、立法的应然转向

从总体上审视中国当代新兴权利诉求及其立法状况，可以说权利立法是滞后于公民权利需求的，立法者不作为、消极作为是公民权利发展明显的制度性障碍，其本质在于庞大的公共权力缺乏通过自我限缩来扩大公民权利的压力和动力。“一个社会的权利资源是有限的，是一个恒量。公权与私权的关系呈现着反比例的状况。公权越多，私权越少；私权越多，公权越少。公权过多，会导致专制；私权过多，会造成无政府状态。怎样调处公权与私权的关系，使之走向和谐，是人权法制的本质要求。”[③]为此，必须坚持这样的权利理念：“人民的权利，是一切国家机关的工作基础，尊重和保护公民的权利，同时也就是一切国家机关及其工作人员的基本任务。尊重人权的政治才是文明的政治，实现人权的法律才是法治国家所需要的法律。”[④]以公民的权利需求为出发点、为中心、为归宿，就必须坚持权利立法的五大原则：权利立法以保护为目的，限制也是为了保护；权利立法必须坚持完整性，公民权利的完整程度代表着其参与社会生活和社会关系的完整性；权利立法必须兼及宽容性与开放性，凡是有利于人民自由发展的正当诉求，应当认定为权利；坚持权利立法的实在性，有立法必须有落实、有救济，无救济则无权利。[⑤]

基于此，中国立法者不能继续充当中国人民权利增长、实现和保障的阻碍，在新的历史条件下，它必须担负起为公民权利立法的积极责任，这就要求其必须实现三个转向：

---

① 齐延平：《“社会弱势群体保护”学术研讨会综述》，载《人权》2005年第2期。

② 齐延平：《国家的人权保障责任与国家人权机构的建立》，载《法制与社会发展》2005年第3期。

③ 徐显明：《世界人权的发展与中国人权的进步——关于人权法律史的理论思考》，载《中共中央党校学报》2008年第2期。

④ 徐显明：《人权观念在中国的百年历程》，载《社会科学论坛》2005年第3期。

⑤ 参见郭道晖：《论法定权利与权利立法》，载公丕祥主编：《法制现代化研究》，南京师范大学出版社1995年版，第33～41页。

第一，权利立法应当实现从追求秩序的“维稳模式”向权利保障的“法治模式”转向。总体上看，较长时期以来中国立法一直服务于构造稳定和谐的政治秩序这一“政治任务”，并由此形成了中国社会管理的系统化的、高压的“维稳模式”。有学者认为，维稳模式是一个国家治理模式核心特征的集中体现，具有明显的运动式治理和组织化调控色彩，展示了一个处于转型进程中的国家所面临的基本治理困境，这种维稳模式的内在困境集中体现为政治风险大，维稳成本高，有不断被异化的趋势。①

维稳模式是难以长期持续的，它必须尽快向“法治模式”转型，“而维稳模式的转型则明确昭示着一个国家政治建设的基本趋向”②。在现代国家，公民和官员以法律规则作为评价、执行、指引乃至惩罚制裁各种行为的依据。在国家与社会二分的视野下，社会整体往往具有对作为整体的国家法律与政治权力的尊重与认可；反之，当整个社会对于国家的整体强制力具有反对的态度和反抗的行为时，国家的强制力将丧失其规范的正当性。在现代社会中法律的出台与其实际运行效果是会出现两分情况的，法律的权威不仅仅体现在国家强制力的支撑，它还需要国民的认同与遵守。今天的国家与之前历史类型国家的最大殊异即在于此。它是一个法治下的共同体，是与平等而自由的法律相伴所结合成的联合体。在学者看来，以“法治模式”追求社会秩序稳定的内在逻辑在于：“维护宪法所赋予的公民权利，有权利的保障才有相对的利益均衡，有利益的均衡才有社会的稳定；这才是解决社会稳定问题的治本之道，就此意义而言，维权就是维稳，维权才能维稳。”③这就是说，“有权利的保障才有社会的稳定”④。因此，只有充分向公民赋权的“法治模式”才是构建长治久安的社会秩序的必由之路，通过积极立法作为满足民众的基本权利需求则是解决国家政治稳定的必为

---

① 参见唐皇凤：《“中国式”维稳：困境与超越》，载《武汉大学学报》（哲学社会科学版）2012 年第 5 期。“内卷化”是美国人类学家克利福德·吉尔茨所创造的一个概念，用来指一种社会或文化模式在某一发展阶段达到一种确定的形式后，便停滞不前或无法转化为另一种高级模式的现象。在杜赞奇的政治社会学分析范式中，“国家政权的内卷化”则是指现代化过程中发生的一方面国家财政收入在增加，另一方面其对地方的控制力却远远低于获取财政的能力的现象。（参见[美]杜赞奇：《文化、权力与国家》，王福明译，江苏人民出版社 2003 年版，第 50～52 页）

② 唐皇凤：《“中国式”维稳：困境与超越》，载《武汉大学学报》（哲学社会科学版）2012 年第 5 期。

③ 清华大学社会学系社会发展研究课题组：《利益表达制度化，实现长治久安：维稳新思路》，载《理论参考》2011 年第 3 期。

④ 清华大学社会学系社会发展研究课题组：《利益表达制度化，实现长治久安：维稳新思路》，载《理论参考》2011 年第 3 期。

之策。

第二，权利立法应实现从统治视角的“管理”向善治视角的“治理”转向。现代社会建构社会秩序的基本方式是以宪法和法律为主要手段的“统治”范式，它严格地将法律秩序的建构建立在国家和社会二元分立的基础之上。国家作为秩序建构或曰“统治”的唯一主体对作为“客体”的社会予以规则化调整，而构成社会之原子的个人与法人则必须遵从国家单向的调整，并按照其内在的逻辑获得行为自由的保障和救济。治理则呈现出与传统统治模式明显不同的特征：治理强调的乃是使得冲突或不同的利益得以协调并采取联合行动的持续过程，由此在规则基础上的多元互动、协调与合作的过程才是治理的核心所在，治理因之必然以多元主体间的合作求得公共利益最大化为取向。而作为治理之理想状态的“善治”，其“本质特征就在于它是政府与公民对公共生活的合作管理，是政治国家与市民社会的一种新颖关系，是两者的最佳状态”[①]。

从与公民的关系上看，在现代社会中个人直接与国家相关联，个人的财产、生命、健康与自由都与作为共同体的国家息息相关，在未来，国家与公民之间是主体间的关系，它“意味着将公民视为治理主体而非对象，积极吸纳民主参与治理过程，交互而客观地审视公民的利益诉求，在通过理性交往达成共识的基础上公正处理各方利益纠葛”[②]。党的十八届三中全会明确地将“推进国家治理体系和治理能力现代化”作为深化政治体制改革的中心任务。[③] 国家治理体系现代化的核心要旨在于以现代治理理念重构公共权力，实现国家治理的范式转换，中心内容则是行政体系的自我再造，直接目标则是提升政府的治理能力，打造民主、法治、高效的现代行政体系，为国家的“善治”创造条件。党的十八届三中全会史无前例地提出“推进国家治理体系和治理能力现代化”的改革目标并将其提升至国家顶层设计的战略高度，这本身就意味着历史性的制度变革。可以说，“从统治、管理到治理，言辞微变之下涌动的，是一场国家、社会、公民从着眼于对立对抗到侧重于交互联动再到致力于合作共赢善治的思想革命，是一次政府、市场、社会从配置的结构性变化引发现实的功能性变化再到最终的主体性变化的国家实验，是一个改革、发展、稳定从避免两败俱伤的负和博弈、严格

---

① 俞可平：《治理和善治：一种新的政治分析框架》，载《南京社会科学》2001年第9期。

② 魏治勋、白利寅：《从“维稳政治”到“法治中国”》，载《新视野》2014年第4期。

③ 参见《中共中央关于全面深化改革若干重大问题的决定》(2013年11月12日中国共产党第十八届中央委员会第三次全体会议通过)，载2013年11月16日《人民日报》。

限缩此消彼长的零和博弈再到追求和谐互惠的正和博弈的伟大尝试"[1]。从传统的国家"统治模式"向新兴"治理模式"的转化，其根本前提在于：必须赋予社会主体（公民和社会组织）以适应其身份的充分完整的法定权利，使之能够积极能动地参与到国家政治生活和社会生活中去。为此，国家立法机关必须真正承担起立法职责，积极主动及时地将宪法上的"抽象权利"具体化为法定权利，立法机关对此负有不可推卸的积极义务。

第三，权利立法应实现从立法不作为的消极态度向权利立法的积极立场转向。无论国家从追求秩序的"维稳模式"向权利保障的"法治模式"转向，还是从统治视角的"管理"向善治视角的"治理"的转向，都共同指向了一个对立法者的根本要求：中国的权利立法应实现从消极不作为向积极作为的根本转向。更何况，在中国宪法采取"抽象的基本权利"保障模式的情况下，公民权利的实现和保障只剩下立法这唯一可行的路径，立法机关的积极作为之于中国人民的权利事业就具有了构成性的意义。"权利观念的发展与法律制度的深化相辅相成，权利实践的发展推动立法不断前进。既然已经明确立法以权利为目的，就需要我们付出更多的努力来将权利理论推向深入，将权利立法科学化，提升法律文本的可操作性，切实保障人民权利的实现。"[2]立法者没有任何理由推诿和延宕权利立法，这是民意和时代向他们提出的不容折中的结论。

三、我国基本权利立法的完善

在中国法治建设即将全面启动"法治中国"战略的背景之下，在上文提出的我国权利立法应然转向的前提之下，我们就当代中国权利立法的完善提出如下简要对策建议：

第一，应当尽快制定一系列规范和保障公民基本权利的法律，以此推动宪法基本权利具体化的进程。前文述及，当代中国权利立法的问题之一就是还有相当多的宪法基本权利未能具体化，而全国人大及其常委会立法则是基本权利落实的主要路径。在诸多基本权利中，尤以公民权利和政治权利的立法问题较多，尚有言论、出版、结社自由和人身权利、公民财产权利、平等权等基本权利领域需要更为精致的法律予以支撑；有的仅有低位阶的行政法规和地方性法规，则需要上升为法律。虽然已经制定出版自由和财产权利方面的私法，但私权利

---

① 江必新：《推进国家治理体系和治理能力现代化》，载2013年11月15日《光明日报》。

② 张鹏：《权利理论与权利立法》，载《河北法学》2013年第4期。

不可能起到公权利之于良性宪法秩序建构的积极作用,“公权利才是国家权力产生的直接源泉,私权利在其中只有间接的作用,它们本身不构建国家权力,也没有直接改变国家权力”①。政治权利的扩展“是以与作为思想自由胚胎的宗教自由内涵扩充相表现与相伴随的,即宗教自由在其过程中,逐渐发展为言论自由、学术自由、教学自由、出版自由、集会与结社自由等‘表达自由’。在此意义上,作为古典基本权利与个人内心自由的宗教自由也由此获得了双重属性,既表现为个体意义上的古典基本权利,也是公民政治权利的内容”②。为此,立法机关应按照社会对权利诉求的紧迫程度加快前述基本权利立法。有学者主张制定一部统一的“人权法”,较为全面具体地细化公民基本权利,“以弥补目前宪法文本在规定公民基本权利体系上的不足,且进一步落实宪法‘国家尊重和保障人权’的指导理念”③,亦是一种可以参考的思路。

第二,通过进一步明确法律保留的范围和形式,对行政立法和地方立法的范围予以严格限制。《立法法》第 8 条对只能由全国人大及其常委会立法的事项作出了“法律保留”的原则性规定,其中直接涉及公民基本权利的有:对公民政治权利的剥夺、限制人身自由的强制措施和处罚、对非国有财产的征收、诉讼和仲裁制度等方面的事项,只能制定法律。目前,仍然存在以行政法规限制人身自由的强制措施和处罚、对非国有财产征收等事项的情况,其立法层次明显与《立法法》要求不符。进一步的问题在于,《立法法》有关法律保留的规定存在明显缺陷:其一是这一规定过于笼统和原则化。其二是第 9 条作出了与第 8 条相矛盾的所谓“变通”规定:“第 8 条规定的事项尚未制定法律的,全国人民代表大会及其常务委员会有权作出决定,授权国务院可以根据实际需要,对其中的部分事项先制定行政法规。”既然《立法法》要区分清楚不同层级的立法权限范围,就不应当通过此类规定模糊掉已有的努力。因此,应通过原则性规定与列举相结合的方式,对法律保留作出进一步更加严格的规定,以消解下位立法变相作出不合理的权利限制规定及其低效力等问题。这理应成为《立法法》下一步修改的重要方向。

第三,强化全国人大对行政法规和地方性法规的备案审查,确保这两类立

---

① 马岭:《宪法性法律的性质界定》,载《法律科学》2005 年第 1 期。

② 郑贤君:《基本权利的宪法构成及其实证化》,载《法学研究》2002 年第 2 期。

③ 杨海坤、陈锋:《建议制定我国宪法性法律“尊重和保障人权法”》,载《宪政与行政法治评论》2009 年第 4 期。

法的合宪性；对已经实施的行政法规和地方性法规，则可以通过主动审查和被动审查的方式，对违宪的法规作出撤销或修改的决定。严格地说，凡是不符合《立法法》“法律保留”规定的行政法规和地方性法规，都应尽早撤销。但基于《立法法》第 9 条的变通规定仍然有效，以及当下基本法律供给不足的现实，即使暂时仍旧允许行政法规和地方性法规对公民权利作出具体化规定，为了消除其不合理限制公民权利的后果，对已经实施的行政法规和地方性法规进行全面的审查是必要的。同时为了防止新的问题出现，尽量不再核准新的此类行政法规和地方性法规，确实需要此类立法的，人大应强化备案审查力度，严格确保其合宪性。

第四，强化立法解释，适时进行法律修改，以法制的渐进和完善弥合基本权利立法与社会权利诉求增长之间的张力。制定法尤其是基本法律，既需要保持一定的稳定性，也需要以渐进的方式作出改变，以符合社会发展的需要和公民权利增长的要求，而法律解释和法律修改正是推动法制渐进和完善的主要途径。立法者可以通过客观解释方法，将那些不够理想、不够完善的权利条款作出符合当下公民权利诉求和社会普遍理解的解释；可以通过限制或扩大解释，将权利条款中不利于公民权利实现的要素予以适当限缩，而将有利于公民权利实现的要素予以适当彰显或扩展；还可以通过价值补充等解释方法，以强化基本权利保障的规范性意涵。法律修改则是更直接更显著地促进法制进步的方式，通过法律修改，将有助于公民权利保障的原则予以强化和完善，尽快将“少数人”权利保障原则、法律保留原则、“法不禁止即自由”原则、比例原则等吸收进基本权利立法；同时应对法律中不利于公民权利实现的限制性、矛盾性、模糊性和过于笼统的条款按照有利于公民权利保障的原则作出修改；补充规定对公共权力予以合理限制的一系列原则并完善其实施程序；还要尽快废止那些有违宪法精神原则的立法。基本权利立法是一宏大而具体的系统工程，立法者必须多措并举、多管齐下、积极作为，才有可能从根本上实现基本权利立法的转向。

法治建设的本质是建构一套科学合理的保障公民基本权利的法律制度体系，它要求立法者不仅要在实质上建构出对公民权利保障的实体规范体系，也要在形式上完善权利实现的正当程序，还要在基本态度上对权利立法坚持一种开放、宽容、普遍的原则立场，因为每一位国家公民都“有权利受到平等的关心和尊重”[①]。而一个能够达成这一目的的权利保障体系，必然要求基本权利立法自身的完善性：“毋庸置疑的是，任何一项人权的发展都必须以其余各权得到基本保障为前提。尤其最基本的自由权、平等权更是不容忽视，否则一切人权建设都将失去合理性、合法性和正当性。”[②]同时，权利立法还必须放眼未来、与时俱进，其理由正如艾伦·德肖维茨指出的：“权利化的过程总是在不断地变动，它是一段永无休止的历程，罕有静态而完美的权利形态；我们所能够戮力从事的，不是使得权利臻于完美，而是通过不断地提出实用的权利，以应对可能发生的人类恶行的侵害。”[③]

---

① [美]罗纳德·德沃金：《认真对待权利》，信春鹰、吴玉章译，中国大百科全书出版社1998年版，第16页。

② 徐显明、齐延平：《论中国人权建设的五大主题》，载公丕祥主编：《法制现代化研究》，南京师范大学出版社2003年版，第74页。

③ [美]艾伦·德肖维茨：《你的权利从哪里来？》，黄煌文译，北京大学出版社2014年版，第83页。

第四章　当代权利取向的执法转型

“有法可依，有法必依，执法必严，违法必究”是邓小平为中国法治事业设计的蓝图，如果这四步骤能够得到完美施行的话，的确会像邓小平所预想的那样，中国会由“非常政治”过渡到常态化治理的“日常政治”，制度和法治可以具备稳定性、连续性和极大的权威，政府和人民的关系也会步入互信合作的良性状态。

在 1978 年中共中央工作会议闭幕会上，邓小平发表讲话指出：“为了保障人民民主，必须加强社会主义法制，使民主制度化、法律化，使这种制度和法律具有稳定性、连续性和极大的权威，做到有法可依，有法必依，执法必严，违法必究。”邓小平的这段讲话后来写入了十一届三中全会的公报，成为指导三十年来中国法治事业发展的总纲。中国的法治建设是从“有法可依”开始的，从 1978 年开始我们的法治事业进入了一个“立法运动”的时代，“国家法律活动可以说一直着眼于立法，基本着眼点在于把中国改造成为一个现代化国家，法律往往是一个所谓立法机关或者规则制定机构通过一个立法或者规则制定的程序制作出来的产品。……它具有相当程度的语境化合理性，因为在现代世界现代化的大背景下，中国要想以国家权力来加速改造中国和推进现代化，制定法几乎是唯一的最便利的形成规则的方式”[①]。

1987 年，中国政府正式启动了“依法行政”的立法进程，开始了规模化的法制生产活动，“以理性设计的方式颁布法律、设定社会规则”[②]。行政应受到法治的约束、政府不能随意褫夺公民权利的理念逐渐取得了认同。1989 年制定的《行政诉讼法》提供了“民告官”的基本渠道，中央政府利用私人发动的行政诉讼

① 苏力：《道路通向城市——转型中国的法治》，法律出版社 2004 年版，第 28 页。

② 苏力：《道路通向城市——转型中国的法治》，法律出版社 2004 年版，第 15 页。

来调整和控制下层政府的行为，将行政诉讼制度看作能够提升政府效率、理性化政府行为和控制地方政府权力的重要手段。[①] 当时参与起草《行政诉讼法》的应松年教授二十年后对该法给予很高评价："《行政诉讼法》在增强全社会的法制观念、保护公民的合法权益、促进行政机关依法行政中所发挥的巨大作用，更证明了这样一个结论：时代需要行政诉讼法。"[②]自《行政诉讼法》制定以后，中国行政法治的立法事业进入了飞速发展的时代，立法机关密集制定了《国家赔偿法》《行政处罚法》《立法法》《行政许可法》《公务员法》《政府信息公开条例》《行政强制法》等一系列法律，并在 2015 年对《立法法》和《行政诉讼法》等重要的行政法律进行了修改。2010 年，中国特色社会主义法律体系基本形成，目前，中国已经形成了全方位规制政府权力、保护人民权利的基本法律体系。可以说，这三十年的立法运动所取得的成绩是斐然的，为中国走入制度化的常态治理、为中国从身份社会过渡到契约社会、为法治政府的形成奠定了良好的基础。

近三十年来，"国家法律活动可以说一直着眼于立法，基本着眼点在于把中国改造成为一个现代化国家，法律往往是一个所谓立法机关或者规则制定机构通过一个立法或者规则制定的程序制作出来的产品。……它具有相当程度的语境化合理性，因为在现代世界现代化的大背景下，中国要想以国家权力来加速改造中国和推进现代化，制定法几乎是唯一的最便利的形成规则的方式"[③]。即使我们形成了形式完备、内容完善的法律体系，法治也可能处于若即若离的漂泊状态。就像庞德说的："如果我们深入研究，书本上的法与行动中的法之间的区别、用于支持政府调控人与人之间关系的规则和实际上控制他们之间关系的规则之间的区别就会显现出来。"[④]有法可依只是完成了法治建设的第一步，"法治体系与法律体系不同，法律体系是法律的规范体系，法治体系则是法律的运行体系，一个是静态，一个是动态"[⑤]。纸面上的法律条文并不能直接转化为活生生的生活秩序，所以，我们有必要从执行角度充分研究权利取向的法制转型问题。

---

① 参见 Randall Peerenboom, *China's Long March toward Rule of Law*, Cambridge University Press, 2002, p. 398; John Ohnesorge, "Chinese Administrative Law in the Northeast Asian Mirror," *Transnational Law & Contemporary Problems*, Vol. 16, No. 1(2006), pp. 103-164.

② 应松年：《在纪念〈行政诉讼法〉颁布 20 周年座谈会上的发言》，载《行政法学研究》2009 年第 3 期。

③ 苏力：《道路通向城市——转型中国的法治》，法律出版社 2004 年版，第 28 页。

④ Roscoe Pound, "Law in Books and Law in Action," *American Law Review*, Vol. 44, No. 1 (1910), pp. 12-36.

⑤ 张文显：《法治与国家治理现代化》，载《中国法学》2014 年第 4 期。

第一节　普法运动与民众权利意识的觉醒

普法运动[①]是法律从纸面向现实转变的第一步，以运动的形式推行法律是人类法制历史上并不多见的一种现象。“虽然大多数人并没有很强的法律观念，但我们不能等待中国人的法律观念成熟生长起来再制定法律，要求人民遵守，而是借助于国家的力量开展大规模的、有亿万群众参加的普及法律知识的运动。”[②]只有老百姓知晓了法律，才能成为遵纪守法的好公民。“要做到十亿人口的国家人人注意遵守法律，依法办事，需要有一个过程。根本的问题是教育人，将法律交给广大人民掌握，使人民群众和干部知法、守法，树立法制观念……广大群众特别是各级干部通过普法教育，不但懂得了较多的法律常识，更重要的是增强了法制观念，提高了依法办事的自觉性。”[③]

政府通过正面榜样的示范作用，“为个人指明了如何把这种情愫与切己的修炼结合起来的法门”[④]，引导民众走上自我管理、自我规制。“把特殊的个人与统一的尺度结合起来，通过训练和制裁塑造某种客观化的新人形象。”[⑤]树立榜样这种人格化的方式生动形象、感染力强，容易渗透到人的心灵内部，让外部的规范内化为自我的行动准则。

特别是作为限制公权力的行政法，正是以普法的形式让老百姓知道中国迎来了“民可以告官”的新时代，给了老百姓一柄克制强大的公权力的防身利刃。普法运动催生了民众规则和权利意识，引领了民众法治意识的觉醒，“在一般社会阶层，引领出一种自然法式的法权意识，催生出全体国民比较视野下对于法治境界的深情憧憬和强烈向往，促发了遍地开花的‘公民维权运动’，唤起了中

---

① 按照普法的对象不同，普法运动有广义和狭义之分，广义的普法运动的对象包括公权机关与民众，狭义的普法运动的对象只包括民众，学界一般采行狭义标准，我们亦采行狭义标准。（参见许章润：《“普法运动”的政治经济学》，载《战略与管理》2010年第11、12期合编本；张文显主编：《法理学》，高等教育出版社2004年版，第259～262页；季卫东：《普法随谈》，载许章润主编：《清华法学》第11辑，清华大学出版社2007年版，第21页；汪太贤：《从“受体”的立场与视角看“普法”的限度》，载《探索》2006年第1期；吕强：《进一步健全社会普法机制的思考》，载《中国司法》2015年第4期）

② 蒋立山：《中国法治道路探悉》，载舒国滢等编：《法理学与法治之镜》，中国政法大学教务处1999年印制，第508～517页。

③ 陈丕显：《全国人民代表大会常务委员会工作报告》，载1988年4月19日《人民日报》。

④ 应星：《村庄审判史中的道德与政治——1951～1976年中国西南一个山村的故事》，知识产权出版社2009年版，第168页。

⑤ 季卫东：《普法随谈》，载许章润主编：《清华法学》第11辑，清华大学出版社2007年版，第21页。

国语境下关于法律正义、社会正义和政治正义的全民性思考热情，甚而改变或者有望改变政府的行政方式。进而，它呈现出促进中国政制转型、培育中国政治的现实可能性”[①]。“只有当法律真正走入人们的心中，才能激发广大守法者自觉拥护和积极遵守法律；也唯有如此，法律也才体现出了其最大价值所在，全民守法才能真正实现。”[②]

在利益多元化的今天，人民有了自己独立的经济利益，“上下相蒙，以空文为治”的工具法治已经无法满足人民的利益诉求了。市场经济培育出来的这些“利益人”“经济人”在和政府打交道的时候，也开始学会了“斤斤计较”。人民依法抗争的广泛出现有助于推动法治从表层工具主义向深层法治发展，促使政府兑现纸面的口号式的法治承诺，并以法律的要求作为自身的行为准则，通过法治制度逐步地促使国家公权力的收缩和逐步纳入制度化的轨道。[③] “人民对于法有所认识，有了习惯和素养，对于权利义务的相对关系有了一些明确的概念，那对于任意蹂躏人权、任意剥削榨取人民的专制官僚政体将成为一个阻碍。”[④]法律的普及和推广客观上唤醒了人民的利益意识，让人民懂得了如何用法律的武器维护个人的权利。欧博文和李连江认为，中国出现了民众“依法抗争”(Rightful Resistance)现象，依法抗争是指民众运用官方的制度渠道而进行的公众抗争行为，人民创造性地利用了官方的政治修辞和政治承诺来控制公权力的行使，这样的抗争性行为依据法律、政策和其他官方认可的价值标准来对抗不遵守规则的政治和经济精英，逼迫政府兑现其公开的政治承诺、落实对人民的利益优待措施。[⑤] 在另外一篇文章《当代中国农民的依法抗争》中，欧博文和李连江根据对中国农民抗争行为的调查研究，认为依法抗争的主要特点是“农民在抵制各种各样的‘土政策’和农村干部独断专制和腐败行为，援引有关的政策或法律条文，并经常有组织地向上级直至中央政府施加压力以促使政府官员遵守有关的中央政策或法律。依法抗争的典型例子包括：拒绝缴纳违反中央政

---

① 许章润：《“普法运动”的政治经济学》，载《战略与管理》2010 年第 11、12 期合编本。

② 单颖华：《主体性守法——当前全民守法的关键》，载《广西政法管理干部学院学报》2015 年第 3 期。

③ 依法抗争是有利于法治事业的推进的，但实践中也出现了名为“以法抗争”、实为“以稳定抗争”的情况。一些老百姓为了使自己的利益最大化，断章取义地截取了部分的法律条款作为抗争依据，以政治稳定为其斗争武器而漫天要价，表面上是依法抗争，但实际上是非常不利于法治事业的发展的。

④ 王亚南：《中国官僚政治研究》，中国社会科学出版社 2005 年版，第 24 页。

⑤ 参见 Kevin J. O'Brien, Li Lianjiang, *Rightful Resistance in Rural China*, Cambridge University Press, 2006, pp. 2-3.

策和法规的地方政府收费，抵制或冲击不符合《村委会组织法》的村民委员会选举，迫使乡镇政府执行受农民欢迎的法律或政策，废止土政策和罢免违法乱纪的村干部”[①]。

但普法运动也有值得我们反思的地方。只有信法才会守法，普法不能直接导致公民守法，但当时一些政府官员的逻辑似乎不是这样的。对于他们来说，普法并非是个简单的知识问题，而是权力问题，普法的表面功能在于“知”，“知”背后的其实是意识形态的教化，是借助新德治主义[②]的统治手段用以向民众普及法律，将其强行拉入到法治的轨道上来，用法律形塑的规范秩序代替旧的生活秩序，将老百姓和政府形形色色的各种关系都格式化为法律关系，最终用整体意志替代个人意志。“官僚政治的支配的、贯彻的作用，就逐渐把它自己造成一种思想上、生活上的天罗地网，使全体生息在这种政治局面下的官吏与人民、支配者与被支配者都不知不觉地把这种政治形态看为最自然最合理的政治形态。”[③]在这里，法律只不过是抽象的意识形态口号和新时代的政党伦理的体现，守法只不过是作为社会主义新人应具有的美好道德品质之一。作为意识形态的法治的“主要目的在于通过塑造和改变民众的思维方式，以获得他们对输送者合法性的自愿认同”[④]，进而能够使个人为了政治的目标而整合起来。1985年中国政府开始第一次普法运动(简称“一五普法”)的指导性总纲《关于向全体公民基本普及法律常识的五年规划》指出：

“全民普及法律常识是我国人民政治生活中的一件大事，是社会主义精神文明建设的一个重要组成部分。做好这项工作，对于进一步发扬社会主义民

① [美]欧博文、李连江：《当代中国农民的依法抗争》，载吴毅主编：《乡村中国评论》第3辑，山东人民出版社2008年版，第2页。中国学者于建嵘和应星也在使用与“依法抗争”类似的概念。(参见于建嵘：《抗争性政治：中国政治社会学基本问题》，人民出版社2010年版；应星：《“气”与抗争政治：当代中国乡村社会稳定问题研究》，社会科学文献出版社2011年版)

② 应星指出：“新德治是用政党伦理来实现一元化的政治治理的体制，它以消灭各种异类、塑造圣洁的‘新人’为着手点，以建设一个纯净的社会和至善的人间为旨归。”“以列宁主义为建党基础的中国共产党在取得全国政权后，把这种伦理用政权的强力向全社会加以推行，不仅所有的社会成员都得接受这种已经意识形态化的伦理的规制，而且所有的科层机构和社会空间也都要按照这种伦理来行事。因此，这种一统天下的政党伦理就成了新社会消灭异类、塑造圣洁的‘新人’，进而将社会改造成为一个纯化的‘美丽新世界’的基本手段。”(应星：《村庄审判史中的道德与政治——1951～1976年中国西南一个山村的故事》，知识产权出版社2009年版，第158页)更详细的内容请参见魏沂：《中国新德治论析》，载《战略与管理》2001年第2期。

③ 王亚南：《中国官僚政治研究》，中国社会科学出版社2005年版，第25页。

④ 王海洲：《合法性的争夺：政治记忆的多重刻写》，江苏人民出版社2008年版，第91页。

主、加强社会主义法制，推进社会主义两个文明的建设，实现党在新时期总的奋斗目标和总任务，都具有重要的意义。要把这项工作，同社会治安的综合治理以及其他各项思想政治教育有机地结合起来，为培育有理想、有道德、有文化、有纪律的社会主义一代新人打好坚实的基础。要大力运用报刊、广播、电视、电影、文学艺术等各种宣传文化阵地和各种手段，准确地、形象地进行法制宣传。要通过正反两方面的典型，特别是通过大力宣扬和表彰正面的典型，在全体人民中树立各种遵纪守法的榜样，创造依法治国、依法办事的良好气氛。要引导人们不仅学法、知法，更要自觉守法、用法，勇于同各种违法乱纪的行为作斗争，为实现社会风气、社会秩序、社会治安的根本好转而努力。"①

从"一五普法"规划中，我们可以发现普法运动在手段上有一个突出的特点，即通过政治运动的方式普法。通过"自上而下的按照政治动员方式来制定或更换政策、动员资源、推广实施"这样的方式"有着随意性、非常规性的特点"。而普法运动所要宣扬的法治是长久性、稳定性的日常治理模式，手段和目的存在着强烈的不匹配性，在轰轰烈烈的普法运动突击宣传完毕之后，它宣扬的法治理念是不是也会迅速褪去了呢？普法手段和目的之间的悖论其实是中国改革以自上而下的方式实现社会突变时面临的普遍悖论。

法治现代化道路并非中国政治实践中自发演进的一种秩序，而是一种由政府主导推进的设计秩序，因此主要借助和利用政府所掌握的本土性政治资源去完成法治推行任务似乎也在情在理，但是如何实现法治从"非常政治"到"日常政治"的转变断不会借助运动一蹴而就。"由于政府推进型法治天然的属性与品质，又易使法律的工具型价值优先于目的型价值而得到加强……法治的工具性价值往往存在于许多公权力部门的意识之中。也就是说，法律容易被作为社会管理与社会控制的手段被适用，而难以对公权力的正确、准确、公正、公平、有效行使产生约束，进而容易使得法治建设的重点与重心发生偏差，并对公民法治意识、法治理念的形成产生消极影响。"②而要民众守法，政府及其工作人员必须身先士卒，就像马怀德教授指出的："只要党和政府带头守法，公务人员尤其是领导干部克服人治思想，增强法治观念，习惯以法治思维和法治方式思考和解决问题，就能够带动全社会崇尚法治，形成法治文化。如果执政者意识不到

---

① 《中共中央、国务院转发中央宣传部、司法部关于向全体公民基本普及法律常识的五年规划的通知》，http://www.fanwenq.cn/html/2007-12-17/eef840548206f27c.html。

② 蔡道通：《政府法治：全民守法意识形成的关键》，载《苏州大学学报》2014年第1期。

法治的重要性，不能够率先垂范、严格守法、依法办事的话，整个社会的法治氛围就很难形成。"①

第二节　工具主义取向的执法观

一、基层政府

政府推行改革采取了渐进的方式，将对于政策的施行转移到了地方，从而降低了整体决策的风险，同时也便于将社会矛盾分散化。根据美国学者李侃如的观察，在中国，几乎所有关系到日常操作的大量决定都是在地方或政治体制的中层作出的。② 中国政府以这种方式获得了整体上的合法性和政治秩序的稳定性，基层政府却承受着来自上级政府和民众的双重压力，他们需要将中央政府的各种方针政策转化为具体的行政措施，比如稳定和法治，效率和发展等等。

下面我们举个例子让问题形象化。吴毅教授在调研时发现乡镇政府在征收农业税问题上就面临着这样一个矛盾：乡镇政府既要严格执行中央的减负政策，又要圆满完成上级下达的各项税收任务；既不能侵害老百姓的权益、要严格地依法收税，又要完成上级的硬性指标。中央政府对于难以解决的矛盾的存在并非毫无察觉，他们只是有意识地把这个烫手的山芋扔给了基层政府，让基层政府在实践中通过试错的方式摸索出一条解决矛盾的最佳道路。对于基层政府为化解矛盾而对上级政策采取的变通行为，上级政府通常也会睁一只眼闭一只眼，而基层政府则"必须尽可能地自行承担政策风险和处理实际问题，问题应当就地消化、矛盾应该就地解决"③。吴毅教授对此分析道："政策制定者很难预先充分估计到某项政策出台之后可能产生的复杂影响，它只能采取试错的方式，在政策的推行过程中去逐步发现和修正其负面作用；另一方面，在权力和责任并不均等的现行体制下，政策执行的中间环节也更宁愿以下层在政策推行过程中所已经遭遇到的困难去提醒政策制定者完善和调整该政策，而不愿意以违背上级意愿的方式，通过更为前瞻和主动的方式进行预先的忠告和进言。"④

---

① 马怀德：《让法治成为一种文化》，载《理论参考》2014 年 12 期。

② 参见[美]李侃如：《治理中国：从革命到改革》，胡国成、赵梅译，中国社会科学出版社 2010 年版，第 191 页。

③ 应星：《大河移民上访的故事》，三联书店 2001 年版，第 368 页。

④ 吴毅：《小镇喧嚣——一个乡镇政治运作的演绎与阐释》，三联书店 2007 年版，第 84 页。

中央提出“依法治国”的口号之后，基层政府开展工作面临重重困难，他们需要将中央的政令转化为现实，比如计划生育、农村义务教育、法治等等，在转化的过程中还需要按照法律的严格要求来进行。荣敬本将中国的行政运行体制称为“压力型体制”。“所谓压力型体制，指的是一级政治组织县、乡为了实现经济赶超，完成上级下达的各项指标，而采取的数量化任务分解的管理方式和物质化的评价体系。为了完成经济赶超任务和各项指标，该级政治组织以党委和政府为核心把这些任务和指标层层量化分解，派给下级组织和个人，责令其在规定的时间内完成。然后根据完成的情况进行政治和经济方面的奖惩。由于这些任务和指标中一些主要部分采取的评价方式是‘一票否决’制，即一旦某项任务没达标，就视其全年工作成绩为零，不得给予各种先进称号和奖励，所以各级组织实际上是在这种评价体系的压力下运行的。”①

二、基层政府的政绩观与法治观

“我们县市委书记、乡镇党委书记、科局长，是具体干事的，又不会影响方针政策，又不会犯路线、方针错误，就是要敢于去闯、敢于去冲、敢于去落实。”②这是一位基层领导热血沸腾的慷慨陈词。但恰如俗话所说的“上面千根线，下面一根针”，基层政府受时间和精力所限，很难面面俱到地完成各项行政任务，而且有些行政目标之间是存在内在不可调和的矛盾和冲突的，这些都要求在压力下生存的基层政府必须具备“揣摩上意”的生存技能，在关键时刻分清楚事情的轻重缓急。在中国，行政事务的价值和重要性并不体现在法律等纸面文件所规定的“显性规则”上，而体现在“行政场域”内不可言说的隐形规则之中。我们在山西调研时，某副乡长在谈到拆迁问题时说：“只要任务完成得好，政绩搞出来了，领导满意了，一切都好办，什么法不法的，只要没搞出人命来就行。领导看重的是事情办得利索不，法律是做给别人看的。”在这位官员看来，法治是居于政治价值序列的最低端的，是最不需要考虑的因素，法治在他看来只不过是一个没有实质价值的、装饰用的“花瓶”。因此，在执法过程当中，他也不会太多地考虑法律条文的规定。

第一，是经济增长的GDP数值。改革开放之后，上级政府对下级政府最重

---

① 荣敬本等：《从压力型体制向民主合作体制的转变——县乡两级政治体制改革》，中央编译出版社1998年版，第28页。

② 邱显春：《县市基层更要重落实》，http://theory.people.com.cn/GB/141669/17078332.html。

要的考评指标就是经济绩效，而经济效益往往被简单化为具体的数字，于是出现了这么一组怪异的等式：政绩＝发展＝经济增长＝GDP数字增长。“数字出官，官出数字”治理模式的最大的问题首先是以GDP指标代替居民的偏好，缺乏辖区居民的偏好显示，忽略了老百姓的利益，最终很容易导致民心的流失。[①]以GDP数字说话的绩效考核标准容易导致地方政府为了眼前的短期利益，“不计后果地作出权宜选择，会留下相当多的后遗症。最严重的后果之一就是造成政策的摇摆不定、朝令夕改，让公众对政策产生极大的不信任感”[②]。

第二，稳定是底线政绩。“因为稳定是经济增长的前提条件，稳定是政权实行威权统治的正当证明”[③]，所以，稳定也是上级领导格外看重的一项政绩指标。党的十七届四中全会通过的《中共中央关于加强和改进新形势下党的建设若干重大问题的决定》明确将稳定提升到与发展并重的地位，认为“发展是硬道理，稳定是硬任务”，并要求各级党政领导干部“切实抓好发展这个第一要务，履行好维护稳定这个第一责任”。同时，中央认为不稳定的因素主要在基层，所以，承担维护稳定的重任主要由基层政府来承担。中央的要求是“把矛盾化解在当地，把问题解决在基层，真正做到‘小事不出村，大事不出镇，矛盾不上交’”[④]。

第三，公法在实践中往往成为某些官员管理人民的工具。在基层法治实践中这种现象表现得尤为明显。公法“仍然被看作一种工具，像工具一样运行，以维护社会主义政治秩序，实现永续性的统治”。法治的本意不是政府去支配法律，而是让法律去支配政府，“法律不应该仅仅是控制人民维护少数特权阶层利益的工具，法律同样也需要约束政府领导和官员。法治的主要目的之一是限制政府的专断行为，并对统治精英构成有效的约束”。

作为法治的践行者的韦伯式的“官僚体制是一套法规系统，是由行政官员依法主导支配的政府体系”[⑤]。行政机关的工作人员的行政活动原则上仅限于以法律为核心的规则为其圈定的特定的权限范围之内。在资本主义运行体制中，人民服从的是规则，而不是某个特殊职位的人，故而需要用法律的形式将官

---

① 参见周黎安：《中国地方官员的晋升锦标赛模式研究》，载《经济研究》2007年第7期。

② 何清涟：《中国改革的得与失》，载何清涟、程晓农：《中国改革的得与失》，博大出版社2007年版，第13页。

③ 郑永年：《全球化与中国国家转型》，郁建兴、何子英译，浙江人民出版社2009年版，第59页。

④ 陈泽伟、冯晨：《中央维护社会稳定新部署》，载《瞭望》2009年第36期。

⑤ 王千文：《官僚体制中“服从”与“自主”矛盾现象之探讨——韦伯观点的诠释》，载（台湾）《中国行政》2008年总第80期。

吏约束起来，防止“形成一个受个人之喜好与评价所操纵的、自由、恣意的行动与自由裁量的王国”[①]，用法律的确定性的意志代替官吏的主观感情和个人权力意志。同时，这也意味着行政人员只需要服从规则本身，而不应追求规则的实质内容究竟为何。邓小平认为中国的官僚制存在的问题表现为：“我们的党政机构以及各种企业、事业领导机构中，长期缺少严格的从上而下的行政法规和个人负责制，缺少对于每个机关和个人的职责权限的严格规定。”[②]

“当一项政策主要是象征性的摆设的时候，当政策损害了政策的目标对象的权益的时候，或者当存在多个相互冲突的目标的时候，政策的执行就会产生问题。”[③]法治在基层的实践中常常就成了只具有象征意义的符号、多个政策目标中的牺牲品。如果严格依循法治目标和要求则会损害执行者的利益，这就导致了中国法律推行工作困难重重，法律执行效果不甚令人满意。法律的规定存在着表达和实践之间背离的情况，某些地方政府在拆迁、“严打”、城管、信访、“双规”等方面的做法常常与法律条文相悖，某些政府行为持续地侵蚀弱化法制的基础和社会共享观念，使得依法治国的国家建设流于仪式化。[④]

三、法治的实效与基层政府

欧博文、李连江认为，在基层行政实践中普遍存在着“选择式政策执行”的现象[⑤]，下级机关将上级行政机关下达的任务指标区分为“硬指标”和“软指标”。区分“软”“硬”主要有两个核心因素：作为上级政绩考核的重要依据、上级机关有较为严格的考核程序和检查标准。“硬指标”项下的行政任务一般被基层政府作为工作的中心任务而严格按照上级要求完成。而对于“软指标”项下的行政任务，有些基层政府的干部也有一套应对之术，“这些‘技巧(伎俩)’主要有诉苦、抱怨、欺瞒、变通、推诿、得过且过、能捞一把就捞一把、执行对自己有利的政策、消极对待改革、尽量减少或不向农民提供公共服务，等等”[⑥]。基层政府扭曲

---

① [德]马克斯·韦伯：《支配社会学》，康乐、简惠美译，广西师范大学出版社2004年版，第53页。

② 《邓小平文选》第2卷，人民出版社1994年版，第288页。

③ Kevin J. O'Brien and Li Lianjiang, "Selective Policy Implementation in Rural China," *Comparative Politics*, Vol. 31, No. 2 (1999), pp. 167-186.

④ 参见周雪光：《权威体制与有效治理——当代中国国家治理的制度逻辑》，载《开放时代》2011年第10期。

⑤ 参见Kevin J. O' Brien and Li Lianjiang, "Selective Policy Implementation in Rural China," *Comparative Politics*, Vol. 31, No. 2 (1999), pp. 167-186.

⑥ 李芝兰、吴理财：《“倒逼”还是“反倒逼”》，载《社会学研究》2005年第4期。

性执行、选择性执行、附条件限制性执行、消极不执行上级政策的情况时有发生。

法律执行状况一般被基层政府归为软的、不受约束的指标之列。原因有二:第一,法律运行状况在诸多行政目标中一般不受领导重视,不在政绩考察的范围之内。第二,法律执行状况很难量化,是上级难以衡量的指标。詹姆斯·威尔逊(James Q. Wilson)发现,在行政领域内存在"可计量的任务'驱逐'不可计量的任务的普遍规律"[①]。对于法律实行状况这样模糊的指令,地方政府只需要在上级来进行执法检查的时候做好"迎检"的布景工作即可,这叫"上有政策,下有对策"。中央提出了"依法治国"的治国策略,说明中央较为重视法治的功能。根据裴文睿(Randall Peerenboom)的分析,中央希望借助法治来控制地方日益增大的权力,遏制地方的腐败,促进经济的发展。[②]

中央也不希望法律完全被工具化、完全流于形式。遗憾的是,由于中国还没有完全过渡到以理性官僚制为主体、以法律规定为依据的常态治理模式上,上级政府往往用运动式的方式推行政策和方针,以解决上下级之间的信息不对称状况、实现对下级政府的控制和监督,俗称"执法检查"。根据吴毅对某镇的实地调查发现,"乡镇一年至少有三分之一的时间是在应对各种检查,大的检查每个季度都有,小的检查几乎月月都有"[③]。赵树凯的调研数据显示,每年乡镇政府有 100～150 天的时间是用来从事各种应酬,有 20～40 场大的执法检查。[④]

> 省、市、县都组织检查。当省里来检查时,市、县、镇联合起来对付省的检查团;当市里来检查时,县、镇就联合起来对付市里的检查团。省里到县里检查时,事先不通知去哪个镇或村。但是,实际上各地政府都联合起来对付检查团。省里来的时候,市里、县里就提前来打招呼:"你们那里的问题处理好……"检查团到了县里,各个镇都得到通知,严阵以待。一旦领队的得到通知去哪个村,在去那个村的路上就有电话通知到那个村,连车号、

---

① 转引自 Kevin J. O'Brien and Li Lianjiang, "Selective Policy Implementation in Rural China," *Comparative Politics*, Vol. 31, No. 2 (1999), pp. 167-186.

② Randall Peerenboom, *China's Long March toward Rule of Law*, Cambridge University Press, 2002, p. 60.

③ 吴毅:《小镇喧嚣——一个乡镇政治运作的演绎与阐释》,三联书店 2007 年版,第 269 页。

④ 参见赵树凯:《乡镇政府的"应酬政治"——10 省(区)20 乡镇调查》,载新望主编:《改革 30 年经济学文选》(下),三联书店 2008 年版,第 799～801 页。

时间、地点的消息都十分详尽。检查团一般都是早晨8点以前就到达。所以,一大早,村里妇女小组长就在各个路口把守,一旦发现情况就立即通知村里,把有问题的孩子转移出去……我工作6年来,除了有一个乡被省检查团查出来外,只有两次(两个镇)是县里检查出计划外的问题,做了一票否决的处理,镇书记和镇长都调换了工作,没有得到重用。但是县里也没有向上报告。[①]

对于市政府的检查,县、乡政府一起来演;省政府的检查,则由市、县、乡三级政府合起伙来演一场大戏。为演好"迎检"这场戏,基层政府往往会充分调动地方各种资源,做好宣传动员、布景、挑选群众演员、"做作业"和彩排[②]等各项工作,只等上级检查团一来,"灯光、音响、各部门准备好,开拍"。演这出戏的深层原因是基层政府因为一定的原因在执行上级政策的过程中,背离、修改或替换了上级政府的原有制度目标,对各级政府官员来说,"欺上"远比实实在在的政策执行要容易得多[③],物质成本和政治成本也要低得多。作假的方式既能保证自己完成"硬指标",同时也能应付上级"软指标"的执法检查,何乐而不为呢?这就是社会学中的"目标替代"(goal displacement)现象。地方政府也就是在这样的"检验—做戏—检查—做戏"过程当中,将中央的官方规则、法律规定替换为非正式的地方性规则,地方的治理秩序逃离了中央的掌控,中央的法律只剩下了形式化的宣示功能。《朱镕基讲话实录》里记载了一段真实经历:

不久前我到安徽省南陵县去察看粮食仓库,在我没有去之前,粮库都是空的,后来他们把一些粮站的粮都搬过来,摆得整整齐齐。连我都敢骗,真是胆大包天!还有一件事情,我到某省会城市考察下岗职工再就业服务中心。原来是个大仓库,空空荡荡的,他们在几天之内把许多个体户都搬

① 周雪光:《基层政府间的"共谋现象"——一个政府行为的制度逻辑》,载《开放时代》2009年第12期。

② 布景来源于戏曲对于舞台的布置,是对检查环境的装饰和休整;选演员可以从本地选取,甚至还有些地方雇佣真的演员扮演群众;"做作业"指完成迎接检查所需要的文字材料、表格数字等。(参见周雪光:《基层政府间的"共谋现象"——一个政府行为的制度逻辑》,载《开放时代》2009年第12期;吴毅:《小镇喧嚣——一个乡镇政治运作的演绎与阐释》,三联书店2007年版;李芝兰、吴理财:《"倒逼"还是"反倒逼"》,载《社会学研究》2005年第4期;周雪光:《权威体制与有效治理:当代中国国家治理的制度逻辑》,载《开放时代》2011年第10期;吴毅:《记述村庄的政治》,湖北人民出版社2007年版;刘玉照、田青:《新制度是如何落实的?——作为制度变迁新机制的"通变"》,载《社会学研究》2009年第4期;郭亮:《"钟摆型"的国家:计划生育二十年——记述一位村支部书记的政治生命史》,http://www.sociologyol.org/yanjiubankuai/fenleisuoyin/fenzhishehuixue/nongcunshehuixue/2008-07-01/5667.html)

③ 参见郑永年:《中国政府信任危机背后的政治危机》,载2009年8月18日(新加坡)《联合早报》。

进去，里边人山人海。我去参观的时候，那欢呼啊！人人都想跟我握手，挺有劲儿的，热情得很。我一回到北京，就收到一封人民来信，说那些都是假的，不信你现在再去看看，一个人也没有了。我就派国务院办公厅的同志去微服私访，果然来信反映的情况属实。现在，你要下去视察工作，都事先安排好了。固定的点，都是笑脸相迎，热情招待；汇报的人都挑好了，都是对答如流。这些你能相信吗？[①]

第三节　转向权利取向的执法观

一、转向权利取向的执法观的原因

1. 权利取向的法制才是真正的法治

张文显教授指出："在社会转型的历史时期，我们应当严肃地思考一个问题：我们需要一个什么样的法治，也就是说，中国法治的核心价值和精神元素是什么，中国法治的目标模式（法治的中国模式）应该是什么。回答只有一个：中国法治作为现代法治，不仅应当是形式上的法律之治，而更应当是良法之治。"[②]只有权利取向的法制才是真正的法治。工具主义取向的法制是脱胎于人治，将法律作为统治的工具和手段的一种法制模式。在这种法制模式下，法律规定在不少情况下成为了无法兑现的纸面承诺。海外研究中国法治现状最权威的学者裴文睿认为，任何法律体系中的法律都有工具主义的成分，只不过有能和法治相容的可接受工具主义倾向与纯粹将法律作为统治人民的武器的恶性工具主义倾向。中国正在逐步地从纯粹的以法治民的工具主义的法制转向既约束政府、也约束人民的法治。不过，裴文睿也承认，在实践中约束政府及其工作人员的法律体系的目标常常没有得到实现。[③] 工具主义取向的法制观与权利取向的法制观是有本质差异的（见表 4-1）。

---

① 朱镕基：《朱镕基讲话实录》第 3 卷，人民出版社 2011 年版，第 233 页。

② 张文显：《法治与国家治理现代化》，载《中国法学》2014 年第 4 期。

③ Randall Peerenboom, *China's Long March toward Rule of Law*, Cambridge University Press, 2002, p. 23.

表 4-1　　　　　工具主义的法制与权利取向的法制对比表[①]

	工具主义法制	权利取向法制
法律的性质	工具性的、操纵性的	自治性的
法律的目的	灌输秩序	正当化秩序
法律权威和正当性的基础	统治者的个人好恶、意识形态、国家意志	宪法和正当程序
责任性	规则对于统治者有较弱的约束性	规则严格限制统治者和被统治者，严格服从法律权威
裁量权	普遍存在的、机会主义性的、不受正式规则的约束	受既往规则的约束
强制性	未受到足够的限制	受既往程序的控制
政治	法律服从于政治	法律自治、司法独立、分权制衡
法律的颁布	由统治者支配，被统治者的弱同意（weak consent）	通过确定的程序，有限地参与

工具主义的法制是将法律视作维护现有的政治体制和社会秩序的有效工具，法律不是自治的，而是屈从于统治精英的意志的。法律更多地被视为一个自上而下的权威的统治策略，法律反映了当权者的利益，而不是一个互动的过程，没有充分考虑群众的利益，法律制度规则的主要功能和目的是灌输社会秩序。[②] 昂格尔将这种依附于政治的法律称作"官僚法"。"公共的法是国家操纵社会关系的一种工具。从而，法律便成为控制国家的利益集团的工具……只要统治者的认识和利益发生变化，这些规则就可以随意取代。"[③]

与此相反，权利取向的法制是真正意义上的法治，这样的法治有如下特点：

第一，法治的内容不是空洞的，不是仅仅具有法律的形式外表，而是以一定的内容为其实质基础的。亚里士多德认为法治应当包含两重意义：已成立的法律获得普遍的服从，而大家所服从的法律又该是本身制定良好的法律。"相应

① 表格来源：Pei Hwa Mike Chu, "Legal Reforms in the People's Republic of China—Prospects for the Rule of Law in the 21st Century," the PhD. Dissertation of the University of Chicago, 2001, p. 35.

② Pei Hwa Mike Chu, "Legal Reforms in the People's Republic of China—Prospects for the Rule of Law in the 21st Century," the Phd. Dissertation of the University of Chicago, 2001, p. 23.

③ ［美］R. M. 昂格尔：《现代社会中的法律》，吴玉章、周汉华译，译林出版社 2001 年版，第 62 页。

于城邦政体的好坏,法律也有好坏,或者是符合正义或者是不符合正义。"[①]法必须是有正当性的"良法"。法治的真谛是人权[②],是否尊重和保障人权是检验法律是否具有正当性权威的最核心的要素。"法治的价值前提是它对基本人权的承认。这些人权不能被剥夺、不可侵犯。即使立法机关也不得以绝对多数的意见剥夺这些权利。宪法和法律不是基本人权的渊源,是其产物。"[③]以维护基本人权为核心前提的法治反映了内在正义和必然性的秩序,此时,法律领域是自治的,法律不会因为一时的经济、政治利益的变化而变化,不会因为个别人意志的调整而调整。当然,这并不是说,工具主义的法制就无法保护公民的基本权利和维护公民的人性尊严,只是工具主义法制下的公民的权利能否得到保护,屈居于政府的意志,而在权利取向的法制下,公民权利却是先于政府权力之上,并由宪法和法律的明文规定为其依据的。

第二,法律不仅约束民众,也约束统治者自身,法治国是用法的统治取代用个别人意志统治的人治,使统治者与被统治者之间力的关系转化为有规则的法的关系,这样可以分散和限制国家权力,以达到个人在政治上的自由的目的。法治国家"应该以法律方式像对其人民的自由范围一样,对它施加影响的道路和界限进行准确的界定,并加以不断地保护,它应该直接地、刻不容缓地实现(强制)有关国家的道德思想,因为这属于法的范围。这是'法治国'的概念……"[④]法律均应一律平等适用,法律同样需要约束其制定者,法律保证了政治共同体成员的自由,人民可以免受统治者恣意的权力的侵扰。法律是至上的,行政与司法都处于法律之下,透过依法律行政或依法律审判,各自成为实现法律之手段。就这一点,刘军宁先生有句话说得很好:"在我国,法治的确立要靠制度建设,把前面所阐述的法治要素和原则逐步落实到制度中去。这一点已似乎没有多少争议。但是,法治的存续,不仅要靠制度建设,而且还要靠一种新型的法律文化,一种为政治家、法官和所有公民所共同信奉的法律文化。这种文化使人们怀有这样一种信念,法律应当得到遵守,没有人能够例外,掌权者更不

① [古希腊]亚里士多德:《政治学》,吴彭寿译,商务印书馆1996年版,第148页。

② 参见徐显明:《法治的真谛是人权——一种人权史的解释》,载《学习与探索》2001年第4期。

③ 刘军宁:《从法治国到法治》,载刘军宁等编:《经济民主与经济自由》,三联书店1997年版,第157页。

④ [德]米歇尔·施托莱斯:《德国公法史(1800~1914)——国家法学说和行政学》,雷勇译,法律出版社2007年版,第359页。

能例外。”[①]但是，工具主义的法制却不这么认为，受德治传统和人治传统的影响，“在唯法主义者(legalists)看来，法律只不过是国家权力的一项工具而已，只要是为了人民的利益，什么民主程序、民众的同意都是无所谓的事情。法律和政权都是统治者手中绝对的权力。完全没必要搞什么宪政主义者所倡导的分权制衡、限制行政权”[②]。法治应有的制度价值并没有发挥出来，行政法就沦为了管理法，而非控权法。地方政府有地方政府独有的运行逻辑，法治只是他们要完成的中央交给的诸多行政指标中的一项，所以，在地方实践中法治的本质色彩被淡化，出现了法治的选择性内容与法治固有内涵之间的紧张关系。

第三，权利取向的法制强调内容的确定性和秩序的安定性。其一，法治是规则之治，只有清晰、明确的法律条文才能够限定公权力的边界，防止公权力过分侵犯公民的自由。“现代法治国家借着法之明确性的要求，使人民得以知悉法律之规定，才能有所遵行，亦得避免国家权力之滥用，更使得法院对依据该法规所做成之国家行为，有从事司法审查之可能性。”[③]相反，工具主义的法制观念下的法律条文往往是模糊的、含混的政治式的语汇，这就为恣意的公权力留下了任意解释法律条文的空间。其二，保护人权的法制强调法律秩序的稳定性，法律稳定性是从动态层面上强调法律规定的固定性、持续性和连续性，避免法律条文的朝令夕改而给民众带来不安定感。行政行为也需要具有类似于司法判决一样的效力，使得公民和行政机关之间的法律关系的内容能够明确下来并得以实现，同时在时间上能够维持相对的稳定，而不能随意地变更和撤销。用奥拓·迈耶的话说就是：“法治国不只是通过法律把大量丰富的行政活动限制起来，而是还要使行政活动在其内部也逐渐形成一些确定内容，以保证个人权利及个人对行政活动的可预测性。”[④]

2. 法律信仰的流失与法律的双重工具化——工具主义法制的负面效果

法律的工具化和政治化所导致的法律条文表达和实践的脱节会从根本上动摇民众对法治、乃至根本的政治制度本身的信任。当法治的理想和现实存在

---

① 刘军宁：《从法治国到法治》，载刘军宁等编：《经济民主与经济自由》，三联书店1997年版，第170页。

② Theodore De Bary, “The Constitutional Tradition in China,” *Journal of Chinese Law*, Vol. 9, No. 1 (1995), pp. 7-34.

③ 姜悌文：《行政法上之明确性原则》，载城仲模主编：《行政法之一般法律原则》(二)，(台北)三民书局1998年版，第430～431页。

④ [德]奥托·迈耶：《德国行政法》，刘飞译，商务印书馆2002年版，第97页。

很大的冲突和背离时，当法治成为了 *Judith Shklar* 所讲的自我庆贺的修辞手法时[①]，那政治信任问题就会发生。政府“实然”的行为与人们对政府“应然”的期望之间存在着严重的脱节或不对称是导致民众对政府失去信心的最主要的原因。[②] 到那时，无论政府说得如何天花乱坠，民众还是不买账。“信任是一种社会财富，应该像我们呼吸的空气和饮用的水一样得到保护；一旦遭到破坏，作为整体的社会就会受到破坏；如果信任被摧毁，社会也就分崩离析了。”[③]当政府将法律作为政治工具时，民众也不会坚守法律的信仰，他们同样会用工具主义的态度去对待法律。“如果为这样一个空洞的游戏投入热情，如果对那些只关心自己的角色而甚至对戏的成败与否都无动于衷的政治戏子寄予希望，那不过是轻信而愚蠢，令人感到耻辱。”[④]此时，即使民众表现出对于法律价值的认可，也很有可能只不过是“为自己获得运作空间的一个明智的策略化的选择”[⑤]。法律在官员和老百姓手中都被工具化了，法律成了他们博取各自利益的有力武器。

孔飞力说：“伴随规则而来的是可预期性和标准化。”[⑥]但遗憾的是，由于法律在表达和实践中存在的错位与脱节，法律没有使老百姓和政府的交往关系简单化、程式化，反而因法律语言、政治语言和人情乡土语言的混杂使官民关系变得更加错综复杂。在中国的法治实践中，我们建立的法律制度往往被非正式程序所侵蚀、消解。当制度不利于他们时，则往往会采取抵赖、法不责众等方式或者用党的文件和中央精神来与村干部对抗。“对权力的一般性态度具有两面性：一方面是全面倚赖权力，而不以制度化方式对权力进行制约，另一方面是不断与权力讨价还价试图使它作出对自己有利的决定，而不管这样的决定是否合乎程序要件或实体规则。因而权力本身也势必充满不确定性。在这样的背景下形成的主流意识，与其说是人们都不知法、不守法，毋宁说是都按照自己的公正观或偏好、并且借助绝对的权力来随便解释规则、按照功利的目标来操作条

---

① Judith Shklar, “Political Theory and Rule of Law,” in A. Huchinson, P. Monahan, eds., *The Rule of Law: Ideal or Ideology*, Carswell, 1987, pp. 1-16.

② 参见陈明明：《为什么政治信任成为一个问题》，载《中国浦东干部管理学院学报》2009 年第4 期。

③ [美]杰里米・西格尔：《我们是一个贪婪欺诈的民族吗?》，载 2002 年 7 月 15 日《参考消息》。

④ [法]亚历西斯・德・托克维尔：《政治与友谊：托克维尔书信集》，黄艳红译，上海三联书店 2010 年版，第 132 页。

⑤ Helen F. Siu, “Cultural Identity and the Politics of Difference in South China,” *Daedalus*, Vol. 122, No. 2 (1993), pp. 19-43.

⑥ [美]孔飞力：《叫魂：1768 年中国妖术大恐慌》，陈兼、刘昶译，上海三联书店 1999 年版，第 250 页。

文，各有自己的是非尺度。”①

应星教授对大河乡移民的实地调查中发现，“在大河电站地区已经生长出了一种不信任的惯习(habitus)，使农民深感这里的天空总是见不到阳光，公认‘不闹不解决，小闹小解决，大闹大解决’为解决问题的法宝”②。不仅在大河乡，在我们所调研的一个行政村，为了在和政府就拆迁补偿问题的利益博弈上占领优势地位，村民借助自己的弱者身份去“闹”也成了民众和政府进行利益博弈的最有力的武器。什么方式能够扩大政治影响，什么方式能够造成轰动效果，他们就选择什么方式去“闹”，这说明农民非常清楚政府的“阿基里斯之踵”在何处。在稳定压倒一切的政治背景下，政府最怕的就是民众去上级折腾，万一上级领导不明事理，劈头盖脸地责罚下来，那自己的政绩前途可就断送了，所以速速把事情摆平了，大家息事宁人，这种政治心态导致了中国地方政府“花钱买平安”的事情屡见不鲜。不过，花钱买平安的经济维稳的心态，反而会助长民众的贪欲，“会鼓励和激发越来越多的社会力量通过‘不稳定’状态而获得经济利益”③。民众开出的条件越来越高，价码越加越大，政府只好跟着水涨船高，花更多的钱来买平安，这就导致政府陷入了“越维越不稳”的困境。

曼海姆(Karl Mannheim)认为：“官僚思维的基本倾向是把所有的政治问题化约为行政问题。”④由于某些地方政府容易把任何问题都提到政治的高度上去处理，所以不少地方将“稳定”作为政治任务来完成，对各种不稳定因素仔细排查、严防死守。

我们认为，稳定的社会是结构平衡的社会，社会稳定不是保持社会秩序完全静止不动，而应该是在动态中维持结构和秩序的平衡。就像走平衡木，动起来才能够保持真正的平衡，若机械地追求静态稳定，只能把人绑在平衡木上了。这恰恰会让某些“别有用心之人”将“稳定”这个小尾巴揪住不放，最终的结果反而是越维越不稳。如果不能迅速改造传统的政治体系，以容纳更多阶层的利益表达，改革赖以生存的“稳定”，必将成为一条河床不断抬高的悬河。河床垒得越高，其崩溃的摧毁力也就越大。

---

① 季卫东：《法治与普遍信任——关于中国秩序原理重构的法社会学视角》，《法哲学与法社会学论丛》2006年第1期。

② 应星：《大河移民上访的故事》，三联书店2001年版，第336页。

③ 郑永年：《中国改革三步走》，东方出版社2012年版，第77页。

④ 转引自[美]孔飞力：《叫魂：1768年中国妖术大恐慌》，陈兼、刘昶译，上海三联书店1999年版，第285～286页。

什么样的体制下产生什么样的人民。不是所有体制下的人民都可以将维权的性质由维权转为谋利。我们的体制教会了农民以"'闹'(即'威胁稳定')作为博弈的一种手段,作为施加压力的一种方式。这意味着,如果你要想让你的问题得到解决,就得制造点'威胁稳定的事端';如果你连'稳定'都不会威胁,你的问题就不要想能得到解决"[①]。"老百姓一方面充分强调中央政府的政策,作为自己的话语资源;另一方面则夸大地方政府的责任,对地方政府提出很高的赔偿要求。他们在表述中充分利用'法律主义'的话语('依法治国'),但是最后又不愿意上法庭,而是要求地方政府直接赔偿。"[②]民众在这里采用了一种具有策略性、实用性的态度,回避了法律条文,而用道义和情理去评价政府行为的性质,缓解自身行为的合法性困境。法律"往往成为一种姿态而非一种实践。各类利益主体是能动的'行动者',已有的法规制度往往是他们为实现利益目标进行讨价还价的知识或策略"[③]。

在实践中,一些老百姓为了使自己的利益最大化,断章取义地截取了部分法律条款作为抗争依据,以政治稳定为其斗争武器而漫天要价,表面上是依法抗争,实际上是抓住了政府"稳定压倒一切"的政治心态和乌纱帽要紧的官僚逻辑而"有恃无恐"。这一现象同时也说明,中国政府的主导型思维依然是"稳定压倒一切"的政治思维,还未完全过渡到事理化的法治思维。政府并没有意识到良性的民众抗争是维持政治制度生机和活力的重要机制。虽然中国的法律体系已经基本完善,但在法律实践中,"地方政府与农民各自的行动边界并不是一成不变的,也不是完全由各种法规条文所决定的,而是在双方的互动中不断伸缩回旋着的,就好像两个正在推手的武师的手掌那样"[④]。应星和晋军使用的表述委婉而文雅,两个推手的武师的博弈常常表现为是官与民之间围绕利益赤裸裸的力的断杀,这也就是蔡永顺(Cai Yongshun)所说威权主义政权不可避免地会陷入的"妥协——压制困境"[⑤],民众不能依靠制度化的渠道来维护自己的利益,只能通过"闹"的方式,以稳定为武器,在和政府的利益争夺战中压服政府

---

① 清华大学社会学系社会发展研究课题组:《以利益表达制度化实现社会的长治久安》,载《领导者》2010年总第33期。

② 项飚:《普通人的"国家"理论》,载《开放时代》2010年第10期。

③ 董海军:《依势博弈:基层社会维权行为的新解释框架》,载《社会》2010年第5期。

④ 应星、晋军:《集体上访中的"问题化"过程——西南一个水电站的移民的故事》,载清华大学社会学系主编:《清华社会学评论》(特辑),鹭江出版社2000年版,第106页。

⑤ Cai Yongshun, "Power Structure and Regime Resilience: Contentious Politics in China," *British Journal of Political Science*, No. 38(2008), pp. 411-432.

和自己达成妥协，而政府在被“逼”到一定程度时，往往选择非正常的暴力手段来镇压民众。[①]

“只有体现正义、保障权利和自由、反映客观规律的法律才能培养起法律与民众之间的亲和力，作为意志和镇压工具的法律将导致法律与公民的对抗。若单纯靠立法的数量来规范人的行为，其结果是法律愈多，漏洞愈大，因为再严密的法律也不可能包罗万象。没有落实到每个人的观念和行动中的尊重法治的法律文化的支持，任何法治都不可能横空独行。”[②]当法治偏离了以保护人权、控制公权为核心的正常轨道，而被政府和民众双重工具化后，社会纠纷的解决模式就会从依规则行事转向力与力的冲撞。“如果这种非法行为已使人民的大多数受到损害，或者，是少数人受到危害和压迫，但是在这样的一些情况中，先例和后果似乎使一切人都感到威胁，他们衷心相信他们的法律从而他们的产业、权利和生命，甚至宗教信仰都岌岌可危，那我就不知道该怎样来阻止他们去反抗那个使他们受害的非法强力了。我认为，当统治者把政府弄到普遍为他们的人民所疑惧的地步时，无论什么政府都会遭到这种麻烦。”[③]以暴制暴的最终结果是洛克所说的“政府的解体”。要摆脱这个厄运，我们只有回归法治的正途，重申法治的真谛，那中国政治的治理模式就真正实现了从非常政治到日常政治、从静态维稳到动态维稳、从暴力的冲撞到理性的规则、从对抗到对话、从政治逻辑到法治逻辑的跨越。

表 4-2　　运动式矛盾调处模式和制度化矛盾调处模式的对比表[④]

	运动式	制度化
社会背景	传统体制、利益分化程度低	转型体制、利益分化程度高
对矛盾基本看法	静态稳定	动态稳定
适用矛盾类型	突发冲突、遗留问题、危机管理	社会矛盾、利益冲突、常规治理

① 参见吴毅：《小镇喧嚣——一个乡镇政治运作的演绎与阐释》，三联书店 2007 年版，第 281 页。

② 刘军宁：《从法治国到法治》，载刘军宁等编：《经济民主与经济自由》，三联书店 1997 年版，第 171 页。

③ ［英］洛克：《政府论》下篇，瞿菊农译，商务印书馆 1964 年版，第 132 页。

④ 参见清华大学社会学系社会发展研究课题组：《以利益表达制度化实现社会的长治久安》，载《领导者》2010 年总第 33 期。

续表

	运动式	制度化
工作方式特点	行政主导、属地管理、刚性体制、行政命令、手段单一、强制性、不计成本、一刀切	公共治理、法制化、谈判协商、追踪问责、弹性体制、积极疏导、具体问题具体分析
政府角色	统包统揽、直接卷入、成为矛盾焦点	多元参与、搭建平台、作为调处中介人
社会角色	社会组织薄弱、缺乏自我调解能力、过度依靠政府	作为合作主体之一、凝聚利益、表达诉求
效果评估	弱化法律威信、助长投机心理、治标不治本、成本高昂、社会冲突呈现爆发式特点	培育法治精神与公民意识、降低成本、标本兼治、对社会冲突具有较强可预期性与可控性、体制具有对矛盾冲突的容纳能力

二、在政府与民众的互动中实现转向

1. 政府权威的推动与顶层设计

法治的落实需要政府和人民的双向互动形成合力共同推进。在中国，最根本的推动力应当来自高居权力顶端的政府。为了保持改革进程的可控性，近30年来的中国改革均是以权威主义的方式启动的，法治的改革也不例外。中国的法治变革“是一个保守与片面的公共治理变革，在庞大的党政机器中缓慢而曲折地向前推进”[①]。

中国所选择是一种政府推进型的而非社会演进型的法治道路。[②] 在这种政府主导型的法治发展模式下，“法治主要在政府的目标指导下设计形成，是主要借助和利用政府所掌握的本土性政治资源完成的，是人为设计出来和建构出来的”[③]。法治道路就是30年前的中国共产党人所作出的一种顶层设计，“依法治国”就是一种风险性小、安全性高的政治改革模式。中央提出法治的治国方案，

---

① 陈至洁:《重铸红色天平:中国司法改革的政治逻辑及其对法治的影响》,载(台湾)《政治科学论丛》2010年总第45期。

② 按照蒋立山教授的观点,法治道路分为两种基本的又是相互区别的法治道路:政府推进型的法治道路和社会演进型的法治道路。(参见蒋立山:《中国法治道路探悉》,载舒国滢等编:《法理学与法治之镜》,中国政法大学教务处1999年印制,第508页)

③ 蒋立山:《中国法治道路探悉》,载舒国滢等编:《法理学与法治之镜》,中国政法大学教务处1999年印制,第508~509页。

是以法治推动政治改革，使中国政治格局在不发生大的变动的情况下，以渐进的方式实现政治的制度化和现代化。“法治是新一代的领导阶层获取政治正当性的手段，法律可以被用来巩固和增强他们手中的权力。”[①]他们亟待以法律的形式获得政治的正当性和维护社会的稳定秩序，按照西方学者 Randall Peerenboom 的评价，中国法治可能成为民主的一种替代性的选择，因为法治提供了一种在缺乏民主的条件下的政治改革方案，能够产生限制政府权力的效果，可能有助于解决中国广泛存在的威胁着稳定、发展的腐败现象。[②]

在这种情况下，要重申法治的固有内涵，回归常态法治，本质上也离不开上层的改革决心和政治决断。我们所主张的是一种过渡性、内源性的权威主义改革策略，主张改革应该在共产党的领导下逐步有序推进。它的基本逻辑是“国家放权——社会逐步成熟——国家进一步放权——社会进一步成熟——国家社会理性互动”，渐进式的改革是具有保守主义倾向的理性主义。要让中国脱离身份社会逐步走向契约社会，打破政治结构、文化模式的路径依赖，打破内卷化的悖论，打破权贵资本主义造成的社会结构的固化，这些都需要借助共产党和中央政府的力量。同时，也要保证重大的改革措施要在法律的框架内进行，遵守法制方式去解决政治和社会问题。“为了尽量减少风险，实施法治引领下的改革很有必要，法治所引领的改革的深层含义是奉行渐进式改革，这就意味着改革措施的出台不仅要以法治的实现为目标，还要注意运用法治方式的过滤。”[③]

2. 政府思维模式和行为方式的法制化转轨

“中国的主要挑战不再是缺少完整的法典，而是法律条文和实际执法之间存在的巨大差距，特别是在基层上和政治敏感问题上。”[④]要想真正建立以保护公民基本权利为核心的法治模式，政府必须首先真正落实依法行政的承诺，身

---

① Zheng Yongnian, “Rule by Law vs the Rule of Law,” in Wang Gungwu and Zheng Yongnian, eds., *Reform, Legitimacy and Dilemmas: China's Politics and Society*, Singapore University Press, 2000, p. 151.

② Randall Peerenboom, *China's Long March toward Rule of Law*, Cambridge University Press, 2002, p. 21. 不过，裴文睿同时认为，法治并非包治百病的仙丹，不能解决由于社会断裂而带来的社会紧张关系。

③ 陈金钊：《法治改革观及其意义——十八大以来法治思维的重大变化》，载《法学评论》2014 年第 6 期。

④ [美]约翰·桑顿：《民主的长征》，载吕增奎主编：《民主的长征：海外学者论中国政治发展》，中央编译出版社 2011 年版，第 11 页。

先士卒地践行法治。法家代表人物韩非子有云:“小信成则大信立,故明主积于信。赏罚不信,则禁令不行。”两千多年前的商鞅变法时,商鞅以“商鞅徙木”的方式取得了人民对法令的信任。据司马迁在《史记·商君列传》中的记载:“令既具,未布,恐民之不信己,乃立三丈之木于国都市南门,募民有能徙置北门者予十金。民怪之,莫敢徙。复曰:‘能徙者予五十金。’有一人徙之,辄予五十金,以明不欺。卒下令。”给徙木者奖赏的方式是一种仪式化的宣教,用以表明政府对推行法令的态度和诚意。要想获得民众对法令长久的支持,就需要在秦孝公说的“法度统一,执法公正”①上下功夫。“对法律信任与否,又取决人们自己在心中塑造的法律形象。司法和执法是人们可以直接感知与体验法律的基本场域,是人们塑造法律形象的重要质料。如果司法或执法不公,或者腐败堕落,人们心中法律的高大形象就会轰然倒塌,因而断然与法律疏离。”②

那该如何推动政府思维模式的法制化呢?“未经量化的治理不是科学的治理,量化治理思想和技术运用的程度决定着国家治理的科学化水平。对国家治理的要素逐步予以量化,从而使国家治理的质量稳定下来、提高上去,这是国家治理现代化的不二法门。”③要让法治方式成为治国理政的有效方式,也应该将法律治理的要素逐步予以量化,作为考核政府行政效能的核心指标。马怀德教授提出了以“法治 GDP”的模式去推行法治的建议。他主张,落实法治不能仅凭公众日益高涨的维权热情,也不能完全依赖有限的司法监督,而是应当从我国实际出发,抓住行政主导社会经济发展的特点,认识到由上而下的干部任命制的特殊行政体制,以全新的政绩观为突破口,把法治引入政府官员的政绩考核体系,形成全新的考核体系,让依法行政成为各级领导干部自主、自觉的理性行为,从而激发起各级政府推动法治的热情,使法治的推行由被动转为主动。这就是马怀德教授所主张的把以法治作为政绩考核标准的“法治 GDP”政绩评价体系。④ 正如前文分析的,法治之所以会在执行领域存在选择性执行、不执行的现象,很大的原因在于现在的政绩锦标赛体制,基层政府受时间和精力所限,很难面面俱到地完成各项行政任务,而且有些行政目标之间是存在内在不可调和的矛盾和冲突的。此时,基层政府职能在各项行政目标之间选择价值序列最高

---

① 张觉:《商君书校注》,岳麓书社 2006 年版,第 185 页;转引自凌斌:《法治的两条道路》,载《中外法学》2007 年第 1 期。

② 汪太贤:《从“受体”的立场与视角看“普法”的限度》,载《探索》2006 年第 1 期。

③ 江必新、邵长茂:《论国家治理商数》,载《中国社会科学》2015 年第 1 期。

④ 参见马怀德:《法律实施有赖于“法治 GDP”的建立》,载《人民论坛》2011 年第 10 期。

的目标优先予以实现,以保证自己能够在官僚行政层级的地位的维持与提升。但居于目前的价值序列最高端的往往是经济 GDP 的发展和秩序的稳定,而法治"仍然被看作一种工具,像工具一样运行,以维护社会主义政治秩序,永续性的统治"[①]。为了改变这种状况,需要将保护人权的法治作为核心政绩加以确定下来,发挥依法行政考核指标的引导、评价、考核和教育功能。

3. 培育理性"为权利而斗争"的民众

中国目前最大的问题不是立法,而是如何填充立法和现实之间的"执行空隙"(implementation gap)。[②] "从根本上,中国法治的成功,取决于我们目前正在进行的法制建设能否沿着一条合乎民心、顺从社会发展潮流的方向发展,取决于我们能否培养出一代具有法治观念的、珍重和维护中国本土文化价值的一代新人。"[③]要实现法治的根本不仅仅在于制度建设,更在于人的培育。

现代法治需要的不是安分守己的顺民,而是有理智、有判断力的充满批判精神的民众。这样的民众可能会对法律表示怀疑,但这种怀疑是理智的怀疑,在经过批判之后就会形成牢固的制度信任。马剑银博士将此称之为"通过理性的法律认同"[④],守法与否是民众理性权衡、利益衡量计算后作出的理性选择。法理型支配需要理性的充满批判精神的民众。也就是说,理性的民众需要具有守法的品格,还能够在制度执行存在偏差的时候,以不服从的精神和行动去纠正制度的偏差。理性公民既要有守法的精神,能够捍卫自身的法律权益,也不能盲目服从恶法,要为了改变恶法而展开权益的斗争。为了使权利从理想变为现实,为了使书本中的法变为生活中的法,需要为权利而斗争的积极姿态,就像耶林在《为权利而斗争》中写道:"世界上的一切法都是经过斗争得来的。所有重要的法规首先必须从其否定者手中夺取。不管是国民的权利,还是个人的权利,大凡一切权利的前提就在于时刻都准备着去主张权利。"[⑤]

---

① Edward J. Epstein,"Law and Legitimation in Post-Mao China," in Pitman B. Potter, ed., *Domestic Law Reforms in Post-Mao China*, M. E. Sharpe, 1994, p. 19.

② Jacques Delisle,"Legalization without Democratization in China under Hu Jintao," in Cheng Li, ed, *China's Changing Political Landscape*: *Prospects for Democracy*, Brookings Institution Press, 2008, p. 187.

③ 蒋立山:《中国法治道路探悉》,载舒国滢等编:《法理学与法治之镜》,中国政法大学教务处 1999 年印制,第 552 页。

④ 参见马剑银:《中国语境中的法律认同——移植法正当性重构的一项社会——文化考察》,载许章润主编:《清华法学》第 11 辑,清华大学出版社 2007 年版,第 94~96 页。

⑤ [德]鲁道夫·冯·耶林:《为权利而斗争》,胡宝海译,中国法制出版社 2004 年版,第 1 页。

从积极层面来看，如同 Merle Goldman 在《从同志到公民》(*From Comrade to Citizen*)一书中所说的，到 20 世纪末，中国的权利意识的观念已经传播开来，不仅局限于知识分子与精英分子，普通民众的权利意识也已经苏醒，从同志到公民的转变过程已经在中华人民共和国开始了。[①] 但是，真正意义上的法治所需要的不是顺民而是公民，是懂得为权利而斗争的公民，同时也是懂得守法价值、有规则意识的公民。故而，从消极层面来看情况不容乐观。裴宜理(Elizabeth J. Perry)和李连江曾就中国人是否有权利意识展开过一场论战。裴宜理认为，中国人只有“规则意识”而无“权利意识”，群众只是在利用“权利”的话语来表达他们的怨气。[②] 而李连江则认为，中国近些年出现的“以法抗争”现象说明中国人具有了权利意识。[③] 从政治文化的角度来看，裴宜理的观点虽然有失偏颇，但也基本站得住脚，中国底层的抗争的确是有具体利益的诉求，但无抽象权利的追求。

目前，中国民众的权利意识还只停留在裴宜理所说的规则意识的阶段，他们往往只是工具意义上用自己的公民身份，将法律赋予他们的政治权利作为威慑底层官僚的武器，“‘合法性’或‘公民权’在其语言中只是一种权宜与策略的考量，而并非真正出于内在的权力或权利意识”[④]。这虽然不是真正意义上的“为权利斗争”的行为，但是，拿起法律武器的斗争行为本身起码说明了他们有了政治权利意识和维权斗争意识，不再是顺服于王权的愚民了，只是还没有胆量承担起自己的公民责任，蜕变成真正的公民。那该如何培育为权利斗争的公民呢？

工具主义法制观对于公民法制意识的培养主要依赖于普法运动。由于法制的工具化，普法运动的目的和本质也发生了一些方向偏离。工具主义法制观下的地方政府对于法治是一种欲迎还拒的矛盾心态，他们希望借助法治获得正当性，借用法律武器对社会实现有效的统治，但是又惧怕支撑法治运行的“民情”的爆发冲破了既有的秩序，破坏了稳定的大局。从历年普法规划纲要的文

---

① Merle Goldman, *From Comrade to Citizen: The Struggle for Political Rights in China*, Harvard University Press, 2005, pp. 222-223.

② Elizabeth J. Perry, “Chinese Conceptions of ‘Rights’: From Mencius to Mao—and Now,” *Perspectives on Politics*, Vol. 6, No. 1(2008), pp. 37-50.

③ 参见 Li Lianjiang, “Rights Consciousness and Rules Consciousness in Contemporary China,” *The China Journal*, No. 64 (2010), pp. 47-68.

④ Ching Kwan Lee, *Against the Law: Labor Protests in China's Rustbelt and Sunbelt*, University of California Press, 2007, p. 117.

本中，我们可以看出政府对稳定的看重和强调："继续开展宪法知识和与公民工作、生活密切相关的基本法律知识以及与维护社会稳定有关的法律知识教育"[①]，"紧紧围绕党和国家的中心工作，积极开展法制宣传教育……宣传与维护社会稳定相关的法律法规，宣传社会发展迫切要求普及的各项法律法规，为改革、发展、稳定创造更加良好的法治环境。"[②]当普法的目的转为维护社会稳定时，普法的本来意义也就丧失了，而只是一种隐蔽的统治策略罢了。普法成了一个戏剧化的表层仪式，它的功能在于对世界、对民众宣示政权的合法性和培育具有守法美德的好公民，这样可以获得和维护相当的民意基础，实现较为顺畅的统治。这种工具主义的法治并不能塑造民众的主体性，让民众从臣民转变为公民。从民众的角度来看，他们也不会真正地信任法治、信任政府的，至多算得上是对政府权力的一种愚忠而已。

公民也在为权利而斗争的过程中不断发展、不断完善自己的个体人格，将自己打造成民主政治所需要的坚强的身体。"保护自己的权利，不但是我们对于自己的义务，且又是对于社会的义务。"[③]只有在斗争中才能培养公民真正的权利意识，正如耶林所说的："法律不是人民从容揖让，坐待苍天降落的。人民要取得法律，必须努力，必须斗争，必须流血。人民与法律的关系犹如母子一样。母之生子须冒生命的危险，由这危险，母子之间就发生了亲密情感。凡法律不由人民努力而获得者，人民对之常无爱惜之情。母亲失掉婴儿，必伤心而痛哭，同样，人民流血所获得的法律，亦必爱护备至，不易消灭。"[④]如果政府或者他人侵犯了自己的合法权益，他们会选择用斗争的渠道来捍卫自己的利益，如果他们认为是法律的规定不公平，他们也会奋起反抗去努力废除不公正的法律。这就是西方文化中的"公民不服从传统"，而中国要培养这样的法治文化传统，也需要通过长期的个案积累才能实现。

① 《中央宣传部、司法部关于在公民中开展法制宣传教育的第三个五年规划》，1996 年 5 月 15 日。

② 《中央宣传部、司法部关于在公民中开展法制宣传教育的第四个五年规划》，2001 年 4 月 26 日。

③ [德]鲁道尔夫·封·耶林著，萨孟武译：《法律的斗争》，载王泽鉴：《王泽鉴法学全集·第十一卷——民法总则》，中国政法大学出版社 2003 年版，第 7 页。

④ [德]鲁道尔夫·封·耶林著，萨孟武译：《法律的斗争》，载王泽鉴：《王泽鉴法学全集·第十一卷——民法总则》，中国政法大学出版社 2003 年版，第 3 页。

第五章　转型期中国的司法变迁[①]

司法转型是当下中国法制转型的一个重要内容。以权利为基本取向的法制转型要求中国司法机关改变过去法律工具主义那套做法，努力保障公民各项权利能够得到实现。然而，法制转型也带来了人们生活方式和社会价值观的变化，从而对既有社会秩序和政治秩序带来了巨大冲击，最终影响到政府合法性的问题。在这种情况下，以维护公民各项权利实现为核心的法律现代化需要司法机关通过具体的业务活动来确保民众对中国政府合法性的认同。从这种意义上讲，中国当下的司法转型需要在实现公民各项权利与确保国家政权合法性两者之间进行很好的平衡。中国当下的司法改革也正是在这种背景下展开的。有学者试图单从确保公民权利实现的角度探讨司法转型问题。在他们看来，确保公民权利实现最好的途径就是司法独立。政治层面的司法权独立、法院独立以及法官独立构成了司法转型的核心。[②] 尽管这种规范主义的进路指出了当下中国司法制度存在的一些问题，特别是司法权深受政治话语影响而带来的负面效应，但是，这种进路忽视了一个至关重要的问题，即中国的司法制度是在中国共产党领导下建立起来的。按照制度经济学的分析，过去已经形成的制度会影响现在和未来制度的变迁过程，因此，现在和未来制度的发展与变迁会对已有制度形成一种“路径依赖”。[③] 即使从西方司法传统的形成来看，法院也从来没

---

① 本章部分内容曾以“最高人民法院政治话语的变迁及双向调适策略”为题发表于《甘肃社会科学》2013 年第 5 期、以“最高人民法院如何执行公共政策”为题发表于《法律科学》2014 年第 3 期。

② 参见章武生、吴泽勇：《司法独立与法院组织机构的调整(上)》，载《中国法学》2000 年第 2 期。

③ 参见侯猛：《中国的司法模式：传统与改革》，载《法商研究》2009 年第 6 期。

有完全脱离过政治。马丁·夏皮罗认为,在英国无论司法独立的具体内容是什么,但是它当然不能意指政治独立。[①] 在美国,尽管法官在一般情况下会采取法条主义的决策模式,但是,法官的决策有可能会忠实地反映某政党的纲领,也有可能反映某种始终如一的政治意识形态。[②] 换言之,我们在分析中国当下的司法转型时,必须得看到法院在保障公民权利实现的同时,还履行着相应的政治功能。本章将采取话语分析方法充分地说明这一点。

第一节　用话语分析透视中国的司法转型

一、为什么选择话语分析方法

自20世纪下半叶以来,话语分析愈来愈成为学者们研究政治问题的一条重要进路。在他们看来,话语是人类意识的一部分,它们充分反映了人类心智及这种心智对现实的政治现象和政治问题的外在反映。因此,话语在法律与社会生活的互动关系中具有重要的符号化权力。[③] 法兰克福学派更是认为话语与政治之间存在着一种共同进化的关系。希尔顿在此基础上认为语言行为与政治行为是一种合作关系(cooperative),人们的话语交流的结构反映了政治行为的结构。它使人们能够认识到政治行为的特点,并且在话语使用过程中,言说者不但是话语的使用者,而且言说者本身也反过来受制于所使用的话语本身。[④] 从这种意义上讲,对某一群体的语言行为进行分析有利于透视当下的政治行为。

所谓"话语分析",就是要对那些已经说出来的"话"到底是以怎样的方式以及按照什么样的规则被说出和被传播的过程加以分析。话语分析就是要研究已经说出来的话,探讨它为什么会被说出来,为什么会以这种方式说出来。[⑤] 之所以能够对话语进行这种分析,其原因主要在于"语言不是一种虚饰,它执行着

---

① 参见[美]马丁·夏皮罗:《法院:比较法上和政治学上的分析》,张生、李彤译,中国政法大学出版社2005年版,第91页。

② 参见[美]理查德·波斯纳:《法官如何思考》,苏力译,北京大学出版社2009年版,第8～9页。

③ Pierre Bourdieu, *Language and Symbolic Power*, Harvard University Press, 1991, p. 5.

④ Chilton. P., *Analyzing Political Discourse: Theory and Practice*, London: Routledge, 2004, p. 21.

⑤ 参见谢立中:《多元话语分析:社会分析模式的新尝试》,载《社会》2010年第2期。

某种实际的功能，并且因为每个人总是希望语言这种经常使用的工具经济、简便、省力，以最小的气力表达最大的信息量，因此一种语言总是与它的环境高度适应。在这种特定环境中，只有愚蠢的表达者，没有愚蠢的社会语言”[①]。具体而言，话语分析主要包括以下几个方面的内容：第一，对特定话语形式所采用的对象描述策略加以分析，即分析说话者采用了哪些词语来描述被言说的对象。第二，对特定话语形式所采用的陈述模式进行分析。分析说话者采用了哪些陈述模式来陈述他要陈述的内容。第三，对说话者采用的修辞策略进行分析。分析说话者采用了哪些修辞（腔调、节奏、省略、重复、语词或句子的先后次序、排比和比喻等手段的运用以及对权威话语或相关文献的引用方式等）手段来进行言说，通过这些修辞手段，他试图突出或强调什么。[②]

我们之所以选取《最高人民法院工作报告》中的政治话语作分析对象，主要是基于以下几个方面的考虑。第一，《最高人民法院工作报告》中的政治话语表达更具严谨性。最高人民法院工作报告制度充分体现了最高人民法院向人民负责、接受人民监督的精神，其报告的对象是全国人大代表和全国政协委员，并接受全国人大代表的投票评价。这种外在监督必然要求最高人民法院工作报告中的政治话语表达具有客观性和严谨性。第二，自 1979 年恢复最高人民法院工作报告制度以来，该项制度就一直未中断。因此，最高人民法院工作报告中的政治话语表达具有一定的连贯性，这有利于我们全面地把握最高人民法院的话语变迁。第三，选取《最高人民法院工作报告》中的政治话语也与本章所要解决的主要问题有直接关联。本书之前提到，试图脱离政治的司法独立只能是一种空想，我们提出司法独立的前提是充分地认识中国司法的意蕴是如何随着中国政治意蕴的变迁而变迁的，以及在这种变迁过程中司法意蕴存在的缺陷与不足。通过分析 1980～2015 年这三十六年来《最高人民法院工作报告》中的政治话语在描述策略、陈述模式以及修辞策略等方面发生的变化可以直接达到上述目标。

在此，需要强调的是，政治话语与意识形态是既有区别又有联系的一对概念范畴。按照德里克的理解，意识形态是“一种表达阶级利益或其他社会利益的系统的观念体系”，而政治话语更多是“思考和谈论事物的一种方式，对作为

① 郑也夫：《礼语・咒词・官腔・黑话》，光明日报出版社 1993 年版，第 5 页。

② 参见谢立中：《多元话语分析：社会分析模式的新尝试》，载《社会》2010 年第 2 期。

一个整体的社会来说是司空见惯的，在最基本的日常语言和文化层面也是明显的”[①]。因此，“政治话语可以看作是从作为完整的观念体系的意识形态向日常生活、语言的渗透过程，在这个过程中，‘不同的社会集团试图使话语与他们自己的生活和利益方式相一致’”[②]。学理上的厘清并不意味着这两个概念在现实把握过程中就能够泾渭分明，因此，我们有时将这两个基本概念混同使用。另外，为了进一步证明我们的结论，后文将分析历年《最高人民法院工作报告》中有关法院公共政策形成功能方面的表述，从而与前几部分通过工作报告描述策略、陈述模式以及修辞策略进行透视得出的有关人民法院发展与政治发展关系的认识进行呼应。

二、最高法院工作报告概览

我国《五四宪法》《七五宪法》《七八宪法》都规定了最高人民法院应当向全国人民代表大会及其常委会报告工作。《八二宪法》规定“最高人民法院对全国人民代表大会和全国人民代表大会常务委员会负责”，而没有规定“并报告工作”。然而，1983 年修订后的《人民法院组织法》却重申：“最高人民法院对全国人民代表大会和全国人民代表大会常务委员会负责并报告工作。”[③]由于各方面的原因，最高人民法院的工作报告制度曾一度中断。1979 年 6 月 27 日，最高人民法院院长江华向五届全国人大二次会议作了最高人民法院工作报告。自此，最高人民法院的工作报告制度得到了恢复。

在 1980～2014 这三十五年里，共有六任院长作过最高人民法院工作报告。他们依次是江华、郑天翔、任建新、肖扬、王胜俊、周强(详见表 5-1)。就报告作出的时间而言，在江华任院长期间，报告日期波动较大。到了郑天翔任院长的时候，最高人民法院进行工作报告的时间相对固定下来，主要集中在 4 月上旬。自任建新任院长之后，报告时间从 4 月改到了 3 月，并集中在 3 月 10～15 日之间。这种报告时间的变化及其相对固定化从侧面反映中国人民代表大会制度的日趋完善。就报告的字数而言，1980 年、1981 年、1982 年的字数较少，其原因主要在于中国正处于法院恢复重建阶段，法律方面的事务主要集中于“拨乱反

---

① [美]阿里夫·德里克：《中国革命中的无政府主义》，孙宜学译，广西师范大学出版社 2006 年版，第 35 页。

② 徐伟光：《现代中国政治话语的范式转换》，复旦大学博士学位论文，2006 年，第 5 页。

③ 转引自左卫民等：《最高法院研究》，法律出版社 2004 年版，第 219～220 页。

正”和清算“四人帮”的罪行以及其他的刑事犯罪，而民事、经济纠纷所占比重小。到了 1983 年，报告的字数有了大幅度的提高，并且自此以后，除了 1984 年、1985 年和 2013 年外，其余年度的工作报告的字数都保持在 8000 字以上，最多时达到 14386 字。

表 5-1　　《最高人民法院工作报告》基本情况

报告时间	院长	字数	报告时间	院长	字数
1980 年 9 月 2 日	江华	3376	1998 年 3 月 10 日	任建新	11945
1981 年 12 月 7 日	江华	3713	1999 年 3 月 10 日	肖扬	12584
1982 年 12 月 6 日	江华	4886	2000 年 3 月 10 日	肖扬	11714
1983 年 6 月 7 日	江华	7619	2001 年 3 月 10 日	肖扬	10275
1984 年 5 月 26 日	郑天翔	6228	2002 年 3 月 11 日	肖扬	8304
1985 年 4 月 3 日	郑天翔	6031	2003 年 3 月 11 日	肖扬	8796
1986 年 4 月 8 日	郑天翔	10591	2004 年 3 月 10 日	肖扬	9255
1987 年 4 月 6 日	郑天翔	8279	2005 年 3 月 9 日	肖扬	9523
1988 年 4 月 1 日	郑天翔	11948	2006 年 3 月 11 日	肖扬	10003
1989 年 3 月 29 日	任建新	12041	2007 年 3 月 13 日	肖扬	9698
1990 年 3 月 29 日	任建新	12922	2008 年 3 月 10 日	肖扬	9608
1991 年 4 月 3 日	任建新	10730	2009 年 3 月 10 日	王胜俊	9727
1992 年 3 月 28 日	任建新	8860	2010 年 3 月 11 日	王胜俊	10279
1993 年 3 月 22 日	任建新	11199	2011 年 3 月 21 日	王胜俊	11324
1994 年 3 月 15 日	任建新	10742	2012 年 3 月 1 日	王胜俊	8089
1995 年 3 月 13 日	任建新	10309	2013 年 3 月 10 日	王胜俊	7584
1996 年 3 月 12 日	任建新	11927	2014 年 3 月 11 日	周强	14386
1997 年 3 月 11 日	任建新	10651			

就工作报告的具体内容而言，它主要包括这样几个部分的内容：(1)对人民代表大会提案报告和政府工作报告的看法；(2)执行全国人民代表大会及其常委会决议的情况汇报；(3)过去一年(或五年)工作重点的汇报；(4)过去一年(或五年)工作存在的问题；(5)今后工作的重点。但是，值得注意的有以下两点：其一，1985 年郑天翔院长在第六届全国人民代表大会第三次会议上所作的工作报

告去掉了“对人民代表大会提案报告和政府工作报告的看法”这一部分。自此以后，历次的工作报告均无此内容。其二，从2000年的工作报告开始，最高人民法院的工作报告主要报告的是最高法院的工作，而不再报告整个法院系统的工作。在2000年以前，历次报告的开头或是使用“我将人民法院××年的主要工作情况和今年的工作安排向大会报告”，或是使用“现将第×届全国人民代表大会期间人民法院工作的主要情况和今后工作的意见报告如下”等语词，但是，到2000年，肖扬院长在开头使用了“我代表最高人民法院向大会作工作报告”，并且这一提法一直沿袭下来，而且在具体的行文过程中，也着重从最高人民法院自身来进行展开。

第二节　转型期人民法院政治话语的转变

尽管转型期人民法院的改革愈来愈强调权利的重要性，人民法院的政治话语的描述策略、陈述策略、修辞策略等发生了一定的转变，但是，中国司法系统对政治系统的依附性并没有发生变化。

一、话语描述策略的转变

描述策略是我们对话语进行分析的一个最为基本的单位。它能够便于我们在直观上对话语进行把握。所谓描述策略，是指言说者采取了哪些语词来描述被言说的对象。在谢立中看来，任何一个被描述的对象都是一个有关此对象的话语系统，采用何种名词来描述所要言说的对象受到一整套理念和价值观的影响。[①] 因此，当用语词来描述政治的时候，固有的政治意识形态和政治观念会迫使言说者使用哪些语词、回避哪些语词。就《最高人民法院工作报告》中政治话语中所选取的描述策略而言，它主要呈现出以下几个方面的转变趋势：

第一，一些对中国社会发展以及最高人民法院具有方向指引的词语仍然保持高频的态势。这些关键性的词语主要有“社会主义”“资产阶级”“党”“群众”等。

首先，“社会主义”在最高人民法院工作报告中属于一个高频词汇。特别是在从1990～1998年这九年间的《最高人民法院工作报告》中，“社会主义”这一词汇出现的频率都在16次以上，而且1990年是一个拐点。之所以在1990年

---

① 参见谢立中：《多元话语分析：社会分析模式的新尝试》，载《社会》2010年第2期。

会出现拐点，是因为自从党的十一届三中全会以来，中国经济得到了迅速发展，人们生活水平得到了提高，但东欧剧变与苏联解体对全球的社会主义事业造成了巨大冲击，坚持社会主义发展方向成为各项工作的重心，在理论上对社会主义与市场经济的关系作出说明成为绕不过去的问题。特别是1996年11月20日，深圳市委书记厉有为在中央党校学习期间写的一篇题为《关于所有制问题的思考》的文章，于1997年在国内引起了不小的反响，激起了一场关于"姓资""姓社"的争论，并演变成了关于改革方向的上纲上线的讨论。直至1997年党的十五大作出明确表态后，这场争论才逐渐平息。社会主义市场经济体制深入人心，到1999年，"社会主义"这一词汇在《最高人民法院工作报告》中又出现了一次拐点。但是，这次拐点并不意味着社会主义在中国司法体制以及司法活动中并不重要，而是意味着坚持社会主义道路成为中国司法体制和司法活动中必须遵循的一个常识，中国司法体制与司法活动体现社会主义这一本质特征已经为整个法院系统所接受。

其次，在一年一度的《最高人民法院工作报告》中，"党""群众"等词语出现的频次也较高。据统计，1980～2014年，"党"总共出现了451次。其中，涉及中国共产党的有403次，涉及民主党派的有26次，涉及无党派的有23次。坚持中国共产党的领导是人民法院系统的一贯宗旨，但是，如何处理中国共产党的领导与人民法院具体司法活动的关系也一直是困扰中国司法体制的一个重要问题。学者们倾向于通过司法改革的方式来使两者统一起来，1997年党的十五大指出"推进司法改革，从制度上保证司法机关独立公正地行使审判权和检察权"，司法改革首次以党的纲领性文件被确认。[①] 在这一精神的指引下，1999年最高人民法院制定了《人民法院五年改革的纲要》，提出了"公开审判原则""党管干部原则"等。[②] 2007年，胡锦涛在全国政法工作会议代表和全国大法官、大检察官进行座谈时指出，"始终坚持党的事业至上、人民利益至上、宪法法律至上，切实承担起带领广大法官、检察官和其他工作人员保障科学发展、促进社会

① 参见张文显：《人民法院司法改革的基本理论与实践进程》，载《法制与社会发展》2009年第3期。

② 1999年，最高人民法院制定了《人民法院五年改革的纲要》。《纲要》进一步明确了人民法院改革的基本任务和必须实现的具体目标是："以落实公开审判原则为主要内容，进一步深化审判方式改革；以强化合议庭和法官职责为重点，建立符合审判工作特点和规律的审判管理机制；以加强审判工作为中心，改革法院内设机构，使审判人员和司法行政人员的力量得到合理配备；坚持党管干部的原则，进一步深化法院人事管理制度的改革，建立一支政治强、业务精、作风好的法官队伍；加强法院办公现代化建设，提高审判工作效率和管理水平；健全各项监督机制，保障司法人员的公正、廉洁；对法院的组织体系、法院干部管理体制、法院经费管理体制等改革进行积极探索，为实现人民法院改革总体目标奠定基础。"

和谐的历史使命和政治责任，为建设公正高效权威的社会主义司法制度而不懈努力。”胡锦涛同志的“三个至上”思想推动了党的领导与具体司法活动关系向纵深推进。由此可见，一方面，中国司法改革得到了中国共产党的大力推进；另一方面，中国司法制度的发展必须在中国共产党的领导下不断完善党的领导与司法系统之间的关系，而绝非割断二者之间的关系。这也是“党”成为历年《最高人民法院工作报告》高频词汇的重要原因之一。

再次，在这35年间，最高人民法院工作报告提到“群众”一词共计337次，而且“群众”出现频次在2008年以后的工作报告中呈现稳步上升的趋势。从司法改革的发展历程来看，它源于1991年七届人大四次会议通过的《民事诉讼法》所确立的“谁主张谁举证”的证据规则。这种举证责任分担的变化进一步引起了庭审方式和诉讼制度的变革，进而推动了审判方式的改革。这种改革具有精英化与职业化的倾向。它导致中国司法系统对“民粹因素”的态度摆脱不定。因此，1992～2003年的最高人民法院工作报告对于“群众”一词的使用呈现出一定的上下波动。自2003年以后，“群众”一词在最高人民法院工作报告中呈现一个稳步上升的趋势。

第二，一些具有革命性色彩的政治词语从《最高人民法院工作报告》中淡化出去。这些词语主要包括“左”“右”“法西斯”“专政”“敌人”“革命”等。“1978年中共中央十一届三中全会果断地否定了持续20多年的‘以阶级斗争为纲’的错误路线，作出了把工作重点转移到社会主义现代化建设上来的战略决策。”[①]这也就意味着中国社会的主要矛盾不再是敌我之间的矛盾，而是人民群众内部的矛盾。过去处理敌我矛盾的那一套方式已经难以适应新的社会形势。因此，“左”“右”“法西斯”“专政”“敌人”“革命”等革命性的政治词语在《最高人民法院工作报告》中所占比重愈来愈小。但是，这些词语完全从《最高人民法院工作报告》中淡出则是在1993年以后。

第三，一些对人民法院司法活动具有具体指导意义的微观性词语持续存在。例如“方针”一词在这31年间共出现了124次。就这124次而言，它们所指的对象还是具有一定的抽象性，基本上和政策具有相同的内涵与外延，而对司法活动具有具体指导意义的方针主要有“严打”等。“严打”是我国刑事司法活动的一个长期方针，因此，“严打”几乎在每一年度的《最高人民法院工作报告》中都要提到。但是，据学者们研究，这31年的“严打”在理念上还是发生了

---

① 张文显：《法哲学范畴研究》，中国政法大学出版社2001年版，第378页。

一定的变化。在1983年的“严打”的过程中，国家基本上是在“消灭犯罪”的理念指导下将“严打”定位为“争取社会治安根本好转”。1985年，国家将“严打”目标修改为“争取社会治安明显好转”。1991年，随着对犯罪科学和犯罪规律认识的不断深入，国家意识到不可能依靠“严打”消灭犯罪，而只能控制犯罪，于是提出了较为科学的“严打”目标：“社会稳定，重大恶性案件和多发性案件得到控制并逐步有所下降，社会丑恶现象大大减少，治安混乱的地区和单位的面貌彻底改观，治安秩序良好，群众有安全感。”到2001年，有关部门确定的“严打”目标是：“通过采取一系列行之有效的措施，努力减少、限制犯罪发生的基本社会条件，把犯罪控制在一定的范围和程度之内，不使其蔓延、泛滥，从而为经济和社会的发展提供一个相对稳定的社会环境。”①

表5-2　　历年来《最高人民法院工作报告》描述对象频次表

年份	社会主义	资产阶级	法西斯	左	右	政治	专政	方针	群众	敌人	党	革命
1980	9	0	2	3	7	3	2	0	2	1	0	9
1981	1	0	0	0	0	1	1	4	6	0	2	4
1982	10	0	0	0	0	3	2	3	5	0	1	2
1983	17	0	0	2	1	12	1	2	16	1	10	24
1984	22	1	0	1	1	2	7	4	16	1	5	3
1985	14	0	0	1	1	1	0	3	11	0	1	0
1986	28	3	0	2	2	8	6	7	10	0	29	4
1987	25	4	0	0	0	3	2	7	7	0	16	0
1988	23	2	0	0	0	5	3	10	4	0	20	1
1989	7	0	0	0	0	3	1	5	1	0	8	0
1990	15	3	0	0	0	16	5	8	20	0	19	6
1991	24	1	0	0	0	3	5	4	17	0	20	1
1992	11	1	0	0	0	5	3	4	4	0	8	1

① 何挺：《“严打”刑事政策研究》，中国政法大学博士学位论文，2008年，第96～98页。

续表

年份	社会主义	资产阶级	法西斯	左	右	政治	专政	方针	群众	敌人	党	革命
1993	15	0	0	0	0	3	2	4	6	0	11	1
1994	14	0	0	0	0	2	0	4	11	0	11	0
1995	14	0	0	0	0	4	0	3	13	0	5	0
1996	15	0	0	0	0	8	0	9	9	0	14	0
1997	20	0	0	0	0	6	0	7	9	0	14	0
1998	18	0	0	0	0	6	0	7	11	0	12	0
1999	8	0	0	0	0	2	0	0	8	0	23	0
2000	5	0	0	0	0	8	0	2	15	0	25	0
2001	1	0	0	0	0	8	0	3	15	0	14	0
2002	1	0	0	0	0	1	0	3	9	0	10	0
2003	4	0	0	0	0	5	0	4	7	0	17	0
2004	6	0	0	0	0	2	0	1	16	0	6	0
2005	4	0	0	0	0	5	0	3	17	0	13	0
2006	9	0	0	0	0	5	0	4	25	0	8	0
2007	15	0	0	0	0	2	0	2	11	0	11	0
2008	16	0	0	0	0	3	0	7	10	0	14	0
2009	9	0	0	0	0	4	0	0	27	0	17	0
2010	5	0	0	0	0	1	0	1	11	0	17	0
2011	6	0	0	0	0	1	0	0	33	0	15	0
2012	6	0	0	0	0	2	0	0	14	0	8	0
2013	5	0	0	0	0	3	0	1	26	0	15	0
2014	9	0	0	0	0	4	0	0	46	0	31	0

二、话语陈述模式的转变

从语法的角度上讲，仅有对象描述策略并不能够清晰地表达其所要表达的意思，它还必须依托一定的陈述模式。因此，一个完整的句子必须包括对象描述策略与陈述模式两部分。下面主要从陈述模式的角度分析最高人民法院历年来的工作报告中政治话语的转变。具体来讲，最高人民法院采取了以下几种陈述模式。

1. 映射型的陈述模式

映射型的陈述模式是指在陈述过程中将其他主体言说的话语直接映射到自己的言说话语中。这种陈述模式最大的特点就是言说者对于作为映射的对象而存在的话语保持一种直接反应的态度。在最高人民法院历年来的工作报告中，这种映射型陈述模式主要体现在以下三个方面：

（1）对政策、方针的映射。例如，从1981年开始，大多数年份的工作报告在开头都会提出"按照党和国家的方针、政策，按照国家的法律、法令，独立行使审判权，审判了大批刑事案件、民事案件和一批经济案件，处理了大量的申诉案件"等字样。但是，对于法律与政策、法律与方针的关系的理解却随着社会主义市场经济体制的日趋完善而发生了一定的变迁。具体而言，随着经济体制逐步从计划经济向社会主义市场经济转变，政治体制逐步朝向社会主义民主政治方向发展，法律在经济生活与政治生活中的作用愈来愈大。相应地，中国也从强调主要依靠政策过渡到既强调依靠政策也强调依靠法律，并进一步过渡到强调主要依靠法律。[①]

（2）对某些纲领性文件的映射。这些纲领性文件对最高人民法院的工作报告的行文与措辞具有方向性的指引性作用。历次工作报告在结束时都会对这一时期的纲领性文件进行映射，例如工作报告会采用"坚持以邓小平同志建设有中国特色社会主义的理论和党的基本路线""高举邓小平理论伟大旗帜""在党的十五大精神指引下"等。到了1999年，报告不但在结尾对这些纲领性文件进行映射，而且在工作报告的开头也映射了这些内容。

（3）对突发事件的映射。例如，2009年《最高人民法院工作报告》中指出，"努力应对突发公共事件，积极参与奥运安保工作。针对南方部分地区严重低温雨雪冰冻灾害、'5·12'四川汶川特大地震灾害和'婴幼儿奶粉'等突发公共事件，及时制定司法应对措施，向有关部门提出司法建议，主动配合做好救灾、灾后恢复重建和事件处理工作。"2010年指出，"高度重视拉萨'3·14'事件、乌鲁木齐'7·5'事件所涉刑事犯罪案件的审判工作，坚持打击极少数，团结、教育、争取大多数，指导相关法院严格依法办案，重事实、重证据，实现办案法律效

① 参见张文显主编：《法理学》，高等教育出版社、北京大学出版社1999年版，第383页。

果和社会效果的统一。”

2. 客观直陈的陈述模式

所谓客观直陈的陈述模式，是指言话者以一种客观的、现实的和肯定的语气对被陈述的对象进行陈述。最高人民法院的工作报告运用了大量的客观直陈的陈述模式。具体而言，这种陈述模式主要包括以下几种：

(1)例证的陈述模式。例如，1980 年和 1983 年的工作报告都提到“大量的生动的事例说明，复查纠正冤假错案，是对林彪、‘四人帮’封建法西斯专政的有力揭露和控诉，是贯彻执行中共中央政治路线的重要组成部分，对于治愈十年浩劫给人民造成的巨大创伤，对于促进安定团结、调动一切积极因素、同心同德搞四化，都发挥了积极的作用”。1997 年的工作报告说：“事实证明，党中央、全国人大常委会确定开展严厉打击严重危害社会治安的犯罪活动，对严重刑事犯罪分子执行依法从重从快的方针，是完全正确的。”通过“大量的生动的事例说明”“事实证明”“实践证明”等词语的运用，最高人民法院所陈述的所有这些内容都是一种已经得到确认因而无需再加以甄别的给定性事实，并且读者依据这种陈述模式不知不觉地也被纳入到陈述主体之中；更给读者以这样一种信息，即只要你愿意且有条件去观察，你就能够观察到这些事实，从而进一步强化了所述内容的可靠性。[①]

(2)以“是”为动词的陈述句式的大量运用。例如 1987 年的工作报告说：“这是在党中央的领导下，在全国人大常委会的监督和支持下，在各级党委的领导和支持下，在广大人民群众的支持下，政法各部门密切配合，旗帜鲜明地坚持四项基本原则，坚持人民民主专政所取得的巨大胜利。”2008 年的工作报告指出：“人民法院工作取得的上述成绩，是以胡锦涛同志为总书记的党中央正确领导的结果，是全体人大及其常委会有力监督的结果，也是地方各级党委、人大、政府、政协、社会各界和广大人民群众积极支持的结果。”

3. 辩证的陈述模式

辩证思维模式是中国人的一种重要思维模式，它要求人们全面地看待社会现象。最高人民法院的工作报告也大量地运作了辩证的陈述模式。其最为典型的体现就是：“在看到成绩的同时，我们也得清醒地认识到，当前人民群众日益增长的司法需求与人民法院司法能力相对不足的矛盾仍然较为突出。”“一年来，打击经济犯罪的斗争虽然取得了明显成效，但还存在一些问题。”如此等等。

---

① 参见谢立中：《多元话语分析：以社会分层研究为例》，载《社会学研究》2008 年第 1 期。

这种辩证的陈述模式充分地说明最高人民法院在肯定成绩的同时，也不回避问题。我们从这种辩证的陈述模式中不难发现，最高人民法院极为强调中国既有的政治体制与政治架构对中国法律发展，特别是司法发展的重要意义。但是，最高人民法院并没有在报告中分析中国政治体制与政治架构存在的问题对中国法律发展与司法发展可能造成的掣肘，也没有分析如何通过法律制度和司法制度的发展来推动中国民主政治体制的发展。因此，这也从另一个侧面说明中国司法制度的发展与中国政治发展形成了一种“路径依赖”。

从整体上讲，最高人民法院工作报告中政治话语陈述模式的变迁体现出以下几个方面的特点：

第一，映射型的陈述模式内部偏向在各个时期有所不同。中国社会现在正处于一个社会转型期。在这个转型过程中，各种社会矛盾不断出现，这给中国法律以及中国司法不断提出了新的要求，因此，中国法律以及司法必须应对各种社会矛盾带来的冲击。在中国实行司法改革之初，中国司法试图走一条精英化、职业化、独立化的道路，因此，这一时期的工作报告主要映射的是抽象的政策与方针和纲领性文件。但是，人民法院对具体的突发事件缺乏高度关注。这种突发性事件与中国的政策与方针和纲领性文件相违背，因此，高度重视突发性事件是中国法律与司法实现从“抽象法治”到“具体法治”的重要内容。这种转变最为直接的体现就是王胜俊在2010年的《最高人民法院工作报告》中提出了“能动司法”的基本理念。

第二，客观直陈的陈述模式在最高人民法院工作报告愈来愈得到强化。在1980年代前半期，最高人民法院工作报告尽管采用了大量客观直陈的陈述模式，但是也存在一些感性化的陈述模式。例如，1980年的工作报告指出：“由于林彪、‘四人帮’蓄意颠倒敌我关系，人为地制造阶级斗争，大搞阶级斗争扩大化，以致刑事审判工作严重地夸大了敌情，把大量的人民内部问题当作敌我问题处理，用‘恶毒攻击’的罪名随意捕人判人，把许多革命干部、知识分子和人民群众当作反革命判刑。”到后来，最高人民法院工作报告所采取的陈述模式愈来愈强调客观性、理性化，而将一些感性化的词语排除出去，从而达到客观陈述、科学陈述的目的。

第三，最高人民法院工作报告承担着回顾与反思两种功能，因此，辩证的陈述模式仍然是最高人民法院的一种重要陈述模式。但是，由于受制于中国司法制度对政治体制与政治架构的路径依赖，最高人民法院的工作报告在近期内仍然不会出现通过法律制度和司法制度的发展来推动中国民主政治体制的发展之内容。

三、话语修辞策略的变迁

对修辞策略进行研究是话语分析的一个重要内容，其强调通过对言说者所使用话语的感情色彩进行分析来把握言说者内在的想法。最高人民法院工作报告中也运用了一些修辞性的词汇，这些词汇真实地记载了最高人民法院对政治、法律以及社会纠纷的认识，并且最高人民法院在各个不同时期所使用的修辞词汇也发生了一些变化。这种修辞策略的变化充分说明了最高人民法院对政治、法律以及社会纠纷的认识发生了一定的变化。具体而言，主要体现在以下几个方面：

第一，加强法律运作过程中的政治意识形态的控制是中国司法得到健康发展的一个前提。最高人民法院工作报告一再强调要坚持党的路线，并从1997年起，最高人民法院在工作报告提出法院系统要高举邓小平建设有中国特色社会主义理论的伟大旗帜。2004年，最高人民法院在工作报告中又提出了要高举邓小平理论和“三个代表”重要思想伟大旗帜。2009年，最高人民法院在工作报告中提出要高举中国特色社会主义伟大旗帜。这些话语所采用的修辞词汇是“高举”“坚持”等，这一方面指明了中国司法系统进一步发展的方向，另一方面也说明了政治意识形态向法院系统的“侵渗”。这在事实上进一步证明中国司法系统是政治体制架构之中的一部分，它必须充分体现出“中国特色社会主义”这一性质，并在具体的法律运作以及法院系统内部承担起实现中国特色社会主义的政治功能。因此，中国司法体制并不是游离于政治体制之外的。而且，它也不可能游离于政治体制之外，因为中国司法体制和司法制度的发展并非是一个“自生自发”的发展过程，而是一个“自上而下”的预先设定了方向的发展过程。但是必须指出的是，这种政治意识形态的控制并不是个案上的意识形态的控制，而是整体性的，因此，最高人民法院在工作报告上对这些政治意识形态采取的是在开头与结尾进行整体性映射的陈述模式，而在有关具体业务方面的陈述中，最高人民法院映射到的政治意识形态较少。

第二，激情式的政治话语向平和的、理性的政治话语转变。从最高人民法院使用的语词来看，“斗争”是一个高频词汇。尽管它可以充当名词(如“一场斗争”)，也可以作动词(如“斗争到底”)，但是，该词具体强调的是感情色彩，因此用不用“斗争”一词本身就充分体现了最高人民法院的修辞策略。从1980～2010年看，1998年是一个重要的转折点。1997年时“斗争”出现的频次有20次之多，到1998年其出现频次下降到8次，并且自此以后“斗争”出现的频次持续下降。这种下降趋势反映了最高人民法院对法律纠纷和社会所发生的冲突逐步秉持一种平和的心态。①

第三，道德化的话语向法律化的话语转变。道德思维方式与法律思维方式的区别是："道德思维方式的重心在于善与恶的评价，那么，法律思维方式的重心则在于合法性的分析，即围绕合法与非法来思考和判断一切有争议的行为、主张、利益和关系。"②"丑恶"与"合法"两种修辞策略分别对应了这两种思维方式。1984～1997年，绝大多数的工作报告都使用到了"丑恶"这一修辞词汇。如1987年《最高人民法院工作报告》指出："婚姻家庭纠纷案件很多，因道德败坏引起的离婚相当多"，"旧社会和资本主义世界的一些丑恶现象在不少地方蔓延"，等等。1997年以后，"丑恶"这一语词再也没有在最高人民法院工作报告中出现。而"合法"这一词汇在历次最高人民法院工作报告中都是一个高频词汇。这主要是我国自1980年代开始重视法制建设的结果。

第四，对法律严厉性、严肃性的强调是最高人民法院一贯保持的立场。尽管最高人民法院对法律纠纷和社会所发生的冲突逐步秉持一种平和的心态，但是，法律的严肃性与严厉性是中国司法系统一直追求的目标之一。具体而言，最高人民法院使用了"狠抓""狠狠地""严重地""严肃地""严厉地""决不"等修辞词汇。这一方面说明最高人民法院努力提高中国法治水平的决心，另一方面也反应了最高人民法院对法律秉持一种工具主义态度，而对法律所具有的阴柔与温美一面的忽视。

表5-3　　历年来《最高人民法院工作报告》修辞词汇频次表

年份	高度	狠	高举	坚持	严	决不	丑恶	绝对	合法	斗争
1980	0	0	0	6	8	1	0	0	1	6
1981	0	0	0	2	8	0	0	0	5	0
1982	2	0	0	5	25	0	0	0	1	6

① 姚建宗教授认为："真正的法治所极其需要的是温和的渐进改良与常人情感和常人关怀，因为只有在稳定的和平的社会环境之中真正的法治才会逐步前行。"（参见姚建宗：《法治的生态环境》，山东人民出版社2003年版，第252页）其实，从人犯过错的角度来看："对于具体一个人来说，过错或许有些偶然，但相对整个社会来说，过错却是必然，因为人犯错误是一种客观存在。"（参见彭诚信：《民事责任现代归责原则的确立》，载《法制与社会发展》2001年第2期）

② 郑成良：《论法治理念与法律思维》，载《吉林大学社会科学学报》2000年第4期。

续表

年份	高度	狠	高举	坚持	严	决不	丑恶	绝对	合法	斗争
1983	0	0	0	11	23	0	0	0	3	5
1984	4	2	0	10	53	8	1	0	4	21
1985	2	2	0	4	45	1	0	1	4	5
1986	4	4	0	19	87	1	2	0	8	13
1987	2	1	0	15	60	1	1	0	7	11
1988	0	0	0	22	61	1	2	0	7	5
1989	0	0	0	11	31	0	1	0	6	3
1990	0	0	0	18	46	2	1	0	8	9
1991	0	0	0	11	53	2	1	0	11	6
1992	0	0	0	14	53	0	0	0	15	11
1993	0	0	0	15	40	1	1	0	7	7
1994	1	2	0	17	50	0	1	0	11	17
1995	0	5	0	7	56	0	0	0	17	12
1996	1	1	0	16	56	1	0	0	20	13
1997	4	6	1	11	75	0	2	0	15	20
1998	1	2	2	20	57	1	0	0	25	8
1999	1	1	0	8	38	1	0	0	7	5
2000	3	1	1	7	55	4	0	0	12	4
2001	1	0	1	5	48	3	0	0	17	0
2002	1	1	1	7	37	0	0	0	13	3
2003	2	0	1	12	23	0	0	0	11	2
2004	1	2	0	9	21	0	0	0	16	0
2005	1	3	1	8	33	0	0	0	14	1
2006	0	0	1	5	24	0	0	0	8	0
2007	2	0	1	4	16	2	0	0	17	1
2008	5	1	1	24	29	0	0	0	15	0

续表

年份	高度	狠	高举	坚持	严	决不	丑恶	绝对	合法	斗争
2009	9	1	1	17	22	1	0	0	6	1
2010	9	2	1	11	20	1	0	0	8	2
2011	6	0	1	10	28	0	0	0	14	2
2012	3	0	1	10	14	0	0	0	13	1
2013	2	0	1	15	20	0	0	0	12	2
2014	6	0	3	17	42	4	0	0	0	1

第三节　转型期人民法院司法手段的转变

为了应对社会转型，人民法院一方面通过日常话语中对政治话语的强调来要求其承担相应的政治功能，另一方面人民法院也不断通过司法手段的转变来回应社会的转型。为了分析的便利，我们通过考察调解与诉讼关系的变化来揭示权利取向的司法转型需要履行的政治使命。

一、人民法院司法手段转变的阶段

1. 着重调解阶段（1982～1990）

随着拨乱反正、依法审判林彪、江青反革命集团案的结束，工作重心发生了转移，中国社会主义民主得到了恢复和发展，社会主义法制正在逐步健全。[①]《民事诉讼法（试行）》也在这种大背景下孕育而生。1982年《民事诉讼法（试行）》规定："人民法院审理民事案件，应当着重进行调解，调解无效的，应当及时判决"。为了使这一原则更具操作性，该法在第十章第四节中对调解作了较为详细的规定。《民事诉讼法（试行）》的规定在1983年的《最高人民法院工作报告》中得到了体现。该年工作报告一方面强调各级人民法院贯彻着重调解原则所取得的巨大成绩；另一方面也强调进一步贯彻这一原则应当采取的方式，即加强了对人民调解委员会的业务指导。报告提出：在查明事实、分清是非、明确

① 江华院长1983年6月7日在第六届全国人民代表大会第一次会议上所作的《最高人民法院工作报告》。

责任的基础上，对能够调解的，尽量进行调解；实在调解无效的，才予以判决。1984 年的工作报告从加强调解组织建设的角度说明了如何贯彻着重调解原则。1985 年的工作报告从社会治理的角度说明了人民法院要正确调解处理人民内部纠纷，加强对人民调解委员会的业务指导，努力把纠纷解决在萌芽状态中，减少或消除不安定因素。该工作报告还强调人民法院发扬人民司法工作的优良传统，坚持走群众路线和着重调解的原则在处理民事纠纷过程中的重要性。1986 年的工作报告指出，上年度大量的经济纠纷是由行政部门、经济管理部门和有关各方面调解解决的，基层人民法院及人民法庭在调解中起到了重要作用。该工作报告还提出调解要做到是非分明，责任清楚，必须坚持合法、自愿，并有效地执行。1987 年的工作报告总结了调解所存在的问题，即人民法院或人民法庭对有些纠纷的调解工作指导不力，致使有些调解结案的是非没有分清，责任没有分明，违背了合法、自愿的原则。1988 年的工作报告从防止矛盾激化的角度强调了调解的重要性。该报告指出："从法院来说，我们强调要把防止矛盾激化摆在重要的日程上来，要主动与其他组织密切配合，进行深入细致的调查研究，把工作做到前头，及时教育、疏导、调解，该判决的就及时判决，并且把执法和宣传法制密切结合。"[①]同时，"该判决的就及时判决"这一原则首次出现在最高人民法院的工作报告之中。是年召开的全国第 14 次审判工作会议正式启动了民事审判方式改革。在这次会议上，作为审判方式改革的"中心工作"，主要包括强调当事人的举证责任、调整调解与判决的相互关系等等事项。[②] 这也就意味着最高法院对于调解制度本身的认识已经发生了一定的改变，但是，这种改变并没有产生那么显著的后果。因此，"调解"二字在最高人民法院工作报告中出现的频次并没立即降下来，而是持续到 1991 年《民事诉讼法》的出台。全国人民代表大会以立法的形式将"该调则调，当判则判"这一原则确定下来。随之，"调解"二字在最高人民法院的工作报告中出现的频次持续走低。1989 年的工作报告强调改革开放的新形势对调解工作提出了新要求，这种新形势要求人民法院加强对人民调解委员会的业务指导，健全调解委员会的组织建设，加强民间调处群众纠纷的工作。1990 年的工作报告指出："为了适应社会主义有计划商品经济的发展，民事、经济纠纷案件大幅度上升的需要，各级人民法院加

---

① 郑天翔院长 1988 年 4 月 1 日在第七届全国人民代表大会第一次会议上所作的《最高人民法院工作报告》。

② 参见张卫平：《诉讼调解：时下势态的分析与思考》，载《法学》2007 年第 5 期。

强和改进了调解工作。有的法院积极进行了由法院主持的庭前调解工作的试验。只要当事人双方自愿接受调解，争议的事实清楚，是非、责任分明，就可以依法由法院直接进行调解。”[①]

通过对着重调解阶段历年工作报告有关“调解”话语的表述进行梳理，我们不难发现这一时期的调解话语具有以下几个方面的特点：

首先，这一阶段的调解极为强调坚持走群众路线。所谓“群众路线”，是指坚持“从群众中来，到群众中去”。毛泽东同志在《镇压反革命必须实行党的群众路线》一文中，对“群众路线”作了精辟的论述。他认为：“党委领导，全党动员，群众动员，吸收各民主党派及各界人士参加，统一行动，严格地进行宣传教育工作（召开各种代表会，干部会，座谈会，群众会，在会上举行苦主控诉，做到家喻户晓，人人明白），打破关门主义和神秘主义，坚决地反对草率从事的倾向。”[②]这种群众路线，主要体现在人民调解委员会和民间力量也是进行案件调解的主体，并且各级法院成立调解中心，将调解贯穿于诉前、庭审、庭中、庭后各个阶段。

其次，强调人民法院或人民法庭在调解工作中的指导作用。在中国的政治架构中，人民法院始终是作为国家权力的象征而存在，人民法院对调解工作的指导也就意味着，国家权力始终试图控制非正式制度的发展。

最后，“着重调解”在本质上体现了处理人民内部矛盾的基本方法。[③] 最高人民法院认为，社会纠纷特别是民事纠纷，是人民内部矛盾的一种具体形态。“一般说来，人民内部的矛盾，是在人民利益根本一致的基础上的矛盾。”[④]因此，在处理方式上不能采取命令主义态度和强制手段，而是应当采取民主教育的方式。[⑤] 而调解方式具有民主和教育两个方面的因素。最高人民法院时任副院长唐德华在回顾和评价 1982 年《民事诉讼法（试行）》第 6 条时，明确指出：“在民事诉讼中坚持这项原则，是由民事案件的性质所决定的，即当事人的争议是人民内部的是非问题。”[⑥]

---

① 任建新院长 1990 年 3 月 29 日在第七届全国人民代表大会第三次会议上所作的《最高人民法院工作报告》。

② 《毛泽东选集》第 5 卷，人民出版社 1977 年版，第 39 页。

③ 参见吕明：《法律意识形态的变迁——以我国民事诉讼中的“调解”为样本》，载《法律科学》2007 年第 5 期。

④ 《毛泽东选集》第 5 卷，人民出版社 1977 年版，第 365 页。

⑤ 参见《毛泽东选集》第 5 卷，人民出版社 1977 年版，第 268～269 页。

⑥ 唐德华：《民事诉讼立法与适用》，中国法制出版社 2002 年版，第 87 页。

2. 自愿调解阶段(1992～2003)

1991年《民事诉讼法》出台，调整了诉讼调解与判决的相互关系。第9条规定：“人民法院审理民事案件，应当根据自愿和合法的原则进行调解；调解不成的，应当及时判决。”就法条的行文来看，其相较于1982年《民事诉讼法(试行)》去掉了“着重”二字。这也就在事实上弱化了调解在纠纷解决中的地位。从1992年起，我国法院的调解进入了自愿调解阶段。1992年的最高人民法院工作报告只在一处提到了“调解”二字。该报告强调人民法庭是基层人民法院的派出机构，承担着审理80%以上的民事案件和35%以上的经济纠纷案件的任务，而没有在工作报告中提到上一年度的调解结案率。1993年的工作报告对调解的论述也着墨不多。该工作报告强调，许多法院借鉴深圳市中级人民法院的经验，成立了“经济纠纷调解中心”，结案快，执行快，效果好。1994年的工作报告主要强调的是人民法院对调解的指导，而并没有对调解的具体方法、成效作详细的论述。1995的工作报告更是只从个案的角度分析了调解的作用，而没有谈到调解本身的内容。1996年和1997年的工作报告都只是从加强人民法庭和人民调解委员会的指导工作角度对调解进行了论述。1998年的工作报告指出：“人民法院坚持‘打防结合，预防为主’的方针，结合审判工作，充分发挥基层人民法庭的作用，指导人民调解委员会调处各种纠纷，促进安全文明小区、村镇和安全文明单位建设。”[①]1999年的工作报告并没有对调解制度采取一种整体性描述策略，而是侧重于从国有企业下岗职工基本生活保障和再就业工作这一个案的角度来说明加强法庭调解这一问题。2000年的工作报告也采取了和1999年一样的描述策略，即强调对矛盾容易激化的债务、房地产、拆迁、劳动争议、土地山林等案件充分运用调解手段平息纠纷，促进团结。2001年和2002年的工作报告都主要是从双方当事人自愿作调解、和解的案件数来描述调解制度。到了2003年，最高法院的工作报告，一方面从双方当事人自愿作调解、和解的案件数描述了调解制度，另一方面，又提到了加强对人民调解工作的指导。“加强对人民调解工作的指导”这一内容也是在继1998年以后再次提到。从这一信息，我们可以发现最高人民法院对于调解的态度开始发生了一定的转变。

这一时期最高人民法院工作报告中的调解话语主要具有以下几个方面的特点：

第一，整体主义描述策略向个案描述策略的转变。例如，1993年的工作报

---

① 任建新院长于1998年3月10日在第九届全国人大第一次会议上所作的《最高人民法院工作报告》。

告主要是从许多法院借鉴深圳市中级人民法院经验成立的“经济纠纷调解中心”角度来分析调解制度，1999年、2000年的工作报告则是从调解运用的具体领域来描述调解制度，而对调解的原则、路线殊少涉及。

第二，这一时期最高人民法院所提到的调解主要是人民法院内部的调解，而对民间调解没有涉及。单就字面上来讲，这一时期的九份《最高人民法院工作报告》没有一份提到“民间调解”。

第三，对自愿调解进行了强调。这也就在事实上区分了“着重调解”阶段的调解话语。这一变化，主要是因为1991年《民事诉讼法》中有关调解的规定。它将“人民法院审理民事案件，应当根据自愿和合法的原则进行调解；调解不成的，应当及时判决”上升为调解的基本原则。

3. 调解优先阶段(2004年至今)

2003年，中办、国办转发最高人民法院和司法部《关于进一步加强新时期人民调解工作的意见》，最高人民法院颁布《关于审理涉及人民调解协议的民事案件的若干规定》的司法解释后，人民调解协议的效力得到了法律的肯定，人民调解工作进入了一个新的历史发展时期。[①] 2004年的最高人民法院工作报告强调从“司法为民”的角度描述了纠纷解决的具体方式，即“充分发挥贴近群众的优势，设立巡回法庭，采取就地立案、就地开庭等方式，及时解决普通民事纠纷”，并涉及诉讼调解的职能、人民解调组织及人员培训等方面的内容。2005年的工作报告提到了调解的基本原则，即“能调则调，当判则判，调判结合，案结事了”，但是，在其表述上使用的是“基本要求”，并涉及诉讼调解结案数量、调解结案率、人民调解工作与诉讼调解工作的衔接以及人民调解员培训等问题。2006年工作报告进一步重申了“能调则调，当判则判，调判结合，案结事了”这一原则，并将其与人民司法的优良传统衔接起来。2007年的工作报告一方面提出确立司法调解工作新目标，另一方面提出要改革和完善人民法庭工作机制，并要求人民法庭的立案管理、巡回办案、诉讼调解和适用简易程序等工作形成制度性规定。2008年的工作报告将“能调则调、当判则判、调判结合、案结事了”确定为审判原则，主张把诉讼调解贯穿于案件审理全过程，并要求加强对人民调解委员会的指导，支持、维护、促进人民调解和行政调解，建立和完善纠纷解决机制。2009年的工作报告进一步扩大了调解的适用范围，一方面，它强调把调解贯穿于立案、审判、执行的全过程；另一方面，它强调“全面推进民商事案件调解

① 张福森：《解决新时期人民内部矛盾的一种好方式》，载《求是》2004年第21期。

工作，探索建立轻微刑事案件调解制度，加大刑事附带民事案件调解力度，充分发挥行政案件协调机制的作用。创新调解方式，加强审判工作与人民调解、行政调解、仲裁等方式的衔接，合力化解矛盾纠纷”①。2010年的工作报告，提出要构建符合国情的调判结合工作机制，并强调“调解优先、调判结合”的工作原则，调解的范围进一步扩大到信访工作中。该年工作报告还强调人民法院要与村委会、居委会、工会、共青团、妇联、侨联等组织密切配合，形成化解社会矛盾的合力。推动建立人民调解、行政调解、行业调解、司法调解等相结合的大调解格局，形成诉讼与非诉讼相衔接的矛盾纠纷解决机制。

调解优先阶段的调解话语具有以下几个方面的特点：

第一，调解适用的范围得到了逐步扩展。在自愿调解阶段，最高人民法院工作报告主要是从个案的角度来对调解进行描述，并且涉及的调解主要是民商事法律领域的调解。而在调解优先阶段，最高人民法院工作报告不仅提到了民商事法律领域的调解，还提及到了行政法领域、刑事法领域的调解。

第二，这一阶段最高人民法院工作报告中调解的合法性论证方式避开了着重调解阶段以及着重调解阶段以前的那种“政治正确”的论证方式，而是从传统文化，人与自然、人与环境的关系，纠纷解决方式的国际发展趋势角度来论证其合法性。②

第三，调解相较于诉讼而言，处于优先地位。在自愿调解阶段，是否选择调解作为结案方式取决于当事人的意愿，而在调解优先阶段，适用调解的主动权在法官或法院手里，并且，单从这一阶段历次工作报告的文本来看，也没有出现“自愿”的字样。

二、着重调解阶段法院的政治功能

1. 新中国三十年司法制度的政治功能

新中国成立以后，中国共产党在执掌政权后的主要任务是实现现代化、国

① 王胜俊院长于2009年3月10日在第十一届全国人民代表大会第二次会议上所作的《最高人民法院工作报告》。

② 这一时期，调解主要通过以下话语获得支撑：“第一，对儒家文化的重续和‘东方经验’的发扬；第二，将‘和谐’理解为一个生态主义的概念，强调人与自然、人与环境的关系，而‘调解’从某种意义上就是这种观念在法律领域的再现；第三，强调调解的多元化，显示‘调解’对‘地方性知识’的尊重；第四，突出了‘调解是人类社会的共同财富’。”（吕明：《法律意识形态的变迁——以我国民事诉讼中的“调解”为样本》，载《法律科学》2007年第5期）

家政权建设和社会经济建设。在这个过程中，国家愈来愈倾向于采取组织化的方式来将其政治力量渗入到社会基层。按照季卫东先生的说法，为了克服旧中国散漫无政府的状态，中国共产党在取得政权以后，继续以党组织为核心，以各种群众组织或政治团体为媒介，将农民和市民组织起来。[①] 在这一时期，司法首要的政治功能也就是要进行政治动员。所谓"政治动员"，主要是用于描述政治权威对公众行为的某种诱导或操纵。政治动员与政治参与都是典型的政治行为，但政治动员的行动路线是自上而下的，而政治参与的行为方式则是自下而上。[②] 从当时中国司法制度的基本路线来看，尽管新中国成立后的情况与成立前发生了翻天覆地的变化，但是，司法制度还是大致沿袭了陕甘岭边区司法制度的基本路线，即贯彻了中国共产党坚持"从群众中来，到群众中去"的群众路线，强调人民自己出面解决自己的纠纷，政府基本不介入，这样败诉方就可能不会将不满发泄到政府的头上，从而改变国民党"官僚主义"作风给边区民众留下的那种不佳的政府形象。这也就在事实上起到了动员和团结一切力量共同抗战之作用。[③]

新中国成立后，中国社会的主要政治任务是动员广大人民群众积极投身于社会主义现代化建设的事业中来，并在内心对党的政策进行认同。为了达到这一目标，国家进行管理责任的下放就具有重要的意义。因为只有把管理责任下放到最低层次，才能使群众把党的政策看作是群众自己的事业，这也就在事实上使群众真正意识到自己具有当家做主的权利，从而在根本上区别于官僚行政管理。[④] 这样一种现实的政治任务要求司法机关必须得正确区分人民内部矛盾和敌我矛盾，并针对不同的矛盾采取不同的处理方式，从而发挥其所具有的政治动员功能。[⑤] 具体而言，对于人民内部矛盾主要采取"团结—批评—团结"的民主方式。因此，司法机关一方面要把许多社会控制的责任转到了以群众为基础的社区组织；另一方面，司法机关通过具体的司法实践加强群众的学习和个人责任，从而为朝向社区目标的集体努力创造了社会环境。通过同伴的榜样和

---

① 参见季卫东：《调解制度的法律发展机制》，载《比较法研究》1999 年第 3、4 期。

② 参见张风阳等：《政治哲学关键词》，江苏人民出版社、凤凰出版传媒集团 2006 年版，第 296 页。

③ 参见侯欣一：《陕甘宁边区人民调解制度研究》，载《中国法学》2007 年第 4 期。

④ 参见[美]詹姆斯·R·汤森、布兰特利·沃马克：《中国政治》，顾速、董方译，江苏人民出版社 2005 年版，第 215 页。

⑤ 毛泽东同志在《关于正确处理人民内部矛盾的问题》一文中指出，敌我矛盾是对抗性的矛盾。人民内部的矛盾，在劳动人员之间是非对抗性的；在被剥削阶级和剥削阶级之间既有对抗性一面，又有非对抗性一面。(《毛泽东选集》第 5 卷，人民出版社 1977 年版，第 264 页)

团体求和的倾向，政府要求公民服从的压力得到了加强。自然而然的，司法机关的司法活动不可能是以当事人的个人权利为本位，而是在贯彻中国共产党推行的遵从政治共同体的需要被看作是每个公民的合法义务这一社会伦理。[①] 随着“文化大革命”的爆发，“造反派‘踢开党委闹革命’，‘砸烂公检法’，司法机关是重灾户。司法机关被打砸抢，档案被抢走或撕毁，很多司法干警被揪斗，司法队伍被解散，法院成为各地公安机关军管会下属的‘审判组’，大批法院干部被下放或调离审判岗位”[②]。司法机关完全沦为了阶级斗争的“刀把子”。

2. 着重调解阶段法院的政治功能

经过“文化大革命”十年浩劫，中国共产党充分认识到阶级矛盾不再是社会的主要矛盾。社会的发展中心也由政治建设转向了经济建设。经济建设为中心在事实上也就意味着利益需要在不同群体之间进行分化，强调单一社会向多元社会发展。在这一过程中，“家庭联产承包责任制的实行和城市中私营经济的出现，也动摇了多年来发挥作用的‘单位组织形式’”[③]。单位组织形式的逐步消解，也就意味着单位组织所固有的那种对人行为进行约束的功能的消退，社会陌生化程度也就愈来愈高。政党所具有的社会动员能力和社会号召力也随之减弱。[④] 中国共产党之所以动摇单位组织，主要是基于充分调动民众积极性，提高社会经济效率的考虑，它并不想弱化对地方的管制，特别是不想弱化对地方政治方面的管制。这也是中国经济领域的改革先于政治体制改革的原因。但是，经济发展带来了个人独立性的增强，并最终促使民众产生一定的脱离政治依附性的“离心力”。随着家庭联产承包责任制的实行和撤社建乡，原来的准行政组织——生产队被取消，但新建村民委员会自治地位的确立及其掌握资源的缺乏，使得许多不发达农村处于无组织状态。[⑤] 在这种情况下，依靠政治运动

---

① 参见[美]詹姆斯·R·汤森、布兰特利·沃马克：《中国政治》，顾速、董方译，江苏人民出版社2005年版，第236～237页。1951年6月5日出版的《人民日报》上发表的题为《加强与巩固人民革命的法治》一文指出：“（司法）它不仅教育人民减少犯罪、减少纠纷，而且教育人民积极地参加新社会的建设；人民法院向来把关于司法的宣传教育工作，看作审判制度的一个重要的组成部分。进行法纪宣传教育的结果，将大大地提高广大人民群众的觉悟，使人民群众能够预防犯罪和纠纷的发生，因此也就使司法工作从被动引向主动，从消极引向积极。”（《加强与巩固人民革命的法治》，载1951年6月5日《人民日报》）

② 张文显：《人民法院司法改革的基本理论与实践进程》，载《法制与社会发展》2009年第3期。

③ 季卫东：《调解制度的法律发展机制》，载《比较法研究》1999年第3、4期。

④ “上有政策，下有对策”就是政府动员能力和社会号召能力减弱的最直白的写照。

⑤ 参见孙立平：《断裂与转型——改革以来中国社会结构的变迁》，清华大学出版社2004年版，第14页。

对社会成员进行动员与管理难以奏效。如何通过政治动员的方式将民众聚集起来以克服经济发展带来的民众脱离政治依附性的离心力这一负面效应就成了当时一项重要的政治任务。

就着重调解阶段的人民法院而言，它至少承担着以下几个方面的使命：第一，处理社会纠纷的法律使命。第二，“送法下乡”、普及法律知识，平衡基层社会固有社会秩序与新的具有现代气息的规范和秩序的冲突与矛盾，以达到法律体系统一的使命。第三，积极进行政治动员来消解经济发展带来的民众脱离政治依附性的离心力。然而，随着“实践是检验真理的唯一标准”深入人心，各种意识形态的政治动员方式已经难以奏效。人民法院依靠那种简单的“政治正确”或法条主义的审判方式难以发挥政治动员的功能。按照政治学的解释，“一个成熟的政治共同体，总是有着明确稳定的政体和作为政体延伸的权力文化网络，政治动员议题构建中的‘形式’主要依赖共同体的权力文化网络。政治精英在动员议题构建时，往往利用权力文化网络中的资源，将动员议题象征化、仪式化、符号化，以隐喻方式对动员进行表达”①。因此，中国共产党和人民法院试图从中国传统的权力文化网格中寻找动员的形式。人民调解制度就是其中的一种重要动员形式。“着重调解”充分尊重了中国基层社会——礼俗社会的基本特质，避免了国家正式法律与基层固有社会秩序之间的正面交锋，从而增加了国家动员能力和聚合力。宪法、刑法、民法通则等法律的颁布与实施增加了个人平等、个人权利的意识。但是由于中国基层长期受礼治传统的影响，往往更为强调集体利益至上、长幼秩序、义务观念等。倘若法院将这套具有实证主义色彩的正式法律强行实施下去的话，必然会让基层民众难以接受，引起“秋菊的困惑”，最终激起民众的反感。与此同时，这套正式法律制度推动了经济的发展，从而在客观上促进民众产生一定的脱离政治依附性的“离心力”。因此，强调“着重调解”，一方面体现了中国法律发展的大方向是法律秩序的现代化。另一方面，强调“着重调解”也向民众昭示改革开放，加强经济建设并不是要走西方资本主义个人与个人、个人与社会分化以及个人与国家对抗的道路，而是要在改革开放与经济建设中增进个人与个人、个人与社会、个人与国家的团结。而在加强社会团结方面，“群众路线”最具吸引力，也最具动员能力，因为借助于“‘从群众中来，到群众中去’的司法群众路线，公论还可以成为把当事人的交涉结果或者合意内容转写到制度性框架之中、同时让法律和政策不断向社会的关

① 张凤阳等：《政治哲学关键词》，江苏人民出版社、凤凰出版传媒集团 2006 年版，第 300 页。

系网络中渗透灌输装置。”故“着重调解”阶段极为强调将“群众路线”作为其基本路线方针。

三、自愿调解阶段法院的政治功能

1. 从政治动员到政治强化

通过国家正式法律制度与非正式的民间制度的相互沟通、理解以及在此基础上的妥协和合作是中国法律实现从传统到现代变迁的重要路径。[①] 这种妥协和合作最直接的体现就是调解制度。就着重调解阶段的调解而言，它极为强调人民法院或人民法庭在调解工作中的指导作用，其在实质上意味着，国家在调解中居于主动性。而且 1980 年代，最高人民法院要求各级法院坚持“处理一案，教育一片”和“扩大办案效果”的方针。从这种意义上讲，人民法院或人民法庭本身就承担着普法的重任。在调解过程中，人民法院或人民法庭通过“动之以情，晓之以理”的群众路线将基层民众动员起来，使他们认同中国法律现代化的基本路向。因此，着重调解本身就是中国法治化进程所采取的一种迂回策略，从而实现着中国法律和社会秩序“静悄悄地革命”。

对外开放、经济体制改革以及社会转型导致了社会利益格局的重组和利益关系的变化以及利益分配方式的改变。这也在一定程度上加剧了各个阶层之间的社会矛盾。到了 1980 年代末期，整个社会竟然形成了一种“端起碗来吃肉，放下筷子骂娘”的复杂社会心态。这种社会心态形成了结构性的张力。1988～1991 年，民众的社会心态处于顿挫期中，中国人价值观和社会心态的转变不但停顿下来，而且陷入新的迷惘和困惑。有人就认为，个体经济和私营经济是孕育资产阶级自由化的土壤，而“三资企业”是“和平演变”的桥头堡。[②] 换言之，人们对于国家改革开放的政策和法制产生了怀疑。在这样的背景下，邓小平同志提出，在坚持四项基本原则的前提下，必须坚持搞经济建设，搞改革开放，搞市场经济。这不但稳定了人心，更重要的是引发了随后而起的以市场经济为导向的体制改革热潮。同年，中国共产党第十四次全国人民代表大会召开，明确提出，要在中国建立社会主义市场经济的新体制，并通过其后的《宪法》

---

① 苏力认为，国家正式法律制度与非正式的民间制度的相互沟理、理解以及在此基础上的妥协和合作必然是一个渐进式的过程。（参见苏力：《法治及其本土资源》，中国政法大学出版社 1996 年版，第 66 页）

② 参见周晓虹：《改革开放以来中国社会心态的变迁》，载《中国社会科学辑刊》2009 年夏季卷。

修正案固定下来。因此,一个与市场经济相适应的新的价值体系和社会心态开始孕育而生。[①] 在此过程中,"私权平等""意识自治""过错责任"等基本理念愈来愈需要得到人们的认可。这种具有明确目标导向的法律现代化要求法院不能仅仅只发挥要求民众参与到法治化进程中来的政治动员功能,更需要法院通过其业务活动强化中国法治化的决心与方向。

2. 作为政治强化手段而存在的法院审判

在纠纷解决领域,以调解这种迂回策略来处理社会现代化、法律现代化与基层社会既存的或旧有的一些治理观念和意识之间的冲突与矛盾主要存在以下缺陷与不足:第一,通过调解实现的"送法下乡"是一个渐进的过程,它在提高民众现代法律意识方面的作用缓慢。邓小平在《在全体人民中树立法制观念》的讲话中说:"我们国家缺少执法和守法的传统,从党的十一届三中全会以后就开始抓法制,没有法制不行。法制观念与人们的文化素质有关。现代这么多青年人犯罪,无法无天,没有顾忌,一个原因是文化素质太低,所以,加强法制重要的是要进行教育,根本问题是教育人。"[②]第二,基层社会既有的或旧有的秩序或规则大都是一种"地方性知识",而经济发展需要一套产权明晰、交换有序、普遍有效的规范体系。随着经济的发展,调解的边际效用也就愈来愈低,从而最终诱发制度变迁。第三,调解动员民众认同法律现代化基本路向的能力是有限的,特别是在社会心态处于顿挫期时,社会出现了资产阶级自由化和"左"的思想两股潮流。调解这种迂回策略在这种情况下具有一定的模糊性,因此,调解所具有的政治动员功能也就难于发挥。除此之外,在这个顿挫期内,法院所要承担的主要政治任务不是要动员人们去参与有中国特色社会主义建设和法律现代化的进程,而是要进一步强化中国特色社会主义建设和法律现代化这一基本方向。

法院审判按照日本学者棚濑孝雄的说法,是一种"规范性的解决"。在审判过程中,作为规制每一个具体判决内容的决定基准,存在着建立在经验和逻辑之上,并有着严谨精致结构的规范体系。[③] 就法律规范本身而言,奥斯汀认为,是"主权者对其臣民所发布的一般性命令"[④]。马克思和恩格斯在奥斯汀这一命

---

① 参见周晓虹:《改革开放以来中国社会心态的变迁》,载《中国社会科学辑刊》2009 年夏季卷。

② 《邓小平文选》第 3 卷,人民出版社 1993 年版,第 169 页。

③ 参见[日]棚濑孝雄:《纠纷的解决与审判制度》,王亚新译,中国政法大学出版社 2004 年版,第 8 页。

④ 转引自[英]约瑟夫·拉兹:《法律体系的概念》,吴玉章译,中国法制出版社 2003 年版,第 7 页。

题的基础上对资产阶级的法律进行批判，他们认为，资产阶级的法不过是被奉为法律的资产阶级意志，而这种意志的内容是由资产阶级的物质生活条件决定的。[①] 列宁遵循马克思和恩格斯对于法律的基本理解。他说："法律是什么呢？法律是统治阶级的意志的表现。"[②]中国社会主流思想继承了马列主义关于法律的基本理解，并提出了"法是由国家制定、认可并保证实施的，反映由特定物质生活条件所决定的统治阶级意志，以权利和义务为内容，以确认、保护和发展统治阶级所期望的社会关系和社会秩序为目的的行为规范体系"[③]。中国特色社会主义现代化建设和法律现代化都是统治阶级意志涵摄的重要内容之一。因此，强调审判在纠纷解决中的作用也就意味着坚决贯彻中国特色社会主义现代化建设和法律现代化的基本方向。从这种意义上讲，在自愿调解阶段，审判实际上承担着强化中国特色社会主义现代化建设和法律现代化的政治功能。

四、调解优先阶段法院的政治功能

经济发展、政治发展、社会发展以及法律发展促进了社会心态的成熟。另外，随着改革开放和经济建设的深入，社会开始出现了贫富差异，并因追求经济利益最大化而引发的矛盾与冲突愈来愈多，人们也愈来愈对中国共产党脱贫致富的承诺产生怀疑，并在客观上推动了中国共产党执政正当性基础的转变，即由"目标合理性"向"社会幸福合法性"(social eudemonic legitimacy)转变。[④]"社会幸福合法性"实际上强调政权与民众间的约定或妥协。因此，在调解优先阶段，法院政治功能的重心再次转向了动员，即动员民众以牺牲或放弃部分个人权利为代价来交换国家公权力对他们所作的诸如社会稳定、个人受益、公正待遇等社会幸福方面的承诺。

1. 调解的再次复兴

自 2002 年最高人民法院和司法部联合发布了《关于进一步加强新时期人民调解工作的意见》以来，人民法院对于调解的认识逐步升温(见表 5-4)。特别

---

① 该观点的原话是："你们的观念本身是资产阶级的生产关系和所有制关系的产物，正像你们的法不过是被奉为法律的你们这个阶级的意志一样，而这种意志的内容是由你们这个阶级的物质生活条件来决定的。"(《马克思恩格斯选集》第 1 卷，人民出版社 1972 年版，第 268 页)

② 《列宁全集》第 17 卷，人民出版社 1990 年版，第 145 页。

③ 张文显：《法哲学范畴研究》，中国政法大学出版社 2001 年版，第 32 页。

④ See Leslie Holmes, *The End of Communist Power: Anti-Corruption Campaign and Legitimation Crisis*, Polity Press, 1993, p. 15.

是“随着国家关于‘构建和谐社会’目标的提出，法院调解在促进纠纷的‘柔性解决’及实现社会稳定方面的独特功能在新的基础上得到了新的认同”[①]。到目前为止，法院初步形成了一种大调解的基本格局。

表 5-4　　2002 年以来最高人民法院有关调解的重要文件

时间	发布者	重要文件
2002 年 1 月	最高人民法院司法部	《关于进一步加强新时期人民调解工作的意见》
2002 年 9 月	最高人民法院	《关于审理涉及人民调解协议的民事案件的若干规定》
2002 年 9 月	司法部	《人民调解工作若干规定》
2002 年 12 月	肖扬	《大力推进人民法院各项工作为全面建设小康社会提供有力司法保障》
2003 年 8 月	肖扬	《全面落实司法为民的思想和要求扎扎实实为人民群众办事》
2003 年 12 月	肖扬	《为全面建设小康社会提供更加有力的司法保障》
2004 年 6 月	肖扬	《树立科学的发展观开创人民法院基层建设新局面》
2004 年 8 月	最高人民法院	《关于人民法院民事调解工作若干问题的规定》
2005 年 8 月	最高人民法院最高人民检察院	《关于切实保障司法人员依法履行职务的紧急通知》
2005 年 10 月	最高人民法院	《人民法院第二个五年改革纲要(2004～2008)》
2006 年 6 月	最高人民法院	《关于认真学习贯彻〈中共中央关于进一步加强人民法院、人民检察院工作的决定〉的通知》
2006 年 8 月	最高人民法院	《关于人民法院为建设社会主义新农村提供司法保障的意见》
2006 年 10 月	最高人民法院	《关于深入开展社会主义法治理念教育的通知》
2007 年 3 月	最高人民法院	《关于进一步发挥诉讼调解在构建社会主义和谐社会中积极作用的若干意见》
2008 年 3 月	最高人民法院	《关于充分发挥行政审判职能作用为保障和改善民生提供有力司法保障的通知》

① 赵钢、王杏飞:《我国法院调解制度的新发展——对〈关于人民法院民事调解工作若干问题的规定〉的初步解读》,载《法学评论》2005 年第 6 期。

在这一时期，调解之所以再次复兴，除了司法调解自身具有重要价值之外[①]，还在于人民法院在这一时期所承担的政治功能。在着重调解阶段和自愿调解阶段，中国共产党执政的正当性都是建立在带领中国人民脱贫致富，走上现代化的道路这一基本承诺的基础上。但是，经济发展的不平衡带来了民众事实上的不平等，并带来了包括法律在内的资源分配与再分配的不平等，从而影响到了社会稳定。因此，民众对中国共产党执政的正当性基础产生怀疑，民众的社会心理再次出现了一个顿挫期。在这种情况下，通过政治强化的方式来促使民众坚持社会主义现代化和法律现代化难以奏效。这也在客观上要求中国共产党从"目标合理性"角度来论证自身执政合法性转向其他的论证方式。构建社会主义和谐社会也正是在这种背景下提出来的，其所要解决的根本问题也在于此。它强调的不仅仅是每个人享有一定的权利，而且也强调个人权利实现的结果；不仅仅强调个人的形式平等，也注意个人的实质平等；不仅仅强调抽象意义上法治目标的实现，也强调具体个案意义上体现法治的精神。因此，诸如社会稳定、个人受益、公正待遇等社会幸福指数愈来愈得到关注，并成为中国共产党在新时期执政合法性的基础。相应地，"执政党要求法院积极运用各种纠纷解决方法来实现司法的政治和社会职能，因此有了近年来强调的'社会主义法治理念'和'三个至上'"[②]。

2. 从政治强化到政治动员

前已叙及，审判是一种规范性地解决争议的方式，有助于强化中国特色社会主义现代化建设和法律现代化这一目标。然而，目标与手段、理想与现实的背离使民众对这一目标产生了怀疑。在这样的背景下，人民法院再对这一政治目标进行强化只会适得其反，从而加剧目标与手段、理想与现实之间的背离。此时，我们的法治化进程面临着这样一个艰难的抉择：一方面，无论是从社会主义现代化建设取得巨大成就的经验来看，还是从全球法律发展的角度来看，实现中国法律的现代转型毋庸置疑；另一方面，法律的这种现代转型的的确确带

① 司法调解主要具有以下几个方面的价值：第一，司法调解有利于在更大范围、更广大的领域内维护社会稳定。第二，司法调解更有利于促进人民内部团结，维护家庭、社区和邻里关系的安定，有效地防止"民转刑"案件的发生。第三，司法调解更能体现当事人平等主体的地位，发挥平等协商、平等对话的功能，创造和谐的气氛。第四，司法调解更能体现法官居中的作用，体现公平、公正的职能作用，体现司法公开、透明的特点。第五，司法调解更有利于提高司法效率、节约司法资源。第六，司法调解有着悠久的历史，更适合于中国国情。（肖扬：《充分发挥司法调解在构建社会主义和谐社会中的积极作用》，载《求是》2006年第19期）

② 苏力：《关于能动司法与大调解》，载《中国法学》2010年第1期。

来了诸多的问题,并与民众的预期存在一定的差距,民众在心理上也对法律现代化这一目标产生了怀疑。这种怀疑集中体现在近年来诸如殴打审判人员、检察人员,妨碍司法人员依法履行职务此类的事件陡增。[①] 同时,法律现代化消解着“熟人社会”,带来了人与人之间感情的淡漠。在这种情况下,要想实现社会的现代化和法律现代化就必须得重新恢复民众对于社会现代化和法律现代化的信心。而信心重建依赖于民众对于社会现代化和法律现代化这一整体目标的认同。然而,在纠纷解决过程中,通过审判的方式强化社会现代化和法律现代化这一整体目标是难以让民众形成认同的。因此,中国共产党和人民法院再次向中国传统文化资源寻求支援。它们再次借助调解来动员民众认同社会现代化和法律现代化这一整体目标。

第四节 转型期人民法院对公共政策的执行

从实践上讲,中国当下社会的急剧转型需要政府采取一系列行之有效的措施来解决政治共同体或政治体系面临的政策问题和矛盾以及较为严重的社会问题。为了保障这些措施的规范性,政府往往会制定诸多战略、规划、计划、条例、规章、政令、声明、指示、管理办法、实施细则等等。而社会功能分化不充分的客观现实往往将迫使法院一一映射式地去执行政府的公共政策。这在客观上使法院丧失了自身的独特性。因此,如何将公共政策转化为司法政策,从而既推进政策的有效实施,又保证司法的基本公理得到坚守是我们需要研究的问题,在此主要结合最高人民法院 2008 年左右出台的应对金融危机的司法意见来展开。

一、司法文件中的公共政策

自国际金融危机爆发以来,党中央、国务院制定了一系列的公共政策来积极应对国际金融危机对中国经济、社会发展的影响。在这种背景下,最高人民法院紧紧围绕党中央、国务院关于积极应对国际金融危机的重大战略决策,及

① 这些事件的陡增一方面是因为司法腐败;另一方面,经济发展带来了包括法律在内的资源分配与再分配的不平等,从而使民众对法律现代化产生了怀疑。现实中,经常有这样的案例:当事人依仗自己雄厚的经济实力故意对他人实施侵害,而后进行赔偿。诸如,“照十万块钱的给我打”“打坏了我赔”等说法绝不鲜见。(参见李拥军、郑智航:《从斗争到合作:权利实现的理念更新与观念转换》,载《社会科学》2008 年第 10 期)

时制定并发布了一系列司法解释、工作指导意见和司法政策性文件(见表 5-5)，以指导各项审判执行工作。①

表 5-5　　　　最高人民法院自金融危机以来下发的主要文件

时间	文件名	主要政策
2008 年 12 月 3 日	《关于为维护国家金融安全和经济全面协调可持续发展提供司法保障和法律服务的若干意见》	保障金融市场 保障企业发展 稳定的大局
2009 年 5 月 25 日	《关于应对国际金融危机做好当前执行工作的若干意见》	保障金融市场 坚持坚持和谐执行原则 区别对待原则 帮助困难企业渡过难关
2009 年 6 月 17 日	《关于正确审理企业破产案件，为维护市场经济秩序提供司法保障若干问题的意见》	努力配合政府做好企业破产案件中的维稳工作 注重保障民生 积极有效挽救仍具发展前景的企业
2009 年 6 月 23 日	《关于当前形势下进一步做好涉农民事案件审判工作的指导意见》	关注返乡农民工的生活 人民法庭应当加大巡回办案力度 为农民工返乡创业、就地就业创造有利司法环境 推进城乡经济社会发展一体化
2009 年 7 月 5 日	《关于当前形势下做好行政审判工作的若干意见》	及时妥善化解行政纠纷 贯彻落实“三保”政策
2009 年 7 月 12 日	《关于当前形势下做好劳动争议纠纷案件审判工作的指导意见》	尽量维护劳动合同的效力 妥善处理四类劳动纠纷

① 《最高法院出台一系列应对金融危机司法意见回顾》，载 2009 年 8 月 17 日《人民法院报》。

续表

时间	文件名	主要政策
2009 年 7 月 13 日	《关于当前形势下审理民商事合同纠纷案件若干问题的指导意见》	慎重适用情势变更原则 依法合理调整违约金数额 可得利益损失类型 正确把握法律构成要件 正确适用强制性规定 合理适用不安抗辩权规则 贯彻落实“三保”政策
2009 年 7 月 19 日	《关于当前形势下进一步做好房地产纠纷案件审判工作的指导意见》	贯彻落实“三保”政策 拉大内需政策 综合考虑连锁案件的整体情况 稳定房屋交易市场 妥善审理房地产案件
2010 年 6 月 29 日	《关于为加快经济发展方式转变提供司法保障和服务的若干意见》	保持经济平稳较快发展 研究加快经济发展方式转变对审判工作提出的新问题、新任务、新要求 妥善审理各类案件 调解优先、调判结合

从以上材料可以发现，最高人民法院在相关的司法文件中形成了保障金融债权、保持经济平稳发展、保障民生、正确合理适用法律等四个方面的公共政策。

1. 关于保障金融市场的公共政策

2008 年 12 月 3 日出台的《为维护国家金融安全和经济全面协调可持续发展提供司法保障和法律服务的若干意见》和 2009 年 6 月 7 日出台的《关于应对国际金融危机做好当前执行工作的若干意见》等司法文件都一再强调运用司法手段保障金融债权的重要性。在最高人民法院看来，金融是国家的经济命脉、国有银行是金融重心。因此，人民法院要承担起最大限度保障国有金融债权和努力防止国有资产流失的重任。其背后的司法政策导向是在合同效力、诉讼时效等重要方面最大限度地保护国有金融债权。例如，最高人民法院要求，全国各级人民法院对金融资产管理公司申请财产保全的，如金融资产管理公司与债务人之间债权债务关系明确，可以不要求金融资产管理公司提供担保。[①] 这里面的财产保全显然包括诉前保全和诉中保全两类。但是，《民事诉讼法》第93条规定："利害关系人因情况紧急，不立即申请财产保全将会使其合法权益受到难以弥补的损害的，可以在起诉前向人民法院申请采取财产保全措施。申请人应当提供担保，不提供担保的，驳回申请。"因此，最高人民法院出台的司法文件在事实上改变了《中华人民共和国民事诉讼法》有关诉前保全的适用条件。为了最大限度地保障金融市场的稳定，最高人民法院也要求各级人民法院配合金融监管部门，严厉打击和制裁各种扰乱金融秩序的违法和违规行为。从法院适用法律角度来讲，法院所要追究的主要是违法行为，特别是违反强行性或禁止性法律规范的行为。但是，最高人民法院出台的《为维护国家金融安全和经济全面协调可持续发展提供司法保障和法律服务的若干意见》即将违规行为的查处也列入法院管辖范围，这在事实上扩大了司法的外延。

2. 关于保持经济平稳发展的公共政策

最高人民法院出台的上述应对金融危机的司法文件多次提到了"三保"政策，即"在金融危机冲击下，为企业和市场提供司法服务，积极应对宏观经济环境变化引发的新情况、新问题，为保增长、保民生、保稳定'三保'方针的贯彻落实提供司法保障"[②]。其中，保持经济增长排在第一位。为了充分发挥人民法院保持经济平衡快速发展的政治职能，最高人民法院又提出了"帮助困难企业渡过难关""积极有效挽救仍具发展前景的企业""推进城乡经济社会发展一体化""拉大内需政策""稳定房屋交易市场""保持经济平稳较快发展"等一系列公共政策。例如，最高人民法院印发的《关于应对国际金融危机做好当前执行工作的若干意见》的通知就规定："对于因资金暂时短缺但仍处于正常生产经营状态、有发展前景的被执行人企业，慎用查封、扣押、冻结等执行措施和罚款、拘留等强制措施，多做执行和解工作，争取申请执行人同意延缓被执行企业的履行期限，以维持企业正常运转，帮助困难企业渡过难关。"最高人民法院印发的《关于正确审理企业破产案件为维护市场经济秩序提供司法保障若干问题的意见》

---

① 2008年12月3日出台的《为维护国家金融安全和经济全面协调可持续发展提供司法保障和法律服务的若干意见》规定，全国各级人民法院要继续按照《关于审理涉及金融资产管理公司收购、管理、处置国有银行不良贷款形成的案件适用法律若干问题的规定》等司法解释和司法政策的规定和精神审理相关案件，为国家金融债权清收提供司法保障。

② 最高人民法院于2009年5月25日印发的《关于应对国际金融危机做好当前执行工作的若干意见》的通知。

规定："对于虽然已经出现破产原因或者有明显丧失清偿能力可能，但符合国家产业结构调整政策、仍具发展前景的企业，人民法院要充分发挥破产重整和破产和解程序的作用，对其进行积极有效的挽救。"最高人民法院印发的《关于当前形势下进一步做好房地产纠纷案件审判工作的指导意见》规定："切实依法保护国家投资基础设施建设拉大内需政策的落实。要依照法律规定，结合国家政策，妥善审理好涉及国家重大工程、重点项目的建设工程施工合同纠纷案件；要慎用财产保全措施，尽可能加快案件审理进度，发挥财产效益，为重点工程按期完工提供司法保障。"这些意见要求司法机关采取的应对政策是慎用执行措施和强制措施，重视和解在债务执行和企业破产的作用。我们从这些政策不难发现人民法院应当采取司法能动主义的策略最大限度地确保企业破产数、合同不履行数达到最低。在这种司法能动主义哲学的影响下，法院作出判决或决定的过程不单是对相关事实和证据进行法律审查和逻辑审查的过程，还是对相关事实进行价值判断的过程。而且，这种价值判断具有极强的功利主义色彩，即以最大多数人的最大利益作为价值判断的基础。

3. 关于保障民生的公共政策

民生问题在金融危机出现之前就得到了中国共产党和中国政府的高度关注。可以这样说，关注民生已经成为新时代党中央领导集体为建设和谐社会而定下的基本方略和表明执政党依法执政的新的执政宣言。[①] 特别是在金融危机的影响下，企业生存压力愈来愈大。在这种情势下，劳动者与用人单位在订立、履行、变更、解除或者终止劳动合同过程中产生的纠纷急剧增多。在最高人民法院看来，劳动者的劳动报酬权的保护是劳动者最为基本的人权，劳动报酬权的实现与否直接关系到劳动者生存权的实现与否。因此，最高人民法院强调："依法审理劳动者与用人单位在订立、履行、变更、解除或者终止劳动合同过程中产生的各类纠纷，切实保障劳动者的劳动报酬权益。"[②]另一方面，农民工在企业用工市场上占有相当大的比重，特别在劳动密集型产业中。他或她并不享有社会保险金和失业保障金，他或她的社会保险和失业保障主要是依靠土地来实现。因此，当金融危机发生后，有相当部分农民工选择了返乡务农。然而，有些农民工在进城务工之前已将土地承包经营权转让给了第三人。此时，合同自由

① 付子堂、常安：《民生法治论》，载《中国法学》2009 年第 6 期。

② 最高人民法院于 2010 年 6 月 9 日印发的《关于为加快经济发展方式转变提供司法保障和服务的若干意见》的通知。

权与生存权再次发生了冲突。最高人民法院出于“维稳”和民生的考虑，将生存权置于合同自由权之上。最高人民法院明确要求“对返乡农民工因土地承包经营权流转费用明显偏低或者返乡后流转合同期限尚未届满而引发的纠纷，特别是返乡农民工因此陷于生活困难的案件，要在当地党委领导、政府支持下，加大调解力度，多做对方当事人的工作，努力实现双方当事人利益的平衡。调解不成的，应当根据当事人和案件的具体情况，按照公平原则妥善处理，以最大限度避免返乡农民工因生活无着而引发新的社会问题”[①]。

4. 关于正确合理适用法律的公共政策

面对全球金融危机对中国经济带来的“不利益”以及中国在调控经济方面出现的“政策失灵”，民众的社会心理出现了一个顿挫感，即民众对于以形式主义法治来实现个人自由发展的目标愈来愈怀疑。在这种背景下，最高人民法院愈来愈认识到运用司法途径应对金融危机的过程绝非是一个正确运用法律制度解决金融危机中出现的各类社会纠纷的过程，而且还需要合理地适用法律。因此，最高人民法院认为在纠纷解决过程中既要注重合乎法律性，又要注重合理性；既要强调形式合法性，还要强调实质合理性。唯有这样，人民法院才能实现“社会效果与法律效果的统一”。例如，最高人民法院印发的《关于应对国际金融危机做好当前执行工作的若干意见》指出：“对于被执行人为国有大中型企业、金融机构、上市公司或国有控股上市公司，对其资产采取强制执行措施可能导致其破产或影响社会稳定的，可主动与其国有资产管理部门、监管部门进行沟通协调，争取其通盘考虑，帮助企业解决债务问题，防止影响企业的平稳和长远发展。”[②]按照《民事诉讼法》的规定，人民法院应当裁定中止执行的情形有：(1)申请人表示可以延期执行的；(2)案外人对执行标的提出确有理由的异议的；(3)作为一方当事人的公民死亡，需要等待继承人继承权利或者承担义务的；(4)作为一方当事人的法人或者其他组织终止，尚未确定权利义务承受人的；(5)人民法院认为应当中止执行的其他情形。人民法院裁定终结执行的情形有：(1)申请人撤销申请的；(2)据以执行的法律文书被撤销的；(3)作为被执行人的公民死亡，无遗产可供执行，又无义务承担人的；(4)追索赡养费、扶养

---

① 最高人民法院于2009年6月19日印发的《关于当前形势下进一步做好涉农民事案件审判工作的指导意见》的通知。

② 最高人民法院于2009年5月25日印发的《关于应对国际金融危机做好当前执行工作的若干意见》的通知。

费、抚育费案件的权利人死亡的；(5)作为被执行人的公民因生活困难无力偿还借款，无收入来源，又丧失劳动能力的；(6)人民法院认为应当终结执行的其他情形。最高人民法院通过对人民法院认为应当中止执行和终结执行的情形进行扩大解释，从而将可能导致上述公司或企业破产或影响社会稳定这种情形纳入到中止和终结执行的范围内。在最高人民法院看来，这种将合理性因素与法律的"兜底条款"相结合的方法能够让法律保持一定的开放性，从而实现法律的形式合法性与实质合理性的统一。最高人民法院的这种公共政策主要体现为"慎重适用情势变更原则""依法合理调整违约金数额""合理适用不安抗辩权规则""妥善审理房地产案件"等等。

二、功能分化不充分与最高法院对公共政策的执行

最高人民法院印发的一系列应对金融危机的公共政策对于保障公民生存权确实起到了重要的作用，并以实际行动践行了能动主义的司法哲学，从而有助于发挥其对社会发展的推动作用。但是，我们从这种能动主义产生的动力来看，主要还是源自于执政党和行政机关。我们甚至可以发现最高人民法院制定的应对金融危机的司法文件与国务院办公厅制定的相关文件呈现出亦步亦趋的特点，即国务院办公厅制定了什么样的文件，最高人民法院也就制定了什么样的文件。这种一一映射式地陈述模式建立在社会功能分化不充分的前提上。

1. 一一映射的陈述模式

所谓映射型的陈述模式，是指在陈述过程中将其他主体言说的话语直接映射到自己的言说话语中。这种陈述模式最大的特点就是言说者对于作为映射的对象而存在的话语保持的是一种直接反应的态度。就最高人民法院印发一系列应对金融危机的公共政策而言，它往往是在国务院下发相关公共政策之后再下发的。例如国务院下发了《关于切实做好当前农民工工作的通知》后，最高人民法院就下发了《关于当前形势下进一步做好涉农民事案件审判工作的指导意见》；国务院下发了《进一步明确融资性担保业务监管职责的通知》后，最高人民法院就下发了《关于人民法院为防范化解金融风险和推进金融改革发展提供司法保障的指导意见的通知》等。而且，就具体的主要公共政策而言，最高人民法院也直接映射着国务院的相关规定或意见。例如，国务院提出要推行"汽车摩托车下乡""家电下乡"等政策，最高人民法院也在自己的指导意见中提出要为"汽车摩托车下乡""家电下乡"等工作提供良好的法律保障。国务院提出支持中小企业发展的政策，最高人民法院就在指导意见中明确提出要"尽可能维

持有发展前景的困难企业、劳动密集型中小企业的生存”等。

表 5-6　　国务院办公厅自金融危机以来下发的主要文件

时间	文件名	主要政策
2008 年 12 月 8 日	《关于当前金融促进经济发展的若干意见》	适度宽松的货币政策 国家产业政策 支持中小企业发展政策 加大对农村金融政策支持力度政策 稳步发展与住房、汽车消费等相关的保险政策 大力推动贸易投资便利化
2008 年 12 月 20 日	《关于切实做好当前农民工工作的通知》	促进民生 促进农民工就业政策 维护农民工的劳动保障权益 做好返乡农民工的社会保障和公共服务 切实保障返乡农民工土地承包权益
2009 年 2 月 3 日	《进一步明确融资性担保业务监管职责的通知》	建立融资性担保业务监管部际联席会议 制订促进融资性担保业务健康发展、缓解中小企业贷款难担保难的政策措施
2009 年 6 月 1 日	《关于转发发展改革委等部门促进扩大内需鼓励汽车家电以旧换新实施方案的通知》	产业调整和振兴规划 “汽车摩托车下乡”“家电下乡”等政策
2009 年 9 月 30 日	《应对国际金融危机保持西部地区经济平稳较快发展的意见》	加强基础设施建设 调整产业结构 加强民生工程 加快社会事业发展，提高基本公共服务水平 开展对外经济交流与合作

也许有人会认为，这种一一映射的陈述模式是由当时金融危机所要解决的主要问题决定的。这种观点显然忽视了司法运作的基本规律。就现代司法运作而言，它的的确确需要回应社会现实，但是，它的回应方式并非是这种线性的方式。在这种线性的一一映射回应方式中，司法在事实上混淆了直接目的与间

接目的。换言之,司法对于公共政策目标的实现不可能是而且在任何情况下都不可能是其直接的目标,倘若将司法对于公共政策目标的实现这一目标定位为司法的直接目标,实际上也就使司法本身失去了其独特性,并同时将司法机关和司法官员所从事的本职工作的范围等同于了任何政府之职责范围。[①] 因为法院执行公共政策的过程是行政系统的公共政策在遵循基本法律程序前提下,经由法官或法院的自由裁量权的使用逐步生成司法系统裁判的适用依据的过程。在这个过程中,行政系统的公共政策有可能适用,也有可能得不到适用。从这种意义上讲,法院对于公共政策的执行是一种事后评价意义上地执行而非事实预设性地执行。因此,法院对于公共政策的执行这一问题在事实上也就转换为法院最后是否执行了以及在多大程度上执行了公共政策,而非法院一定要执行以及应当如何执行公共政策这一问题。

2. 公共政策执行的中国经验

就公共政策的执行而言,中国需要防止纵向上"条条分割"带来的政策失真和"块块分割"带来的合作困境。[②]

就防止"条条分割"而言,中央政府凭借财政权和人事权的优势,通过纵向的高位推动,较好地动员下级执行政策。为了防止政策在落实过程中的失真,中央政府通过巡视、监督和检查等"身体治理"手段来实现中央权力在地方政府执行场域的"在场"。另外,充分发挥省、市、县这些中间层级的作用也是保证公共政策得到一致性执行的重要途径。中央充分发挥中间层级党委的组织优势和动员优势,不断让其动员各级干部认真领会党中央和国务院的指示精神,保证中间层级的政策精神与中央保持一致,从而强化了"以党领政"的政治格局。其实,新中国刚刚成立时,党还是很重视"党政分离"的,并倾向回避对政府部门的影响。1953 年,在修正国家税制等重大问题过程中,政府并未事先请示党中央。在党中央看来,这种做法削弱了其权威,因此党中央开始强调要加强对政府部门的领导。随后党中央出台了《中共中央关于加强中央政府系统各部门向中央请示报告制度及加强中央对于政府工作领导的决定》。根据这一决定,工作中的重大事项均需事先请示党中央,政府各部门的党组工作则直接接受党中央的领导。自此,开启了行政机关向党的各级机关负责、党委通过部门内的党

① 参见姚建宗:《法律的政治逻辑阐释》,载《政治学研究》2010 年第 2 期。

② 对此问题的分析参见贺东航、孔繁斌:《公共政策执行的中国经验》,载《中国社会科学》2011 年第 5 期。

组向行政机关发出指示以及各行政部门通过党组向党委报告和请示的机制。[①]在这个过程中,各个中间层级采取与中央相类似的建制,形成了地方政府对地方党委负责,地方党委向中央党委负责、下级党组织严格执行上级党组织决定的格局。因此,党在公共政策执行中的起着“高位推动”的作用,从而有效防止公共政策的执行失真问题。按照贺东航和孔繁斌的说法,在这种社会结构中,中国的公共政策执行发生在一个“以党领政”、党和国家相互“嵌入”的独特结构和政治生态中。也就是说,在公共政策执行中,由于中国共产党在国家中的特殊地位,形成了中国特色的党主导下的公共政策执行机制,呈现出“高位推动”特点。[②]

就防止“块块分割”而言,中央政府也充分利用了党的协调优势,积极推动各部门之间的信任与合作。党为了加强对社会生活的协调,按照行政机关系统内部的具体事务成立了财经、政法、外事、农林、劳动、文教等小组,各由党中专人负责分口领导,这些小组直属中央政治局和书记处,向其直接作报告。大政方针在政治局,具体部署在书记处,具体执行和细节决策属政府机构及其党组。[③] 而且,为了推动某项重大公共政策的执行,往往会采取“党组挂帅”“政府负责”“司法配合”“群众参与”的模式。这种聚合模式能够最大限度地调动所有力量,充分体现了“社会主义集中力量办大事”的优势。

这种公共政策执行方式在本质上体现了中国具有社会功能分化不充分的特点。所谓功能分化是指社会依据特定的社会功能分化为各个社会次系统,并且这些次系统都有各自独特看待事物的符码。改革开放以前,中国社会在政治领域、经济领域和文化领域形成了很强的同质性,并且这种同质性通过国家对社会采取的具有强制性的高度政治整合得到巩固。例如,公安、法院、检察院的着装、设施配备、运作模式都具有极强的相似度,且都统称为“政法机关”,并肩负着巩固社会主义政权这同一使命。尽管中国也存在诸多部门,并且在党的领域下的的确确有效地克服了“块块分割”带来的许多合作困境,但是这些部门在职能上分化并不是十分充分,而且它们也并没有形成独特的看待社会事物的符码。因此,这些部门之间的界线并不是十分清楚,甚至有可能因职能界定不清而产生“多头管理”的难题。

---

① 参见贺东航、孔繁斌:《公共政策执行的中国经验》,载《中国社会科学》2011年第5期。

② 参见贺东航、孔繁斌:《公共政策执行的中国经验》,载《中国社会科学》2011年第5期。

③ 参见贺东航、孔繁斌:《公共政策执行的中国经验》,载《中国社会科学》2011年第5期。

3. 政法传统与法院公共政策的执行

从系统—环境的进路来看，最高人民法院对行政机关发布的相应公共政策进行这种简单的一一映射是建立在中国社会尚未完全进行功能分化的基础上的。在功能尚未完全分化的社会中，司法机关是一种重要的行政机关，而不是一个独立的机构。相应地，法律也并没有形成自己合法/违法的二元符码，政治系统的有权/无权直接代替司法，同时道德领域的合乎道德/不合乎道德也成为法律的符码。行政权在行使司法权，对儒家道德观念的追求也代替了对法律本身的追求。司法的社会作用是力求塑造万能的青天父母官，而不是如同现代法律系统一样提供给人们稳定的合法预期，因此预期目的不一样，最终社会效果也完全不相同。① 法院与政府功能尚未分化导致的一个重要后果是政法传统的持续，并且，就行政权与司法权的力量对比而言，中国自古以来就是行政权大于司法权。建国以后，特别是改革开放以后，司法机关的权力得到了一定的提高，但是，司法权在很大程度上还是依赖于行政权。“长期以来，司法是实现党和国家政策目标的工具，不仅主导了中国司法制度的设计，也主导了具体的司法政策实践。每年一度的全国人民代表大会，最高人民法院向大会所作的工作报告的主要内容是，汇报整个法院系统在一年的工作中贯彻落实党和国家中心任务的情况……政治工作的中心决定司法工作的中心。”②

在政法传统中，最高人民法院以及其所属的各级法院系统，“必须积极地为政治服务，必须与当前的政治中心任务与群众运动相结合”③。为了防止中央政策在执行中出现“条条”“块块”的问题，中央在法院机关内部设立了各级党委，确保法院系统严格遵从党中央的意见，并利用“党管干部”原则在事实上掌控着法院系统。其实，在新中国成立之初，中国也较为重视法院技术治理的能力，并留用了一批国民党政府时期的旧法官，他们精通法律技术。但是，人民法院很快就发现这些人“把审判工作看作是‘超政治’的‘单纯技术工作’，孤立办案，脱离政治、脱离党的领导、脱离群众、不调查、不研究，使国家和人民遭受严重的损

---

① 参见刘涛：《明王朝的教训与中国功能分化之路——功能分化理论与中国社会政治体制改革》，http://www.chinaelections.org/newsinfo.asp? newsid=123664。

② 张友连：《公共政策与最高人民法院的角色——以关于汶川、玉树和舟曲的通知为分析对象》，载《法律科学》2011 年第 5 期。

③ 沈钧儒：《沈钧儒文集》，人民出版社 1994 年版，第 661 页。

失”[①]。因为国家权力活动的中立性与专业化容易形成官僚主义作风，致使公共政策在法院难以落实。1953年的司法改革将这些人员从司法队伍中清除出去。为了填补旧司法人员清除后留下的空缺，党和国家开始从以下人员中选用司法干部：(1)从其他党政部门选派一部分较老的同志到法院担任领导骨干；(2)青年知识分子；(3)“五反”运动中的工人、店员积极分子；(4)土改工作队和农民中的积极分子；(5)转业建设的革命军人；(6)各种人民法庭的干部、工会、农会、妇联、青年团等人民团体帮助选拔的适于做司法工作的干部、群众运动中涌现出并经过一些锻炼的群众积极分子。[②]

具体而言，政法传统主要体现在以下几个方面：第一，坚持走群众路线。它要求人民法院在具体的司法活动中始终坚持“群众路线”的方针。群众路线是党的根本工作路线，是指“一切为了群众，一切依靠群众，从群众中来，到群众中去”。毛泽东认为，在中国共产党的一切实际工作中，凡属正确的领导，必须是从群众中来，到群众中去的领导。在这个过程中，将分散的无系统的群众意见经过研究、化为集中的系统的意见，接着又到群众中去做宣传解释，化为群众的意见，使群众坚持下去，见之于行动，并在群众行动中考验这些意见是否正确。然后再从群众中集中起来，再到群众中坚持下去。如此无限循环，一次比一次地更正确、更生动、更丰富。[③] 第二，司法政策化。法院运行的主要目的之一就是如何实现统治者的意志，确保政策的运转。在改革开放之前，司法是阶级斗争的工具，承担着巩固社会主义政权的重要重任，而改革开放后，司法主要承担的是为经济发展服务的重任。第三，汇报请示制度。从本质上讲，政法传统体现的是一种科层制的管理模式，它需要上级对下级的工作提供指导，而下级应该对上级负责。因此，汇报请示制度是确保这种指导与负责实施的重要制度。

就当下最高人民法院出台的一系列应对金融危机的司法性文件而言，它充分地体现了政法传统的承续。例如，最高人民法院发布的《关于为维护国家金融安全和经济全面协调可持续发展提供司法保障和法律服务的若干意见》规定：“人民法院的各项审判工作与国民经济发展、社会稳定大局密切相关，在当前国际、国内宏观经济环境变化、社会矛盾增多的情况下，为维护国家金融安全

---

① 滕彪：《司法独立：话语在当代中国的变迁》，载罗玉中主编：《法学纪元》，北京大学出版社2004年版。

② 董必武：《董必武法学文集》，法律出版社2001年版，第123页。

③ 《毛泽东选集》第3卷，人民出版社1991年版，第899页。

和经济平稳较快发展提供司法保障和法律服务，是当前和今后一个时期人民法院贯彻党的十七届三中全会精神，学习实践科学发展观，坚持'三个至上'指导思想的重要任务。"[①]在该文件中，最高人民法院将国务院制定的应对金融危机的相关公共政策与党的基本主张结合起来，从而在根本上强调党委领导、党政合作对这方面公共政策的实施所具有的高位推动力，并主动自觉地与党中央、国务院保持一致。另一方面，最高人民法院也意识到有效应对金融危机是一项复杂的工作，单凭法院一家能力是不行的，只有党委高度重视，并由国务院制定具体应对方案，以国务院进行牵头，金融管理机构、商务部、财政部、法院等相关职能部门进行配合，才能够有效解决公共政策多属性带来的困境，达至有效治理的结果。[②]

三、功能分化社会与最高法院对公共政策的执行

随着改革开放的深入，中国社会的异质化程度愈来愈高，并在政治、经济和文化三大领域呈现出分化趋势。在这种情况下，以党委领导、党政合作为基础的高位推动式的政策执行方式愈来愈难以奏效。因为异质化给社会带来了功能分化，功能分化在提高社会整体功效的同时，也增加了社会整合的难度。

1. 异质化与社会的功能分化

改革开放以后，商品经济所形成的独特的商业文化给传统政治领域、经济领域和文化领域的"大一统"格局带来了巨大冲击：民众的价值观念和意识形态结构将会不断趋于丰富和多元化。在这个过程中，外来文化传播进一步加速了中国社会异质化的进程。社会异质化导致的直接结果就是社会分化。在卢曼看来，社会系统的异质化会打破社会系统原有的稳定结构，不断破坏系统的平衡性，并时刻对系统的生存构成威胁，从而导致社会系统在功能上的层层分化，最终形成各个次系统。这种功能分化不仅标示出系统与环境的差异，同时也使分化运作用于已标示出来的系统之中，使系统之内再一次分化出系统与环境，不断引发社会系统的层级化和社会结构的变化，实现社会的进化。[③] 例如，为了作出具有集体约束力的决定并惩戒违规人员，我们设立了执行机关并构成了政

---

① 最高人民法院发布的《关于为维护国家金融安全和经济全面协调可持续发展提供司法保障和法律服务的若干意见》的通知。

② 贺东航、孔繁斌：《公共政策执行的中国经验》，载《中国社会科学》2011 年第 5 期。

③ 焦瑶光、吕寿伟：《复杂性与社会分化——卢曼社会系统理论研究》，载《自然辩证法研究》2007 年第 12 期。

治系统；为了防止政治系统本身滥权而严重损害社会契约，从而维持预期的普遍一致性，我们设定独立的法规实施监督从而构成了法律系统；我们为了理性地促进大众福利的核算，我们设定了经济系统；为了加强公众的舆论监督，我们设定了传媒系统；等等。[①] 各个次系统不但具有自己独特的功能，而且也具有自己独特的看待事物的二元符码。例如：政治系统的符码是有权/无权；经济系统的符码是赚钱/赔本；道德系统的符码是合乎道德/不合乎道德；法律系统的符码是合法/违法；教育系统的符码是成绩合格/不合格；等等。

因此，在异质化不断增强的当下中国，行政机关与人民法院的职能分化愈来愈强。1989 年，任建新在《最高人民法院工作报告》中指出："党的十三大明确提出'改善执法活动，保障司法机关依法独立行使职权'，七届全国人大常委会工作要点中提出，人大常委会通过法律监督，要保证审判机关依法独立行使职权。人民法院依法独立审判的宪法原则愈来愈多地为社会各界所认识，人民法院的执法活动得到更多的尊重和支持。"[②]1999 年，肖扬同志在《最高人民法院工作报告》中指出司法改革的重点是："改变长期存在的审判工作行政管理模式，建立符合审判工作规律，具有审判工作特点，适应审判工作需要的法院管理机制；改革法官人选的考试考核办法，建立从社会高层次法律人才中公开招考法官的制度和在经过基层锻炼与考验的司法人员中逐级选拔法官的制度，把好进人关，提高法官素质；完善人民陪审员制度，继续积极探索人民陪审员的推荐、任职等方面的改革，充分发挥人民陪审员在审判工作中的作用；改变长期存在的'重实体、轻程序'的现象，严格按照诉讼程序办案；调整人民法庭设置，加强人民法庭建设，充分发挥基层人民法院派出机构的职能；积极探索法院体制改革，确保人民法院依法独立公正行使审判权。"[③]在这些重要文件的指引下，人民法院的主要职能被定位为依照法律定纷止争。相应地，合法/不合法、权利/义务、程序正义/实质正义等逐步成为人民法院系统的符码。人民法院通过这些符码的编排，日益形成一种独特的法律思维方式，即按照法律的逻辑包括法律的规范、原则和精神来观察、分析和解决社会问题的思维方式。其内容包括：以权利与义务分析为线索、合法性优于客观性、形式合理性优于实质合理性、普

---

① 刘涛：《中国崛起与功能分化：中国和西欧之比较》，http://www.studa.net/shehuiqita/080229/13225899-3.html。

② 任建新于 1989 年 3 月 29 日在第七届全国人民代表大会第二次会议上所作的《最高人民法院工作报告》。

③ 肖扬于 1999 年 3 月 10 日在第九届全国人大第二次会议上所作的《最高人民法院工作报告》。

遍性优于特殊性、程序问题优于实质问题、理由优于结论等。[①]

2. 对当下法院执行公共政策的检讨

就最高人民法院下发的一系列应对金融危机的司法性文件而言，它充分发挥了司法能动性，从而有力地执行了国务院制定的相关公共政策。但是，在此过程中，人民法院理应具有的有别于行政机关职能的独特职能并未发挥出来。

第一，人民法院系统内部的符码错乱。前已述及，社会职能分化的一个重要表现就是符码分化。但是，在法院下发的应对金融危机的相关意见或政策中，我们可以发现许多地方存在符码错乱的情况。例如，2009 年 3 月 30 日，最高人民法院下发了《关于审理涉及金融不良债权转让案件工作座谈会纪要》。该《纪要》对于不良债权转让合同有效性审查设置了十分严苛的标准，其中绝大多数标准并非来自现行法律或行政法规的明确规定，而是由司法部门依据民意作出来的，其中不仅有条款涉及不良债权转让的程序要件（如债权转让未按规定办理报批、备案、登记等手续），更有内容直接指向债权转让价格是否"低估、漏估"等。之所以这样要求，最高人民法院的解释是："数以万亿元的国有金融债权的剥离与处置，绝不仅仅是简单的商事主体之间的私权处分，而是巨额国有资产的流动与利益再分配问题。这种流动能否在公开公平公正的程序下进行，事关全体国民和国家的利益，事关人民对党和政府的基本信心，事关我国金融体制改革乃至国有资产管理体制改革目的能否顺利实现，这是我国当前非常重要的社会公共利益之一。"[②]最高人民法院所使用的语词并不是合法/不合法、权利/义务等符码，而是使用了一些明显具有政治倾向的符码。又例如，对于返乡农民工违反土地承包经营权流转合同的，最高人民法院并不是从规范层面而是从道德层面来处理的，即"要在当地党委领导、政府支持下，加大调解力度，多做对方当事人的工作"。人民法院系统内部符码错乱导致的结果是法院往往把司法的间接目的等同于直接目的。其实，人民法院应对金融危机是在建构社会主义和谐社会这一政治背景之下展开的，并且也把有关金融危机案件的处理当作其参与和谐社会建构工作的一部分。但是，最高人民法院并没有通过一定的"解码"和"译码"程序，将这种政治话语转化为法律的符码，而是采取一一映射地方式，让法律话语硬生生地"比附"政治话语，从而致使司法的独立功能难以

---

① 参见郑成良：《论法治理念与法律思维》，载《吉林大学社会科学学报》2000 年第 4 期。

② 黄韬：《中国式的公共政策法院——以我国法院对金融案件的处理为例》，载《社会科学研究》2011 年第 6 期。

发挥出来。

第二，法院防止公共政策非公共化的职能没有发挥出来。以党委领导、党政合作为基础的高位推动能够有效解决公共政策多属性带来的“囚徒困境”，但不得不强调的是，如何保证这种受高位推动的公共政策自身具有合法性这一问题。按照公共选择学派的观点，“政府对社会和经济生活的种种调节和干预中暗含着租金，在理性经济的驱动下，公共政策的制定必然是在所有相关经济人的压力下完成，围绕着租金这个超额利润，在利益冲突过程中进行的公共选择是政府与个人之间进行的一场政治交易。政府的决策过程成为利益的交换过程，公共政策就是交易中讨价还价的结果。因为不同的个体对于政府影响力大小的不同，在任何时候，公共政策代表的都是影响力相对较强的那部分个体的利益”①。尽管公共选择学派的观点有些偏激，但是它的的确确指出了公共政策存在“非公共化”这种可能性。而法院通过制度化的运作能够有效防止公共政策非公共化的出现，这也是法院的一项重要政治功能。就当下应对金融危机的相关司法文件来看，最高人民法院实质上起到的是一种传达中央文件的作用。这种强调司法能动的立场在一定程度上忽视了司法应当保持适度的克制，其背后所预设的是一个全知的、不会犯错的政府的存在。

第三，这种公共政策执行方式还是建立在社会功能分化不充分基础上的。在社会功能分化不充分的情况下，良心和是非观念是公共政策自身是否具有合法性的判准。因为功能分化不充分的社会往往是一个文化同质性较高的社会。在这种文化同质性较高的社会，基于文化多元性的数种评判事物的二元符码并未出现。这种具有单一性的文化理想的与某种固定的社会图像同一，道德愿望与审美愿望被转化为并代之以支持那些确定的社会惯例和社会安排的详尽规定。② 因此，公共政策与社会通行的道德愿望与审美愿望相一致，那么，公共政策就具有合法性。在最高人民法院看来，政府制定应对金融危机的相关政策具有较高的道德愿景，即建构社会主义和谐社会的一部分。而社会主义和谐社会既是个法治社会，更是个道德社会，是个充满人情味的社会。因此，政府制定的防止形式主义给道德社会带来冲击一些政府具有合法性。相应地，人民法院也应当从道德角度来看待司法这一问题。例如，最高人民法院出台的相关文件中

---

① 陈国权、付旋：《公共政策的非公共化：寻租的影响》，载《中国行政管理》2003 年第 1 期。

② 参见[美]诺内特、[美]塞尔兹尼克：《转变中的法律与社会：迈向回应型法》，张志铭译，中国政法大学出版社 2004 年版，第 54 页。

多处使用“尽量”“慎重”“合理”“帮助”“妥善”等极富道德色彩的词语，并且一再强调“各级法院增强服务大局意识，合理把握涉企业债务案件的审判尺度，注意利益平衡，多适用调解、和解和司法重整等法律调节手段，妥善处理涉企业诉讼案件”[①]。然而，经过改革开放三十多年的洗礼，民众价值观念和意识形态结构的丰富和多元促使社会分化成为了不争的事实。以党委领导、党政合作为基础的高位推动能够有效解决公共政策多属性带来的“囚徒困境”，但是，它并不能解决民众对公共政策执行结果的接受问题。近年来出现的群众上访和群体性事件就充分说明了这一点。

四、迈向权利时代的中国司法

从十一届三中全会的“改革开放”、十二大的“中国特色社会主义”、十三大的“社会主义初级阶段理论”，到十四大的“社会主义市场经济”、十五大的“邓小平理论”，再到十六大的“三个代表”、十七大的“科学发展观”，都可以看作是中国政治发展的节点。人民法院深受服务于社会主义现代化建设这一根本目标的指引，根据不同的政治发展节点调整其政治话语，从而在根本上确保与中共中央在政治思想上保持高度一致。中国共产党也在政治话语变化和发展过程中，重新确立了现实政策与政治意识形态的关系，即“从前中共领导人用意识形态指导现实政策，如果现实与意识形态不相吻合，就会改变政策来迎合意识形态的纯洁性；但现在意识形态是为现实政策服务的，需要修正的是意识形态而非牺牲现实”[②]。在此发展过程中，中国共产党自身的执政合法性得到了进一步增强，中国共产党的政治领导在国家各个机关也就得到了自觉拥护，因此，最高人民法院历年工作报告无论是在描述策略上，还是在陈述模式上，抑或是修辞策略上，都会主动反映当时中国共产党的主要政治话语。但是，我们很难在党的相关文件、决议和政府工作报告和决议中看到那些首次在最高人民法院工作报告中使用的创新话语。从这种意义上讲，最高人民法院的政治话语总是滞后于党的政治话语，其发展与变迁也主要取决于党政治话语的发展与变迁。这也在客观上反映了人民法院发展依赖于政治发展，而人民法院对政治发展的反作用力发挥不够这一事实。

其实，法院主要是通过形成新的公共政策来带动政治话语的发展与变迁

---

① 《最高法院出台一系列应对金融危机司法意见回顾》，载 2009 年 8 月 17 日《人民法院报》。

② 张广昭：《1949 年以来中国意识形态变迁》，载 2011 年 10 月 6 日《联合早报》。

的。从理论上讲，形成公共政策以适应社会变迁需要是法院的一项重要政治功能，也是实现司法发展与政治发展双向进化的重要方式。按照卡多佐大法官的说法，“法院的职能并不是必然接受那些 100 年前或 150 年前被认定为是政策规则的东西，而是要以一种为情况许可的、最接近精确的方式来确定，什么是适合目前时代的政策规则”①。“司法过程的最高境界并不是发现法律，而是创造法律；所有的怀疑和担忧，希望和畏惧都是心灵努力的组成部分，是死亡的折磨和诞生的煎熬的组成部分。在这里面，一些曾经为自己时代服务过的原则死亡了，而一些新的原则诞生了。”②之所以这样说，是因为作为司法裁判根据存在的法律往往存在代议民主制的贫困问题，即社会对高质量立法的需求让代议机关力不从心。③ 因此，作为具体政治意识体现的法律从一制定出来就面临庞德所说的“法律必须稳定，但又不能静止不变”这一悖论。④ 要想解决这一悖论，就必须充分发挥法院所具有的公共政策形成功能。从美国法院的司法实践来看，法院对财产、资金和劳工、商品流通、福利分配、堕胎、种族冲突、同性恋、安乐死、公民自由、环境保护等方面公共政策的形成都发挥了重要的作用，从而进一步推进了美国民主化的进程。⑤ 具体而言，法院公共政策形成功能实现的途径是：其一，通过宣布一项法律、法令、规则或政策无效来干预公共政策，其主要方式是司法审查；其二，直接、主动地制定规则和政策，其主要方式是司法解释和创制新的司法判例。⑥

就中国历年来《最高人民法院工作报告》而言，最高人民法院主要从司法解释的角度陈述了法院公共政策形成功能的实现情况。在 1980～2010 年这三十一年间，最高人民法院提到“司法解释”这一语词的总次数为 133 次。但是，从最高法院的批复或规则来看，绝大多数还是基于审判实务中的事实和问题而产生。这些批复或规则往往具有强烈的个案色彩，难于具有超越个案意义的普遍意义，从而难于形成抽象规则形式的司法解释，更难助于公共政策的形成。⑦ 另一方面，历年《最高人民法院工作报告》对于司法解决个案所具有的或可能具有

① [美]本杰明·卡多佐：《司法过程的性质》，苏力译，商务印书馆 1998 年版，第 59 页。
② [美]本杰明·卡多佐：《司法过程的性质》，苏力译，商务印书馆 1998 年版，第 105 页。
③ 参见沈岿：《司法解释的“民主化”和最高法院的政治功能》，载《中国社会科学》2008 年第 1 期。
④ 参见[美]罗科斯·庞德：《法律史解释》，邓正来译，中国法制出版社 2002 年版，第 2 页。
⑤ 参见庞凌：《社会转型与中国法院政治功能的重塑》，载《浙江社会科学》2003 年第 4 期。
⑥ 参见庞凌：《论法院的政治功能》，苏州大学硕士学位论文，2002 年，第 30 页。
⑦ 参见沈岿：《司法解释的“民主化”和最高法院的政治功能》，载《中国社会科学》2008 年第 1 期。

的公共政策形成的意义缺乏必要的阐释。历年的工作报告都会对本年度的大案要案进行通报。但是,它们总是从反腐倡廉、国家实行依法治国的决心、教育和警示等角度来着手的,而殊少论及该案解决对于制定法的发展所具有的意义。再者,2000 年颁布实施的《中华人民共和国立法法》第 43 条和第 90 条规定,最高人民法院享有提出法律解释要求的权力和提出审查行政法规、地方性法规、自治条例和单行条例的权力,但是历年《最高人民法院工作报告》都没有这方面的汇报。[①] 或许有人认为,《最高人民法院工作报告》缺少这方面的原因在于最高人民法院在实践中困难重重。假如是这样的话,最高人民法院应当在报告来年工作安排或工作重点上突出出来,从而确保公共政策形成功能的实现。

通过上文的分析,我们认为,在人民法院的发展与中国政治的发展之间,形成了一种单向的依赖关系,即人民法院的发展主要取决于中国政治民主化的发展,而人民法院对中国公共政策的形成与发展所具有的推动力没有充分发挥出来。一方面,人民法院所具有的提请法律解释的权力和提请审查行政法规、地方性法规、自治条例和单行条例的权力没有得到充分行使;另一方面,人民法院在司法实践中也没有充分发挥通过司法解释和创制新的司法判例来制定规则和政策的职能。因此,人民法院的发展与中国政治的发展是一种单向进化的关系。从这种意义上讲,人民法院被深深地镶嵌在中国政治结构中,并呈现出一种"自我锁定"的状态。之所以人民法院发展与中国政治发展会形成这样一种关系,我们可从以下几方面来把握:

第一,政治是法律存在的根据。从本质上讲,"政治乃是有关共同体成员之公共利益和公共事务管理之筹划、决策及其实施的活动",而"法律所关涉的事务乃是对于社会生活主体的利益关系的调整与规范化处置"[②]。因此,政治的发展直接影响着法律的发展。自改革开放以来,中国社会的政治任务经历了动员人们去参与有中国特色社会主义建设和法律现代化的进程,并消解经济发展带

---

① 《中华人民共和国立法法》第 43 条规定:"国务院、中央军事委员会、最高人民法院、最高人民检察院和全国人民代表大会各专门委员会以及省、自治区、直辖市的人民代表大会常务委员会可以向全国人民代表大会常务委员会提出法律解释要求。"第 90 条规定:"国务院、中央军事委员会、最高人民法院、最高人民检察院和各省、自治区、直辖市的人民代表大会常务委员会认为行政法规、地方性法规、自治条例和单行条例同宪法或者法律相抵触的,可以向全国人民代表大会常务委员会书面提出进行审查的要求,由常务委员会工作机构分送有关的专门委员会进行审查、提出意见。"

② 姚建宗:《法律的政治逻辑阐释》,载《政治学研究》2010 年第 2 期。

来的民众脱离政治依附性的离心力到进一步强化中国特色社会主义建设和法律现代化这一基本方向，再到重新恢复民众对于社会现代化信心这样一个演变过程。相应地，中国法院在描述策略、陈述模式以及修辞策略等方面都进行了相应的调整，从而适应中国社会政治任务的变化。一旦中国社会的政治任务发生变化、中国司法所承担的政治功能也就发生相应的变化。这构成了中国司法发展的主要动力。例如，自胡锦涛总书记提出构建社会主义和谐社会这一政治任务以来，中国司法就逐步从“自愿调解”阶段向“调解优先”阶段过渡。从这种意义上讲，人民法院发展依赖于中国政治发展具有一种当然的合法性。[①]

第二，中国法制现代化进程并不是哈耶克所说的一种自生自发社会秩序形成过程，而是中国共产党和政府主导的外生性过程。在中国法制现代化进程中，“中国共产党和中央人民政府不仅具有领导社会变革的合法性资格，而且具有很强的社会组织能力和动员能力。改革开放以来，正是执政党和政府对现代化建设的坚强有力的领导，防范和避免了发展中国家在现代化过程中容易发生的大规模的政治动乱和社会危机，保证了法治建设事业有计划、有步骤、有秩序地稳步推进。各级党政部门根据各自职责领导或参与法制现代化建设事业，不仅保障了国家法制建设总体思路和政策的实施，也探索出了许多行之有效的法制建设新经验”[②]。另外，就法治的实质而言，它强调对权力行使者进行必要限制。因此，中国推进法制现代化进程也就意味着执政党和政府进行必要的放权。在中国这样的威权体制下，执政党和政府的放权主要还是执政党和政府自上而下的主动放权。人民法院在通过司法途径形成公共政策扩大公民权利的过程中往往困难重重。这些困难反过来又使人民法院奉行一种“犬儒主义”政治策略，从而“自我锁定”在中国政治结构中而无所作为。

第三，人民法院应对社会变迁和政治发展的能力不足。现代社会，法院的功能不单单是定纷止争，维护法律安定，它还要承担起形成公共政策，应对社会变迁和政治发展的职能。因此，法官不但应当具有丰富的法律知识，还需要广博的社会知识和敏锐的政治意识，能够对时代的发展方向作出迅速而准确的判断，并将这种社会判断和政治判断转化为法律判断。而这种能力是当下人民法院和法官最为欠缺的。在这种情况下，人民法院的发展只能单向度地依赖政治

---

① 对此问题，本人在《调解兴衰与当代中国法院政治功能的变迁》一文进行了专门论述，在此不再赘述。

② 黄文艺：《论中国特色社会主义法律发展道路》，载《法制与社会发展》2007年第6期。

发展。

尽管人民法院深深地被镶嵌在中国政治结构中，并形成了人民法院对中国政治的依赖格局，但是这种既存的依赖事实却被某些学者所忽视。有的学者甚至极力主张从法律脱离政治的角度来构建中国的司法制度和法院系统。从理论上讲，这样一种思路在根本上忽视了制度变迁所具有的报酬递增和自我强化的机制，从而否定了中国政治发展对司法发展所具有的优化作用。从实践上讲，中国强大的政治结构也不会允许中国司法游离于中国政治结构之外。直言之，人民法院的发展与进步必须在中国现行政治体制、政治架构之内进行，并要自觉地接受中国现行政治意识形态的影响。忽视这一客观现实而构想出来的任何一种司法改革方案都是没有社会现实基础的，都只能成为学者们的“一厢情愿”。

另外，我们也要从最高人民法院历年工作报告的描述策略、陈述模式以及修辞策略中看到，人民法院和中国司法对中国政治发展的这种依赖所形成的单向进化可能会使人民法院和中国司法被“锁定”在某种无效率的状态之下。这种“锁定”状态主要体现在中国司法制度对于政治体制的发展与进步所应当具有的作用在历年的最高人民法院工作报告中并没有充分体现出来。因此，最高人民法院的话语只是被动地适应中国政治话语的发展，而对中国政治制度的发展与进步缺乏推进作用。这种单向进化关系在客观上要求中国司法制度必须进一步重视中国政治体制、政治架构以及政治意识形态所具有的“结构性”意义。与此同时，我们也要看到这种单向进化存在的局限，即中国司法对于中国政治体制、政治架构以及政治意识形态的发展与进步缺乏必要的推进作用。如何发挥中国司法对中国政治体制、政治架构以及政治意识形态的发展与进步的推进作用这一重要的政治功能，从而实现法律与政治的双向进化呢？

第一，人民法院要加强将政治判断转化为法律判断的能力。而区分某一政治目的到底是法律的直接目的还是间接目的是政治判断转化为法律判断的前提。尽管政治目的作为司法的现实目的而存在，但是，司法目的并非政治目的的简单复写，而且，在很多情况下，政治目的只是司法的一个间接目的。[①] 例如，中国司法具有的为社会主义现代化建设事业保驾护航的目的，就是一个典型的间接目的。司法最为直接的目的是通过权利界定的方式定纷止争。倘若将为社会主义现代化建设事业保驾护航界定为司法的直接目的，当事人的权利就难

① 参见姚建宗：《法律的政治逻辑阐释》，载《政治学研究》2010年第2期。

免会被牺牲。具体而言，将政治判断转化为法律判断就是要将执政党和政府提出的政治命题转化为用“权利”“义务”“公平”“正义”“责任”等一系列范畴所连接的命题，并在此基础上到现行法中寻找相应的法律规则和法律原则。

第二，中国法院对公共政策执行的完善。中国当下社会是个功能分化不充分的社会。这种功能分化不充分主要体现在立法权、行政权和司法权没有适度分化，各权力部门之间符码错乱的现象时有发生。因此，行政权与司法权之间进行功能分化是防止公共政策非公共化的一个重要途径。在此需要强调的是，行政权与司法权的功能分化并不是西方“三权分立”意义上的权力分化。在当下中国，中国共产党的政治纲领和严密的组织结构已经使其影响力渗透到社会的各个层面和方面。因此，中国共产党不仅是领导当代中国各方面事业的核心力量，而且是当代中国社会各阶层和各种政治力量的一个组织、动员、整合和表达机制。[①] 这种影响力也渗透到行政机关和司法机关。所以，在当下中国政治结构中，行政权与司法权都不是两种独立的权力形态，它们都需要接受党的领导。任何试图脱离中国共产党来建构司法自治与开放的理论都只能说是“一厢情愿”。因此，我们认为，中国应当在坚持中国共产党领导的前提下实行行政机关与司法机关的功能分化。

首先，行政机关与司法机关的功能分化是“管事”上的分化。行政机关所要管的是经济、社会、文化、教育等方面的事情；而司法机关要管的主要是社会纠纷，而且主要是告上法院的纠纷。司法机关职能限定在社会纠纷上，特别是告上法院的纠纷，其原因主要有二：一是法院自身职业化的需要；二是法院人力、财力等方面的限制。

其次，中国共产党对行政机关与司法机关的领导。有人也许会认为，中国共产党的领导会干涉到行政与司法。但是，中国共产党是有党纪的且与法律具有一致性，如果是违反法律和党纪的领导干部的干涉，行政与司法机关都可以党纪和法律为由加予拒绝。还有一种情况，即似乎党以某种方式干预了，例如，对某些社会热点问题的处理作了批示；但其实完全有可能即使没有党的这一批示，相关司法部门也会依据法律获得大致相同的结果。这时，某些看似党的干预，往往只是党的一种必要政治策略，只是为了回应民众的呼声，以增强自己的

---

① 参见苏力：《中国司法中的政党》，载苏力主编：《法律和社会科学》第1卷，法律出版社2006年版，第262页。

合法性和代表性。[①] 另外，坚持中国共产党的领导有利于对行政机关与司法机关的职能进行有效整合。因为社会分化导致的专门化可以提高社会管理的专业化程度，但是，其负功能是增加社会整合的难度。因为分化程度越高，协调的任务越重，协调难度越大，协调的要求越高，而中国共产党在整合方面具有优势。

再次，行政机关和司法机关可以将自己的意见向党反映，从而使党加以重视，并用"高位推动"的方式来使各部门给予重视，让各部门用自己的符码来加予应对。因此，在这个过程中，行政机关与司法机关并不是一种机械地复写党的意志，而是能够促使党形成新的意志。就政府公共政策的执行而言，法院应当首先保持一种较为克制的态度，并通过宪法这一结构耦合机制形成司法在自治前提下的开放性。具体而言，法院要充分考量这些公共政策和宪法之间关系，判断这些政策的合宪性。只有具有合宪性这样一个前提条件，法院才能够考量如何通过法律的符码（合法/违法、程序/实体、权利/义务等）将公共政策编译为司法裁判的依据。这也就意味着，法院要注意区分合乎宪法的公共政策所要达致的目的或目标是法律的直接目的或目标还是间接目的或目标这一问题。[②] 当然，由于受制于中国当下宪法体制的原因，这种合宪性审查只能是一种宪法文本意义上的审查。但是，这并不意味着政府不能够对法院造成影响。政府既可以将其制定的公共政策通过法律途径上升为国家法律，也可以利用党"高位推动"的优势，并在符合党的纪律前提下有效整合司法资源促进政府符合宪法的公共政策得予实施。

第三，人民法院要用正当法律程序的方式来实现政治的目的或体现现实的政治需求。中国目前正处于社会转型期，各种社会矛盾交织在一起。执政党和政府出于执政安全考虑往往会要求人民法院对某一政治认识作出迅速回应。这种即时政治需求往往会对司法的平和性提出挑战。在这种情况下，人民法院一定要高度重视正当法律程序所具有的防止政治权力滥用的功能。

---

① 参见苏力：《中国司法中的政党》，载苏力主编：《法律和社会科学》第 1 卷，法律出版社 2006 年版，第 265 页。

② 对此问题，姚建宗教授以"和谐司法"这一问题为例进行了较为精辟的论述。他认为，任何一个社会纠纷一旦成为法律纠纷，实际上就已经表明纠纷各方在利益对立方面已经不可能心平气和地加以"和谐"解决了。因此，在这个意义上"和谐司法"就如"圆的方"或者"方的圆"一样本来就是一个伪命题。所以，司法也不能不是达到真正的社会和谐的一种手段。对于司法而言，"和谐"只可能是其间接的目标与目的，而在任何情况下都绝对不可能是其直接的目的与目标。（参见姚建宗：《法律的政治逻辑阐释》，载《政治学研究》2010 年第 2 期）

第四，人民法院要坚持宪法这一最低底线，维护宪法的权威，用宪法来引领中国政治制度、政治架构、政治意识形态以及公共政策的发展。中国当下的政治制度、政治架构以及政治意识形态在根本上是与宪法相一致的，但是也存在一些不一致的地方。司法机关在进行司法活动时要主动将宪法作为一个基本判准，从而推动中国政治制度、政治架构以及政治意识形态良性发展。另外，为了防止在公共政策形成过程中滥用个人理性，法官要自觉地将期冀形成的公共政策与宪法条文和宪法原意进行对照，从而分析该公共政策是否具有合宪性。

第五，充分发挥最高人民法院公共政策的形成功能。(1)健全和完善最高人民法院提请法律解释的制度和提请审查行政法规、地方性法规、自治条例和单行条例的制度。(2)完善最高人民法院的司法解释制度。最高法院可以不拘泥于特定案情或特定当事人的意见陈述，可以像立法机关那样广泛听取相关利益主体的意见，召开专家咨询会或论证会，甚至成立由最高法院法官和法院以外专家联合组成的起草小组。[①] 这样一来，最高人民法院的司法解释所具的普遍意义会得到大幅度增强。

① 参见沈岿：《司法解释的"民主化"和最高法院的政治功能》，载《中国社会科学》2008年第1期。

附　录

一、中国人权法学的学科独立性初探

——以2008年的研究成果为基础

齐延平　于文豪

自20世纪80年代以降尤其是90年代以来，人权问题逐渐在中国成为热点理论问题。中国的人权研究大致经历了由最初集中批判西方人权观念的阶级伪善性，到在文明差异背景下探讨人权的普遍性与特殊性及其可能路径，再到重视国家人权标准的提升和人权制度的建构与实现的发展历程。在这一过程中，作为以人权理念为核心概念的人权法学开始成长和成熟。人权法学兼具学理性与制度性的特点，它既要从法理层面对人权原理予以分析，也要从实在法角度对其法律表达予以分析。从总体上观察，已有的研究成果具有很强的探索性，但同时亦属“初级阶段”。就学科自觉性而言，中国的人权法学体现的还不充分。我们认为，人权法学独立学科品格的不断提升、学术成果与国际研究前沿的相互融合，以及中国人权话语权的获得，离不开对这一学科既有成果的总结和对当前发展情况的总体把握。基于这种认识，本文将以2008年国内人权法学的研究成果为基础，分析我国人权法学的研究现状，同时为其今后发展提供参考建议。需要说明的是，由于国内目前尚无专门讨论人权法学学科独立性的文章，因而本文的研究在具有某些开拓意义的同时，更是为今后该学科的发展蓄积基础。

一、人权法学研究概况

学术活动的频繁程度和主题的多样性与集中性是考察一门学科发展的重要参照。据不完全统计，2008年举行了近十次比较重要的人权法学学术会议，开展了多个人权法教育项目，举行了两次中欧人权对话会，举办了“首届北京人权论坛”，并围绕《世界人权宣言》颁布60周年举行了多次纪念活动。

在著作出版方面，2008年出版的十余部著作涉及人权法学原理、国际人权法、人权教育、结社权、反歧视法、特殊群体人权保护、刑事司法与人权保护等主题。这一年出版的比较重要的教材是徐显明教授主编的《人权法原理》。该书提出创立人权法原理学科，以统摄人权法基础理论研究，并区别于研究具体人权保护的国际人权法学和各部门法学。其基本研究路径在于“通过研究国际人权法、宪法及各部门法中具体人权的理论基础，打破法理学与部门法学的界限，勾勒出由学理性人权到制度性人权的理论脉络，形成人权保护的总体理论框架”①。

在学术论文方面，根据索引资料的统计，2008年国内学术刊物发表的人权法学论文超过400篇，其中21种法学类CSSCI来源期刊有100篇左右，中国人民大学报刊复印资料转载的有10篇左右，这些数字与此前几年基本一致。观察论文主题可以发现，人权法学研究具有较强的时代性，并开始呈现细致化、规范化的特点。

二、人权法学研究的新进展

2008年的人权法学研究涌现出了许多理论观点，细致梳理这些进展有助于了解学术界已经做了什么、还需要做些什么。我们以21种法学类CSSCI源刊发表的、人大报刊复印资料转载的及其他比较重要的总共126篇论文为基础，以专题的形式就人权法学的研究进展做出归纳。

（一）人权法原理研究

人权法的理论基础在于人权的正当性，而人权正当性的实现在于人权论证，因此如何达到人权正当性是人权法学最为基础的问题。严海良探讨了康德的人权思想，认为康德将人的尊严作为人权的哲学基础，通过论证道德法则确立了人权的道德基础，从“原始契约”的先验理念出发，人权才真正在国家中获

---

① 徐显明主编：《人权法原理》，中国政法大学出版社2008年版，前言第4～5页。

得确立和保障。[①] 他还论述了人权论证的范式转向，对人权正当性的追问必然要求实现人权论证从主体性转向关系性。[②] 曲相霏指出，把人权主体从人转化为公民是近现代人权灾难的重要原因，而公民与世界公民的双重身份将可在主权国家和超越主权国家的世界公民社会两层面上推动人权保障。[③]

人权的价值不仅在于保护人自身，更在于维系民族主权国家的续存与发展。赵明认为，只有基于人权的普遍化和经济的全球化发展基础上的民主政治和法制秩序才能为民族主权国家的继续存在和发展提供正当性基础。[④] 龚向和认为，人权既是发展的目的又是发展的手段，而发展是一个扩展人权的全面过程，需以人权为基点，以政治权、经济权、社会权和文化权四项基本人权来度量发展的质量。[⑤]

人权与主权的关系是一个传统话题。张爱宁认为，人权与主权是内容与形式、目的与手段的关系，主权的归宿在人权，人权巩固了国家而非超越了国家。[⑥] 何志鹏进一步提出，全球化背景下强调主权的绝对性已不再可能，人权与主权均应置法律的规范之下，在法律的指引下实现互动。[⑦]

有学者研究了人权与其他权利的关系。曲相霏认为，人权和民权代表了不同的价值取向，近代以来的中国在接受西方宪政文化时首先认同的是民权而不是人权。[⑧] 梁文永认为，人权是税权的权力制衡，税权是人权的权利保障，只有充分有效的人权才能构成对税权的有效限制和制约。[⑨] 王渊、马治国反思了知识产权与人权的冲突，认为知识产权制度需从创造者为中心转向以社会公众为中心。[⑩]

---

① 参见严海良：《理性与自由：康德论人权的确立》，载徐显明主编：《人权研究》第 7 卷，山东人民出版社 2008 年版，第 1～30 页。

② 参见严海良：《从主体性到关系性：人权论证的范式转向》，载《法制与社会发展》2008 年第 5 期。

③ 参见曲相霏：《人・公民・世界公民：人权主体的流变与人权的制度保障》，载《政法论坛》2008 年第4 期。

④ 参见赵明：《经济的全球化与人权的普遍性——论通向世界和平秩序之法制构建的基础和原则》，载《比较法研究》2008 年第 5 期。

⑤ 参见龚向和：《和谐社会构建中的人权与发展》，载《法学杂志》2008 年第 2 期；龚向和、袁立：《以人权为核心度量发展的四个维度》，载《河北法学》2008 年第 11 期。

⑥ 参见张爱宁：《国际法领域中人权与主权的关系》，载《法学》2008 年第 8 期。

⑦ 参见何志鹏：《超越国家间政治——主权人权关系的国际法治维度》，载《法律科学》2008 年第 6 期。

⑧ 参见曲相霏：《十九世纪末二十世纪初人权语词在中国的使用》，载《法学家》2008 年第 4 期。

⑨ 参见梁文永：《人权与税权的制度逻辑》，载《比较法研究》2008 年第 1 期。

⑩ 参见王渊、马治国：《现代知识产权与人权冲突的法理分析》，载《政治与法律》2008 年第 8 期。

保护人权需要在理念和法律制度层面共同努力。黄建武通过分析法权的构成探讨了人权的法律保护问题，认为法权应当是价值与现实、理性与经验的结合。[①] 杨春福认为，建立和谐社会必须通过改进公民权利规定、合理约束政府权力和完善公民权利表达与救济途径来实现。[②] 于立深认为，公民权利已从自由权中心转向福利权保护，公民义务已从自然义务转向社会义务，保护人权必须厘定公民真正的权利和义务。[③] 胡锦光指出，只有国家充分尊重和保障宪法规定的公民基本权利才可使人基本上成为"人"，只有国家充分尊重和保障宪法没有规定的人权才能使人成为真正意义上的现代人。[④] 齐延平认为，发展权思想有助于人类的自我塑造及自我价值的实现，个人发展权是发展权的最终目的性权利。[⑤] 方世荣、孙才华认为，平等发展权是以发展为终极目标的平等权、以平等为价值尺度的发展权，也是平等权和发展权的扩展和深化。[⑥]

就人权保护的制度而言，吴家清认为，我国宪法文本中的人权分散在"总纲"和"公民的基本权利和义务"部分，缺乏内在的逻辑体系。[⑦] 李龙、李小萍认为，宪法人民主权原则与基本人权原则之间的紧张可通过宪法的有效性而沟通。[⑧] 黄学贤、陈峰认为，以"网络人权保障"作为互联网管制的标准可以合理地限定互联网管制的范围。[⑨] 赵正群认为，最高人民法院以行政判例的方式保障了两公约规定的诸项人权，而且正在拓展新的人权保护范围和规范。[⑩]

李秀群讨论了宪法基本权利的水平效力问题，国家介入私人主体关系中的实质是对两个相互冲突的私主体的基本权利进行价值衡量，基本权利冲突的解决可以运用比例原则。[⑪] 陈征认为，依照我国宪法精神，基本权利的国家保护义

---

① 参见黄建武：《法权的构成及人权的法律保护》，载《现代法学》2008 年第 4 期。

② 参见杨春福：《和谐社会、法治文明与公民权利保障》，载《北方法学》2008 年第 2 期。

③ 参见于立深：《权利义务的发展与法治国家的建构》，载《法制与社会发展》2008 年第 3 期。

④ 参见胡锦光：《论以人为本的"人"》，载《法商研究》2008 年第 1 期。

⑤ 参见齐延平：《论发展权的制度保护》，载《学习与探索》2008 年第 2 期。

⑥ 参见方世荣、孙才华：《平等发展权的行政法保护初论》，载《湖北社会科学》2008 年第 8 期。

⑦ 参见吴家清：《论我国宪法文本中的人权逻辑》，载《广州大学学报（社会科学版）》2008 年第2 期。

⑧ 参见李龙、李小萍：《论宪法中人民主权与基本人权原则的沟通——以哈贝马斯的宪法有效性理论为视角》，载《法律科学》2008 年第 1 期。

⑨ 参见黄学贤、陈峰：《互联网管制背景下的网络人权保障体系探析》，载《法治论丛》2008 年第 2 期。

⑩ 参见赵正群：《从实施人权公约的视角看我国行政判例对人权的保护》，载《法学家》2008 年第 2 期。

⑪ 参见李秀群：《宪法基本权利水平效力研究》，载徐显明主编：《人权研究》第 7 卷，山东人民出版社 2008 年版，第 31～111 页。

务功能应当与防御权功能并列处于最主导地位。[①] 张翔提出，基本权利限制问题可遵循"基本权利的构成—基本权利的限制—基本权利限制的违宪阻却事由"三个思考层次。[②]

龚向和认为，社会、经济权利同样具有可诉性，所谓的社会、经济权利相互冲突而公民和政治权利能共存的观点是人为的和虚构的。[③] 夏立安进一步指出，我国一旦缺失了对经济和社会权利的主要内部司法救济制度，对这类权利的可裁决性便陷入依赖辅助的外部救济的瘸腿状态。[④]

王祯军认为，未来我国不可克减的权利制度的建立应该通过统一、完善现有紧急状态制度，将不可克减的权利明确规定于宪法中以及完善不可克减的权利的救济制度来实现。[⑤]

张维认为，救济权是请求国家和社会为其提供帮助以弥补损害、实现权利的权利，包括权利救济权和获得救济权。[⑥]

何志鹏认为，"自然的权利"是人权保障体系的一部分，需以社会规范变革实现可持续发展的生活方式、政府决策、经济行为和国际关系。[⑦]

此外，袁钢对国家人权机构作了基础性研究，认为它应当享有广泛的权限、法律上的独立地位、机构的决策程序具有客观性和专业性、财政自治、任命和解聘机构领导人有法定程序、是多元化的代表。[⑧]

（二）具体权利研究

针对某一具体权利，究其内涵与价值，析其功能与保护技术，一直是国际人权学界通行的研究方法。但国内人权学界往往是宏论有余，而精致研究不足。如果不能进入到具体权利的层次，如果不能围绕一项具体的权利条分缕析，构

---

① 参见陈征：《基本权利的国家保护义务功能》，载《法学研究》2008 年第 1 期。

② 参见张翔：《基本权利限制问题的思考框架》，载《法学家》2008 年第 1 期。

③ 参见龚向和：《论社会、经济权利的可诉性——国际法与宪法视角透析》，载《环球法律评论》2008 年第 3 期。

④ 参见夏立安：《经济和社会权利的可裁决性——从健康权展开》，载《法制与社会发展》2008 年第 2 期。

⑤ 参见王祯军：《对保护不可克减的权利的一些思考》，载《中国社会科学院研究生院学报》2008 年第 3 期。

⑥ 参见张维：《权利的救济和获得救济的权利——救济权的法理阐释》，载《法律科学》2008 年第 5 期。

⑦ 参见何志鹏：《"自然的权利"何以可能》，载《法制与社会发展》2008 年第 1 期。

⑧ 参见袁钢：《国家人权机构导论》，载徐显明主编：《人权研究》第 7 卷，山东人民出版社 2008 年版，第 253～350 页。

筑起细密的学理与保护的网罩，人权的研究终将归于大而无当的境地。可喜的是，年轻一代学者已经将研究重点转移到了具体权利上来。

1．知情权与表达自由

章剑生认为，宪法没有直接规定知情权，但它却被确认于地方政府规章及党和国家的重要文件中，通过宪法解释方法将知情权列入宪法基本权利的条件已经成熟。[①] 王四新认为，欧洲人权法院将个体获得政府信息的权利，以及政府向利害关系人披露特定信息的义务建立在《欧洲人权公约》第 10 条的基础上，是较合理的选择。[②]

汤啸天认为，政府必须在自我革新、转变职能的过程中学会保障人民的表达权，对表达权应当以保障为原则、限制为例外。[③] 侯健注意到，如果针对公共论坛的管理性权力运用不当，就会不适当地制约人们在公共论坛上表达自由的权利。[④] 王四新认为，将寻求抽象意义上的真理作为保护表达自由的理由是不充分的，表达自由有助于寻求真理，但需遵守程序要求。[⑤]

简海燕讨论了媒体消息隐匿权，建议将其设置成新闻自由与司法公正之间的利益平衡杠杆，通过规范其权限大小达到二者平衡。[⑥]

2．隐私权

可欣认为，隐私权是自然人的具体人格权，包括隐私保有权、隐私修改权、隐私利用权和隐私处分权，其限制标准是符合特定目的的公共利益。[⑦] 刘泽刚认为，隐私自身并不足以成为宪法隐私权的目的，它还要兼顾诸如人格发展、人际交往、公共利益、社会秩序等价值。[⑧] 他还讨论了公共场所隐私权问题，隐私权保护重心从"场所"到"人"的转变，以及由此产生的"合理隐私预期"是公共场所隐私权的法律依据，对其保护必须突破僵化的公私法分立格局。[⑨] 胡建淼、岑

---

① 参见章剑生：《知情权及其保障——以〈政府信息公开条例〉为例》，载《中国法学》2008 年第4 期。

② 参见王四新：《欧洲人权法院判例法中的信息自由》，载《南京大学学报（哲学社会科学版）》2008 年第 6 期。

③ 参见汤啸天：《政府应当如何保障人民的表达权》，载《法学》2008 年第 5 期。

④ 参见侯健：《表达自由法制中的管理性权力》，载《比较法研究》2008 年第 1 期。

⑤ 参见王四新：《表达自由与真理》，载《环球法律评论》2008 年第 2 期。

⑥ 参见简海燕：《媒体消息隐匿权初探》，载《比较法研究》2008 年第 10 期。

⑦ 参见可欣：《隐私权研究》，载徐显明主编：《人权研究》第 7 卷，山东人民出版社 2008 年版，第 185～252 页。

⑧ 参见刘泽刚：《宪法隐私权的目的是保护隐私吗？》，载《社会科学家》2008 年第 5 期。

⑨ 参见刘泽刚：《公共场所隐私权的悖论》，载《现代法学》2008 年第 3 期。

剑梅进一步指出，应从立法上和司法上规范公共摄像监视行为，以捍卫公共空间中的必要隐私利益。[①] 岑剑梅还认为，电子时代的隐私权保护应以结果为判断侵权的标准。[②]

3. 受教育权

倪洪涛将义务教育阶段学生的宪法基本权分为学习自由权和学习社会权，《宪法》第 46 条第 1 款是学习社会权的表述，强调国家积极给付义务。第 47 条第 1 款是学习自由权的表述，强调国家消极不干涉义务。[③] 杨成铭认为，我国对城镇义务教育实行全面免费所需的立法、财政和经验等条件已成熟，应尽快对城镇义务教育全面免费。[④] 范履冰认为教育公益诉讼制度的建立途径为在诉讼法体系中建立公益诉讼制度，并在《教育法》中规定教育公益诉讼制度。[⑤]

4. 平等就业与反歧视

周伟认为，用人单位在行使用工自主权时要求劳动者具备与劳动能力、专业技术、岗位职责无关的身长因素，在法律上构成“考虑不相关的因素”的行为。[⑥] 谢增毅认为，我国应制定单独的《反就业歧视法》，而认定就业歧视时应以行为结果和因果关系作为构成要件。[⑦]

周翠彬提出，应重新评估性别差异及其法律价值，既要刚性规定女性在政治和社会话语权与决策权方面的法律地位，又应给予性别差异更大的自由发展空间。[⑧] 周伟指出，就业中性别歧视的主要原因是法律制度对用人单位因女性在劳动力市场中固有的弱势形成的劳动力成本高于男性的经济因素规制不力。[⑨] 敖双红提出，须综合考量特别保护性立法，尤其注意是否对被保护者有利

---

① 参见胡建淼、岑剑梅：《论公共摄像监视——以隐私权为中心》，载《法律科学》2008 年第 4 期。

② 参见岑剑梅：《电子时代的隐私权保护——以美国判例法为背景》，载《中外法学》2008 年第5 期。

③ 参见倪洪涛：《论义务教育阶段学生的学习权——从“孟母堂”事件谈起》，载《法学评论》2008 年第 4 期。

④ 参见杨成铭：《我国实行城镇义务教育全面免费的法律问题研究》，载《政法论坛》2008 年第5 期。

⑤ 参见范履冰：《我国教育公益诉讼制度的建构探析》，载《现代法学》2008 年第 5 期。

⑥ 参见周伟：《城镇就业中的身长歧视研究》，载《华东政法大学学报》2008 年第 4 期。

⑦ 参见谢增毅：《英国反就业歧视法与我国立法之完善》，载《法学杂志》2008 年第 5 期；谢增毅：《美英两国就业歧视构成要件比较——兼论反就业歧视法发展趋势及我国立法选择》，载《中外法学》2008 年第 4 期。

⑧ 参见周翠彬：《论性别差异的法律保护》，载《法学评论》2008 年第 4 期。

⑨ 参见周伟：《中国城镇就业中的性别歧视研究——以 1995 年至 2005 年上海市和成都市 30 万份报刊招聘广告条件为例》，载《政治与法律》2008 年第 4 期。

并被他们接受。[1] 饶志静介绍了英国反就业性别歧视法律制度。[2] 李傲通过研究美国判例，提出应重视发挥法院在解决具体案件过程中消除性别歧视的作用。[3]

5. 劳动、福利与社会保障权

王锴认为劳动权作为社会权具有两种给付请求权功能，宪法仅规定了个体劳动权，宪法性法律对集体劳动权的规定不完整。[4] 李磊认为，劳动者权利包含了就业权、劳动权、休息权和结社行动权四项权利，获得报酬权、职业培训权、社会保障权、批评检举权、劳动争议提起权等是权利的下位概念：权能。[5] 周永坤认为《经济、社会和文化权利国际公约》第 8 条关于罢工权的规定是我国有效的法律，制定罢工法律的方法可以是制定单行《罢工法》，也可在《劳动法》中增加罢工条款。[6]

胡敏洁认为福利权是宪法确认和保障的基础性权利，其理想实现路径是违宪审查制度，而在此之前，行政诉讼及福利行政过程中的保障也可作为选择。[7] 她还认为，在福利调查过程中应避免对公民隐私等权益造成侵犯。[8] 骆梅英则指出，公用事业领域的弱者权益保护正在成为新崛起的"福利"，它依赖于竞争性市场，而合理的监管制度发挥了重要作用。[9]

李雪沣、范辉清认为，《宪法》第 14 条第 3 款是免于匮乏权的表述，应靠国家义务性、实践路径上的法律制度性来实现。[10] 林鸿潮认为，宪法确认的社会保障权要求国家在公民因突发事件而陷入困顿时承担主要救助义务，我国的国家救助应以保险为终途。[11] 韩君玲认为城市居民最低生活保障标准存在着制定标

---

① 参见敖双红：《平等保护还是隐形歧视——以劳动法为例》，载《法学评论》2008 年第 3 期。

② 参见饶志静：《英国反就业性别歧视法律制度研究》，载《环球法律评论》2008 年第 4 期。

③ 参见李傲：《美国有关性别歧视的判例研究》，载《法学评论》2008 年第 6 期。

④ 参见王锴：《论我国宪法上的劳动权与劳动义务》，载《法学家》2008 年第 4 期。

⑤ 参见李磊：《劳动者权利的基本范畴研究——以法律解释学为视角》，载《政治与法律》2008 年第 4 期。

⑥ 参见周永坤：《"东航"返航呼唤罢工法》，载《法学》2008 年第 5 期。

⑦ 参见胡敏洁：《转型时期的福利权实现路径》，载《中国法学》2008 年第 6 期。

⑧ 参见胡敏洁：《福利行政调查权与受益人权利保障》，载《当代法学》2008 年第 2 期。

⑨ 参见骆梅英：《新"福利"——英国公用事业领域对弱势和低收入群体的供应保障》，载《行政法学研究》2008 年第 4 期。

⑩ 参见李雪沣、范辉清：《论我国公民的免于匮乏权》，载《北方法学》2008 年第 3 期。

⑪ 参见林鸿潮：《论公民的社会保障权与突发事件中的国家救助》，载《行政法学研究》2008 年第 1 期。

准的法律依据过于笼统抽象、拥有标准制定权的主体层次过低的两大问题。[①]

此外,林彦探讨了美国的乞讨权,认为美国由司法所确立的乞讨权和乞讨行为管制模式为我国提供了一个寻找最大公约数的可行途径。[②]

6. 居住权

中共十七大报告提出要着力保障和改善民生,使全体人民“住有所居”。居住权保障是一个重大的时代课题,许多学者做了探索。王宏哲认为,现代住房权的主体是中低收入人群,国家把解决住房问题交给开发商是对其义务的逃避,纯粹的市场化会加剧住房问题,限制自建住房是对公民住房人权的剥夺,应重视租赁在实现住房人权中的地位。[③] 凌维慈持类似观点,我国现有的住宅政策无法保障居民享有可承受的住房,有必要将限制出租人的解约自由等政策成本较低的优势选择纳入政策选择的视野。[④] 蒋承菘、楚道文认为,《物权法》并不涉及对贫困和中低收入人群住宅权利的保障,甚至可能有负面影响。[⑤] 周珂、梁文婷进一步指出,应在《住宅法》中引进和建立居住权制度。[⑥] 张群介绍了民国住宅权保障措施,如颁布住宅法令以确立政府对住宅保障的积极责任,通过减免税捐、协助贷款等鼓励和引导私人资本投入住宅建筑等。[⑦]

7. 环境权

白平则认为环境权是一种社会权。[⑧] 张震分析了宪法上的环境权价值,既有解释、修改等实践价值,又有生态、公平、安全、和谐、节约等观念价值。[⑨] 张一粟、陈奇伟设计环境权入宪的方式,即在《宪法》第 2 章第 41 条后增加一条作为第 42 条。内容为:“中华人民共和国公民有在安全、健康的环境中生活的权利。国家保护和改善生活环境和生态环境,防治污染和其他公害。任何组织和个人

---

① 参见韩君玲:《我国最低生活保障标准的法制现状与完善》,载《法学杂志》2008 年第 1 期。

② 参见林彦:《乞讨权在美国确立的过程》,载《比较法研究》2008 年第 1 期。

③ 参见王宏哲:《适足住房权研究》,载徐显明主编:《人权研究》第 7 卷,山东人民出版社 2008 年版,第 112～184 页。

④ 参见凌维慈:《论居住保障与财产权限制——以日本房屋租赁法上的“正当事由制度”为例》,载《政治与法律》2008 年第 2 期。

⑤ 参见蒋承菘、楚道文:《论住宅权利社会保障立法的若干问题——基于〈物权法〉对住宅权利保障不足的分析》,载《政治与法律》2008 年第 2 期。

⑥ 参见周珂、梁文婷:《新时期居住权制度研究》,载《政治与法律》2008 年第 2 期。

⑦ 参见张群:《民国住宅权保障的启示》,载《政治与法律》2008 年第 2 期。

⑧ 参见白平则:《论环境权是一种社会权》,载《法学杂志》2008 年第 6 期。

⑨ 参见张震:《宪法上环境权的证成与价值——以各国宪法文本中的环境权条款为分析视角》,载《法学论坛》2008 年第 6 期。

不得以任何方式破坏公民的生存环境。”同时删除第 26 条第 1 款。[①] 于群、余晓岚认为，可通过赋予环保行政机关以独立的行政强制执行权、从单一行政命令手段向多元保护措施转变、确保公众参与和公众知情以及建立环境公益行政诉讼等行政法途径保护环境权。[②] 王明远建议引入环境公益诉讼制度，并使直接或间接受害人、检察机关、经认可的环保组织乃至任何个人和组织都有诉讼资格。[③]

8. 健康权、生育权与性权利

曲相霏认为，健康权在一定意义上指向的是获得健康条件的权利和维持既有健康状况不被恶化的权利，并不是一个只能逐渐实现的积极权利，它也具有可诉性。[④]

付翠英、李建红提出，生育权作为应然性权利，本质是人人都享有的延续后代的权利；作为实体性权利，本质是怀孕女性享有的生育和不生育的人格自由权。[⑤] 李小年认为，生育权不是纯粹的权利，还有义务属性，受到较大国家干预。发生夫妻生育权冲突时不宜过多通过法律强制干预。[⑥] 王贵松认为，计划生育制度的制度设计和实施手段需作合宪性调整，《计划生育法》对生育子女的数量规定应根据经济和社会发展情况定期作出评估和调整。[⑦]

李拥军、周绍强认为，20 世纪 70 年代以后，性权利术语和话语的提出和普遍使用标志着性权利观念日趋成熟，支撑性权利观念走向成熟的终极力量是物质生活条件的改变。[⑧] 陈运华认为，性利益是一种独立的人格利益，性权利的内容包括性自主权、性完整权、性处分权和性维护权。[⑨] 李拥军认为，性权利的人性基础是其得到法律承认与保护的合理性基础，性行为立法应该以性权利为

---

① 参见张一粟、陈奇伟：《论我国环境权入宪的基本架构》，载《法学论坛》2008 年第 4 期。

② 参见于群、余晓岚：《论环境权的行政法保护》，载《当代法学》2008 年第 4 期。

③ 参见王明远：《论环境权诉讼——通过私人诉讼维护环境公益》，载《比较法研究》2008 年第3 期。

④ 参见曲相霏：《国际法事例中的健康权保障——基于〈国际法上作为人权的健康权〉的分析》，载《学习与探索》2008 年第 2 期。

⑤ 参见付翠英、李建红：《生育权本质论点梳理与分析》，载《法学杂志》2008 年第 2 期。

⑥ 参见李小年：《夫妻生育权若干法律问题探讨》，载《学习与探索》2008 年第 2 期。

⑦ 参见王贵松：《中国计划生育制度的合宪性调整》，载《法商研究》2008 年第 4 期。

⑧ 参见李拥军、周绍强：《从意识到话语：性权利观念的历史演进与发展脉络》，载《法制与社会发展》2008 年第 2 期。

⑨ 参见陈运华：《论作为人格权的性权利及其法律限制》，载《政治与法律》2008 年第 8 期。

中心。[1]

（三）特殊群体的人权

在前面一部分中，我们以具体人权类型为标准介绍了相关观点，本部分转以“群体”为标准，在分类标准上似有交错。之所以作此安排，目的在于突出特殊群体人权保护的必要性及保护方法上的特殊性。

科学技术的发展促使许多新群体的产生，其人权是否应当进而如何保护？韩大元认为，“克隆人”技术会改变宪法上的“人”的基本定义，侵犯人的主体性、个别性和多样性，宪法对其应持否定立场。[2] 张炳生、陈丹丹认为，现有的国际国内法律法规严重偏向于基因技术专利权人，应保护人体基因提供者的知情权、隐私权及其财产利益。[3] 刘作翔认为，即使“试药人”接受试验是自愿且有利益回报，其健康权亦未让渡或被克减，应采取举证责任倒置制度。[4] 夏立安指出，艾滋病在中国正在成为弱势群体的疾病，弱势群体问题的严重性已经超出了疾病本身。[5]

农民权利继续受到关注。张英洪指出，改革开放以来，中国农民的生命权面临一系列新问题，死刑、劳教、收容遣送、刑讯逼供、计生暴力等是与农民生命权密切相关的重大方面。[6] 龚向和认为，农民问题的实质是人权问题，农民人权是处于弱势地位的农民应该享有的平等权和公平对待权，以及差别对待和差别补偿权。[7]

特殊群体如何实现就业是一大现实问题。王皎皎提出，应扩大禁止就业歧视的适用范围，明确规定离退休人员享有就业权，可将整体离退休年龄的上限提至 70 岁。[8] 许康定认为，应完善残疾人就业扶助立法，加大行政扶持力度，加

① 参见李拥军：《性权利存在的人性基础——中国当代性行为立法不能省略的维度》，载《华东政法大学学报》2008 年第 5 期。

② 参见韩大元：《论克隆人技术的宪法界限》，载《学习与探索》2008 年第 2 期。

③ 参见张炳生、陈丹丹：《论人体基因提供者在基因技术专利中的利益分享》，载《环球法律评论》2008 年第 4 期。

④ 参见刘作翔：《试药人：一个特殊人群的健康权保护问题》，载《政治与法律》2008 年第 9 期。

⑤ 参见夏立安：《二元化社会中的法律对公共卫生的消极影响——以艾滋病现象为例》，载《现代法学》2008 年第 2 期。

⑥ 参见张英洪：《农民生命权面临的几个问题》，载《湖南公安高等专科学校学报》2008 年第 1 期。

⑦ 参见龚向和：《人的尊严：中国农民人权的兴起》，载《河南省政法管理干部学院学报》2008 年第 1 期。

⑧ 参见王皎皎：《离退休人员就业权法律保护问题研究》，载《当代法学》2008 年第 2 期。

强司法保护。[1] 王彬通过调查指出，刑释解教公民在就业中普遍遭受歧视，尤其是前科歧视，现行法律法规对刑释解教公民就业资格的剥夺和限制违反平等原则，反就业歧视的立法应禁止前科歧视。[2]

曾受刑事处罚人员的人权保护是一个不容忽视的问题。贾敬华认为，罪犯因有人格权而有生育权。[3] 柳忠卫认为，罪犯与其配偶同居属于罪犯特许权的一种，目前我国监狱不加区别地停止实施该制度有违创设罪犯特许权的初衷。[4] 汪海燕认为，应重构我国被追诉人法律援助体制，明确由国家和政府承担法律援助的责任，并构建公设辩护人制度。[5]

未成年人权益应受到法律的特殊保护。高铭暄、张杰认为，我国有必要参照国际人权法对未成年人犯罪处罚措施作出的特殊规定，慎重适用监禁刑，强化适用非刑罚处罚方法。[6] 张伟认为，离婚亲子关系应以"儿童最佳利益"为优先考虑和依归，国家可随时监督或必要时介入亲权之行使。[7]

（四）刑事司法与人权保护

1. 刑事被害人权利保护

李红辉调查分析指出，目前刑事法律规定的对刑事被害人损失进行救济的手段作用有限，绝大多数被害人无法得到救济。[8] 吴啟铮认为，构建被害人权利的法律保护机制需制定相互协调的法律规范、扩大保护范围、建立国家补偿制度、建立社会化的保护体系。[9] 陈彬、薛竑认为，我国被害人补偿制度应充分体

---

① 参见许康定：《论残疾人劳动就业权的法律保护》，载《法学评论》2008年第3期。

② 参见王彬：《刑释解教公民平等就业权保障状况考察——以上海市为例》，载《法学》2008年第2期。

③ 参见贾敬华：《罪犯生育权的性质和权源分析》，载《法学杂志》2008年第6期。

④ 参见柳忠卫：《罪犯特许权论——以罪犯与其配偶同居权为分析对象》，载《法商研究》2008年第4期。

⑤ 参见汪海燕：《贫穷者如何获得正义——论我国公设辩护人制度的构建》，载《中国刑事法杂志》2008年第3期。

⑥ 参见高铭暄、张杰：《中国刑法中未成年人犯罪处罚措施的完善——基于国际人权法视角的考察》，载《法学论坛》2008年第1期。

⑦ 参见张伟：《论儿童最佳利益原则——以离婚后未成年子女最大利益保护为视角》，载《当代法学》2008年第6期。

⑧ 参见李红辉：《国家为何要救济刑事被害人——对东莞地区重大刑事案件的调查分析》，载《中国刑事法杂志》2008年第5期。

⑨ 参见吴啟铮：《刑事被害人权利保护：国际司法准则与跨国法律框架》，载《中国刑事法杂志》2008年第6期。

现调谐国家与国民关系、均衡刑事相对人人权保障和促进和谐社会建设等价值。[①] 陈彬、李昌林认为，我国尚不具备建立统一的被害人国家补偿制度的条件，但建立统一的被害人救助制度势在必行。[②] 单勇、周彬彬认为，欧美的恢复性司法制度针对不同案件、犯罪人和被害人开展多样的恢复性司法计划，是良好的理论与制度资源。[③]

2.《刑事诉讼法》再修改与刑事司法制度完善

陈光中指出，刑诉法再修改应增加无罪推定原则、不被强迫自证其罪原则、刑事和解原则、未成年人特别保护原则。[④] 卞建林指出，刑诉制度改革应强化人权意识，明确程序制裁，当前应确立无罪推定原则和健全证据制度。[⑤] 樊崇义指出，有必要在刑诉法中确立不得强迫自证其罪原则，使刑事诉讼结构转向以平等对抗为基础的当事人主义诉讼。[⑥] 吴宏耀进一步认为，反对强迫自证其罪原则的贯彻很大程度上依赖于辩护人制度的辅助与发展。[⑦] 蔡国芹认为，需要进一步拓宽犯罪嫌疑人的知情范围，规范知情权的行使程序，在其受侵犯时给予程序救济机会。[⑧] 赵旭光认为，在程序法上确立及时获知刑事裁决权的任务或可寄望于刑诉法再修改。[⑨]

卢建平以《公民权利和政治权利国际公约》批准和实施为视角，探讨了我国刑事司法改革中的十大问题。[⑩] 周长军认为，彻底遏制刑讯行为必须使取供模式从刑讯转向协商，同时完善侦讯和羁押的程序规定。[⑪] 王剑虹认为，我国盘查制度立法存在疏漏，盘查措施在实践中常作为刑事强制措施的替代。[⑫] 李建明认为，刑诉法规定的缺失使刑事诉讼参与人控告权严重虚化，立法内容应体现

---

① 参见陈彬、薛竑：《刑事被害人国家补偿制度价值取向研究》，载《现代法学》2008 年第 5 期。

② 参见陈彬、李昌林：《论建立刑事被害人救助制度》，载《政法论坛》2008 年第 4 期。

③ 参见单勇、周彬彬：《被害人权利保护与恢复性司法》，载《当代法学》2008 年第 5 期。

④ 参见陈光中：《刑事诉讼法再修改若干问题之展望》，载《法学》2008 年第 6 期。

⑤ 参见卞建林：《刑事诉讼制度改革论要》，载《法学》2008 年第 6 期。

⑥ 参见樊崇义：《从"应当如实回答"到"不得强迫自证其罪"》，载《法学研究》2008 年第 2 期。

⑦ 参见吴宏耀：《反对强迫自证其罪特权原则的引入与制度构建》，载《法学》2008 年第 6 期。

⑧ 参见蔡国芹：《程序正义视野下的犯罪嫌疑人知情权》，载《中国刑事法杂志》2008 年第 2 期。

⑨ 参见赵旭光：《论及时获知裁决权于刑事诉讼之必要性——聂树斌案件的证明》，载《中国刑事法杂志》2008 年第 2 期。

⑩ 参见卢建平：《国际人权公约与中国刑事诉讼制度改革》，载《北方法学》2008 年第 2 期。

⑪ 参见周长军：《论取供模式的转向》，载《环球法律评论》2008 年第 2 期。

⑫ 参见王剑虹：《比较法视野下的盘查制度研究》，载《当代法学》2008 年第 2 期。

在控告权行使和控告处理程序的设计上。[①]

3. 减少和废除死刑

赵秉志、黄晓亮认为,死刑适用标准的统一化具体建构需从标准一致化、情节具体化、犯罪类型化入手。[②] 刘志伟认为,在目前法律框架下,通过刑法解释,放宽死缓"不是必须立即执行"的适用条件以扩大死缓适用范围是完全可能的。[③] 阴建峰认为,严格限制死刑的焦点和难点在于如何控制故意杀人罪的死刑,应以必要性为原则合理限制该罪的死刑适用。[④] 聂立泽认为,应以主要客体是否受侵害及侵害程度为标准来确定抢劫罪是否适用死刑,并以客观真实证明标准和程序用尽原则为考量。[⑤] 李希慧建议,通过对死刑适用条件进行限制解释、严格死刑核准等途径尽可能控制经济犯罪的死刑适用。[⑥] 刘发成、王秀梅探讨了废除死刑的"循环链",废除死刑的道路是从立法着手,再由司法采取变通措施,最后又返回立法结论的一个循环过程。[⑦]

杨诚认为,美国对死刑的司法控制最值得借鉴之处在于其主要法律依据是宪法而非刑事立法。[⑧] 叶小琴认为,欧洲各国际组织支持并促进第三国废除死刑,欧洲死刑政策的区域化将对中国刑事司法乃至立法产生趋同性影响。[⑨]

4. 劳动教养制度改革

张绍彦认为,劳动教养的去向是废除制度、保留功能,即与刑法犯罪定量因素决定的实为较重犯罪和较重刑罚相对应,建立相应的对轻罪的轻刑制度。[⑩] 姚建龙认为,新《禁毒法》规定的强制隔离戒毒措施不但没有率先废除劳动教养,还迂回扩充了警察权,补救措施是强制隔离戒毒场所必须脱离公安或司法行政体系。[⑪]

---

① 参见李建明:《关于刑事诉讼参与人控告权保障制度立法的思考》,载《法商研究》2008年第5期。

② 参见赵秉志、黄晓亮:《论死刑适用标准的统一化问题——以限制死刑适用为立场》,载《政治与法律》2008年第11期。

③ 参见刘志伟:《通过死缓减少死刑立即执行的路径探究——基于刑法解释论的考量》,载《政治与法律》2008年第11期。

④ 参见阴建峰:《故意杀人罪死刑司法控制论纲》,载《政治与法律》2008年第11期。

⑤ 参见聂立泽:《我国抢劫罪死刑司法控制研究》,载《政治与法律》2008年第11期。

⑥ 参见李希慧:《经济犯罪适用死刑的司法控制》,载《政治与法律》2008年第11期。

⑦ 参见刘发成、王秀梅:《国际立法与司法关于死刑适用的变迁》,载《法学杂志》2008年第3期。

⑧ 参见杨诚:《死刑司法控制的美国模式之研究与借鉴》,载《政治与法律》2008年第11期。

⑨ 参见叶小琴:《欧洲死刑政策的区域化》,载《法学杂志》2008年第3期。

⑩ 参见张绍彦:《劳动教养的轨迹及去向》,载《法学论坛》2008年第4期。

⑪ 参见姚建龙:《〈禁毒法〉的颁行与我国劳教制度的走向》,载《法学》2008年第9期。

其他方面，宋丽弘反驳了中国未能通过《国际刑事法院规约》的五点理由，坚持认为中国应当加入国际刑事法院。[①] 张德军认为，目前司法实践中出现了对刑罚人道主义的滥用，应切实保障制刑权、量刑权、行刑权的人道行使。[②]

（五）国际人权与人道主义法研究

2008 年是《世界人权宣言》颁布 60 周年，孙平华认为，该宣言的思想基础是自由和平等，其权利体系包括公民权利和政治权利，并涉及经济、社会和文化权利，但未涉及人民自决权和发展权。[③]

《残疾人权利公约》已于 2007 年 3 月起开放签字，何志鹏认为，该公约丰富了联合国体系的人权保护内容，但从国际法治的理念看，它是国际法不成体系特征的继续与延伸，本质上无益于国际法治的完善，而且可能提高国际法维护人权的成本。[④]

孙平华认为，国家应既不任意伤害和剥夺人的生命权，又要施以积极的保护措施；在生命权的合法剥夺上，要严格限制死刑适用、严格控制社会武装力量对生命权的侵害、加强战争和武装冲突中对生命权的保护。[⑤]

李寿平、马琳认为，欧盟自然人的自由流动权的权利主体范围越来越广，在流动过程中享有入境与停留的权利、自由迁徙和定居的权利、平等就业权、受教育权以及包括选举权与被选举权在内的政治方面的权利等丰富的权利内容。[⑥]

王群讨论了 WTO 体制下贸易与人权的制度性冲突，认为二者的协调应该按照循序渐进的原则，充分利用 WTO 的争端解决机制，在解读 WTO 规则时考虑人权因素。[⑦]

管建强讨论了战争受害者的救济问题，认为国际人道法上已经形成了一些保护战争受害者的规则，但发展和完善区域性或全球性的保护、救济战争受害者机制的任务仍将艰巨。[⑧]

翁里、肖春竹、朱兴祥讨论了引渡与人权问题，建议中国在签订新的引渡协定和现存协定的补充议定书时，应考虑人权因素并就保护被引渡者人权作出明

---

① 参见宋丽弘：《中国加入国际刑事法院的必然性》，载《当代法学》2008 年第 3 期。

② 参见张德军：《刑罚人道主义研究》，载《法学论坛》2008 年第 5 期。

③ 参见孙平华：《论〈世界人权宣言〉的思想基础和权利体系》，载《法学家》2008 年第 6 期。

④ 参见何志鹏：《从〈残疾人权利公约〉反思国际人权机制》，载《北方法学》2008 年第 5 期。

⑤ 参见孙平华：《论生命权的国际人权法保护》，载《人权》2008 年第 3 期。

⑥ 参见李寿平、马琳：《试论欧盟自然人的自由流动权》，载《比较法研究》2008 年第 1 期。

⑦ 参见王群：《论 WTO 体制下的贸易与人权保护》，载《学习与探索》2008 年第 2 期。

⑧ 参见管建强：《国际人道法中战争受害者的救济》，载《法学》2008 年第 5 期。

确规定。[①]

三、人权法学研究状况的实证评析

以实证分析的方式研究某一学科的发展状况，除了要了解该学科产出的成果本身，还要就该学科自身的现状结构、发展趋势加以把握。对人权法学学科状况的分析，将围绕以下三个问题进行：人权法学研究什么？谁来研究？依何研究？对上述问题的回答，将通过分析论文主题分布、研究队伍构成、思想资源来源来实现。

（一）关于研究主题

分析研究主题有助于了解学术研究的热点和增长点。在前文中，我们将126篇文章划分了若干主题，其分布情况如表1所示。

表1　人权法学研究主题分布情况（N＝126）

主题	人权法原理	具体权利研究	特殊群体的人权	刑事司法与人权保护	国际人权与人道主义法研究
数量	30	48	14	27	7
比例	23.81%	38.10%	11.11%	21.43%	5.56%

人权法的核心范畴是“人权”，灵魂在于权利的保护，2008年的人权法学研究自觉贯穿了这一主旨。表1表明，关于具体权利的研究占据了几乎四成的分量。人权的类型化研究有助于我们判断不同利益的界限，有针对性地设计保护措施。在人权法学发展的上升期，具体人权类型的研究是实现人权保护的理论基础。这一研究进路与中国人权法学的成长基础有直接关系。中国的人权法学最初衍生自法理学，后者积淀形成的权利哲学及其研究方法，一方面有助于人权法学汲取其营养，尽快丰富自身内涵，夯实理论基础，但也可能成为独立成长的牵绊。我们在进行学术成果汇总时，尤其在具体权利类型的研究上，一个明显的感觉是，人权法学研究似乎陷入了道德的形而上，而缺乏精细的论证。我们已经习惯于将某种正当的利益升华为“权利”，进而在理论上实现论证的完美。但是究竟如何应用于实践呢？条分缕析的设计是否可行呢？人权法与其他部门法的重要区别在于，它既是一种价值理念，也是一种行为规则。人权法

① 参见翁里、肖春竹、朱兴祥：《引渡与人权问题初探》，载《政治与法律》2008年第10期。

学既要研究宏大叙事，也要重视规范分析，其活力在于制度改造。通过人权实践，推进制度的人权化和人权的制度化，能够为国家和社会带来更直接、更可观的进步。因此，我们必须自觉将类型化的人权变为行动中的人权。而要实现这种转变，就要关注中国现实，以理性的心态、建设性的批判回应制度实践。这并非完全否认已有的研究丧失了现实关怀精神，而是避免人权法学成为无本之木，须知，从阳春白雪、精雕细琢到孤芳自赏、空中楼阁，其间不过是一步之遥。

表 1 显示，与具体权利研究形成鲜明对照的是，关于国际人权与人道主义法的研究寥寥无几。就国际人权法而言，联合国和各主要人权组织制定的国际人权标准具有在先性和指引性，国际人权规则具有规范上的优先性，一些区域性人权组织及其人权文件也具有重要的参考借鉴价值，我们应当对其内容体系、发展情况尤其是如何促进与其的衔接进行深入、全方位的探讨。虽然近几年出版了几部有分量的专著，但总体看来仍然是介绍性居多，实践性研究需要重视。

与国际人权法研究不够充分相关联的是，中国的人权法学研究还需加强国际化水平。尽管各部门法似乎都存在国际化程度的欠缺，但除了国际法之外，人权法学的国际化水平理应是最高的，其实现条件也是很充足的。尽管有关人权法的学术活动经常有国外学术机构的参与，其中的原因很多，但这完全不能表明我们的研究已经与国际同步了。实际上，许多国外学者参加中国的人权法学研究活动时，不免带有一种近乎“普法”般的心态。我们应当以更加宽广的视界为参照系，对自己作出明确定位。

当然，表 1 的统计也带给我们一些值得欣慰的信息，比如刑事司法与人权保护的研究比较丰富，尤其是有关《刑事诉讼法》修改的文章，大多都关联进了人权的尤其是国际人权的视角，这是值得肯定的。

（二）关于研究队伍

分析一门学科研究队伍的情况有助于了解该学科的积累和发展结构是否合理，因此通常要分析研究人员的年龄、学历等的构成。但是，人权法学虽然是一个新学科，却并非“凭空而来”，它的成长是与其他学科同步进行的，其特点蕴涵于其他学科之中，比如法学理论、宪法学、行政法学、刑法学、刑事诉讼法学等。这种认识与本文第二部分和表 1 体现出来的研究主题分布情形相一致。

考虑到上述情况，我们尝试通过另一种途径对研究队伍作出客观描述，即分析“作者介绍”中的“研究方向”。这一分析的目的在于寻找研究者的自觉性，即回答以下问题：人权法学的研究者是否自觉认同其所研究的领域？是否认为人权法学是一门独立的学科范畴？尽管上述126篇文章的"作者介绍"中大多未写"研究方向"，以致样本容量相对较小，但依然获得了30项（次）的统计结果，基本可以满足分析需要（见表2）。

表2　　作者介绍中"研究方向"包含"人权法学"的分布情况（$N=30$）

学科	人权法学	法学理论	宪法学	行政法学	刑法学 监狱学 犯罪学	民商法学 经济法学 环境法学	国际法学
次数	6	2	6	2	8	3	3
比例	20%	6.67%	20%	6.67%	26.66%	10%	10%

表2显示，在总共出现的30项（次）"研究方向"中，"人权法学"占有五分之一的比例。由于有的作者的研究方向包括多个方面，这相对降低了非人权法学研究者的数量，但依然有超过半数的作者不认为或者没有意识到他所生产的成果的学科属性。不能说法学界不重视人权法学，但是我们也乐观不起来。

刑法学、监狱学、犯罪学三种研究方向占了最大的比例，这并不令人意外，因为它们的研究对象都与人身权利与自由相关联，在很大程度上，刑法尤其是刑事诉讼法就是人权保障法。但是，标注该三方向的学者却没有一位同时标注人权法学。这是否可以说明，刑事领域的研究者尚未认同人权法学，至少没有积极认为自己的研究领域与人权法相联系？

宪法学的比例与人权法学持平，毕竟宪法对人权的保障是最根本、最基础的，宪法的核心价值就是人权。需要注意的是，标注"法学理论"的数量非常少，这也许是值得欣慰的。因为人权法学并不等同于法理学，而只有更多其他学科的研究者投身人权法学的研究，才有助于该学科尽快实现由学理论证到实践应用的转变。

我们在统计表2时注意到，虽然"作者介绍"中几乎都标明了其所在单位，但这些单位属于人权法研究机构的仅出现了1处。目前，国内有10所以上的高校成立了校属或院属的"人权研究中心"或类似机构，但在论文的产出上，这些机构的表现不能令人满意。也许有人会说，这些机构基本上为非实体性质，许多是挂靠在法学院之下，作者没有必要详细说明，况且名称并不重要，研究了什么才重要。诚然，但这确实表明了一种认同感，我们更愿意理解为体制的原因，因为巧合的是，我们注意到，本年度举行的十几次学术活动中，仅有两次是专门人权研究机构主办的。人权法学研究要取得大的突破就必须拓展学科空间和话语空间，这就要求有良好的物质与体制支持，如何充分发挥这些专门研究机构的效应值得思考。

当然，尽管人权法学研究队伍的学科结构和认同度还不够理想，但宏观的看，最近几年其成果产出保持了稳定态势（如图 1 所示），这说明其研究队伍的稳定性还是比较好的。

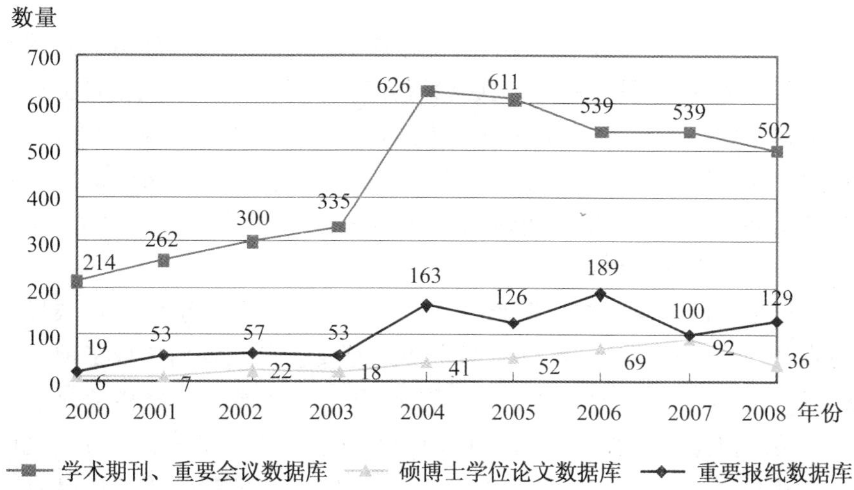

图 1 2000～2008 年发表的题名包含“人权”的学术成果数量

图 1 是对 2000 年以来发表的包含“人权”[①]字样的论文数量的统计，统计来源为“中国知网”的 5 个数据库：中国学术期刊网络出版总库、中国重要会议论文全文数据库、中国优秀硕士学位论文全文数据库、中国博士学位论文全文数据库和中国重要报纸全文数据库，统计时间为 2009 年 1 月 22 日。由于 2008 年的某些成果尚未进入数据库，以致这一年的成果数量不够完整。但根据图示体现出的总体变化趋势，我们可以作出以下思考：第一，人权法学已经成为我国学术界特别是法学界的研究重点，学术成果的产出总体呈现上升趋势并且趋于稳定，这表明人权法学研究的队伍比较稳定，学科根基初步具备。尤其就学位论

① 通过选取字段的方式将不可避免地遗漏大量属于人权法学研究但题名中不含“人权”字样的文章。之所以不逐篇进行筛选，首要原因在于其工作量是无法承担的。其次，人工筛选难免由于主观判断造成样本失真，并且，仅统计题名包含“人权”字样的文章能够较好地反映研究趋势。需说明的是，该统计没有区分“人权”与“人权法”，原因在于，尽管“人权”不是法学研究的专利，但目前的大多数学术成果是由法学界生产的，况且人权法的核心范畴就是“人权”。

文而言，研究“人权”的论文数量总体呈现上升态势，并且这些论文几乎均以法学视角展开探讨，这有利于人权法学后备队伍的建立。第二，2004 年，重要报纸文章尤其是学位论文、期刊论文数量均比此前有大幅上升，这说明国家重大人权事件对社会和学术研究的重要影响。而自 2004 年之后，人权法学的期刊论文、学位论文数量均进入了新的高度，这表明人权入宪对于学术研究的巨大推动作用。此外，对比 2004 年前后的重要报纸文章可以发现，最初的报纸文章是比较少的，而人权入宪后得到大幅提升并趋于稳定，这说明，宪法对人权的确认有利于新闻媒体的公开报道，同时也提醒我们应当重视通过新闻报道促进社会公众对人权实践的认知、认同和参与。第三，粗略浏览其中的一些文章，我们发现，有不少“论文”不能算作“成果”，充其量只是“重述”。人权法学的研究者必须更加注重创新性、时代性、应用性，避免自我满足和“重复低水平建设”。

（三）关于研究的思想资源

研究思想资源的意义在于明晰该学科的基础和凭借。引注是反映思想资源最为直观、明确的表征，是解读思想资源的重要参照。我们选取了前文统计的《法学研究》《中国法学》《政法论坛》《法制与社会发展》《法律科学》《法学评论》6 种刊物刊发的 21 篇论文，就其中的 682 条引注进行了分类统计。之所以选取这 6 种刊物，首先在于它们具有较高的权威性，能够代表人权法学研究的水平；其次，刊物主办单位包括科研机构、学术团体、专门型和综合型高校，地域分布也较适当。而且，它们刊发的文章主题比较全面，较好地涵盖了人权法学的研究领域，作者层次分布理想，数据的代表性强。

表 3　　注释及参考文献的类型分布情况（$N=682$）

项目	中文论著	中文译著	外文原著	外国判例	媒体新闻评论	国家机关著作	人权组织著作	工具书	总计
数量	232	156	153	54	48	24	10	5	682
比例	34.02%	22.87%	22.43%	7.92%	7.04%	3.52%	1.47%	0.73%	100%
篇均	11.05	7.43	7.29	2.57	2.29	1.14	0.48	0.23	32.48

说明：①本统计包含页下注释和文末参考文献，不含上述论文中引用的各类人权文件和国内外法律条文，同一论文中重复出现的引注仅统计一次，注释中的指引性参考不作统计，转引的文献仅统计析出文献而不统计原文献。②“国家机关著作”指中国各级党政机关发布的工作报告、统计报告和立法机关编著的法律阐释性著作。③“人权组织著作”指联合国和其他国际人权组织发布的人权文件解释性文献。

表 3 表明，这 21 篇论文中，引注最多的是中文论著，其次是中文译著和外

文原著，后两者合计占了四成以上的比例。这表明处于发展阶段的中国人权法学缺乏自我解释力和理论供应水平，尚未形成自我满足的理论基础，开展研究相当地依赖国外成果。而外文原著的比例几乎与中文译著相当，既说明一些研究者有自觉借鉴国外研究成果的习惯，也说明汉语思想资源远远不能满足学术研究的需要，同时也说明我们对国外成果的译介还不够及时、充分。

外国判例的引用量较为可观。这从一个侧面说明了司法裁判对于人权保护的实践意义和学术意义。媒体新闻评论的引用比例与前者基本持平。我们在统计时注意到，这些新闻评论几乎均为国内媒体报道的国内热点事件。这说明人权法学研究对现实情况有比较多关注，也进一步表明现实中有大量值得研究的人权事件。而倘若将这两类引注类型对比来看，有一个不甚合乎逻辑的推论：是不是中国的人权事件很多，人权判例却很少？如果中国也有大量的人权判例，是否会促进产生新的学术增长点呢？

国家机关著作的引用量偏少。人权法学要回应现实、改造制度，就不能仅仅对媒体报道兴意盎然。由于国家机关发布的工作报告、统计报告和阐释性立法著作具有极高的权威性，对国家和社会的发展具有丰富的表现力，对民众的权益具有切切实实的影响力，以它们作为思想资源并进行学术评价的意义便不言而喻。

国际人权组织著作的引用量偏少。我们在分析“研究主题”时已经指出了这一不足，本项统计证明了先前的判断。

总体来看，这 21 篇论文的篇均引注量超过了 32 条，而 2007 年的法理学论文篇均引注量是 20.63 条。[①] 相较之下，人权法学的引注数量比较理想，这或许是因为人权法学的起步晚而使其思想资源较为开放、兼收并蓄。

下面，我们就 21 篇文章引注中的“中文译著”的作者国别分布情况进行分析，以更好的展现思想资源的来源。

表 4　　“中文译著”作者国别分布情况(N=156)

国别	美国	英国	德国	日本	法国	其他
数量	78	24	22	12	10	10
比例	50.00%	15.38%	14.10%	7.69%	6.41%	6.41%

注：“其他”包括：挪威、荷兰 2 次，瑞士、意大利、奥地利、澳大利亚、保加利亚、斯洛文尼亚各 1 次。

① 参见徐显明、齐延平：《转型期中国法理学的多维面向——以 2007 年发表的部分成果为分析对象》，载《中国法学》2008 年第 2 期。

由表 4 可见，在上述文章的作者国别分布中，美国占据了刚好一半的比例，其次是英国和德国，看来这些思想输出大国同样深刻地影响着人权法学研究。引起我们注意的是，我们通常感受到的人权研究比较突出的北欧诸国，其著作却极少被译介，一些发展中国家的学术成果更是未曾出现，而他们提供的思想含量未必输于美英德日法等大国。

四、简短的结语

本文用较大的篇幅介绍了 2008 年中国人权法学的研究成果，在此基础上以数据勾勒了学科发展状况。本文的基本结论是，中国的人权法学无论在研究的问题范围、方法、视角还是研究队伍上，都已取得了很大进步，但不足也很明显。正如有学者指出的，目前中国的人权法学研究存在着“过分重视基础理论研究、对具体人权研究不足、对国际人权标准的重要性认识不足等问题”，应当“注重基础理论与具体人权的互动，加强对国际人权标准的认识和研究，并将使用第一手的人权研究资料作为人权研究的起点和基本方法”。[①] 我们认为，其批评是到位的，建议是中肯的。未来的中国人权法学应以具有独立学科地位和中国话语体系作为发展目标，既要借鉴相关学科的既有成果，又要凝练内容体系，提升学科的品位、独立性和认同感，尤其要提升回应现实的能力，使之成为“活”和“用”的学问。在研究视野上，既要强调视角、方法的国际化，也要强调研究内容的中国化。中国的人权法学应当积极参与中西人权对话，成为中国法学与世界交流的窗口，成为中国向世界输出价值观的平台。尽管目前其发展尚不够成熟，但它良好的上升势头使我们有理由相信，它将在学术交流和文明融合的过程中赢得自己的话语权。

［该文原载于《山东大学学报（哲学社会科学版）》2009 年第 3 期］

---

① 孙世彦：《人权法研究：问题与方法简论》，载《法制与社会发展》2008 年第 2 期。

二、中国人权法学学术自主性的探寻

——以 2009 年的研究成果为基础

齐延平 于文豪

回顾改革开放以来的人权发展,《中国的人权状况》白皮书发表至今已有 18 年,“国家尊重和保障人权”写入宪法也有 5 年。2009 年 4 月 13 日,国务院新闻办公室发布《国家人权行动计划(2009～2010 年)》,在中国人权发展史上留下了新的历史印记。当前,法学发展面临许多挑战,其中一个重大挑战是如何实现社会现实与学术理论之间的衔接和呼应。在经济高速发展、社会快速转型的大背景下,一些不尊重人权甚至侵犯人权的事例时有出现,法治制度的健全和切实落实显得极为迫切。作为一门以保障人权、维护尊严、实现自由为目标的法律科学,人权法学有没有底气和能力作出回应?人权法学研究者是否具备了充分的积累和足够的智慧?要回答这些问题,就必须对人权法学的研究情况进行客观、全面的总结与评价,准确把握人权法学的研究趋势。2009 年,我们尝试寻找人权法学的学科独立性[①],2010 年我们延续这一研究思路,期望通过定期的回顾与反思,促使人权法学把握其发展脉络,提升其问题意识、中国意识和实践意识。

一、人权法学研究概况

(一)主要学术活动

2009 年,国内举行了十余次重要人权学术活动,主要有:5 月 11～12 日,中国人权研究会举办“全国人权研究机构工作经验交流会”;7 月 1 日,中国社会科学院法学研究所举办“《儿童权利公约》及其在中国实施状况国际研讨会”;9 月 19 日,北京大学宪法与行政法研究中心举办“高校招生与宪法平等”学术研讨会;11 月 6～8 日,中国政法大学人权与人道主义研究所与挪威奥斯陆大学挪威人权中心、瑞典隆德大学罗尔·瓦伦堡人权与人道法研究所和丹麦人权研究所共同举办第二届中国高校人权教育年会;12 月 10 日,中国政法大学人权与人道

---

① 参见齐延平、于文豪:《中国人权法学的学科独立性初探——以 2008 年的研究成果为基础》,载《山东大学学报(哲学社会科学版)》2009 年第 3 期。

主义研究所与中国人民大学法学院、清华大学法学院共同举办“中国对国际人权公约的批准与实施学术研讨会”。此外，2009年5月、11月，分别在捷克和北京举行了第18、19次中欧人权对话研讨会；11月2～3日，中国人权研究会主办了第二届北京人权论坛，主题是“和谐发展与人权”。

2009年非常重要的一项学术活动是9月15～20日在北京举行的“国际法哲学与社会哲学协会(IVR)第24届世界大会”，拉兹、阿列克西等世界知名法学家发表了演讲。本次大会的多场议题与人权密切相关。在第一场全席会议中，拉兹发表了《世界秩序中的个体权利》的演讲，指出当前人权法研究的立足点是承认人权的有限普遍性，或者与特殊性相结合的普遍性；人权主要被视为世界秩序中容易受到伤害的部分，人权的作用在于赋予个体和志愿团体权利，通过他们的行为对国际秩序施加影响。

(二)著作与论文的发表

2009年，国内学术界出版了十几部较高学术水平的著作，如甘绍平在《人权伦理学》中指出，人的尊严来自于一种对人际间基本的相互尊重的普遍需求，尊严是人权的一部分，而不是人权的根基。其他还包括韩德强的《论人的尊严：法学视角下人的尊严理论的诠释》，刘志强的《中国现代人权论战：罗隆基人权理论构建》，黄金荣的《司法保障人权的限度：经济和社会权利可诉性问题研究》，张群的《居有其屋：中国住房权历史研究》，王宏哲的《住房权研究》，朱应平的《宪法中非权利条款人权保障功能研究》，曾哲的《公民私有财产权的宪法保护研究》，谢建社等的《中国农民工权利保障》，邱格屏的《人类基因的权利研究》，周伟、万毅等的《刑事被告人、被害人权利保障研究》，孙长永主编的《侦查程序与人权保障——中国侦查程序的改革和完善》，杜仕菊的《欧洲人权的理论与实践：以欧洲社会现代化进程为视角》，[美]阿斯金、科尼格编的《妇女与国际人权法》(黄列、朱晓青译)，[美]卡尔文的《美国的言论自由》(李忠、韩君译)等。

在论文的发表方面，2009年发表的人权法学论文数量大幅增长，其中仅21种法学类CSSCI期刊[①]就达到了225篇。这些文章论题广泛，涵盖了人权法学的各个分支领域。我们以这些学术论文为主要范围，对这一年的学术进展作进

---

① 以南京大学中国社会科学研究评价中心“CSSCI来源期刊(2008～2009年)”为依据，法学类的21种期刊是：《法学研究》《中国法学》《中外法学》《政法论坛》《法商研究》《法学》《法律科学》《法制与社会发展》《法学评论》《现代法学》《环球法律评论》《比较法研究》《知识产权》《法学家》《法学论坛》《行政法学研究》《法学杂志》《中国刑事法杂志》《政治与法律》《当代法学》和《华东政法大学学报》。

一步的介绍，进而对人权法学的研究状况和发展趋势作出评析。

二、人权法学研究的新进展

统计表明，2009 年，21 种法学类 CSSCI 期刊、《人权研究》集刊、《人权》杂志和“人大复印报刊资料”中发表的人权法学学术文章约有 249 篇。对这些文章毫无缺漏的介绍是本文篇幅无法承受的。我们以文章的学术意义、现实意义以及论述的充分性与方法的多样性为标准，从中选择了 80 余篇文章。当然，任何选择都难免挂一漏万，我们期望这些文章能够代表 2009 年的人权法学研究水平，至少能对今后的研究有所启迪。

（一）人权法原理与思想

1. 如何看待人权

说“人权”是一个“仁者见仁，智者见智”的概念毫不为过，且不论东西方学者的不同见解，即便同一个学术话语系统中也常有不同的观点，比如“人权终结论”。2000 年，伦敦大学教授科斯塔斯·杜兹纳（Costas Douzinas）出版了《人权的终结》（*The End of Human Rights*）一书。该书的封面设计颇有隐喻：一辆行进中的庞大坦克，炮口正前方是一名赤手空拳的男子。[①] 十年过去，杜兹纳延续了他的忧虑：“作为意识形态的人权成功波及全球，而作为实践的人权却面临着巨大灾难和困境”，“经历过集体大屠杀、种族灭绝和种族清洗的 20 世纪真可谓百年浩劫。而西方社会中贫富两极分化之严重、全球范围内南北差距之巨大也为人类历史所仅见”。[②] 杜兹纳没有提出解决问题的方案，但他提出的六个观点值得思考：(1)自然（Nature）和自然权利（Natural Rights）是革命思想的产物，是普罗米修斯式的反叛行为；(2)自然权利和主权是始终贯穿于人权法之中的对立原则，而种族清洗与 18 世纪的人权宣言血脉相承；(3)理想产生在与警察权（Police）的短兵相接中，成为被警察权呵护的“天使”，正是理想消亡的原因所在；(4)人权不独属于人，而是成就人；(5)普世主义和文化相对主义是彻底的相互依赖关系，而不是注定的敌人；(6)人权是个人欲望的公开化或法律化。

瑞士著名人权学者胜雅律认为，联合国在基本接受西方第一、二代人权的同时，也发展了第三代人权，可以说既强调个人的消极和积极权利，也强调集体人权；另一方面，《世界人权宣言》并不分第一和第二等人权，所有人权都一样重

---

① Costas Douzinas, *The End of Human Rights*, Hart Publishing Ltd. Oxford. 2000.

② ［英］科斯塔斯·杜兹纳：《“人权的终结”六论》，江兴景译，载《法学家》2009 年第 2 期。

要。人权已卷入全球化浪潮，而不再是西方国家或某个西方秘密团体的专利，人权的普及给西方带来的忧虑多过轻松。[①]

与西方传统相比，中国的人权观念与实践方式是有所不同的。徐显明教授指出，对于人权这个源自"西方"的观念，人权主义者要作出智慧和理性的回答：人权既是美好的理想，又是政府行动的底线标准；人权规范政府，但不削弱权威；人权张扬个性，但不鼓励放纵；人权尊重理性，但不拒绝传统；人权尊重普适价值，但不排斥特殊国情。[②] 而对于人权保障的模式，罗豪才教授在布鲁塞尔自由大学发表演讲时指出，中国模式具有自己的特点：坚持一个基本理念，即以人为本的科学发展；人权法治着力理顺两个基本关系，即权利与义务关系和权利与权力关系；整体推进三代人权保障，即在实现第一代和第二代人权协调发展的同时，把保障人民的生存权和发展权放在首要位置；人权保障力求四个统筹兼顾，包括统筹主权与人权、国际与国内、人权与社会、理论与实践。[③]

2. 人权中的"人"

人权中的"人"可以从很多角度进行描摹。喻中通过考察中西方宪法文本的变迁，认为最初宪法规定的人主要是"身份的人"，然后塑造了"平等而自由的人"，现在在继续塑造"平等而自由的人"的同时还提出了"处于弱势而需要帮助的人"。我国宪法描述的人已开始走出敌我二元划分，塑造了作为主权者的人民形象与作为个体的公民形象。[④]

生态人是一种很早就被提出的法律人模式。蔡守秋、吴贤静认为，生态人在人类生态系统中既可以是主体也可能成为客体，生态人模式和理念的确立，可以为公民环境权的正当化、可实施化提供理论根据。[⑤]

少数人向来是人权法特别重视的权利主体，然而我国法律文件中的"少数人"是否具有相同的价值取向呢？苏亦工发现，"极少数""一小撮""少数""少数人"等传达的多是负面含义，很多情况下甚至是贬义词。他建议在制定法律和签署国际条约时慎选措辞，使B公约第27条规定的"少数人"权利能够得到官

① 参见[瑞士]胜雅律：《人权概念在联合国的发展》，载《人权》2009年第1期。

② 参见徐显明：《〈人权研究〉集刊序》，载徐显明主编：《人权研究》第8卷，山东人民出版社2009年版，序言第1～4页。

③ 参见罗豪才：《人权保障的"中国模式"》，载《人权》2009年第6期。

④ 参见喻中：《变迁与比较：宪法文本描绘的人》，载《法商研究》2009年第5期。

⑤ 参见蔡守秋、吴贤静：《论生态人的要点和意义》，载《现代法学》2009年第4期。

方和民间的普遍认可和尊重。[①]

余少祥认为,法律语境中的弱势群体并非特定的自然群体或职业阶层,而是各自然群体或职业阶层中被边缘化的、散落的个体成员的集合。弱势群体不仅表现为经济贫困,而且表现为权利贫困和能力贫困,某种意义上,经济贫困是权利贫困和能力贫困的结果或反映。[②]

赵红梅区分了人在社会法上的意义,认为社会法中的人是集体之人,社会法保护的是"我们的利益"以及蕴涵于"我们的利益"之中的"我的利益",在"社群"中,集体行动对于实现与维护集体公益的重要性大于集体中个体的行动。[③]这种区分的价值可能在于,它提供了进一步证成"集体人权"的根据,在处理具有集体维权性质的公益案件时有实践意义。

法人能否成为人权的主体?杜强强通过梳理美国联邦最高法院的判例,认为公司具有宪法第14修正案意义上之"人"的地位,享有正当法律程序以及法律平等保护的权利,并且还享有免于无理检查和搜查的权利、免于双重危险的权利、征用条款的保护、接受陪审的权利以及表达自由。但在我国,企事业组织并不具备成为宪法上的人的规范条件。[④]

3. 人权中的"权"

"权"是人权的另外一个核心要素。马岭指出,利益不是权利而只是权利的要素之一,权利冲突只存在于平行主体之间或非平行关系中的"弱势"一方,公民权利不可能与国家、社会、集体的"权利"而只可能与其"利益"发生冲突,并且冲突的主要是个人权利中具有明显利益成分的权利,如财产权、社会保障权等,而且国家、社会、集体的利益一般不能成为剥夺人身权的理由。[⑤]

付子堂、常安认为,民生问题实质上是权利问题,民生问题的凸显是权利配置、权利实现机制、权利保障机制等方面的不足使然。必须通过宪法确定公民应当享有的基本权利,进而以根本大法的方式保障民生,并且须通过民主的渠道。[⑥]

---

① 参见苏亦工:《法律术语中"少数人"一词的语境评析》,载《法学》2009年第4期。

② 参见余少祥:《法律语境中弱势群体概念构建分析》,载《中国法学》2009年第3期。

③ 参见赵红梅:《个体之人与集体之人——私法与社会法的人像区别之解析》,载《法商研究》2009年第2期。

④ 参见杜强强:《论法人的基本权利主体地位》,载《法学家》2009年第2期。

⑤ 参见马岭:《利益不是权利——从我国〈宪法〉第51条说起》,载《法律科学》2009年第5期。

⑥ 参见付子堂、常安:《民生法治论》,载《中国法学》2009年第6期。

德国学者阿列克西论述了宪法权利的规则构造与原则构造的方式，指出，规则是明确命令，其应用形式是涵摄，而原则是最优化命令，权衡是其独有的运用方式。通过发现和证立隐藏在德国宪法诉讼中合比例审查背后的衡量公式，阿列克西证明了权衡是理性的，原则理论有能力成为宪法权利的基础学说。[①]

4. 基本权利与社会权

基本权利和社会权属于“权”的不同类型。周林刚探讨了基本权利的两面性问题，认为基本权利既是行动又是行动的产物，基本权利作为文本在宪法条款中具有特殊地位。[②] 韩大元认为，人权入宪使我国宪法中原有的基本权利体系具有了极大的开放性，公民的基本权利不仅限于宪法列举的27项，没有写入宪法典但对人的尊严与价值又密不可分的那部分权利，如生命权、罢工权、迁徙自由、诉权等，可以从人权条款中解释出来。[③] 张红通过细致的规范分析认为，在宪法还不能作为判断法律行为无效的直接依据的情形下，基本权利透过公序良俗即可单独否定法律行为的效力，而对于已经被法律具体化的基本权利，应直接适用具体法律。在我国法制体系中，尚未具体化的基本权利主要是宗教自由、住宅不受侵犯、通信自由和通信秘密、受教育权、休息权及社会保障权等。[④] 秦奥蕾认为，我国的基本权利体系应当是开放的，建议写入一条：“宪法所明确列举的各项基本权利和自由，不应被解释为否定其他个人或公民的普遍公认的权利和自由的解释。”[⑤]

在基本权利的保障方面，龚向和探讨了基本权利的可诉性问题，但他没有沿袭传统的“二分法”，而是区分了可诉基本权利的种类和其对应的义务两个方面：从种类上看，包括自由权、社会权和平等权在内的所有基本权利都可获得司法裁决；从义务上看，尊重和保护义务以及给付义务的核心部分具有可诉性，在义务主体上，私人在尊重他人基本权利层面成为义务主体。[⑥] 他还区分了基本权利的保护义务与第三人效力的关系，认为二者同源异流，保护义务实质上是

---

① 参见[德]罗伯特·阿列克西：《论宪法权利的构造》，张龑译，载《法学家》2009年第5期。

② 参见周林刚：《基本权利的两面性：现象及其基础——政治哲学对哈贝马斯法律商谈理论的一个说明》，载徐显明主编：《人权研究》第8卷，山东人民出版社2009年版，第78～92页。

③ 参见韩大元：《基本权利概念在中国的起源与演变》，载《中国法学》2009年第6期。

④ 参见张红：《论基本权利作为法律行为无效的判断标准——最高法院1988年“工伤概不负责”案〈批复〉之检讨》，载《法学家》2009年第6期。

⑤ 参见秦奥蕾：《论我国公民基本权利体系的完善》，载徐显明主编：《人权研究》第8卷，山东人民出版社2009年版，第167页。

⑥ 参见龚向和：《理想与现实：基本权利可诉性程度研究》，载《法商研究》2009年第4期。

公民与国家之间的关系，属于基本权的垂直效力，而第三人效力实质上是基本权利主体之间的关系，属于基本权利的水平效力。① 姜峰指出，以违宪审查为特征的宪政主义的历史成就有目共睹，对于我国而言，过分强调特殊国情成为制度借鉴的强大障碍，国情主义者可能忽略了中国最大的国情：民意表达渠道的堵塞。②

王蕾论证了社会权的宪法规范基础是平等权，社会权就是要求差别对待或特殊照顾的平等权。③ 宪法社会权的正当性及其直接司法救济的可行性是存在争议的问题。聂鑫通过比较研究认为，宪法社会权不可过分依赖司法救济，应更多地由政府根据人民的需要来具体实现，排除了直接司法救济这一必要条件后，其正当性难题就迎刃而解。④ 郑贤君认为，非国家行为体是履行社会权保护的责任主体，其保护义务要求国家采取措施规范其责任，这既是社会基本权保护须制定社会立法的原因，也是“社会”参与社会权保护的根据，还是基本权利水平效力在制定法上的体现。⑤

5. 人权思想研究

汉娜·阿伦特是20世纪一位极具争议的政治哲学家。金自宁分析认为，阿伦特坚持正面肯定古典共和观中“参与政治”之“积极自由”，认为作为政治自由前提的公共空间是极为脆弱的，需要人为努力去建构和维护；在正常的公共空间之内政治自由的积极实践应当并且可以是统一了自由与民主的“自由人之自由联合”。⑥

贸易与人权的关系问题是人权理论中的一个组成部分。陈喜峰评述了德国学者彼德斯曼(Ernst-Ulrich Petersmann)提出的以权利为基础的WTO宪法化理论，彼德斯曼不仅视贸易自由本身为一项基本的个人权利，而且贸易权与其他自由权、社会权等基本权利乃至“人权”之间的关系是在同质的权利谱系中

---

① 参见龚向和、刘耀辉：《论国家对基本权利的保护义务》，载《政治与法律》2009年第5期。

② 参见姜峰：《当代违宪审查制度——一个综合的视角》，载徐显明主编：《人权研究》第8卷，山东人民出版社2009年版，第119～120页。

③ 参见王蕾：《论社会权的宪法规范基础》，载《环球法律评论》2009年第5期。

④ 参见聂鑫：《宪法社会权及其司法救济——比较法的视角》，载《法律科学》2009年第4期。

⑤ 参见郑贤君：《非国家行为体与社会权——兼议社会基本权的国家保护义务》，载《浙江学刊》2009年第6期。

⑥ 参见金自宁：《公共空间与政治自由的实践——解读阿伦特“积极自由”观》，载《比较法研究》2009年第1期。

展开。[①]

对于中国的人权思想，马建红介绍了胡适人权观的实验主义进路，认为对于我们当代的人权理论研究、制度建设和实践来说，价值理性与工具理性并举，并且更加倚重工具理性部分，或许值得借鉴。[②] 曲相霏从人权概念、人权主体、人权内容、人权来源、人权属性、人权观、人权与主权关系、人权形态、人权保障与人权实现、中国传统文化与人权等十个方面回顾了改革开放三十多年来我国人权原理的主要学说。[③]

（二）具体权利及其制度

1. 言论自由、信息与隐私权

近年来，彭水诗案、西丰警方进京抓记者、灵宝县跨省追捕网上发帖者等“因言获罪”的案例，充分暴露了言论自由的缺失和保护力度的疲软。杨文革指出，在侵犯名誉、信誉犯罪中，一方面没有区分作为犯罪对象的一般公民与国家官员，没有充分考虑到公民有监督、批评国家工作人员的权利与需要；另一方面，对诽谤罪作为公诉案件所需的“严重危害社会秩序和国家利益”的前提条件规定得比较笼统和模糊，加之刑事诉讼法对于诽谤罪作为公诉案件处理时没有设置程序控制，导致某些官员随意以诽谤罪打击言论自由。他建议修改和完善刑法和刑事诉讼法的有关规定。[④] 胡弘弘也指出了这一问题，建议在处理公职人员名誉权纠纷时，需证明侵害名誉行为的主观恶意和名誉的实际损害。[⑤] 金泽刚建议，对于滥用公权力者，如果尚未构成犯罪，也应令其承担相应的其他不利后果。[⑥]

个人信息权、隐私权是新的基本人权，需要刑法对其悉心保护。刘宪权、方晋晔认为，《刑法修正案（七）》有关侵犯个人信息权犯罪的补充修正意义重大，但本罪单位犯罪主体应该涵盖所有单位，在犯罪客观行为方面不宜增加“违反

---

① 参见陈喜峰：《以基本权利为核心的贸易与人权一元论——评彼德斯曼对贸易与人权关系的理论建构》，载《现代法学》2009 年第 2 期。

② 参见马建红：《胡适人权观的实验主义进路及其价值》，载徐显明主编：《人权研究》第 8 卷，山东人民出版社 2009 年版，第 75 页。

③ 参见曲相霏：《改革开放 30 年人权原理主要学说回顾》，载徐显明主编：《人权研究》第 8 卷，山东人民出版社 2009 年版，第 1～66 页。

④ 参见杨文革：《对言论自由的法律保护与对滥用言论自由的法律惩罚》，载《环球法律评论》2009 年第 1 期。

⑤ 参见胡弘弘：《论公职人员的名誉权救济》，载《法学》2009 年第 2 期。

⑥ 参见金泽刚：《媒体诽谤与权力造罪》，载《法学论坛》2009 年第 2 期。

国家规定”的前提条件。他们建议明确本罪“情节严重”的内容，将本罪规定为“告诉才处理”的犯罪，可在一定条件下引入举证责任倒置规则，并适时将“人肉搜索”等纳入刑法调整。[①] 对于侵犯隐私权的行为，王立志指出，通过示例法立法模式、空白罪状、客观解释、司法犯罪化等刑法开放性措施，可以对各种严重侵犯隐私的行为进行全面制裁。[②]

2. 社会保障权、福利权与社会受益权

郑智航认为，无论是理论还是实践中，适当生活水准权都有可裁决性；适当生活水准权的国际标准以“恩格尔系数”方式比较适宜，我国实践中采用的城镇最低生活保障标准不利于明确政府的义务。[③] 张姝反思了我国的社会保障争议解决机制，指出西方各国普遍将社会保障争议作为一种独立的争议形式，建立专门法院、法庭或授权普通法院通过特殊程序处理，建议完善我国的非诉讼解决机制，设立社会保障法庭。[④] 胡立峰探讨了美国劳动法对雇主不当解雇行为的规制问题，认为以制定法和判例法来抑制和消除雇佣自由原则的消极影响、实现雇主解雇行为的规范化，是合乎社会正义和公共利益的举措。[⑤]

陈国刚将福利权定义为“处于贫困状态的公民为满足最基本的生活需要而要求国家提供福利援助的请求权”，福利权与自由权有密切关系，内含着自由的逻辑，而社会保障权的概念是不能成立的。[⑥] 王三秀讨论了美国福利权立法问题，认为保障贫困人群的生存权尤其是就业权必须构建生存救助与就业促进法律体系，我国应当将分散的临时性救助项目予以整合，形成包括基本生存、促进就业的综合性最低生活救助制度，以通过促进个人就业实现长久脱贫。[⑦]

要使人民共享改革发展的成果，必须突破现有的思维模式与制度进路。肖顺武认为，社会受益权在深层次上与社会主义本质契合，在政策层面上与“人民

---

① 参见刘宪权、方晋晔：《个人信息权刑法保护的立法及完善》，载《华东政法大学学报》2009 年第 3 期。

② 参见王立志：《隐私权刑法保护之困境及因应》，载《法学》2009 年第 8 期。

③ 参见郑智航：《论适当生活水准权的救济》，载《政治与法律》2009 年第 9 期。

④ 参见张姝：《对我国社会保障争议解决机制的理论反思——基于权利救济的考察》，载《当代法学》2009 年第 6 期。

⑤ 参见胡立峰：《美国劳动法对雇主不当解雇行为的规制：源流、发展与反思》，载《环球法律评论》2009 年第 1 期。

⑥ 参见参见陈国刚：《贫困者的权利与国家的义务——公法视野中的福利权研究》，载徐显明主编：《人权研究》第 8 卷，山东人民出版社 2009 年版，第 261～317 页。

⑦ 参见王三秀：《美国福利权保障立法价值重心的转移及其启示》，载《法商研究》2009 年第 4 期。

共享改革发展繁荣成果”的目标衔接，是公平分享改革成果的新依据。社会受益权的主体是全体人们，它是一个权利束，具有综合性，也是一种经常性权利。[①]

3. 发展权

何志鹏认为，发展权问题之所以在理论和实践上没有得到很好的解决，主要是因为观念和制度上的障碍。狭义发展权主要用于国际法领域，可理解为一种单项的权利主张。而广义发展权主要在人权法理论的角度被提出并论证，本质上是一个权利束。作为一种谋求全面发展而存在的权利，发展权只是一个类的概念，而不能作为一个单独的权利。[②]

朱未易认为，早在1942年英国《阿斯瓦特报告》中就提出了物权法上的“土地发展权”概念，土地发展权是与土地所有权分离而可以单独处分的财产权，本身具有人权法上的经济发展权特征。不同法域发展权的创设都是基于共通性的发展需要和权利诉求而实现的。[③]

4. 环境权

环境问题是全世界共同面临的重大现实问题。在西方，财产权人的自由因为环境利益而受到限制，引发了环保与人权保护的争论。当前，我国面临的环境问题相当严峻，环保措施在何种情况下可对财产权进行限制？何种程度、何种条件下的限制是合法、恰当的呢？徐以祥认为，这种限制首先须受宪法限制公民基本权利的一般条件的约束，即以法律形式、符合比例原则和平等原则；其次，特定情形下须向财产权人提供补偿。[④]

环境权入宪是近年来受到广泛关注的理论问题。陈伯礼、余俊认为：“如果宪法基本权利中能够明确规定环境权法律条款，并以之为根据对公民进行环境教育，公民的环境法律意识就必然会提高。”[⑤]但那力、杨楠指出，创设实体性环境权是很困难的事情，“实体性环境权的内涵难以界定，更不能作为司法的标准和依据”，也许“推进以参与权为代表的程序性环境权，比讨论是否存在或者怎样建构‘拥有适宜、健康或充满生机的环境的权利’更有意义”[⑥]。对于环境决策

① 参见肖顺武：《改革成果分享依据研究——社会受益权视角的解析》，载《现代法学》2009年第5期。

② 参见何志鹏：《以人权看待发展》，载《法制与社会发展》2009年第4期。

③ 参见朱未易：《论物权法上土地发展权与人权法上发展权的制度性契合》，载《政治与法律》2009年第9期。

④ 参见徐以祥：《环境规制与财产权保障的冲突和协调》，载《现代法学》2009年第2期。

⑤ 陈伯礼、余俊：《权利的语境变迁及其对环境权入宪的影响》，载《法律科学》2009年第6期。

⑥ 那力、杨楠：《环境权与人权问题的国际视野》，载《法律科学》2009年第6期。

中的公民参与,朱谦指出,公众个体参与往往难以有效地发挥作用,"在转型期的中国,环境行政参与中更要强化公众参与主体的组织化,改变过多的公众个体无序参与之局面"①。

刘卫先对后代人环境权理论提出了质疑,认为这一理论是人们采取"权利"路径解决环境问题而产生的,在理论基础、现实性及路径选择等方面存在缺陷,我们应持谨慎态度。②

5. 其他具体人权问题

宋方青、傅振中提出,民主权是一种新兴人权,它是一系列的人权集合;既是与社会治理方式相关的手段性人权,更是内含某些价值追求或道德准则的目的性人权;既包含相当部分的第一代人权,更因其促进并确保人权与时代共同发展而成为跨代人权。中国民主权立法的具体目标可简化为确立中国当下社会参与及自治的具体正当程序。③

温静芳探讨了安乐死权问题,认为安乐死权将成为一种新兴权利,是一种具体人格权,生命伦理、医学伦理及社会伦理都可为之提供正当性论证,同时基于"孝"文化,其在中国文化场中也是正当的。④

孙凌以规范分析的方法证明了住宅权的宪法地位,认为住宅权是我国宪法上体现"人性尊严"具体化的不成文基本权。《宪法》第 39 条"公民的住宅不受侵犯"属于住宅自由权的一部分,而住宅社会权需以"国家尊重和保障人权"条款为正当性依据。⑤

一段时间以来,我国食品安全案件频发,以"三鹿奶粉事件"为代表的大规模人身损害侵权事件时有出现。郑智航认为,我国食物方面的救济主要是慈善型模式,个人只能提出有限的要求,对于食物方面的政策和法律不能提出异议,如何在我国宪政框架下引进权利型救济模式值得进一步思考。⑥ 林丹红认为,

---

① 朱谦:《环境公共决策中个体参与之缺陷及其克服——以近年来环境影响评价公众参与个案为参照》,载《法学》2009 年第 2 期。

② 参见刘卫先:《对后代人环境权论的几点质疑》,载《中共南京市委党校学报》2009 年第 3 期。

③ 参见宋方青、傅振中:《论国际人权立法的中国化——以民主权为中心》,载《现代法学》2009 年第 5 期。

④ 参见温静芳:《安乐死权研究》,载徐显明主编:《人权研究》第 8 卷,山东人民出版社 2009 年版,第 240～241 页。

⑤ 参见孙凌:《论住宅权在我国宪法规范上的证立——以未列举宪法权利证立的论据、规范与方法为思路》,载《法制与社会发展》2009 年第 5 期。

⑥ 参见郑智航:《南非食物权定性的论争及其启示》,载《法商研究》2009 年第 5 期。

大规模人身损害侵权事件具有私害的公害化倾向，具备公共危机属性，而侵权法框架下的受害人救济极易陷入困境，建议将此类侵权纳入国家应急救助体系，国家以社会救助者的身份承担弥补责任。[①]

戴瑞君认为，《公民权利和政治权利国际公约》在美国属于非自动执行的条约，需转化为国内法才可适用，但是目前尚无全面转化公约的国内立法，于是法院普遍认为该公约对美国法院没有直接拘束力。美国的事例表明，从批准公约到实现人权还有相当长的距离。[②]

（三）特殊群体的人权保护

在女性人权方面，张步峰认为，男女不同年龄退休制度有违宪嫌疑，而女性比男性早退休的手段与实现保护女性的目的之间不存在实质性关联，并且会导致“逆反差别”，建议原则上统一退休年龄的基础上，允许女性选择提前退休。[③]王丽萍考察山东省妇女权益保障状况显示，女性的法律意识低于男性，政治权益保障尚存缺陷，受教育权、劳动就业权、财产权相对易受侵害，在性别和身高方面受到多于男性的歧视，不过很少因生女孩而被歧视。[④]

在农民人权方面，余劲松、李长健指出，由于忽视了对农民利益、农民平等生存权和发展权的保障，导致中国农业补贴立法的先天不合理。农业补贴的文化本质是人本文化、理性文化与弱者救助文化，应当建立融“绿箱”“黄箱”“蓝箱”以及创新性的“白箱”四位一体的农业补贴法律制度体系。[⑤] 在土地征收过程中，《物权法》提高了征收补偿标准。第 42 条第 2 款规定，征收集体土地除支付补偿费外，还要“安排被征地农民的社会保障费用”。邹爱华认为，该规定混淆了被征地农民的补偿权和社会保障权，延缓了获得公正补偿的时间，建议先按照被征收土地的市场价值给予补偿，然后规定合理分割补偿款的办法。[⑥]

在儿童人权方面，项焱等通过调查湖北省农村地区发现，留守儿童普遍面临生存权、受教育权、受保护权、发展权、参与权等诸多权利全面缺失的状况。

---

① 参见林丹红：《大规模人身损害侵权救济中的国家责任》，载《法学》2009 年第 7 期。

② 参见戴瑞君：《批准人权公约与切实保障人权不能等同——以美国法院对一项国际人权公约的适用为例证》，载《法学》2009 年第 2 期。

③ 参见张步峰：《男女退休不同龄制度的宪法学思考》，载《法学家》2009 年第 4 期。

④ 参见王丽萍：《山东省妇女权益保障状况实证考察》，载徐显明主编：《人权研究》第 8 卷，山东人民出版社 2009 年版，第 259～260 页。

⑤ 参见余劲松、李长健：《论我国农业补贴制度的和谐构建——基于生存权与发展权平等的理论逻辑》（上、下），载《法学评论》2009 年第 1 期、第 2 期。

⑥ 参见邹爱华：《被征地农民的补偿权与社会保障权》，载《政法论坛》2009 年第 5 期。

他们认为，保障留守儿童权利不宜采取专门立法形式，建议政府在政策支持、组织协调、经费保障和宣传号召方面发挥更大的作用。[①] 残疾儿童是一类特别困难、脆弱的残疾人群体。蒋新苗认为我国残疾儿童国内和跨国收养法律机制存在缺失，建议遵循儿童最大利益原则，通过立法打破民政部门在收养安置中的"行业垄断"，完善国内与跨国收养的跟踪机制和补贴机制。[②]

在受刑人人权方面，王彬指出，我国有违法犯罪前科的公民被限制或剥夺的职业种类非常广泛，前科范围包括刑事处罚、行政处罚和一般违法违纪行为，限制的期限动辄终身，这种歧视甚至延伸到亲属。他建议完全废除终身限制就业资格的法律，排除对缓刑期满者、承担防卫或避险过当刑事责任者的限制，完全排除对过失犯、假释考验期满者、未成年人犯罪前科者的限制。[③] 犯罪嫌疑人是刑事诉讼法和人权法都应当关注的一类人群。廖明、孟军认为，这一群体在侦查中应当拥有人身权、财产权等实体权利，以及辩护权、知情权、不受强迫自证其罪权、申请回避权、免受不合理拖延权、保释权、获得翻译权等程序权利。[④]

目前，全球有乙肝病毒携带者 3.5 亿人，我国为 1.2 亿，约占全球的 1/3。谢建社、江丝柳以法社会学方法分析了乙肝病毒携带者就业歧视状况，指出公众对乙肝的认知存在误区，而法律也没有禁止对肝功能的检测，没能有效改善乙肝病毒携带者的就业现状。[⑤] 2010 年 2 月 10 日，人力资源和社会保障部、教育部、卫生部发布了《关于进一步规范入学和就业体检项目维护乙肝表面抗原携带者入学和就业权利的通知》，要求入学、就业体检中不得开展乙肝项目检测，不得要求提供乙肝项目检测报告，也不得询问是否为乙肝表面抗原携带者。这一规定的实施效果让人期待。

曲相霏认为，胎儿地位是一个宪法问题，德国模式以保障胎儿生命与尊严为重、同时尊重孕妇的自由权，把剥夺胎儿的生命作为一种受到严格限制的例外情形；美国模式以保障孕妇隐私权和自由权为重，同时又在保护孕妇生命健

---

① 项焱、郑耿扬、李沉：《留守儿童权利状况考察报告——以湖北农村地区为例》，载《法学评论》2009 年第 6 期。

② 蒋新苗：《中国残疾儿童收养的法律机制透析》，载《中国法学》2009 年第 6 期。

③ 王彬：《我国限制有前科公民就业资格的立法例考察——以就业歧视为视角》，载《法学》2009 年第 10 期。

④ 廖明、孟军：《犯罪嫌疑人权利救济论》，载徐显明主编：《人权研究》第 8 卷，山东人民出版社 2009 年版，第 318～334 页。

⑤ 谢建社、江丝柳：《乙肝病毒携带者就业歧视的法社会学思考》，载《广州大学学报（社会科学版）》2009 年第 2 期。

康和维持适当出生率尤其是维护敬畏生命的社会价值基础的国家利益驱动下，对妊娠后期孕妇的自由权予以一定限制。胎儿的生命权虽然不是绝对的，但作为人权的主体，其尊严权却是绝对的。[①]

（四）刑事司法与人权保护

1. 刑罚设置

近代以来，人道主义呼声高涨。孙万怀认为，人道主义法的发展催生了反人道主义犯罪的法治，通过刑事法治捍卫人道主义不仅表现为人道主义法的发展、反人道罪行的司法化以及人道主义的普适性要求，而且表现在将反人道主义犯罪的立法化过程。[②] 但人道能否对刑罚本身构成限制呢？王水明、刘晓虎认为，人道不是刑罚的价值要素，人道对刑罚的限制不是根据性的，而是条件性的，只有当人道理念较比刑罚理念占优势时，人道才限制刑罚。[③]

在我国，在犯罪圈外而为预防犯罪存设的人身强制措施处于某种原生态。对此，全国人大法工委曾于2003年前后将《违法行为教育矫治法》列入立法调研项目。王利荣认为，应当终止这一法案，提出通过司法层面的犯罪化将已故意实施严重危害社会行为且有再犯之虞的人纳入刑法调整；借禁毒法改变原有强制隔离戒毒格局，促使劳动教养退出现制；将工读教育和精神病人的强制治疗交由教育法和医疗法调整；尽可能考虑运用综合抑制手段而不宜匆匆确认对特定出狱人的收容处分。[④]

2. 刑事司法程序

侦查权是一种容易对当事人权利造成直接影响的重要权力，但在现行法框架内，检察机关的侦查监督和法院的审判监督并未发挥预期的控制作用。马静华认为，可以通过完善现行侦查控权模式来部分解决侦查恣意问题，如建立全国统一的案件审批制度，淡化局领导的审批权、确立审核决定权，将审批程序改造为侦查人员、犯罪嫌疑人、律师共同参与的听证程序等。[⑤] 而对于侦查到案制度，应从整体构造上改革：到案措施类型以无证到案为主，并对其进行事后审查；适当扩展到案期限；进一步限制侦查权力，扩展对抗性权利体系；加强侦查

① 参见曲相霏：《胎儿的宪法地位——德国模式与美国模式》，载《环球法律评论》2009年第6期。

② 参见孙万怀：《国际刑法成长的根基——人道主义诉求》，载《中国刑事法杂志》2009年第5期。

③ 参见王水明、刘晓虎：《刑法中的人道问题》，载《法律科学》2009年第2期。

④ 参见王利荣：《〈违法行为教育矫治法〉法案理应搁置》，载《法学论坛》2009年第4期。

⑤ 参见马静华：《侦查权力的控制如何实现——以刑事拘留审批制度为例的分析》，载《政法论坛》2009年第5期。

权的监督机制和犯罪嫌疑人权利的保障机制；严格控制案件处理的羁押化倾向。[①]

附条件逮捕制度是近年来检察机关出台的一项审查逮捕改革措施，其核心是将原本不符合逮捕条件的犯罪嫌疑人批准逮捕。张兆松认为，该制度违反《刑事诉讼法》第60条，难以避免逮捕适用的扩大化和超期羁押现象，只会扩张检察机关的逮捕权。[②]

羁押场所巡视制度是一种程序外的酷刑预防机制，在国外受到普遍重视。陈卫东带领的课题组通过在辽源试行这一制度，有效提高了看守所被羁押人的待遇、促进了监管机关执法的规范化。该制度还将进一步扩大试行范围。[③]

张吉喜探讨了美国刑事诉讼中表达自由权与公正审判权的平衡问题，认为联邦最高法院在这两种权利发生冲突时，为了保障被告人的公正审判权，可以对表达自由权作必要的限制，实践中的焦点是二者冲突程度的界定。目前，如何处理陪审员、当事人、证人和旁听者的表达自由权与被告人的公正审判权之间的关系还没有统一规则。[④]

3. 被害人补偿制度

被害人补偿制度具有人权保障功能，也具有明显的社会政策意义。孙宝民、李环宇认为，该制度是一种特殊的国家救助制度，我国建立该制度的时机已成熟。在立法时，适用对象应限定为因暴力犯罪或在因暴力行为而受重伤的被害人以及因以上犯罪而死亡的被害人的近亲属，补偿金的支付机构可设置于国家财政部门，而裁定机关应另设，试行阶段可设置于公安机关。[⑤]

王瑞君介绍了美国犯罪被害人政府补偿制度，目前的焦点问题除资金来源与保障之外，还包括：精神损害是否列入补偿范围？如何判断何种情形属于无法从犯罪人那里得到补偿？一旦政府补偿制度付诸实施，很可能导致向犯罪者索赔的减少，该如何避免这类现象的出现？这些现实问题提醒我们应作出协调安排。[⑥]

---

① 参见马静华：《侦查到案制度比较研究》，载《中国法学》2009年第5期。

② 参见张兆松：《附条件逮捕制度批判》，载《现代法学》2009年第5期。

③ 参见陈卫东：《羁押场所巡视制度研究报告》，载《法学研究》2009年第6期。

④ 参见张吉喜：《论美国刑事诉讼中表达自由权与公正审判权的平衡》，载《中国刑事法杂志》2009年第1期。

⑤ 参见孙宝民、李环宇：《刑事被害人国家补偿制度立法构想》，载《中国刑事法杂志》2009年第1期。

⑥ 参见王瑞君：《美国犯罪被害人政府补偿制度介评》，载《环球法律评论》2009年第3期。

日本2004年颁布了《刑事被害人基本法》，日本学者太田达也指出，该法不仅涵盖刑事被害人，也包括“有害于身心的准犯罪行为”的受害人，还规定政府必须在健康、医疗服务、社会福利、住房及就业方面执行被害人救助政策。根据该法，设置于内阁办公室的日本刑事被害人政策促进理事会于2005年确立了刑事被害人基本计划。[①]

4. 死刑问题

最近几年，死刑改革是持续的热点。贺志军指出，死刑民意实证调查显示，公众和专业人士对非暴力犯罪死刑认同度都在50%以下，但在应否用终身刑作为死刑代替措施的态度上尚存在民意与理性的悖论。[②] 袁彬的调查显示，60%以上的被调查对象认为我国应进一步减少和限制死刑适用。但他指出，民众对死刑的抽象态度与具体态度之间以及死刑民意的内部情感存在冲突。[③] 他们二人都认为，应通过适当的制度设计引导死刑民意的理性发展。

赵秉志指出，中国大陆地区当下还缺乏立即废止死刑的文化条件，不具备在短期内废止死刑的必要社会基础，但在某些条件较成熟的地区可尝试建立废止死刑的试验区（刑事司法特区）。[④] 他认为，废止死刑不仅是刑法问题，更是复杂的社会问题，不能脱离具体国情、民意与犯罪态势以及法治传统和现状而贸然为之，要遵照循序渐进、由易而难的原则减少死刑。[⑤] 但孙万怀对“死刑渐废论”持批评态度，认为那是一个逻辑悖论，其终极结果是为死刑继续存在寻找庇护所。他认为，权力的意识更新是废止死刑的原因，知识者的不妥协是废止死刑的动力，学者要不妥协、不折中地信守原则，从而促使权力者有一份确定和自信。[⑥]

秦宗文通过分析死刑适用中法院、地方党政、媒体等的博弈，认为废除死刑言之过早，巩固和扩大控制死刑成果的关键是稳定当前有利于死刑控制的博弈结构，强化法院的博弈能力，最重要的是保持政策的稳定性，废除党委协调案件

---

① 参见[日]太田达也：《刑事被害人救助与刑事被害人权利在亚洲地区的发展进程》，武小凤译，载《环球法律评论》2009年第3期。

② 贺志军：《论我国死刑改革的罪刑选择及民意引导——基于死刑民意实证调查数据的分析》，载《中国刑事法杂志》2009年第1期。

③ 袁彬：《死刑民意及其内部冲突的调查与分析》，载《法学》2009年第1期。

④ 赵秉志：《中国短期内能否废止死刑问题要论》，载《法学杂志》2009年第8期。

⑤ 赵秉志、彭新林：《我国死刑制度改革的路径与步骤》，载《法学》2009年第2期。

⑥ 孙万怀：《死刑存在的悖论与废止的根本动力》，载《华东政法大学学报》2009年第2期。

制度，尽可能保障死刑适用博弈在诉讼程序内进行。①

张绍谦提出了死刑司法适用的标准：所实施的必须是故意犯罪；所实施的犯罪实际致人死亡或造成了与致人死亡危害性相当的极端严重的危害社会结果；行为人主观恶性极大，达到令社会难以容忍其存在的程度；行为人的人身危险性，也即再次犯罪的可能性。这四个条件不是选择关系，而是必备关系。②

（五）国际人权与人道主义法

在联合国网站上，可以查到两个中文版本的《世界人权宣言》，一个是1948年发布的繁体作准本，一个是时下流行的简体流行本。孙平华认为，这两个版本的内容存在很大差异。他从语言学和翻译学的角度进行了分析，提出了修正版本。③

2003年，联合国教科文组织通过了《保护非物质文化遗产公约》，开启了非物质文化遗产的国际人权保护机制。郭玉军、唐海清认为，应当建立一种以尊重文化多样性为基础的人权评判标准，并通过建立对话协商机制、采用"对情况作恰度评估"原则以及建立动态审查机制来完善保护机制。④

万鄂湘、毛俊响认为，冷战后国际人权法有新的发展：国际人权规范进一步细化；国际人权法的适用范围日益拓展；国际人权监督机制的普遍性、客观性和司法性逐步增强；人权国际保护方式历经重大转变，开启尝试国际人权保护的刑事化；尊重和保护基本人权理念被公认为国际社会的普遍价值。这些发展是理想主义和现实主义交织的产物。⑤

目前，中国与东盟经济自由贸易区已基本成形，各种相关法律协议已经签署，但该区域组织回避了人权问题。金晓晨认为，西方的人权模式一味强调保护个人权利、追求个人欲望的满足，这种模式"不具有普适性"，"不完全适合东亚区域组织"。⑥

---

① 秦宗文：《中国控制死刑的博弈论分析——以最高人民法院行使死刑复核权为背景》，载《法商研究》2009年第1期。

② 张绍谦：《死刑司法适用标准研究》，载《华东政法大学学报》2009年第2期。

③ 孙平华：《〈世界人权宣言〉两个中文本语言差异研究》，载徐显明主编：《人权研究》第8卷，山东人民出版社2009年版，第348～390页。

④ 郭玉军、唐海清：《非物质文化遗产的国际人权保护研究——以〈保护非物质文化遗产公约〉为视角》，载《法律科学》2009年第6期。

⑤ 万鄂湘、毛俊响：《冷战后时代国际人权法的新发展及其对现代国际法的影响》，载《法学评论》2009年第3期。

⑥ 金晓晨：《论西方人权模式对东亚区域组织的不适性》，载《法学杂志》2009年第11期。

齐延平通过分析亚太地区国家人权机构的职能与调查权指出，这些机构接受的个人申诉数量逐年增加，但不善于或无力处理个人申诉，并且调查结论也往往以得到侵权机关的认可为准。国家人权机构调查职能的有效发挥同一国是否拥有完备的法治、良好的政治生态、健康的人权文化密切相关。[①]

孙萌考察了欧洲区域组织在紧急状态的权利保障制度，认为欧洲理事会确立了明确的保障标准，欧洲人权法院负有主要职责，而欧安组织的实践是重要的补充办法。对《欧洲人权公约》第15条相关标准的解释、适用和发展是它们的最大贡献。[②]

金慧华认为，土著民是自然生态系统的重要一环，所谓的“发展项目”对其生存环境造成了毁灭性破坏，带来了各种流行疾病和生活恶习，而建立国家公园和自然保护区又使其“家园变公园”。世界银行是最早出台土著民政策的国际金融组织，其政策具有参考意义。[③]

三、人权法学研究的发展趋势

对于“法学学”研究而言，数据是体现研究特点、把握发展脉络比较客观、有效的参考指标。在整理分析2009年人权法学的数据时，我们从两个方面进行了分析：一是统计当年度的各项数据，以横向对比的方式体现这一年的研究状况；二是通过与2008年数据的对照，以纵向对比的方式揭示其发展趋势。与上一年相一致，2010年的数据统计依然从研究主题、研究队伍和研究的思想资源三个方面入手，但在具体指标的选择上作出了适当调整。

(一)关于研究主题

我们以21种法学类CSSCI来源期刊为基础，对225篇论文的主题进行了分类统计，并与2008年的数据作了对比。如表1所示。

---

① 齐延平：《亚太各国国家人权机构人权侵害申诉调查职能比较分析》，载《法学杂志》2009年第8期。

② 孙萌：《欧洲区域组织对紧急状态下权利的保障和救济》，载徐显明主编：《人权研究》第8卷，山东人民出版社2009年版，第347页。

③ 金慧华：《论发展项目对土著居民环境权的影响——以世界银行土著民政策为中心》，载《政治与法律》2009年第7期。

表 1 **2008、2009 年人权法学研究主题分布情况**

主题		人权法原理与思想	具体权利及其制度	特殊群体的人权保护	刑事司法与人权保护	国际人权与人道主义法	总数量
数量	2009	53	76	25	61	10	225
	2008	30	48	14	27	7	126
比例	2009	23.56%	33.78%	11.11%	27.11%	4.44%	—
	2008	23.81%	38.10%	11.11%	21.43%	5.56%	—

2009 年,人权法学的学术论文数量比去年有大幅增长,但观察这两年的主题分布情况可以发现,尽管 2009 年各个主题下的文章数量在增多,但所占比例几乎保持未变,甚至有的主题的文章比例完全相同。不能不说,这体现了一种稳定、牢固的研究趋势。乐观地看,研究主题的稳定有助于人权法学沿着科学、合理的轨道发展下去。但是,这里面也有反思的余地:之所以两年来的趋势保持一致,本质上是因为这门学科已经成熟了吗,或者是不是恰恰由于 2009 年并没有获得进一步发展,甚至是由于这些主题的分布本身就不够合理、科学而使研究内容受到作者学术方向的制约?

在进行 2008 年的统计分析时,我们曾经提出,有关具体权利方面的研究文章占了近四成篇幅,这在一定意义上反映了人权法学研究方法和对象的狭窄。这种情况在 2009 年有所改观,降低了四个多百分点,与之相反的是刑事司法方面的文章比例有所上升。保障人权首要的是保障人身自由不受侵害,刑事司法中人身自由的实现程度是评价人权发展状况的一项重要指标,因而这一研究趋势值得肯定。

在对这 225 篇文章进行主题分类时,我们发现了一个明显的特点:研究具体权利的文章,取道法理学的价值分析路径较多;研究具体制度的文章,取道规范分析、实证分析路径为多。值得注意的是对权利的规范分析倾向,即以规范分析的方法,从法律上证成某项人权的存在及其意义。2009 年有几篇文章在返回"法"的形而下方面作出了努力,这是近年来法学方法的发展带来的积极影响。但今后在倡导这一研究方法时,我们必须回答的一个前提性追问是:什么是人权法学所要面对的"法"? 如果没有一个相对固定的"法"的范围,那就很难保证这门学科的独立性,更别说研究方法和研究对象的丰富了。

我们认为,人权法学之"法"并不像其他法学部门一样有一部或几部成文法典作为主要的研究对象,它的建构模式具有综合性。以"保障人权"为出发点,人权法学之“法”包括了多个法律部门中与人权相关的内容，可以分为以下几个类型：第一类是国家法律，如宪法特别是基本权利条款、刑法特别是定罪量刑条款、刑事诉讼法特别是程序和犯罪嫌疑人权利条款、行政法特别是相对人权利条款，以及劳动法等社会性立法中有关积极人权方面的条款。第二类是司法解释和判例，如“齐玉玲案”及其已被废止的最高法院批复。第三类是国际人权法，如国际人权公约、条约、宣言等。第四类是自治性质的规范，如协会规章、村规民约中有关成员权利的内容。以上几类中，人权法学对第一类和第三类已有较多研究；对第二类的涉及较少，主要是因为司法解释和相关判例的稀少；对第四类则很少注意。传统的人权观念认为，订立自治规范属于自治体成员的权利，这本身就是人权法所要保障的人权，怎么能说那些自主制定的规范侵犯成员的人权呢？但是随着“第三部门”、社会组织的兴起和各种自治制度的发展，传统的国家结构形态已经出现了革命性的“扁平化”变革，呈现出“个人—社会—国家”的结构形态，自治规范的种类和数量迅速膨胀，“巨大之企业组织或工会、农会及各种工商团体等大型团体其拥有的权力，已类似国家机关之公权力，其行使之强大权力，已具有私法政府或私法统治（private government）之性质”[①]。这类组织难免成为个人人权的侵害者，现实生活中也有此类事例的发生。例如，内蒙古某村将全体村民划分为五个等级，在分配土地补偿款和集体福利的时候，按照所划分的等级予以分配。[②] 自治组织的这些内部规范是否要接受宪法和上位法的审查值得人权法学的关注。人权法学之“法”并不是封闭、僵化的，它还具有开放性。我们并不赞成无限制扩大人权法辐射范围的主张，并且认为那是有害的，但是如果以“人的尊严和自由”为核心评价标准的话，将那些可能对人权造成现实影响的法律、法规、规章等纳入人权法学的研究视野，是有必要性和现实性的。

（二）关于研究队伍

对研究队伍构成状况的分析采取了抽样的方法。2009 年分析的是“作者介绍”中的“研究方向”，目的在于寻找研究者的学术自觉性、认同感，2010 年我们采用的是“作者介绍”中的“职称”。在中国，职称是一位学者学术水平的重要表征，象征着一定的身份，这项统计的目的就在于发现研究者的学衔分布状况，以

---

① 谢瑞智：《宪法新论》，（台北）正中书局 2000 年版，第 193 页。

② 参见《内蒙古一村庄村民等级制引发部分村民不满专家提出批评》，“中国广播网”2009 年 12 月 2 日，http://www.cnr.cn/china/newszh/yaowen/200912/t20091202_505698723.html。

此展现研究队伍的学术水平和层次。我们选取了“特殊群体的人权保护”主题中的25篇文章,统计了33位作者的职称情况。这些作者中,高校师生和科研机构人员占了绝大部分。由于其中的2位检察官、2位军校教员难以判断其学衔,故仅对其余的29位作者进行了分析,如表2所示。

表2　　29位作者职称分布情况

职称	教授	副教授	讲师、助教	博士生	硕士(生)
数量	7	9	9	1	3
比例	24.13%	31.03%	31.03%	3.45%	10.34%

说明:博硕士生中的在职攻读学位者,按照其在职的职称统计。

统计表明,在职教师占据了将近九成的分量,其中副教授、讲师和助教又占了六成多,说明青年学者是人权法学研究的主力军。博士生是一个学术思维和科研能力相对活跃的群体,但这项统计中仅有一位博士生作者,这让人感到意外。目前,已有高校先行一步培养人权法专业或人权法方向的博士生,但全国人权法方向的博士生数量是非常之少的,这在一定程度上制约了人权法学的健康、持续发展。人权法学学术自主性的确立,无疑要以一个稳定、长久的学术共同体为基础,这已成为人权法学所要解决的重要任务。

在这项统计中,硕士(生)的数量超过了博士生,原因是有一篇文章属于实证调查,作者中包括一位硕士生和一位法律硕士。这提醒我们,虽然硕士生的科研能力相对不够突出,理论功底有待夯实,但人权法学不仅是一门理论,更是一种实践,人权法的发展既要有科学、体系化的理论为支撑,也须臾不能离开保障人权、维护人权的实践推动。在人权法学的实证研究中,不妨吸收一些硕士生参与到科研中来,如此既能发挥他们的热情和积极性,又能为学科发展积蓄人才。即便他们今后并不直接从事人权法学的研究工作,有过深入的研究经历也能使他们树立起牢固的人权观念。

在2009年的研究中,我们统计了2000～2008年发表的包含“人权”字样的论文数量,目的是体现9年间的成果产出趋势。2010年的统计我们继续以“中国知网”的数据库为来源,但目的是挖掘研究队伍中博硕士生的成果产出情况,发现他们的学术能力和创造性。本次统计选择的是中国期刊全文数据库、中国博士学位论文全文数据库、中国优秀硕士学位论文全文数据库,以“人权”为检索词进行“题名”检索,并分别以“博士(研究)生”“硕士(研究)生”进行“全文”检索，检索时间为 2010 年 2 月 10 日，统计情况如表 3 所示。

表 3　　2000～2009 年发表的题名包含“人权”的博硕士生论文数量

年份	年度小计	期刊论文			学位论文	
		本项总计	博士生作者	硕士生作者	博士	硕士
2009	610	572	6	7	2	36
2008	626	545	3	3	6	75
2007	632	532	4	3	13	87
2006	602	533	3	2	12	57
2005	663	601	3	4	5	47
2004	628	587	5	4	5	36
2003	333	315	5	6	2	16
2002	323	301	4	8	2	20
2001	234	227	3	6	1	6
2000	214	209	0	2	0	5

说明：在“期刊论文”一项，博硕士生作者的统计排除了在职攻读学位者、外籍在华攻读学位者，并且没有包含研究生发表的翻译文章和新闻报道性质的文章。

从横向来看，在“期刊论文”一项，博士生的论文数量与硕士生基本持平、相对略少，但是与期刊论文的总数量相比，两者都显得极为稀少，这也许可以印证上一项统计中得出的结论。在“学位论文”一项，以“人权”为题的博士学位论文大大少于硕士学位论文，是否可以认为，虽然博士生们平时撰写这方面的文章，但到了撰写学位论文时，自觉不自觉地转换题目了？当然，博士学位论文不再直接以“人权”二字命名，而是切口更小、更具内涵，这是很大的一种可能。

从纵向来看，在“期刊论文”一项，硕士生的论文在早先几年数量较多，刊物的层次也都不错，一个可能的原因是，那一时期具有博士学位者还不像现在这么普遍，硕士生的文章相对容易发表。而此后数量渐趋减少，是因为发表难度的增大，还是人权法学不受青年学生的重视和关注呢？在“学位论文”一项，博士论文在 2006 年、2007 年，硕士论文在 2007 年、2008 年有一个不小的数量爆发，最可能的原因是受 2004 年“人权入宪”的影响。在“期刊论文”的总计数据中，2004 年的数量翻番也应是这一原因。总体来说，这些年来，硕博士研究生们的成果数量没有太大的起伏，保持了平稳的发展态势。

在统计过程中，我们大致浏览了各年度研究生们撰写的论文。与教授们相比，他们论文的创见性还有提高的空间。一方面，有些论文是对某种理论或制度的介绍性文章，个人思辨的成分不足；另一个方面，论文主题容易陷入老生常谈的传统话题中，发现新的学术领域的能力相对欠缺，并且，独立发表的论文数量不是很多，刊物层次也大多不令人满意，尤其是最近几年。有不足是正常的，学术界应该更好地引导青年学生提出有新观点、新思路，鼓励他们大胆假设，小心求证，给他们更多的成长空间，支持他们在学术研究的道路上坚定地走下去。

本项统计带有一定的宏观性，难免有一定的局限，比如没有涵盖一些没有标注作者身份的文章，没有涵盖仅仅标注"研究生"的文章。值得提出的是，在2000年以前，我国学术界已经有多篇人权方面的优秀博士学位论文，如夏勇教授的《人权概念的起源》(1991年，北京大学)、徐显明教授的《制度性人权研究》(1999年，武汉大学)，但这些成果并没有收入这一数据库——自1979～1999年的二十一年间，题名中包含"人权"字样的博士、硕士学位论文的数量为0。

(三)关于研究的思想资源

在思想资源方面，我们继续以注释和参考文献为统计来源。2009年共统计了6种刊物发表的21篇论文中的682条引注，2010年，我们更换了另一种统计标准——选取"特殊群体的人权保护"主题中的25篇文章，得到总共312条注释和参考文献。通过这两种不同抽样方式的对比，能够更好的展示思想资源的分布情况，提高数据的代表性。结果如表4所示。

表4　　25篇文章参考文献类型统计

类型		中文著作	中文译著	外文著作	台湾著作	总计
总数量		208	50	37	17	312
篇均数量		8.32	2	1.48	0.68	12.48
比例		66.67%	16.03%	11.86%	5.45%	—
2008年	篇均	13.34	7.43	9.86	—	32.48
	比例	41.06%	22.87%	30.35%	—	—

说明：本统计包含页下注释和文末参考文献，同一论文中重复出现的引注仅统计一次。外文著作包含学术著作和判例。新闻媒体评论、国家机关和人权组织发布的相关文献按照语言类别归入中文著作或外文著作。2008年的统计标准有所不同，本表仅选取了相对应的文献类型，并根据本表的标准对相关数据作了加和处理。

在这312条参考文献中，中文著作文献占了六成半以上，译著和外文原著仅占三成不到。较之2008年，译著和外文原著的比例下降明显。在参考文献的数量上，2009年的总量为312条，篇均12.48条。而2008年这一数据分别达到682条和32.48条，两者差距不可谓不大。再以外文著作为例，2009年篇均1.48条，而2008年，外文著作和判例的篇均数量分别是7.29条、2.57条，合计9.86条，两者差距将近7倍。

两年之间出现如此巨大的落差，原因很可能在于样本的选择方式。2008年选取的是《法学研究》《中国法学》《政法论坛》《法制与社会发展》《法律科学》《法学评论》这6种具有较高学术水平的刊物，而2009年的数据不以期刊为准据，在"特殊群体的人权保护"的主题下包括了12种刊物的文章，分别是《法学杂志》9篇，《法制与社会发展》4篇，《政法论坛》和《法学评论》各2篇，《中国法学》《法商研究》《法学》《现代法学》《环球法律评论》《法学家》《法学论坛》和《华东政法大学学报》各1篇。刊物的不同风格导致文章类型和研究对象的多样——既有纯粹的理论研究文章，也有制度评析文章，还有实证调查文章——进而导致研究方法和篇幅的多样。这25篇文章的篇幅情况如表5所示。

表5　25篇文章篇幅统计

字数	5000～8000	8001～10000	10001～12000	12001～14000	14001～16000	16001以上
篇数	7	3	3	1	9	2
比例	28%	12%	12%	4%	36%	8%

说明：字数统计包含注释、参考文献、中文摘要和关键词。

由表5可以看出，10000字以下的文章有10篇，最短的一篇约有5300字。这些文章的研究对象主要是具体制度问题，以实证分析方法为主。10000字以上的文章有15篇，占了六成比例。其中又以15000字左右的文章数量最多，占了这六成中的大半。对于人权法学乃至法学知识的生产而言，并不能说篇幅长就必然意味着文章的理论含量高，但长文已经是今后论文写作的趋势了——这些文章中，最长的一篇达到了25000余字。这里需要提出的是，"论文"(article)和"评论"(comment)其实是不能混作一谈的，如果要使学术评价机制获得健康发展，就有必要对这两类文章作出合理的区分。

四、人权法学研究展望

人权法学是一门成长中的学问，一些基本的学科要素还在酝酿之中。人权法学是对现有法学学科的超越和整合，要推进这一学科的稳步发展，就要在尊重学科规律的基础上，对其理论增长点、研究进路和研究团队进行适当引导。

第一，进一步在社会上普及人权观念，形成人权意识的自觉，夯实人权法学的社会基础。虽然人权已经成为国家价值体系中的组成部分，但社会大众的人权意识水平特别是对人权的信任度不能让人乐观，人权文化还没有完全形成，人权的社会启蒙还远未完成，这与人权理念与现实的背离有关，也与学术研究"脱离群众"有关。受历史和现实的影响，学术界对人权法学的研究主要是论证其正当性。这种研究自然是必要的，同时应当适度把研究视角转为"形而下"，避免将人权法学"升华"成阳春白雪的玄学奥秘，避免陷入书斋中的孤芳自赏，避免陷入口号式、运动式的研究。2010 年，我国形成中国特色社会主义法律体系，人权法学应当如何发挥理论指导作用，如何为其完善和发展作出阐释，值得我们思考。

第二，形成多元的研究方法，适度"退却"价值分析方法。人权法学要对重大现实问题进行考察，特别是在社会转型的时代背景之下，要落实"尊重和保障人权"的国家价值观，回应实践中出现的焦点、难点问题，就必须采用更贴近实际需要的研究方法，注重价值分析方法、规范分析方法和实证分析方法的综合运用。人权法学研究者应当善于借鉴法学方法研究的有益成果，根据研究对象选择恰当的方法。2009 年，已经有一些成果表现出了方法上的自觉。

第三，建立一个较为稳定的学术共同体，形成研究团队的"可持续"。与传统法学部门不同的是，人权法学具有综合性，不仅要综合法学内部的其他学科，还要综合政治学、伦理学、社会学甚至宏观经济学。人权法学研究者应当注意拓宽学术交流的空间，主动汲取其他学科的有益方法和理论，在跨学科研究中形成"专业槽"，增强学术共同体意识。青年学者将要并正在成为人权法学研究的主力，应当给他们提供宽松、自由的学术空间，使人权法学的研究队伍多元而和谐。

（该文原载于《法制与社会发展》2010 年第 5 期）

三、中国人权法学研究的多学科实践面向

齐延平　于文豪

在21世纪的第一个十年间，中国的经济、政治、文化和社会的建设发展日新月异。就法治建设而言，将“国家尊重和保障人权”写入宪法，《国家人权行动计划(2009～2010年)》已实施完成，以宪法为统帅的中国特色社会主义法律体系也在2010年底形成，社会主义法治建设进入新阶段。但是，受制于自然、历史、文化和经济社会发展水平等因素，中国的法治与人权事业还面临诸多挑战，尤其是如何实现社会的公正、和谐，如何保障人们能够幸福、尊严地生活等问题。中国人权法学面临的主题是：在人权制度化的时代趋势下，如何实现制度的人权化？不断解构和回答这一问题，是人权法学持续发展的动力所在。本文以2010年和2011年这两年中国人权法学的研究成果为基础，重点讨论其发展趋势中的研究方法问题，并落脚于研究方式的“多学科”和“实践”面向上。本文的目的一方面在于清晰地展现这两年人权法学的研究面貌，另一方面在于观察、描述和思考发展中的中国人权法学应该如何凝练理论体系、核心范畴和研究方法，从而为转型社会的制度的人权化提供学术背景与路径。

一、人权法学的主要论题

近两年，国内学术界和实务界举行了十几次与人权法相关的重要学术研讨会，出版了二十多部原创或翻译作品。以下以法学类CSSCI期刊、《人权研究》集刊等为主要范围，在通读200余篇论文的基础上，根据论题的集中性，对人权法学的主要进展作一宏观检视。

(一)人权的普遍性与相对性

普遍性和相对性是人权理论中传统而又弥新的话题。在政治话语的笼罩下，人权的绝对普遍性往往成为政治霸权主义的最好借口。约瑟夫·拉兹指出，人权的政治概念能够且也应当接受道德的普世性，但人权的政治概念并非人权政治的规范化，后者是成功的人权实践所必然要产生的后果。[①] 按照拉兹的看法，政治实践不应先于和生成人权，两者的关系毋宁是相反的，即成功的人

① 参见[英]约瑟夫·拉兹：《人权无需根基》，岳林译，载《中外法学》2010年第3期。

权实践造就了人权政治的规范化。与之类似,科斯塔斯·杜兹纳在《人权与帝国》的新著中更加直接地讲道:"尽管人权看来似乎是普遍的,而且对每一种情况的特殊性都不感兴趣。但是它们的胜利却意味着它们现在已成为政治斗争中的主要武器,并正在逐渐损害它们对普遍性的所有权。"他批评了西方国家对待人权的态度,认为"政府判断人权是根据它们的实用性和大后方的成功","当人权成为西方国家的普遍主义或社群主义的地方主义的工具时,它们的目的就被逐渐削弱"。[①] 按照杜兹纳的看法,人权的内容和充分程度是由强者决定的,目的在于增进强者利益。

许多学者尝试将人权的普遍性与相对性结合起来,探讨不同文化载体下如何实现人权。杰克·唐纳利再次指出,我们的关注点应当是人权的相对普遍性,而非普遍性中的相对性。[②] 相对普遍人权观在承认不同文化和价值观的前提下尽可能寻求相互接纳的共识,这与文化相对主义是契合的,因为人权是一种价值观,而价值观是文化传统的产物,多元文化传统必然带来多元人权观念。对此,杜维明教授提醒人们,应把人权置于文化多元的语境中,而不得用文化来煽动违反受国际法保障的人权,也不应该用文化作为限制人权范围的借口。[③] 罗豪才教授指出,不一样的文化可一样尊重人的尊严,应当推行建立在平等、互相尊重基础上的协商机制,而且这一机制须有主体的平等性、议题的开放性和过程的互动性。[④]

我们认为,人权的普遍性和相对性并非是不可调和的矛盾体,需要区分的是人权价值与其实现模式。比如《世界人权宣言》所体现的普世人权价值是多种文明思想沟通产生的,它在制定中便蕴含了儒家思想"仁"的道德基础。[⑤] 而人的尊严、自由和发展等价值也是不同文化的共同追求。人权价值的普遍性并不妨碍其实现方式的不拘一格。比如就我国而言,法治的后发与移植性决定了我们始终面临着将外来的权利观念与中国传统社会结构相结合的问题。权利观念的基点是个体权利,它在本质上是个体主义的,这显然与传统中国以伦理

---

① [美]科斯塔斯·杜兹纳:《人权与帝国——世界主义的政治哲学》,辛亨复译,江苏人民出版社2010年版,第226、328页。

② 参见[美]杰克·唐纳利:《人权的相对普遍性》,徐爽译,载徐显明主编:《人权研究》第9卷,山东人民出版社2010年版,第310～325页。

③ 参见杜维明:《文化多元、文化间对话与和谐:一种儒家视角》,载《中外法学》2010年第3期。

④ 参见罗豪才:《不一样的文化可一样尊重人的尊严》,载2011年9月22日《光明日报》。

⑤ 参见鞠成伟:《儒家思想对世界新人权理论的贡献——从张彭春对〈世界人权宣言〉订立的贡献出发》,载《环球法律评论》2011年第1期。

观念为中心的关系主义泾渭分明。[①] 对于这些观念，我们应秉持文化自觉的态度，既强调权利本位，也重视培养共同体观念，塑造真正的公民意识、人权意识和宪法意识，形成个人与社会良性发展的文化结构。

（二）人权与基本权利

自从人权与基本权利成为两个独立的概念后，如何处理二者关系就成为一个理论课题。张龑认为，宪法权利是由人权转化的，其中要经过四个限缩性过渡——民族国家化、制度化、理性科学化和习俗化。基本权利不仅是人权的制度化，而且它总是以人权为指针，最大程度实现人权要求。[②]

我国宪法在列举多项基本权利的同时，还单独规定了人权条款，这种混合的规定方式使人权的宪法意涵显得既立体又模糊。在人权入宪之初，徐显明教授就曾指出，通过这一人权的总原则，“建立一个不断发展和丰富的人权体系成为可能”[③]。要理解人权条款的含义与功能，我们需要从宪法的规范体系和宪政实践中寻找解释的根据。从宪法规范上说，人权条款既可视为一种国家的价值观，也能成为宪法权利的概括条款，“适于作为宪法原则承担引领整个宪法权利体系”[④]。

上述判断是直观的，通过一定的解释工作并非不能证明其成立。接下来的问题是如何激活人权条款，换言之，如何发挥其作为未列举基本权利的规范依据的功能？有学者认为应当将三代人权的主要内容写入宪法；有学者则认为需完善基本权的规范体系，如增加基本权利限制的一般条款；还有学者认为需要发展本土人权文化，完善宪法监督制度，并对该条款作出合理解释。[⑤] 我们认为，可以从两方面来理解人权条款：其一，它不但体现了国家价值观，更重要的是为法律制度的建立和完善提供了共同的标准，这可视为一种客观价值秩序。其二，要将这种客观秩序变为主观权利，不但需要立法和司法实践，更需要从宪

---

① 参见侯猛：《权利观念的中国化——从民族国家选择到社区伦理挑战》，载《法律科学》2011 年第 5 期。

② 参见张龑：《论人权与基本权利的关系——以德国法和一般法学理论为背景》，载《法学家》2010 年第 6 期。

③ 徐显明：《人权观念在中国的百年历程》，载《社会科学论坛》2005 年第 3 期。

④ 张薇薇：《“人权条款”：宪法未列举权利的“安身之所”》，载《法学评论》2011 年第 1 期。

⑤ 参见毛俊响：《国际人权公约权利限制的基本原则及其对我国的启示》，载《政治与法律》2010 年第 9 期；郭春镇：《时代变迁中的美国联邦宪法第九修正案》，载徐显明主编：《人权研究》第 9 卷，山东人民出版社 2010 年版；夏泽祥：《我国宪法人权条款之实施——从美国宪法“保留权利条款”生效方式说起》，载《法学》2010 年第 12 期。

法实施入手。只有宪法监督制度得到顺畅的运行、宪法得到良好的实施，对基本权利体系的解释和完善才不是空中楼阁。

关于基本权利问题，一个与之密切相关但研究颇少的范畴是国家义务。如果不能建立起国家义务理论，那么基本权利的保障将止步于宪法的宣示中。杜承铭认为，权利需要决定了的国家义务，国家义务的结构类型与不同的基本权利类型结构相对应，包括尊重义务、保护义务和实现义务。[①] 袁立则指出了国家义务存在边界，过度强调国家义务反而会导致自由丧失殆尽：国家理性和国家能力决定了国家义务所能达到的最大场域，基本权利的保护范围和功能是对国家义务边界的具体化。[②] 我们认为，在社会给付方面，保护和实现义务是只能尽力履行，因为它们取决于客观的期待可能；但在尊重义务方面，国家必须完全履行，它对应的是基本权利的防御权功能。

（三）具体权利与新兴权利

1. 具体权利与特殊群体的权利

在具体权利的研究上，学者们倾注了大量笔墨，关注点遍及生命权、平等权、选举权、人身自由、职业自由、学术自由、结社自由、宗教自由、隐私权、健康权、食物权、财产权、文化权、社会权、劳动权、环境权、发展权等等，可谓主题多样，内容丰富。综观这些成果，一个基本的研究倾向是从实践出发讨论问题，即不局限于一般的内涵与外延的学理争辩，而是关注在社会转型的背景下，在网络虚拟环境日趋扩展的背景下，在私权意识全面提升的背景下，在社会保障问题、劳动领域职业安全卫生问题、环境问题、科技伦理等问题日渐突出的背景下，上述诸权利的具体保障方案。

具体权利的讨论往往是与特定主体结合展开的。特殊群体的人权保护一直是人权法学不变的主题，它不仅涉及人权主体这一原理性问题，还涉及这些群体所拥有的制度规范和现实状况。学者们的成果体现出分散和集中的特点："分散"是指从不同学科视角讨论某一群体的人权，如从行政法角度批评精神疾病患者强制治疗制度，从民法和刑法角度探讨人体试验受试者的权利问题；"集中"是指对同一个问题作多学科的审视，比如对农民权益的保障，有学者从社会学、法经济学等角度阐释农民的土地权利，有学者综合运用法理学、宪法学、社

---

① 参见杜承铭：《论基本权利之国家义务：理论基础、结构形式与中国实践》，载《法学评论》2011 年第 2 期。

② 参见袁立：《公民基本权利野视下国家义务的边界》，载《现代法学》2011 年第 1 期。

会法学的研究方法阐释农民的劳动权利、政治权利和社会保障权利。[①] 不同视角的成果体现了农民权益问题的综合性与复杂性，也对人权法学研究提出了更高的要求。

2. 社会权与劳动权

学者们从不同角度体现了对社会权的关注。社会权是在传统自由权的基础上发展起来的，其背景是社会国家与基本权利的结合。诺依曼对此指出，社会国家原则没有否认基本权利的效力，而是以宪法规范的竞合为由，论证了对没有保留的基本权利进行限制的合理性，并在对比例原则的审查过程中强化了立法者实现群体正义的目标。[②]

一些学者讨论了若干现实问题。如对于残疾人的社会保障问题，许多奇指出，保障残疾人权利须将权利的倾斜性配置从税收优惠转变为财政支持。[③] 对于廉租房制度，郑智航认为，它具有保障标准单一化、权利主体特定化倾向，原因在于该制度的支撑观念是资源性贫困观而非结构性贫困观。[④] 对于贫困问题，湛中乐等认为，消除贫困与保障人权并非先行后续的关系，而是相辅相成的关系，二者只有成为有机的整体才能突破扶贫的思维瓶颈。[⑤]

同样值得关注的是劳动权问题。王旭认为，我国宪法中的劳动权规范既是保障私权的权利规范，也是蕴含社会主义国家的国家伦理的承认规范，它既不是生存论意义上的自由权利，也不是以社会功利主义与福利国家模式为基础的社会权，而是中国革命与建国的意识形态与政治技术的表达。[⑥] 在劳动权的实践方面，常凯指出，政府、企业和无组织的工人都对职业安全卫生问题负有责任，建议尽快构建职业安全卫生法治体系。[⑦] 赵红梅认为，现行劳动法中的“劳动行政监察＋劳动者个体维权”模式不足以保护劳动者权益，应强化和完善工

---

① 参见《法学论坛》2010年第6期“热点聚焦”关于农民权益的一组论文。

② 参见[德]V·诺依曼：《社会国家原则与基本权利教条学》，娄宇译，载《比较法研究》2010年第1期。

③ 参见许多奇：《从税收优惠到全面社会保障——以残疾人权利的倾斜性配置为视角》，载《法学评论》2010年第6期。

④ 参见郑智航：《中国适当生活水准权制度反思——以中国的廉租房制度为例》，载《法商研究》2010年第6期。

⑤ 参见湛中乐、苏宇：《消除贫困与人权保障：中国的进展与反思》，载《人权》2010年第1期。

⑥ 参见王旭：《劳动、政治承认与国家伦理——对我国〈宪法〉劳动权规范的一种阐释》，载《中国法学》2010年第3期。

⑦ 参见常凯：《职业安全卫生权利与职业安全卫生法治》，载《法学论坛》2010年第5期。

会集体协商维权机制,当务之急是推进企业工会的组建与运行。[①] 对于屡屡出现的“过劳死”现象,孙国平认为,若不快速建立起阻挡“过劳死”的法律初级规则,让企业主担负应有的责任,“过劳死”恐怕还会大量出现。[②]

3. 新兴权利与信访权

权利体系是开放的,凡是正当的利益要求都可成为权利,新的利益要求需要新的权利类型。姚建宗认为,出现一种新兴权利,根本上乃是应社会的发展而在法律制度需求上的“自然”反应。[③] 但要注意的是,是否所有的正当利益要求,都有必要转化成该种权利方能得到保护和实现呢?

比如非常受关注的信访问题,任喜荣认为,“信访权利可以被证成一项默示的宪法权利”[④]。其理由是:首先,信访权利可由我国《宪法》第 41 条直接推出;其次,请愿权与信访权在权属性质上具有共同性,许多国家的宪法和国际性人权文件对请愿权的规定构成了我国可借鉴的范本和国际标准。进一步讲,在将信访权确认为基本权利之后,为了消除信访规范体系的低位阶问题,应由全国人大或其常委会制定单行法律。

且不论上述理由能否满足论证义务,我们先要明确,是否现实中广泛采用某种行为方式,就有必要使之上升为一项法律甚至宪法制度,从而有助于问题的解决?就信访的功能与定位而言,童之伟指出,在我国宪法框架下,信访属于辅助政制的范畴,因为复杂的社会经济原因,信访体制一度在我国宪法框架中居于主导地位。但过度强调信访体制的作用,试图让它承担明显属于核心政制的功能,从中长期的观点看可能失大于得。[⑤] 可见,信访宜于作为一种补充性的权利维护机制,而不应因为应用的频繁性而使其成为一种主要渠道——那反倒说明正常的维权渠道出现了严重问题。信访是一种利益的表达,而且是一种补充性的表达方式,如果将信访作为主要的救济手段,将信访权作为一种权利甚至基本权利,本质上不但无益于民众权利的维护,反倒有可能架空已有的利益表达和救济机制。

此外,将《信访条例》上升为法律,面临诸多立法上的困难。比如,当前有权接访的机关包括人大、政府、法院和检察院,当然也包括执政党——如何在法律

---

① 参见赵红梅:《从“富士康事件”看我国劳动者权益保护机制的缺陷》,载《法学》2010 年第 8 期。

② 参见孙国平:《“过劳死”的比较法思考》,载《当代法学》2010 年第 1 期。

③ 参见姚建宗:《新兴权利论纲》,载《法制与社会发展》2010 年第 2 期。

④ 任喜荣:《作为“新兴”权利的信访权》,载《法商研究》2011 年第 4 期。

⑤ 参见童之伟:《信访体制在中国宪法框架中的合理定位》,载《现代法学》2011 年第 1 期。

中明确接访机关的性质和权力？再比如，在已存在司法制度的情况下，强化信访制度势必会使原本属于司法处理范围内的矛盾转移至信访机关——事实上已经如此——司法制度的专业判断和终局性必然受到极大的冲击，立法又当如何处理这一问题？

我们并不否认信访具有重要的现实意义，但是作为一种权利甚至是基本权利，它面临很多理论困难。强化信访制度、强化信访权，实际上是一种“直来直往”的思维方式，而化解社会矛盾更应当在宪法框架内，在权力架构清晰的逻辑下，充分开发社会组织和司法制度的功能。如果因为利益的需要而“发明”该种权利，会使权利体系患上尾大不掉的肥大症。

（四）刑事司法中的人权保护

刑事司法问题涉及刑罚配置与司法程序，它们既是刑法学和刑事诉讼法学的研究重心，也是人权法学的关注重点，可以说，刑法学、刑事诉讼法学本质上就是以人权为本的理论体系。刑事司法具有突出的实践性，刑事司法的现状直接体现了人权保护程度的高低。避免刑事司法机关侵犯人权的最有力手段是建立有效的监督机制，然而现实状况不容乐观：在刑事强制措施的采取上，不仅事先无须批准，事后也不接受审查；近几年屡屡发生的“躲猫猫”等被羁押人非正常死亡事件，暴露出当前监所管理体制和执法监督机制的漏洞；还有以赵作海案为代表的冤假错案，集中反映了一系列长期存在的制度问题。

根据宪法和刑事诉讼法的规定，法院、检察院和公安机关之间是“分工负责，互相配合，互相制约”的关系。然而现实中三机关的分工合作蜕变为只合作无制约，而且三机关权力不对等，使得监督乏力，制约手段有限。[①] 同时，地方政法委协调讨论具体案件实际上是采用管理行政权的方法管理司法权，协调案件的潜规则更是僭越了罪刑法定原则和无罪推定原则，违背了司法活动的基本规律，后果非常消极。[②] 多位学者认为，弥补缺陷的最终措施是建立司法审查机制，以司法权约束侦查权。在三机关的制约关系上，应当使检察院主导制约公安机关，法院主导制约检察院，法院主导三者的制约关系，处于制约顶端的是审判机关，使侦查服从于起诉，起诉服从于审判。[③]

① 参见叶青、陈海锋：《由赵作海案引发的程序法反思》，载《法学》2010年第6期。

② 参见陈永生：《冤案的成因与制度防范——以赵作海案件为样本的分析》，载《政法论坛》2011年第6期；严励：《地方政法委“冤案协调会”的潜规则应该予以废除》，载《法学》2010年第6期。

③ 参见韩大元、于文豪：《法院、检察院和公安机关的宪法关系》，载《法学研究》2011年第3期。

2011年,刑事诉讼法的修改是法学界和实务界共同瞩目的大事件。陈瑞华指出,尽管刑诉法修正案亮点不少,但存在隐忧:监听、窃听等手段没有受到相应制约;违法所得财产的没收程序可能带来非常危险的后果;对有暴力行为的精神病人的强制医疗程序,可能会导致极个别公安机关将上访者、轻微违法者直接当成精神病人进行强制医疗的情况。① 不少学者还对草案中"通知被拘留人的家属"条款表示担忧,认为侦查机关可以自由决定是否通知家属可能导致"秘密拘捕"的情况。对于秘密侦查制度,程雷指出,秘密侦查的高度保密状况使得侦查机关可在不受任何外界监督的情形下"自由"适用相应的手段,并且秘密侦查手段凭借政治影响力而具有权威地位,使得任何旨在改进秘密侦查法治状况的立法或司法努力都变得艰难。②

刑诉法修改之所以受到公众和立法者的普遍重视,除了立法者要履行尊重和保障人权的宪法义务之外,一个重要的考量是以之维护社会稳定。但这里面存在的逻辑悖论是,以扩大控制范围、强化控制力度的方式维护稳定,容易扰乱不同权力之间的性质和职能,反倒不利于社会稳定。这种思维在法学理论上也有反映。为了预防风险而提出的风险社会理论,目的是"使得公民决策的各种不可预测的结果能够被预测并且能够被控制"③,但"从'风险社会'理论到'风险刑法'理论是一次危险的跳跃"④,最终的结果将是"刑法本身将被消解,成为真正意义上的'安全法',既不是善良人的大宪章,也不是犯罪人的大宪章"⑤。这种突破谦抑主义的刑事司法观念不但会消解刑法,而且是消解法治和人权的真正"风险"。

(五)国家人权机构研究

一些学者对国际人权和人道主义法进行了探索,如国际人权的司法机制、人道主义干涉的正当性等,但最主要的探讨集中于国家人权机构方面。根据《巴黎原则》的要求,国家人权机构必须依各国宪法或法律设立。张伟认为,我国设立国家人权机构的最佳选择是以宪法设立,如采用宪法修正案的形式,然后再制定单行法律就有关机构成立的各项事宜作出具体的规定;次优选择是起

---

① 参见陈瑞华:《刑诉法修正案之隐忧》,载2011年9月1日《南方周末》。

② 参见程雷:《秘密侦查立法宏观问题研究》,载《政法论坛》2011年第5期。

③ [德]乌尔里希·贝克:《"9·11"事件后全球风险社会》,载王武龙编译:《马克思主义与现实》2004年第2期。

④ 于志刚:《"风险刑法"不可行》,载《法商研究》2011年第4期。

⑤ 刘艳红:《"风险刑法"理论不能动摇刑法谦抑主义》,载《法商研究》2011年第4期。

草专门法律来设立。[①] 的确，作为联合国常任理事国和若干人权条约的缔约国，我国应当尽快设立国家人权机构，而且 2005 年联合国经社文权利委员会在审议中国的履约报告后，也再次建议尽快设立国家人权机构。尽管我国为制定《国家人权行动计划(2009～2010 年)》而建立了“国家人权行动计划联席会议机制”，但它远非一个国家人权机构。

在国家人权机构与其他国家机关的关系上，杨成铭探讨了其与司法机关和行政机关的关系，认为人权机构可通过向司法机关移送案件或提起诉讼，提供专家意见或协助司法机关开展调查等形式为其提供帮助，部分人权机构有权监督司法机关，并可通过请求协助调查和申请执行其决定等方式利用司法资源。[②] 由于行政行为往往属于人权机构管辖和调查的对象，人权机构可以调解行政机关与申诉人之间的人权纠纷，部分人权机构还可就行政行为是否侵害人权作出决定，并可对救济人权的方法提出建议或作出决定，少数人权机构还可执行此决定。[③] 我们认为，国家人权机构的设立和运作必须充分考虑我国的宪法架构，合理安置其宪法地位，尤其是要处理好与全国人大及其常委会的关系。而且国家人权机构是否有义务、有能力实施宪法尤其是人权条款亦需探讨。

二、人权法学的研究态势

上述成果表明，学者们既有对人权思想与原理的探讨，更多的则是从不同学科、从实践角度入手探讨现实的人权问题，其关注点、讨论方式和解释方案都是多元的。对于人权法学研究中的多学科和实践性特点，我们以统计论文信息的方式反映其状态与形势。

(一)关于研究主题

通过统计近两年论文的主题分布情况，并与 2008 年、2009 年的数据对比，得到表 1 的结果。需说明的是，该三项样本容量之所以有所差距，特别是 2009 年总量较大，是因为该年度选取的论文未经筛选，而另外两项是以学术标准为依据筛选后的结果。但由于筛选标准具有一致性，样本容量的差别不会影响到数据的代表性。

---

① 参见张伟：《试析设立国家人权机构的国内法依据》，载《政法论坛》2011 年第 5 期。

② 参见杨成铭：《国家人权机构对国家司法机关的关系研究》，载《政法论坛》2010 年第 5 期。

③ 参见杨成铭：《国家人权机构对国家行政机关关系研究》，载《政法论坛》2011 年第 6 期。

表 1　　2008 年、2009 年和 2010～2011 年人权法学论文研究主题分布情况

主题		人权法原理与思想	具体权利及其制度	特殊群体的人权保护	刑事司法与人权保护	国际人权与人道主义法	总篇数
篇数，比例	2010～2011 年	42，18.75％	64，28.57％	24，10.71％	68，30.36％	26，11.61％	224
	2009 年	53，23.56％	76，33.78％	25，11.11％	61，27.11％	10，4.44％	225
	2008 年	30，23.81％	48，38.10％	14，11.11％	27，21.43％	7，5.55％	126

对比表 1 的数据可以发现，在比例关系上呈现出“两多两少”：人权法原理与思想、具体权利及其制度的研究有所减少，刑事司法与人权保护、国际人权与人道主义法的研究有所增多，并且这四类主题各自的增减趋势几乎是持续的。原因何在？

其一，可能与权利话语的表达与实现方式有关。权利本位是近十几年来我国法学研究的主流话语。“人权研究经历了从不赞成人权口号，到谨慎探寻、小心论证，再到大胆宣扬，从将人权与社会制度捆绑到对普遍人权的普遍认同，从人权理念介绍、人权制度借鉴到人权理论、人权规则和人权实践三者研究的齐头推进的发展过程。”①权利的正当性已是共识，权利论证虽然还是人权法学的重要领域，但已成为普遍接受的论证前提了。面对利益冲突和新的利益主张的时候，学者们更多的是从规则和实践层面给出处理方案。可以说，问题的关键不是我们应不应当有什么权利，而是怎样把宪法权利、法律权利转换为实有权利。如何实现这一转变是人权法学的未来课题。

其二，可能与社会现实的急剧变化与制度运行的有效性有关。有效性并不仅指高效率，它首先意味着制度运行合乎宪法法律，合乎良善之初衷。这一问题突出的体现在刑事司法与人权保护的主题上。近年来，刑事司法程序暴露出诸多问题，冤假错案、“躲猫猫死”等事件一再出现，表明转型期的刑事法治面临重大考验。实际上，就近两年该主题的论文来说，很多问题都是传统话题，而在 2011 年刑诉法修改中，学术界和实务界提出的诸多批评意见也表明，公众对于一部充分保障人权的法律是何等期待！刑事司法问题不仅是部门法问题，更是一个宪法问题，刑罚制度、司法制度的配置、权力运行机制等都有必要接受合宪性评价。同时，也有必要从法理学如法律文化的角度、政治学如领导方式的角

① 王岩云：《权利问题研究与当代中国法律文化的发展变迁》，载《法制与社会发展》2010 年第1 期。

度作出阐释。

其三，国际人权法方面的论文增多，这可能与全球化程度的不断加深有关。全球化早已超出经济领域，在政治、文化等方面都有着深度影响。一方面，国际社会有能力对一国人权状况造成影响，如各种人权机制的运作；另一方面，一国人权政策可能会对别国乃至世界造成影响，如以民主和人权为名的 2008 年伊拉克战争和 2011 年利比亚战争。同时，人权发展存在明显的区域失衡，许多地区还存在严重的人道主义灾难。对此，学者们应当放眼世界，把握国际人权法发展趋势，传播和完善本国人权理念和人权法治模式。

（二）关于研究方法

在很大程度上，方法决定了研究的深入性和结论的可信性，综合运用多种方法有助于揭示问题的实质。在多学科背景之下，学者们的研究方法是多样的，但基本上都能落入法学传统的三大研究方法之中，即价值分析方法、规范分析方法和社会实证方法。所谓价值分析方法，是以文本之外的伦理准则、理性认识为尺度，探究人权法学的伦理基础和正当性，并以此作为评判规范和制度正当性的准则，它是应然的、超验主义的。所谓规范分析方法，是以文本规范为基础和依据，包括宪法、法律、判决以及国际人权公约等规范性文件，探究规范本身的内涵和逻辑体系，它是围绕规范展开的，具有文本性和规则主义的特点。所谓社会实证方法，是将规范和行为置于社会的整体语境之下，以实践为出发点展开分析和评价，它具有社会学研究方法的某些要素，具有实然性和经验主义特点。

表 2　　2010～2011 年 224 篇论文主要研究方法分布情况

	价值分析方法	规范分析方法	社会实证方法
数量	66	40	118
比例	29.46％	17.86％	52.68％

表 2 是对研究方法的统计，对于采用一种以上研究方法的少数论文，依其主要方法归类。有人可能认为，人权法学属于形而上的价值分析，与现实的关联性不会很大。但从统计上看，这种观点是不确切的。数据表明，社会实证方法运用最多，规范分析方法最少。一方面，人权法以人权为价值基础，人权价值不仅为人权法，而且为各部门法提供价值基础和指引。可以说，价值体系是人权法的根基，是多学科研究不可缺少的共同基础。另一方面，作为法学的人权法学，又必须落脚于“法”上。这种“法”不仅是宪法和法律，还包括以规范形式

出现的文件，如国际人权公约等。人权法学不仅要关注形而上的价值问题，更要关注人权制度是如何运行、如何改进的，因而规范分析和社会实证分析必然成为其主要研究方法，对实践问题的关注亦凸显社会实证方法的理论意义。

采用社会实证方法的论文最多，可能与论文的主题分布有关。在统计过程中我们发现，绝大多数刑事司法、特殊群体和国际人权法方面的论文采用的是社会实证方法，有一部分讨论具体权利的论文采用了规范分析方法。为进一步发现研究方法与学科之间的关系，我们统计了上述论文所属的传统意义上的学科领域的分布情况。

表 3　　2010～2011 年 224 篇论文所属主要学科分布情况

	法理法史	宪法 行政法	刑法 刑诉法	社会法	民商法	国际 人权法	社会学、 政治学等
数量	34	60	70	14	6	26	14
比例	15.17%	26.79%	31.25%	6.25%	2.68%	11.61%	6.25%

统计表明，属于刑法刑诉法、国际人权法以及社会学、政治学等学科的论文比例为 49.11%，而前述采用社会实证方法的论文比例为 52.68%，两者非常接近。如果可以认为两者的关系大致对等的话，那么可以说，法理法史、宪法行政法、社会法和民商法等学科的论文存在社会实证方法运用上的不足。事实上，法学内部学科近年来不约而同地出现综合研究的趋势，但趋势还不明显。这既是学科属性的原因，也表明各学科发展程度不均衡。

（三）关于研究的思想资源

对研究思想资源的分析，样本选取的是 2010～2011 年的第二类主题“具体权利及其制度”中除译文之外的 62 篇论文的引注或参考文献，每篇文章中的重复文献只计算一次，共计 856 条，然后以该文献所属的传统的学科领域进行分类。在统计时只计算学术论著，排除了新闻文章和马列经典著作——尽管后者也有重要的参考意义，并且被引率颇高，但基于它在我国社会科学研究中的特殊地位，未予统计是为了更好地反映其他学科间的比例关系。

表 4　　　　　　**856 条学术文献所属主要学科分布情况**

学科	法理学、法史学	宪法学、行政法学	民商、财税、社会法学	国际人权法学	政治学	社会学	历史学	哲学、伦理学	经济学	其他
数量	118	250	172	18	110	54	32	28	26	48
比例	13.79%	29.21%	20.09%	2.10%	12.85%	6.31%	3.74%	3.27%	3.04%	5.60%

说明:“其他”包括文学、新闻学、语言学、教育学、生态科学、环境科学和信息科学。

由表 4 可见,人权法学的主要思想资源存在于传统的法学门类,它们共占 65.19%,其中宪法学、行政法学又占有约一半的比例,尤其是宪法学。这与人权法的公法特征有关。值得注意的是,政治学在该统计中占了一成以上的比例,与法理学、法史学几乎持平。人权法学在产生之初与政治具有特别紧密的联系,尤其是启蒙运动以来的政治思想学说。不过,哲学、伦理学的比例似乎没有想象中的那么大,而人权原理与哲学、伦理学的关系通常是非常密切的。原因可能有二:一是价值分析的适度退却,二是哲学、伦理学的理论支撑功能并没有得到充分发挥,特别是中国传统哲学和伦理学的智慧,似乎尚未引起人权法学者们的重视。

三、人权法学的多学科与实践性

上述统计的一个主要目的是体现人权法学的多学科研究方式。当然,要更好地实现这一目的,可能还需要通过更多的分析指标,如分析每篇文章涉及的法学二级学科有多少、研究方法有多少。同时,这其中虽然运用了其他学科的文献,但不一定表明熟练运用了该学科的研究方法,因而上述统计可能仅具有相对的意义。尽管如此,上述统计却能够启示我们下列问题:

第一,人权法学为何要重视多学科研究?人权法学关注的问题既体现为人权原理这种具有哲学意味的理论问题,更多的是在丰富的社会实践中不断出现的与人的尊严相关的各种现实问题。以往的学术发展将这些问题划归到不同的法学部门,虽取得不少成就,但人权保障的现实则提出了多学科综合研究的要求。“科学的单纯纵向分化,割裂了科学研究客体和科学自身整体性的内在联系，局限了研究者的视野和思维空间。”[①]对于法学是否应当广泛引入社会学、经济学、政治学等分析方法，我们认为，借鉴其他学科范式和方法的前提是保持法学的独立和自主性，但法学学科内部必须融会贯通，而且应尽快进行。一则，法学作为规范的学科，在研究方法上具有共通性；二则，法学内部各学科的价值指引是一致的，都服从于法治和人权精神；三则，打破陈旧割裂的森严壁垒，早已是社会发展的必然要求。法学内部的割裂状态，屡屡导致不同分支学科对于同一问题的解答各说各话，无法提供完整的解决方案。如果在学科内部都不能达到圆满和自洽，又如何与其他学科进行对话与竞争？更为重要的是，人权法学与其他部门法学的一大区别就在于，它本身就是学科综合的产物。从人权的发展历程看，其进步有赖于人本哲学的理论支撑，有赖于相应的社会政治、经济制度的支撑，也有赖于特定社会文化的支持。因此，人权法学的进步也一定有赖于多学科综合知识的滋养。

第二，如何认识人权法学的多学科研究？首先，人权法学与人权理论并不等同。人权理论在某种程度上主要不是法学的，而是政治学的、社会学的、哲学和伦理学的，它关系到我们如何认识人自身以及相互间的关系。人权理论可以成为人权法学价值的理论基础，但不能涵盖后者的全部。人权法学虽然以人权理论为主要理论基础，但它仍需从法学的历史与传统中找寻正当性和学术脉络。其次，在法学的学科体系中，人权法学的多学科研究具有天然的可能性，因为无论是宪法学、刑法学还是民法学、社会法学，它们关注点的一致性为人权法学的统一性提供了前提条件。再次，要认真对待不同学科在人权法学研究中的地位，合理把握多学科研究的“度”。人权法学并不是取消其他学科的独立性，后者仍然保留自己体系化的学科领域，只不过在某些问题上突出体现以人权法学为核心的综合意义。多学科研究并不是研究方式的终结，而只是实现人权法学自身圆满的基本路径。无论是价值问题还是事实问题，都有从不同学科共同着手的必要，也有对多学科研究成果统合的必要。

第三，怎样进行人权法学的多学科研究？这可以体现为以下两种方式：一是以传统学科划分为依据，体现为内部综合与外部综合。所谓内部综合，就是综合法学学科内部的各二级学科。所谓外部综合，就是综合政治学、社会学、经济学、哲学等其他社会科学乃至某些自然科学。二是以问题为依据，体现为价值层面的综合、规范层面的综合和实践层面的综合。所谓规范层面的综合，就

---

① 张明根：《交叉学科、跨学科研究及其启示》，载《国际关系学院学报》1994年第1期。

是综合宪法、刑法、诉讼法等国内法和国际人权法。所谓价值层面的综合，就是综合人权理念与文化、伦理、正义、政治道德等分散于不同学科但都属于人权法基础的价值问题。所谓实践方面的综合，就是综合研究法律、政策与公共治理、社会参与等手段对于人权现实的影响问题。

这两种方式并非截然不同，它们以问题为导向而交织在一起。比如就刑事诉讼问题而言，单纯从程序法的角度能够进行比较细致的技术分析，但是技术与科学还有一定的距离，科学要有完整的范式、逻辑进路和价值体系。诉讼法可以提供程序正义这一价值要素，但它必然要与人权保障、正当利益、权力配置与制约等关联在一起，而后者就需要宪法学的支持。又如国际人权问题，人权法涉及的多与国际公法有关，但是比较法的知识和理论背景也不可少，否则对于人权高于主权的认知，就可能会陷入意识形态的泥沼。再如近年来提出和谐人权观，在东西方人权理念存在差异的情形下，从中国传统资源中论证人权的合理性与保障模式，比生搬硬套地移植西方理念更适应中国的政治和社会环境，它不但可能成为中国人权（法）理论新的逻辑进路的基础，而且可能超越普遍性与相对性之争而成为新的人权话语模式。

四、人权法学多学科研究的问题与克服

学科固有分野，知识永无界限。人权法学的研究是开放的，凡与人的尊严、自由相关的观念性、伦理性与制度性范畴，都能成为其主题。人权法学的开放性使其跨越不同的法律部门，各类有关人权的法律规范条陈其间而不易成为逻辑完整、清晰可辨的统一体系。有学者指出："与刑法、行政法、民商法和诉讼法等部门法相似的是，人权法的法律渊源也具有纵向上的多位阶性与横向上多规范并列的特点，但与之不同的是，人权法是由宪法和各部门法中有关人权保障的法规范整合而成的一个法规范体系，它围绕着国家尊重和保障人权这个主题展开，聚集着多样化的法律调整对象，并综合运用多种法律调整方法，由多部门法规范纵横交错而成一个混合法体系。"①这种看似混乱的状况，使人权法学的多学科研究容易滑向各个领域混杂在一起的学术拼盘。

如何克服这一问题？我们要认识到，人权法在一定意义上高于部门法，但绝非超脱于部门法。跨部门法的人权法的研究范畴既存在于不同学科之中，也能够逐步抽象成为一个有机的体系。人权法学在我国起步虽晚，但人权原理的

① 罗豪才、宋功德：《人权法的失衡与平衡》，载《中国社会科学》2011年第3期。

研究为其奠定了较为坚实的价值基础，人权法学的价值判断已比较成熟。法制发展与法学研究为人权法学的实践提供了丰富的规范和理论基础，以实践为问题来源和指向的研究方法就是其保持内在逻辑的必然要求。面对社会的快速转型，人权法学的解释力和改造力拥有巨大的理论和实践空间。从多学科与实践的双重面向上，或许需要重视以下三个问题：

第一，多学科研究应当成为自觉。在法学中，人权法学最具有多学科研究的必要性和可能性，最具有成为一门综合学问的潜质。人权法学不可像其他部门法学科一样画地为牢，它应当承担整合法学内部学科"四分五裂"局面的责任。人权法学的研究视野还应横向转移，吸收、渗透其他社会科学乃至自然科学的成果，以综合能力体现交叉优势。通过将不同学科共同关注的那些话题统合到人权法的视野之内，避免断片式成果，体现法学知识的有效性。

第二，协调学理式研究与对策式研究的关系。人权法学具有强烈的实践特征，不可"躲进小楼成一统"，须怀"安得广厦千万间"之心。实现这一学术使命，研究者需要从学理式研究和对策式研究两方面着手，不可偏执一端。我们并不认为人权能够一劳永逸地实现，也不认为制度的完善能够使人权状况得到完全改观。制度本身也要接受人权标准的检验，人权化的制度手段毋宁是对现实缺失的补强。为立法、政策、制度提供对策固然是重要的学术责任，但不能成为学术研究的全部。仅仅停留于应景式的对策层面，恐怕只能头痛医头、脚痛医脚，容易被现实主义所俘虏，难以形成完整的理论体系，难以解决转型社会面临的结构性难题。人权法学的实践性绝不意味着要着眼于一个个的细枝末节——那恰恰违背了丰富的、立体的社会现实的本质。我们应当从理念、制度和现实的相互关系中把握现实中的人权瓶颈，从实践出发回溯到理论层次认清问题，再落脚于如何切实解决问题。

第三，以上述两方面为基础，凝练有机统一的研究方法群。在多学科的背景下，人权法学有必要提出自己的研究方法问题。价值分析、规范分析和社会实证分析，哪一项可以成为人权法学的核心研究方法？我们认为，从法学的纯粹性上说，规范分析应当成为人权法学的主要研究方法，但是人权法学具有与其他部门法学不同的特点。"规范性的人权原则可以促使人们去争取将人权制定于法律中"，但是限于技术性的法律论述，却无法帮助我们理解人权法的"社会与政治的渊源和结果”。[①] 因而，价值分析和社会实证分析方法并非只是补充，也构成基本方法。人权法学研究应当体现三种方法的有机统一，以方法群的形式面对不断发展的研究对象。对此，我们需要用更多的努力去探索和研究人权法学。

［该文原载于《山东大学学报(哲学社会科学版)》2012 年第 2 期］

① ［英］迈克尔·弗里曼：《人权：跨学科的探究》，汤智贸译，(台北)巨流图书有限公司 2006 年版，第 84～85 页。

主要参考文献

一、中文著作

1. 公丕祥:《中国的法制现代化》,中国政法大学出版社 2004 年版。

2. 公丕祥:《法制现代化的理论逻辑》,中国政法大学出版社 1999 年版。

3. 公丕祥:《当代中国的法律革命》,法律出版社 1999 年版。

4. 谢晖:《价值重建与规范选择——中国法制现代化沉思》,山东人民出版社 1998 年版。

5. 强世功:《法制与治理(国家转型中的法律)》,中国政法大学出版社 2003 年版。

6. 夏勇:《中国民权哲学》,三联书店 2004 年版。

7. 夏勇:《依法治国——国家与社会》,社会科学文献出版社 2004 年版。

8. 夏勇主编:《走向权利的时代:中国公民权利发展研究》,中国政法大学出版社 2000 年版。

9. 夏勇:《朝夕问道——政治法律学札》,三联书店 2004 年版。

10. 齐延平:《人权与法治》,山东人民出版社 2003 年版。

11. 张千帆:《宪政、法治与经济发展》,北京大学出版社 2004 年版。

12. 王建均:《市场经济与人权——社会主义市场经济条件下的人权问题》,社会科学文献出版社 2006 年版。

13. 季卫东:《宪政新论——全球化时代的法与社会变迁》,北京大学出版社 2003 年版。

14. 季卫东:《法律程序的意义——对中国法制建设的另一种思考》,中国法制出版社 2004 年版。

15. 季卫东:《法治秩序的建构》,中国政法大学出版社 1999 年版。

16. 王人博:《宪政的中国之道》,山东人民出版社 2003 年版。

17. 故宫博物院明清档案部:《清末筹备立宪档案史料》,中华书局 1979 年版。

18. 曾宪义:《中国法制史》,北京大学出版社、高等教育出版社 2009 版。

19. 张晋藩:《中国法制通史》,法律出版社 1999 版。

20. 韩延龙:《中华人民共和国法制通史(1949～1995)》,中共中央党校出版社 1998 年版。

21. 陈建华:《从革命到共和——文学、电影与文化的转型》,广西师范大学出版社 2009 年版。

22. 章永乐:《旧邦新造:1911～1917》,北京大学出版社 2011 年版。

23. 李泽厚:《中国现代思想史论》,东方出版社 1987 年版。

24. 梁漱溟:《中国文化要义》,上海人民出版社 2011 年版。

25. 金耀基:《从传统到现代》,法律出版社 2010 年版。

26. 金观涛、刘青峰:《兴盛与危机:论中国社会超稳定结构》,法律出版社 2011 年版。

27. 金观涛、刘青峰:《观念史研究——中国现代重要政治术语的形成》,香港中文大学出版社 2008 年版。

28. 费孝通:《乡土中国》,人民出版社 2008 年版。

29. 瞿同祖:《中国法律与中国社会》,商务印书馆 2010 年版。

30. 余英时:《现代儒学论》,上海人民出版社 2010 年版。

31. 张宝明:《现代性的流变》,社会科学文献出版社 2005 年版。

32. 胡绳:《中国共产党的七十年》,中共党史出版社 1991 年版。

33. 韩大元主编:《中国宪法学说史研究》上卷,中国人民大学出版社 2012 年版。

34. 韩大元主编:《新中国宪法发展 60 年》,广东人民出版社 2009 年版。

35. 吴家麟:《宪法基本知识讲话》,中国青年出版社 1954 年版。

36. 许崇德:《中华人民共和国宪法史》(上、下卷),福建人民出版社 2005 年版。

37. 杨继绳:《中国当代社会各阶层分析》,江西高校出版社 2011 年版。

38. 秦前红:《宪法变迁论》,武汉大学出版社 2002 年版。

39. 翟小波:《论我国宪法的实施制度》,中国法制出版社 2009 年版。

40. 蔡定剑:《宪法精解》,法律出版社 2006 年版。

41. 张神根、端木清华:《改革开放三十年重大决策始末(1978～2008)》,四川人民出版社 2008 年版。

42. 林毅夫、蔡昉、李周:《中国的奇迹:发展战略与经济改革》(增订版),格致出版社、上海三联书店、上海人民出版社 2014 年版。

43. 林毅夫、蔡昉、李周:《充分信息与国有企业改革》,格致出版社、上海三联书店、上海人民出版社 2014 年版。

44. 智效民:《民主还是独裁:70 年前一场关于现代化的论争》,广东人民出版社 2010 年版。

45. 徐显明主编:《公民权利义务通论》,群众出版社 1991 年版。

46. 徐显明主编:《人权法原理》,中国政法大学出版社 2008 年版

47. 汪晖:《去政治化的政治:短 20 世纪的终结与 90 年代》,三联书店 2008 年版。

48. 何勤华、李秀清主编:《民国法学论文精萃》第 1 卷《基础法律篇》,法律出版社 2003 年版。

49. 李桂林、徐爱国:《分析实证主义法学》,武汉大学出版社 2000 年版。

50. 张文显:《法理学》,高等教育出版社 2007 年版。

51. 张文显:《法哲学范畴研究》,中国政法大学出版社 2001 年版。

52. 范进学:《权利政治论》,山东人民出版社 2003 年版。

53. 孙国华:《马克思主义法理学研究》,群众出版社 2007 年版。

54. 周永坤:《论自由的法律》,山东人民出版社 2006 年版。

55. 吕世伦:《理论法学经纬》,中国检察出版社 2004 年版。

56. 孙笑侠:《程序的法理》,商务印书馆 2005 年版。

57. 肖金明:《法治行政的逻辑》,中国政法大学出版社 2004 年版。

58. 刘荣军:《程序保障的理论视角》,法律出版社 1999 年版。

59. 邓正来:《中国法学向何处去:建构"中国法律理想图景"时代的论纲》,商务印书馆 2006 年版。

60. 邓正来编:《中国书评选集(1994～1996)》,辽宁大学出版社 1998 年版。

61. 董云虎、王进军、常健主编:《中国人权在行动》,四川人民出版社 2005 年版。

62. 国际人权法教程项目组编写:《国际人权法教程》第 2 卷,中国政法大学出版社 2002 年版。

63. 苏力:《法治及其本土资源》,中国政法大学出版社 1999 年版。

64. 苏力:《送法下乡——中国基层司法制度研究》,中国政法大学出版社 2000 年版。

65. 苏力:《道路通向城市——转型中国的法治》,法律出版社 2004 年版。

66. 梁治平主编:《法律的文化解释》,三联书店 1994 年版。

67. 余少祥:《弱者的权利:社会弱势群体保护的法理研究》,社会科学文献出版社 2008 年版。

68. 任剑涛:《权利的召唤》,中央编译出版社 2005 年版。

69. 李光灿:《李光灿法学文集》,南开大学出版社 1987 年版。

70. 张友渔:《公民的基本权利与义务》,天津人民出版社 1987 年版。

71. 甄玉金、彭志远主编:《新编实用法律辞典》,中国检察出版社 1998 版。

72.《法学研究》编辑部编著:《新中国民法学研究综述》,中国社会科学出版社 1990 年版。

73. 郭明瑞、房绍坤:《继承法》,法律出版社 1996 年版。

74. 刘春茂主编:《中国民法学·财产继承》,中国人民公安大学出版社 1990 年版。

75. 李步云:《论法治》,社会科学文献出版社 2008 年版。

76. 王家福等:《人权与 21 世纪》,中国法制出版社 2000 年版。

77. 陈光中主编:《〈公民权利和政治权利国际公约〉批准与实施问题研究》,中国法制出版社 2002 年版。

78. 应星:《村庄审判史中的道德与政治——1951～1976 年中国西南一个山村的故事》,知识产权出版社 2009 年版。

79. 唐晋主编:《中国式民主政治》,人民日报出版社 2009 年版。

80. 王亚南:《中国官僚政治研究》,中国社会科学出版社 2005 年版。

81. 于建嵘:《抗争性政治:中国政治社会学基本问题》,人民出版社 2010 年版。

82. 应星:《“气”与抗争政治:当代中国乡村社会稳定问题研究》,社会科学文献出版社 2011 年版。

83. 王海洲:《合法性的争夺:政治记忆的多重刻写》,江苏人民出版社 2008 年版。

84. 应星:《大河移民上访的故事》,三联书店 2001 年版。

85. 吴毅:《小镇喧嚣——一个乡镇政治运作的演绎与阐释》,三联书店

2007 年版。

86. 荣敬本等:《从压力型体制向民主合作体制的转变——县乡两级政治体制改革》,中央编译出版社 1998 年版。

87. 何清涟、程晓农:《中国改革的得与失》,博大出版社 2007 年版。

88. 欧阳静:《策略主义:桔镇运作的逻辑》,中国政法大学出版社 2011 年版。

89. 翟学伟:《人情、面子与权力的再生产》,北京大学出版社 2005 年版。

90. 新望主编:《改革 30 年经济学文选》(下),三联书店 2008 年版。

91. 吴毅:《记述村庄的政治》,湖北人民出版社 2007 年版。

92. 刘军宁等编:《经济民主与经济自由》,三联书店 1997 年版。

93. 城仲模主编:《行政法之一般法律原则》(二),台湾三民书局 1998 年版。

94. 郑永年:《中国改革三步走》,东方出版社 2012 年版。

95. 清华大学社会学系主编:《清华社会学评论》(特辑),鹭江出版社 2000 年版。

96. 吕增奎主编:《民主的长征:海外学者论中国政治发展》,中央编译出版社 2011 年版。

97. 张觉:《商君书校注》,岳麓书社 2006 年版。

98. 王泽鉴:《王泽鉴民法全集·第十一卷——民法总则》,中国政法大学出版社 2003 年版。

99. 郑也夫:《礼语·咒词·官腔·黑话》,光明日报出版社 1993 年版。

100. 左卫民等:《最高法院研究》,法律出版社 2004 年版。

101. 姚建宗:《法治的生态环境》,山东人民出版社 2003 年版。

102. 张凤阳等:《政治哲学关键词》,江苏人民出版社、凤凰出版传媒集团 2006 年版。

103. 唐德华:《民事诉讼立法与适用》,中国法制出版社 2002 年版。

104. 孙立平:《断裂与转型——改革以来中国社会结构的变迁》,清华大学出版社 2004 年版。

105. 沈钧儒:《沈钧儒文集》,人民出版社 1994 年版。

106. 董必武:《董必武法学文集》,法律出版社 2001 年版。

二、译著译文

1.[美]汉娜·阿伦特:《论革命》,陈周旺译,译林出版社 2011 年版。

2.[美]沃格林:《没有约束的现代性》,张新樟、刘景联译,华东师范大学出版社 2007 年版。

3.萧公权:《政治多元论——当代政治理论研究》,周林刚译,中国法制出版社 2012 年版。

4.[德]迈尔:《隐匿的对话 :施米特与施特劳斯》,朱雁冰、汪庆华等译,华夏出版社 2002 年版。

5.[美]E. S. 萨瓦斯:《民营化与公私部门的伙伴关系》,周志忍等译,中国人民大学出版社 2002 年版。

6. [美]保罗·卡恩:《当法律遇见爱——解读〈李尔王〉》,付瑶译,法律出版社 2008 年版。

7.[美]菲利普·K·霍华德:《无法生活:将美国人民从法律丛林中解放出来》,林彦、杨珍译,法律出版社 2011 年版。

8.[美]洛夫乔伊著,余伟译:《反思观念史》,载《思想史研究》第 1 卷,广西师范大学出版社 2005 年版。

9. [英]伯林:《反潮流:观念史论文集》,冯克利译,译林出版社 2002 年版。

10. [美]洛夫乔伊:《观念史研究方法》,曹意强译,载《新美术》2003 年第 4 期。

11.[英]斯蒂芬·柯林尼、J. G. A. 波考克、昆廷·斯金纳等著,任军峰译:《什么是思想史?》,载《什么是思想史》(《思想史研究》第一辑),世纪出版集团、上海人民出版社 2006 年版。

12.[英]昆廷·斯金纳著,任军峰译:《观念史中的意涵和理解》,载《什么是思想史》(《思想史研究》第一辑),世纪出版集团、上海人民出版社 2006 年版。

13.[前苏联]玛·巴·卡列娃等:《国家和法的理论》(下),中国人民大学出版社 1956 年版。

14. [奥]凯尔森:《共产主义的法律理论》,王名扬译,中国法制出版社 2004 年版。

15. [加]欧内斯特·J·温里布:《私法的理念》,徐爱国译,北京大学出版社 2007 年版。

16. [美]杰克·唐纳利:《普遍人权的理论与实践》,王浦劬译,中国社会科学出版社 2001 年版。

17. [奥]凯尔森:《法与国家的一般理论》,沈宗灵译,中国大百科全书出版社 1996 年版。

18.[英]丹尼斯·罗伊德:《法律的理念》,张茂柏译,新星出版社2005年版。

19.[美]迈克尔·弗里曼:《人权的跨学科研究》,汤智贸译,(台北)国立编译馆、巨流图书有限公司2006年版。

20.[美]路易斯·亨金:《权利的时代》,信春鹰等译,知识出版社1997年版。

21.[美]罗纳德·德沃金:《认真地看待权利问题:论美国公民的反对政府的权利》,潘汉典译,载《法学译丛》1980年第2期。

22.[美]史蒂文·瓦戈:《法律与社会》,梁坤、邢朝国译,中国人民大学出版社2011年版。

23. [美]E.博登海默:《法理学:法哲学与法律方法》,邓正来译,中国政法大学出版社2001年版。

24. [德]阿图尔·考夫曼:《类推与事物本质:兼论类型理论》,吴从周译,(台北)学林文化事业有限公司1999年版。

25.[法]西耶斯:《第三等级是什么?》,冯棠译,商务印书馆1990年版。

26.[英]约翰·密尔:《论自由》,赵伯英译,陕西人民出版社2009年版。

27.[美]罗斯科·庞德:《通过法律的社会控制》,沈宗灵译,商务印书馆2010年版。

28.[比]亨利·皮朗:《中世纪欧洲经济社会史》,乐文译,上海人民出版社1964年版。

29.[英]爱德华·劳森:《人权百科全书》,王晶等译,四川人民出版社1997年版。

30. [英]休谟:《人性论》下册,关文运译,商务印书馆1991年版。

31. [英]梅因:《古代法》,沈景一译,商务印书馆1959年版。

32.[美]史蒂芬·霍尔姆斯、凯斯·R·桑斯坦:《权利的成本——为什么自由依赖于税》,毕竟悦译,北京大学出版社2004年版。

33.[英]安东尼·吉登斯:《现代性的后果》,田禾译,译林出版社2000年版。

34.[美]乌尔里希·贝克:《风险社会》,何博闻译,译林出版社2004年版。

35.[美]杜赞奇:《文化、权力与国家》,王福明译,江苏人民出版社2003年版。

36.[美]罗纳德·德沃金:《认真对待权利》,信春鹰、吴玉章译,中国大百科全书出版社 1998 年版。

37. [美]艾伦·德肖维茨:《你的权利从哪里来?》,黄煌文译,北京大学出版社 2014 年版。

38. [法]米歇尔·福柯:《规训与惩罚》,刘北成、杨远婴译,三联书店 2007 年版。

39. 郑永年:《全球化与中国国家转型》,郁建兴、何子英译,浙江人民出版社 2009 年版。

40. [德]马克斯·韦伯:《支配社会学》,康乐、简惠美译,广西师范大学出版社 2004 年版。

41. [美]R. M. 昂格尔:《现代社会中的法律》,吴玉章、周汉华译,译林出版社 2001 年版。

42. [古希腊]亚里士多德:《政治学》,吴彭寿译,商务印书馆 1996 年版。

43. [德]米歇尔·施托莱斯:《德国公法史(1800～1914)——国家法学说和行政学》,雷勇译,法律出版社 2007 年版。

44. [德]奥托·迈耶:《德国行政法》,刘飞译,商务印书馆 2002 年版。

45. [法]亚历西斯·德·托克维尔:《政治与友谊:托克维尔书信集》,黄艳红译,三联书店 2010 年版。

46. [美]孔飞力:《叫魂:1768 年中国妖术大恐慌》,陈兼、刘昶译,三联书店 1999 年版。

47. [英]洛克:《政府论》(下篇),叶启芳、瞿菊农译,商务印书馆 1964 年版。

48. [德]鲁道夫·冯·耶林:《为权利而斗争》,胡宝海译,中国法制出版社 2004 年版。

49. [美]马丁·夏皮罗:《法院:比较法上和政治学上的分析》,张生、李彤译,中国政法大学出版社 2005 年版。

50. [美]理查德·波斯纳:《法官如何思考》,苏力译,北京大学出版社 2009 年版。

51. [美]阿里夫·德里克:《中国革命中的无政府主义》,孙宜学译,广西师范大学出版社 2006 年版。

52. [美]詹姆斯·R·汤森、布兰特利·沃马克:《中国政治》,顾速、董方译,江苏人民出版社 2005 年版。

53. [日]棚濑孝雄:《纠纷的解决与审判制度》,王亚新译,中国政法大学出版社 2004 年版。

54.[英]约瑟夫·拉兹:《法律体系的概念》,吴玉章译,中国法制出版社2003年版。

55.[美]诺内特、塞尔兹尼克:《转变中的法律与社会:迈向回应型法》,张志铭译,中国政法大学出版社2004年版。

56.[美]本杰明·卡多佐:《司法过程的性质》,苏力译,商务印书馆1998年版。

57. [美]罗科斯·庞德:《法律史解释》,邓正来译,中国法制出版社2002年版。

58.[美]约翰·桑顿著:《民主的长征》,载吕增奎主编:《民主的长征:海外学者论中国政治发展》,中央编译出版社2011年版。

59.[德]鲁道尔夫·封·耶林著,萨孟武译:《法律的斗争》,载王泽鉴:《王泽鉴法学全集》第11卷《民法总则》,中国政法大学出版社2003年版。

三、期刊论文

1.徐显明:《生存权论》,载《中国社会科学》1992年第2期。

2.刘作翔:《中国法制现代化历史道路》,载《西江大学学报》1999年第2期。

3.全承相:《新中国法制现代化建设的基本历史经验》,载《中共党史研究》2005年第2期。

4.强世功:《革命与法治——中国道路的理解》,载《文化纵横》2011年第3期。

5.王人博:《庶民的胜利——中国民主话语考论》,载《中国法学》2006年第3期。

6.张龑:《人民的成长和摄政的规范化:辛亥革命以来的人民意志建构及其先锋队》,载《中外法学》2012年第1期。

7.刘政:《1954年宪法施行三年后为什么被逐渐废弃》,载《中国人大》2002年第14期。

8.苏力:《当代中国的中央与地方分权——重读毛泽东〈论十大关系〉第五节》,载《中国社会科学》2004年第2期。

9.甘阳:《中国道路:三十年与六十年》,载《读书》2007年第6期。

10.张木生:《改革要回到新民主主义》,载《领导者》2011年第10期。

11.李忠夏:《中国宪法学方法论反思》,载《法学研究》2011年第2期。

12.韩大元:《社会变革与宪法的社会适应性——评郝、童两先生关于'良性违宪'的争论》，载《法学》1997 年第 5 期。

13. 韩大元：《宪法变迁理论评析》，载《法学评论》1997 年第 4 期。

14. 林来梵：《规范宪法的条件和宪法规范的变动》，载《法学研究》1999 年第 2 期。

15. 郝铁川：《论良性违宪》，载《法学研究》1996 年第 4 期。

16. 童之伟：《"良性违宪"不宜肯定——对郝铁川同志有关主张的不同看法》，载《法学研究》1996 年第 6 期。

17. 郝铁川：《社会变革与成文法的局限性——再谈良性违宪兼答童之伟同志》，载《法学研究》1996 年第 6 期。

18. 童之伟：《宪法实施灵活性的底线——再与郝铁川先生商榷》，载《法学》1997 年第 5 期。

19. 郝铁川：《温柔的抵抗——关于"良性违宪"的几点说明》，载《法学》1997 年第 5 期。

20. 林彦：《通过立法发展宪法——兼论宪法发展程序间的制度竞争》，载《清华法学》2013 年第 2 期。

21. 田雷：《"差序格局"、反定型化与未完全理论化合意：中国宪政模式的一种叙述纲要》，载《中外法学》2013 年第 5 期。

22. 欧树军：《"看得见的宪政"：理解中国宪法的财政权力配置视角》，载《中外法学》2013 年第 5 期。

23. 凌斌：《土地流转的中国模式：组织基础与运行机制》，载《法学研究》2014 年第 6 期。

24. 强世功：《如何探索中国宪政模式——对白轲教授的回应》，载《开放时代》2014 年第 2 期。

25. 李忠夏：《宪法上的"国家所有权"：一场美丽的误会》，载《清华法学》2015 年第 5 期。

26. 李忠夏：《从制宪权角度透视新中国宪法的发展》，载《中外法学》2014 年第 3 期。

27. 陈甦：《商法机制中政府与市场的功能定位》，载《中国法学》2014 年第 5 期。

28. 苏力：《作为制度的皇帝》，载《法律和社会科学》2013 年第 12 卷。

29. 叶蕤：《对法治的期望?》，载《读书》2010 年第 1 期。

30. 吴敬琏：《政治改革，已经成为改革的一项主要任务》，载《沪港经济》

2010 年第 5 期。

31. 彭刚:《历史地理解思想——对斯金纳有关思想史研究的理论反思的考察》,载《什么是思想史》(《思想史研究》第一辑),世纪出版集团、上海人民出版社 2006 年版。

32. 曹意强:《什么是观念史?》,载《新美术》2003 年第 3 期。

33. 周永坤:《国家法律主义评析》,载《云南法学》1997 年第 1 期。

34. 李强:《宪政自由主义与国家建构》,载《宪政主义与现代国家》(《公共论丛》第 7 卷),三联书店 2003 年版。

35. 苏力:《也许正在发生——中国当代法学发展的一个概览》,载《比较法研究》2001 年第 3 期。

36. 汤唯、王加卫:《论当代中国法学流派分野的基本端倪》,载《法律科学》2006 年第 6 期。

37. 陈锐:《法理学中的法律形式主义》,载《西南政法大学学报》2004 年第 6 期。

38. 王人博:《中国法学:技术、价值与知识——中国法学的三种基本态势》,载《现代法学》2008 年第 1 期。

39. 信春鹰:《后现代法学:为法治探索未来》,载《中国社会科学》2000 年第 5 期。

40. 赵修义:《主体觉醒和个人权利意识的增长——当代中国社会思潮的观念史考察》,载《华东师范大学学报(哲学社会科学版)》2003 年第 3 期。

41. 刘诗白:《关于物质利益问题》,载《学术论坛》1979 年第 1 期。

42. 刘旺洪:《权利本位的理论逻辑——与童之伟教授商榷》,载《中国法学》2001 年第 2 期。

43. 张文显、姚建宗:《权利时代的理论景象》,载《法制与社会发展》2005 年第 5 期。

44. 王茂庆:《人权研究的两次高潮及其意义》,载《东岳论丛》2010 年第 4 期。

45. 桑本谦:《反思中国法学界的"权利话语"——从邱兴华案切入》,载《山东社会科学》2008 年第 8 期。

46. 云翔:《全国人大代表徐显明谈人权发展的五大变化》,载《人权》2005 年第 2 期。

47. 夏勇:《从社会研究权利,以权利促进社会》,载《法学研究》1994 年第

3 期。

48. 董璠舆:《中国宪法学四十年》,载《政法论坛》1989 年第 5 期。

49. 曲相霏:《改革开放 30 年我国人权原理主要学说回顾》,载《人权》2009 年第 4 期。

50. 徐显明:《对人权的普遍性与人权文化之解析》,载《法学评论》1999 年第 6 期。

51. 邓正来:《中国人权利发展研究的理想与现实——评〈走向权利的时代:中国公民权利发展研究〉》,载《中国法学》1996 年第 1 期。

52. 陈鹏:《公民权社会学的先声——读 T. H. 马歇尔〈公民权与社会阶级〉》,载《社会学研究》2008 年第 4 期。

53. 刘培峰:《文化、权力网络中权利诉求的实践与表达——若干司法文本的解读尝试》,载《中国法学》2005 年第 5 期。

54. 李雨峰:《权利是如何实现的——纠纷解决过程中的行动策略、传媒与司法》,载《中国法学》2007 年第 5 期。

55. 徐显明:《和谐权:第四代人权》,载《人权》2006 年第 2 期。

56. 齐延平:《和谐人权:中国精神与人权文化的互济》,载《法学家》2007 年第 2 期。

57. 余先予、夏吉先:《论马克思主义法学的科学性》,载《法学研究》1980 年第 5 期。

58. 汪习根:《中国梦与人权——当今中国人权的法政治学解读》,载《人权》2014 年第 3 期。

59. 魏治勋:《原意主义解释方法的难题及其司法实用进路》,载《学习与探索》2012 年第 9 期。

60. 习近平:《在首都各界纪念现行宪法公布施行 30 周年大会上的讲话》,载《中国人大》2012 年第 23 期。

61. 魏治勋:《法律授权模态的规范分析》,载《苏州大学学报(哲学社会科学版)》2009 年第 2 期。

62. 任丽莉:《我国宪法基本权利条款立法具体化之必要性分析》,载《江南大学学报(人文社会科学版)》2010 年第 5 期。

63. 杨福忠:《消极权利与立法者的义务:以德国联邦宪法法院第二次堕胎判决为例》,载《北方法学》2011 年第 1 期。

64. 毛国辉:《论宪法的可诉性》,载《政治与法律》2001 年第 4 期。

65. 胡正昌:《宪法可诉性的法理审视》,载《湖南科技大学学报》2009 年第 3 期。

66. 胡肖华:《从行政诉讼到宪法诉讼:中国法治建设的瓶颈之治》,载《中国法学》2007 年第 1 期。

67. 蔡定剑:《中国宪法司法化路径探索》,载《法学研究》2005 年第 5 期。

68. 张晶、强昌文:《契约论理与中国权利立法》,载《法学家》2005 年第 6 期。

69. 王广辉:《论中国特色社会主义法律体系中的宪法及其相关法:以基本权利的立法完善为视角》,载《河南社会科学》2010 年第 9 期。

70. 薛小建:《基本权利体系的理论与立法实践》,载《法律适用》2004 年第 5 期。

71. 秦前红、涂云新:《经济、社会、文化权利的保障路径及其选择》,载《交大法学》2013 年第 1 期。

72. 苏亦工:《法律术语中"少数人"一词的语境评析》,载《法学》2009 年第 4 期。

73. 李忠:《论少数人的权利》,载《法律科学》1999 年第 5 期。

74. 李常青、冯小琴:《少数人权利及其保护的平等性》,载《现代法学》2001 年第 5 期。

75. 吴双全:《论少数人权利特殊保护的必要性》,载《东岳论丛》2010 年第 3 期。

76. 郭道晖:《论权利推定》,载《中国社会科学》1991 年第 4 期。

77. 王广辉:《论宪法未列举权利》,载《法商研究》2007 年第 5 期。

78. 胡弘弘:《我国公民基本权利之立宪发展》,载《政法论丛》2010 年第 3 期。

79. 姚建宗:《新型权利论纲》,载《法制与社会发展》2010 年第 2 期。

80. 任喜荣:《作为"新兴"权利的信访权》,载《法商研究》2011 年第 4 期。

81. 徐钝、郑记:《新兴权利救济:司法能动立场的证成与运作》,载《理论与改革》2010 年第 6 期。

82. 聂佳龙、史克卓:《论作为"新兴权利"的公民启动权》,载《广州社会主义学院学报》2013 年第 2 期。

83. 何志鹏:《权利发展与制度变革》,载《吉林大学社会科学学报》2006 年第 5 期。

84. 汪国华、周伟:《社会权利理论发展与"新社会权利"兴起》,载《兰州学刊》2011 年第 9 期。

85. 郭艳华:《新权利观与人类理性》,载《现代哲学》1999 年第 3 期。

86. 孙学华:《论弱势群体权利保护立法中的一般保护原则与特殊保护原则——以艾滋病患者为例》,载《云南大学学报(法学版)》2009 年第 6 期。

87. 朱海林:《伦理关怀与艾滋病患者权利保障》,载《昆明理工大学学报(社会科学版)》2010 年第 2 期。

88. 陈恩才:《变性人权利保护的法理与实践研究》,载《河北法学》2012 年第 11 期。

89. 徐忠华、杨柳:《论变性人的法律地位及权利救济——以人权入宪为时代背景》,载《广西政法管理干部学院学报》2007 年第 2 期。

90. 张迎秀:《变性人婚姻家庭权利研究》,载《河北法学》2010 年第 6 期。

91. 吴国平:《变性人的结婚权利研究——以婚前变性为视角》,载《福州大学学报(哲学社会科学版)》2012 年第 3 期。

92. 曹刚:《安乐死是何种权利? ——关于安乐死的法伦理学解读》,载《伦理学研究》2005 年第 1 期。

93. 张玉堂:《我们有死的权利吗:对安乐死争论的法理学思考》,载《法学》2001 年第 10 期。

94. 梁根林:《争取人道死亡的权利——世界范围内的安乐死运动》,载《比较法研究》,2004 年第 3 期。

95. 朱红梅:《安乐死的法律性质和权利主体》,载《南京中医药大学学报(社会科学版)》2006 年第 1 期。

96. 李惠:《试论安乐死的适用对象及其权利》,载《法律与医学杂志》2002 年第 4 期。

97. 刘泽刚:《安乐死中的权利与尊严佯谬》,载《宁夏社会科学》2008 年第 4 期。

98. 杨立新、张莉:《论植物人的权利行使和保护》,载《法律适用》2006 年第 9 期。

99. 吴翠丹:《浅谈植物人的生命权利》,载《中国医学伦理学》2002 年第 3 期。

100. 汤啸天:《举报人的权利与我国〈举报法〉的制定》,载《人民检察》2004 年第 1 期。

101. 董矿平、郑金金、李益明:《举报人权利保护制度的立法完善》,载《中共乌鲁木齐市委党校学报》2008 年第 5 期。

102. 黎尔平:《同性恋权利:特殊人权还是普遍人权——兼论大赦国际对同性恋权利的保护》,载《法学》2005 年第 10 期。

103. 汪地彻:《中国同性恋群体权利保障问题探讨》,载《中国性科学》2009 年第 8 期。

104. 李乐平:《论社会保障权的权项、权限和价值》,载《乐山师范学院学报》2006 年第 7 期。

105. 余光辉:《人体基因上的权利类型探究》,载《学术论坛》2011 年第 1 期。

106. 李晓辉:《信息权利——一种权利类型分析》,载《法制与社会发展》2004 年第 4 期。

107. 杨宏玲、黄瑞华:《信息权利的性质及其对信息立法的影响》,载《科学学研究》2005 年第 1 期。

108. 冯佳斌:《环境权的权利构造与立法实现——对德国"一般人权权"理论之借鉴》,载《广西政法管理干部学院学报》2009 年第 11 期。

109. 杜强强:《论法人的基本权利地位》,载《法学家》2009 年第 2 期。

110. 齐延平:《"社会弱势群体保护"学术研讨会综述》,载《人权》2005 年第 2 期。

111. 齐延平:《国家的人权保障责任与国家人权机构的建立》,载《法制与社会发展》2005 年第 3 期。

112. 徐显明:《世界人权的发展与中国人权的进步——关于人权法律史的理论思考》,载《中共中央党校学报》2008 年第 2 期。

113. 徐显明:《人权观念在中国的百年历程》,载《社会科学论坛》2005 年第 3 期。

114. 唐皇凤:《"中国式"维稳:困境与超越》,载《武汉大学学报(哲学社会科学版)》2012 年第 5 期。

115. 清华大学社会学系社会发展研究课题组:《利益表达制度化,实现长治久安:维稳新思路》,载《理论参考》2011 年第 3 期。

116. 俞可平:《治理和善治:一种新的政治分析框架》,载《南京社会科学》2001 年第 9 期。

117. 魏治勋、白利寅:《从"维稳政治"到"法治中国"》,载《新视野》2014 年第 4 期。

118. 张鹏:《权利理论与权利立法》,载《河北法学》2013 年第 4 期。

119. 马岭:《宪法性法律的性质界定》,载《法律科学》2005 年第 1 期。

120. 郑贤君:《基本权利的宪法构成及其实证化》,载《法学研究》2002 年第 2 期。

121. 杨海坤、陈锋:《建议制定我国宪法性法律“尊重和保障人权法”》,载《宪政与行政法治评论》第 4 期。

122. 应松年:《在纪念〈行政诉讼法〉颁布 20 周年座谈会上的发言》,载《行政法学研究》2009 年第 3 期。

123. 张文显:《法治与国家治理现代化》,载《中国法学》2014 年第 4 期。

124. 许章润:《“普法运动”的政治经济学》,载《战略与管理》2010 年第 11、12 期合编本。

125. 汪太贤:《从“受体”的立场与视角看“普法”的限度》,载《探索》2006 年第 1 期。

126. 吕强:《进一步健全社会普法机制的思考》,载《中国司法》2015 年第 4 期。

127. 单颖华:《主体性守法——当前全民守法的关键》,载《广西政法管理干部学院学报》2015 年第 3 期。

128. 魏沂:《当代中国的新德治》,载《战略与管理》2001 年第 2 期。

129. 蔡道通:《政府法治:全民守法意识形成的关键》,载《苏州大学学报》2014 年第 1 期。

130. 马怀德:《让法治成为一种文化》,载《理论参考》2014 年第 12 期。

131. 周黎安:《中国地方官员的晋升锦标赛模式研究》,载《经济研究》2007 年第 7 期。

132. 王千文:《官僚体制中“服从”与“自主”矛盾现象之探讨——韦伯观点的诠释》,载(台湾)《中国行政》2008 年总第 80 期。

133. 周雪光:《权威体制与有效治理——当代中国国家治理的制度逻辑》,载《开放时代》2011 年第 10 期。

134. 容志、陈奇星:《“稳定政治”:中国维稳困境的政治学思考》,载《政治学研究》2011 年第 5 期。

135. 李芝兰、吴理财:《“倒逼”还是“反倒逼”》,载《社会学研究》2005 年第 4 期。

136. 周雪光:《基层政府间的“共谋现象”——一个政府行为的制度逻辑》,载《开放时代》2009 年第 12 期。

137. 刘玉照、田青:《新制度是如何落实的?——作为制度变迁新机制的“通变”》,载《社会学研究》2009 年第 4 期。

138. 徐显明:《法治的真谛是人权——一种人权史的解释》,载《学习与探索》2001 年第 4 期。

139. 陈明明:《为什么政治信任成为一个问题》,载《中国浦东干部管理学院学报》2009 年第 4 期。

140. 季卫东:《法治与普遍信任——关于中国秩序原理重构的法社会学视角》,载《法哲学与法社会学论丛》2006 年第 1 期。

141. 董海军:《依势博弈:基层社会维权行为的新解释框架》,载《社会》2010 年第 5 期。

142. 项飚:《普通人的“国家”理论》,载《开放时代》2010 年第 10 期。

143. 陈至洁:《重铸红色天平:中国司法改革的政治逻辑及其对法治的影响》,载(台湾)《政治科学论丛》2010 年总第 45 期。

144. 陈金钊:《法治改革观及其意义——十八大以来法治思维的重大变化》,载《法学评论》2014 年第 6 期。

145. 凌斌:《法治的两条道路》,载《中外法学》2007 年第 1 期。

146. 江必新、邵长茂:《论国家治理商数》,载《中国社会科学》2015 年第 1 期。

147. 马怀德:《法律实施有赖于“法治 GDP”的建立》,载《人民论坛》2011 年第 10 期。

148. 马怀德:《法治政府建设:挑战与任务》,载《国家行政学院学报》2014 年第 5 期。

149. 章武生、吴泽勇:《司法独立与法院组织机构的调整(上)》,载《中国法学》2000 年第 2 期。

150. 侯猛:《中国的司法模式:传统与改革》,载《法商研究》2009 年第 6 期。

151. 谢立中:《多元话语分析:社会分析模式的新尝试》,载《社会》2010 年第 2 期。

152. 张文显:《人民法院司法改革的基本理论与实践进程》,载《法制与社会发展》2009 年第 3 期。

153. 谢立中:《多元话语分析:以社会分层研究为例》,载《社会学研究》2008 年第 1 期。

154. 彭诚信:《民事责任现代归责原则的确立》,载《法制与社会发展》2001

年第 2 期。

155. 郑成良:《论法治理念与法律思维》,载《吉林大学社会科学学报》2000 年第 4 期。

156. 张卫平:《诉讼调解:时下势态的分析与思考》,载《法学》2007 年第 5 期。

157. 吕明:《法律意识形态的变迁——以我国民事诉讼中的"调解"为样本》,载《法律科学》2007 年第 5 期。

158. 季卫东:《调解制度的法律发展机制》,载《比较法研究》1999 年第 3、4 期。

159. 侯欣一:《陕甘宁边区人民调解制度研究》,载《中国法学》2007 年第 4 期。

160. 周晓虹:《改革开放以来中国社会心态的变迁》,载《中国社会科学辑刊》2009 年夏季卷。

161. 赵钢、王杏飞:《我国法院调解制度的新发展——对〈关于人民法院民事调解工作若干问题的规定〉的初步解读》,载《法学评论》2005 年第 6 期。

162. 苏力:《关于能动司法与大调解》,载《中国法学》2010 年第 1 期。

163. 李拥军、郑智航:《从斗争到合作:权利实现的理念更新与观念转换》,载《社会科学》2008 年第 10 期。

164. 付子堂、常安:《民生法治论》,载《中国法学》2009 年第 6 期。

165. 姚建宗:《法律的政治逻辑阐释》,载《政治学研究》2010 年第 2 期。

166. 贺东航、孔繁斌:《公共政策执行的中国经验》,载《中国社会科学》2011 年第 5 期。

167. 张友连:《公共政策与最高人民法院的角色——以关于汶川、玉树和舟曲的通知为分析对象》,载《法律科学》2011 年第 5 期。

168. 焦瑶光、吕寿伟:《复杂性与社会分化——卢曼社会系统理论研究》,载《自然辩证法研究》2007 年第 12 期。

169. 黄韬:《中国式的公共政策法院——以我国法院对金融案件的处理为例》,载《社会科学研究》2011 年第 6 期。

170. 陈国权、付旋:《公共政策的非公共化:寻租的影响》,载《中国行政管理》2003 年第 1 期。

171. 沈岿:《司法解释的"民主化"和最高法院的政治功能》,载《中国社会科学》2008 年第 1 期。

172. 庞凌:《社会转型与中国法院政治功能的重塑》,载《浙江社会科学》2003 年第 4 期。

173. 黄文艺:《论中国特色社会主义法律发展道路》,载《法制与社会发展》2007 年第 6 期。

174. 张福森:《解决新时期人民内部矛盾的一种好方式》,载《求是》2004 年第 21 期。

175. 肖扬:《充分发挥司法调解在构建社会主义和谐社会中的积极作用》,载《求是》2006 年第 19 期。

四、报纸

1. 张立伟:《权利的本质:意志抑或利益?》,载 2008 年 12 月 6 日《学习时报》。

2. 张英忠、周国军、刘根菊:《要正确行使宪法赋予的民主权利》,载 1979 年 4 月 10 日《广西日报》。

3. 张胜波、朱玉尊、谢建设:《全国人权研究机构首度聚首,罗豪才称我国人权研究事业取得重大进展》,载 2009 年 5 月 12 日《南方日报》。

4. 张晓玲:《论中国特色社会主义人权观》,载 2009 年 5 月 5 日《北京日报》。

5. 卞建林:《刑事诉讼法是人权保障的试金石》,载 2012 年 3 月 1 日《光明日报》。

6. 徐显明:《论中国特色社会主义法律体系的形成和完善》,载 2009 年 3 月 12 日《人民日报》。

7. 邓科、柯立:《天津"艾滋患者持针扎人"事件调查》,载 2002 年 1 月 24 日《南方周末》。

8. 任孟山:《艾滋病人权利是保护弱势群体的标本》,载 2006 年 2 月 14 日《华夏时报》。

9. 顾则徐:《黑户人口阶层值得关注》,载 2013 年 8 月 28 日《南方都市报》。

10. 巴芮:《部分失独者申请国家补偿,卫计委称暂无法律规定》,载 2014 年 4 月 25 日《法制晚报》。

11.《中共中央关于全面深化改革若干重大问题的决定》,载 2013 年 11 月 16 日《人民日报》。

12. 江必新:《推进国家治理体系和治理能力现代化》,载 2013 年 11 月 15

日《光明日报》。

13. 陈丕显:《全国人民代表大会常务委员会工作报告》,载 1988 年 4 月 19 日《人民日报》。

14. 胡奎、姜抒:《2003 年中国遭遇信访洪峰,新领导人面临非常考验》,载 2003 年 12 月 8 日《瞭望东方周刊》。

15. 齐介仑、杨希越:《安元鼎:北京截访生意经》,载《南都周刊》2010 年第 37、38 期。

16. 郑永年:《中国政府信任危机背后的政治危机》,载 2009 年 8 月 18 日《联合早报》。

17. [美]杰里米·西格尔:《我们是一个贪婪欺诈的民族吗?》,载 2002 年 7 月15 日《参考消息》。

18. 马原:《"分散化威权法治":转型中国劳工抗争的制度背景——评李静君〈违反法律:中国锈带与阳光带的劳工抗争〉》,载(香港)《二十一世纪》2011 年第 10 期。

19. 刘岚:《最高法院出台一系列应对金融危机司法意见回顾》,载 2009 年 8 月17 日《人民法院报》。

20. 张广昭:《1949 年以来中国意识形态变迁》,载 2011 年 10 月 6 日《联合早报》。

21. 李忠:《"试药人"都有哪些权利义务》,载 2003 年 12 月 4 日《中国消费者报》。

五、学位论文

1. 刘超:《变性人法律权利保障研究》,四川大学硕士学位论文,2007 年。

2. 高磊:《论公民安乐死之权利的确认与保护》,山东大学硕士学位论文,2012 年。

3. 王韶婧:《植物人法律人格及其权利保护研究》,复旦大学硕士学位论文,2010 年。

4. 杨彦虎:《法治行政——一个问题史的回溯与反思》,中国政法大学博士学位论文,2010 年。

5. 徐纬光:《现代中国政治话语的范式转换》,复旦大学博士学位论文,2006 年。

6. 何挺:《"严打"刑事政策研究》,中国政法大学博士学位论文,2008 年。

7. 庞凌:《论法院的政治功能》,苏州大学硕士学位论文,2002 年。

六、外文文献

1. Lawrence M. Friedman, "Legal Culture and Social Development," *Law and Society Review*, Vol. 4, No. 1. (Aug. , 1969).

2. Randall Peerenboom, *China's Long March toward Rule of Law*, Cambridge University Press, 2002.

3. John Ohnesorge, "Chinese Administrative Law in the Northeast Asian Mirror," *Transnational Law & Contemporary Problems*, Vol. 16, No. 1 (2006).

4. Stanley B. Lubman, *Bird in a Cage: Legal Reform in China after Mao*, Stanford University Press, 1999.

5. Roscoe Pound, "Law in Books and Law in Action," *American Law Review*, Vol. 44, No. 1 (1910).

6. Kevin J. O'Brien, Li Lianjiang, *Rightful Resistance in Rural China*, Cambridge University Press, 2006

7. Edward J. Epstein, "Law and Legitimation in Post-Mao China," in Pitman B. Potter, ed. , *Domestic Law Reforms in Post-Mao China*, M. E. Sharpe, 1994.

8. Randall Peerenboom, "A Government of Laws: Democracy, Rule of Law, and Administrative Law Reform in China," in Suisheng Zhao, ed. , *Debating Political Reform in China: Rule of Law vs. Democratization*, M. E. Sharpe, 2006.

9. Kevin J. O'Brien and Li Lianjiang, "Selective Policy Implementation in Rural China," *Comparative Politics*, Vol. 31, No. 2 (1999).

10. Pei Hwa Mike Chu, "Legal Reforms in the People's Republic of China- Prospects for the rule of law in the 21st century," The Phd. Dissertation of the University of Chicago, 2001.

11. Theodore De Bary, "The Constitutional Tradition in China," *Journal of Chinese Law*, Vol. 9, No. 1 (1995).

12. Judith Shklar, "Political Theory and Rule of Law," in A. Huchinson, P. Monahan, eds. , *The Rule of Law: Ideal or Ideology*, Carswell, 1987.

13. Siu, Helen, "Cultural Identity and the Politics of Difference in South China," *Daedalus*, Vol. 122, No. 2 (1993).

14. Cai Yongshun, "Power Structure and Regime Resilience: Contentious Politics in China," *British Journal of Political Science*, No. 38 (2008).

15. Zheng Yongnian, "Rule by Law vs the Rule of Law," in Wang Gungwu and Zheng Yongnian, eds. , *Reform, Legitimacy and Dilemmas: China's Politics and Society*, Singapore University Press, 2000.

16. Jacques Delisle, "Legalization without Democratization in China under Hu Jintao," in Cheng Li, ed, *China's Changing Political Landscape: Prospects for Democracy*, Brookings Institution Press, 2008.

17. Merle Goldman, *From Comrade to Citizen: The Struggle for Political Rights in China*, Harvard University Press, 2005.

18. Elizabeth J. Perry, "Chinese Conceptions of 'Rights': From Mencius to Mao—and Now," *Perspectives on Politics*, Vol. 6, No. 1(2008).

19. Li Lianjiang, "Rights Consciousness and Rules Consciousness in Contemporary China," *The China Journal*, No. 64 (2010).

20. Ching Kwan Lee, *Against the Law: Labor Protests in China's Rustbelt and Sunbelt*, University of California Press, 2007.

21. Pierre Bourdieu, *Language and Symbolic Power*, Harvard University Press, 1991.

22. Chilton. P. , *Analyzing Political Discourse: Theory and Practice*, London: Routledge, 2004.

23. Leslie Holmes, *The End of Communist Power: Anti-Corruption Campaign and Legitimation Crisis*, Polity Press, 1993.

后　记

承蒙张文显老师厚爱与指导，数年前承接了教育部人文社会科学重点研究基地——吉林大学理论法学研究中心重点课题“当代中国的法制转型——以权利为视角的考察”。由于行政杂务分心，课题结项一拖再拖，但中心历届负责人姚建宗教授、黄文艺教授、杜宴林教授等均宽容了我的拖沓和延宕，在此深表谢意。

本结项成果首先由齐延平教授拟定大纲，撰写人如下：齐延平教授，引言撰写；李忠夏副教授，第一章；王茂庆教授，第二章；魏治勋副教授，第三章；李佳博士，第四章；郑智航副教授，第五章。最后由齐延平教授通稿。李忠夏副教授、于文豪副教授协助主编进行了通稿、定稿工作，中国政法大学人权研究院博士研究生姚天编制了本书的参考书目，山东大学法学院博士研究生李旭承担了本课题的学术秘书工作，在此一并表示感谢。

齐延平

2016 年 9 月于济南